Manoschek · »Serbien ist judenfrei«

Beiträge zur Militärgeschichte

Herausgegeben vom
Militärgeschichtlichen Forschungsamt

Band 38

R. Oldenbourg Verlag München 1995

»Serbien ist judenfrei«

Militärische Besatzungspolitik und Judenvernichtung in Serbien 1941/42

Von
Walter Manoschek

2. Auflage

R. Oldenbourg Verlag München 1995

Skizze: Zeichen-, Karten- und Reprostelle des Militärgeschichtlichen Forschungsamtes

Die Deutsche Bibliothek – CIP-Einheitsaufnahme

Manoscheck, Walter:
"Serbien ist judenfrei" : militärische Besatzungspolitik und
Judenvernichtung in Serbien 1941/42 / von Walter Manoschek. -
2. Aufl. - München : Oldenbourg, 1995
 (Beiträge zur Militärgeschichte ; Bd. 38)
 zugl.: Wien, Univ., Diss.
 ISBN 3-486-56137-5
NE: GT

© 1993 R. Oldenbourg Verlag GmbH, München
Das Werk einschließlich aller Abbildungen ist urheberrechtlich geschützt. Jede Verwertung außerhalb der Grenzen des Urheberrechtsgesetzes ist ohne Zustimmung des Verlages unzulässig und strafbar. Das gilt insbesondere für Vervielfältigungen, Übersetzungen, Mikroverfilmungen und die Einspeicherung und Bearbeitung in elektronischen Systemen.
Satz: Maria-Elisabeth Marschalt, Militärgeschichtliches Forschungsamt, Freiburg i. Br.
Druck und Bindung: R. Oldenbourg Graphische Betriebe GmbH, München
ISBN 3-486-56137-5

Inhalt

Vorwort des Herausgebers 7

Einführung 8

Kartenskizze »Serbien unter deutscher Militärbesatzung 1941/42« 10

Einleitung 11

I. »Unternehmen Strafgericht« 15
    1. Die Bombardierung Belgrads 18
    2. Die militärische Besatzungsstruktur in Serbien 1941 26
    3. Von der Kapitulation Jugoslawiens bis zum Rußlandfeldzug ... 31
    4. Die ersten Maßnahmen gegen die Juden in Serbien 35
    5. Die Zusammenarbeit von Wehrmacht und Polizeiorganen ... 40
    6. Wehrmacht und Partisanenbekämpfung in Serbien 49

II. Die Wehrmacht und die Ermordung der männlichen Juden in Serbien ... 55
    1. General Franz Böhme: Bevollmächtigter Kommandierender General in Serbien 55
    2. Die 342. Infanteriedivision im Raum Šabac 56
    3. Der »Kladovo-Transport« 62
    4. Der »Blutmarsch« 63
    5. Das geplante Konzentrationslager in Zasavica 66
    6. General Hinghofers Aktion im Save-Drina-Dreieck 69
    7. Das Konzentrationslager in Šabac 75
    8. Der Partisanenüberfall bei Topola 79
    9. »Legt an — übt Rache!« 86
    10. Die Ermordung der männlichen Juden des »Kladovo-Transportes« 91
    11. 2200 Juden und Zigeuner für Valjevo 96
    12. »Eichmann schlägt Erschießen vor« 102

III. Widerstand und Kollaboration in Serbien 1941 109
    1. Die Četniks des Kosta Pećanac 110
    2. Dimitrije Ljotić und die »Zbor«-Bewegung 111
    3. Die Četniks des Draža Mihailović 111
        a) Die Geschichte der Četnik-Bewegung 112
        b) Die politischen Ziele der Mihailović-Četniks 114

  c) Das Widerstandskonzept der Četniks 115
  d) Die Haltung der Briten gegenüber Mihailović 117
  e) Die jugoslawische Exilregierung und die Četniks 119
 4. Die Partisanen 122
  a) Politische Ziele, Widerstandskonzept und soziale Struktur der Kommunistischen Partei Jugoslawiens 123
  b) Die Sowjetunion und die Partisanen 1941 126
 5. Der Kampf der Partisanen und Četniks im Jahre 1941 131
  a) Die partielle militärische Kooperation Partisanen — Četniks im Herbst 1941 134
  b) Der Kampf der Mihailović-Četniks gegen die Partisanen 142
  c) Die Kollaborationsversuche von Mihailović mit den deutschen Besatzern 145
  d) Die Zerschlagung des militärischen Widerstandes in Serbien 149

IV. Massaker der Wehrmacht an der serbischen Zivilbevölkerung im Herbst 1941 155

 1. Das Massaker in Kraljevo 155
 2. »Vorwärts zu neuen Taten!« Das Massaker in Kragujevac 158

V. Die Vergasung der jüdischen Frauen und Kinder aus dem Konzentrationslager Sajmište 169

 1. Die Abstellung des Gaswagens 169
 2. »SS-Untersturmführer Herbert Andorfer
  Arbeitsgebiet: Abteilung III, ohne besondere Aufgaben« 175

VI. Zusammenfassung und Schlußfolgerungen 185

Quellen- und Literaturverzeichnis 197

Ortsregister 207

Personenregister 209

Vorwort des Herausgebers

Dieses Buch hat bereits vor seinem Erscheinen die Gemüter erregt. Ein Vorabdruck in der Wochenzeitung »DIE ZEIT« löste eine Fülle von — auch ablehnenden — Reaktionen aus. Sie dokumentieren, wie kontrovers, ja emotionalisiert die Rolle der Wehrmacht im Zweiten Weltkrieg generell noch immer bewertet wird. Das gilt insbesondere in bezug auf den Balkan, für den die vorliegende Veröffentlichung das Geschehen in Serbien von 1941 bis 1942 grundlegend untersucht.

In seiner von der Universität Wien angenommenen und mit dem »Fraenkel Prize for Contemporary History« der Wiener Library London 1992 ausgezeichneten Dissertation setzt sich Herr Dr. Walter Manoschek mit den von deutschen und österreichischen Soldaten in Serbien verübten Massakern auseinander. Er analysiert hierbei Motive, Methoden und Wirkungen, bewertet schließlich diese Aktionen vor dem Hintergrund der deutschen Kriegführung. Dabei zeigt sich, daß nicht erst der Feldzug gegen die Sowjetunion, sondern bereits die Mordaktionen in Jugoslawien — wie auch schon die deutsche Besatzungspolitik in Polen — eindeutige Symptome eines nationalistisch-rassistisch begründeten Vernichtungskrieges aufweisen.

Ein weiterer Problemkreis des Buches liegt in der Darstellung der Nationalitätenkonflikte, die seit der Jahrhundertwende die Geschichte des Balkanraumes prägten und in denen der Vielvölkerstaat Österreich-Ungarn eine nicht unwichtige Rolle spielte. Verschärft wurde die Krisenlage im Südosten Europas durch das Aufeinanderprallen machtpolitischer Interessen der europäischen Großmächte, die zu den Balkankriegen eskalierten und letztlich entscheidend zum Ersten Weltkrieg beitrugen. Ihre Fortsetzung fanden jene nationalen Gegensätze in der Rivalität sich zum Teil bekriegender Partisanen- und Widerstandsgruppen während des Zweiten Weltkrieges — Konflikte, die letztlich bis in die aktuelle Gegenwart hineinreichen.

Der Autor versteht es, die deutsch-österreichische Perspektive der Besatzer überzeugend zu vermitteln, zugleich betrachtet er detailliert das Schicksal der besetzten Völker, also der Betroffenen und Opfer. Es gelingt ihm, zwischen den Interessenlagen der verschiedenen Partisanengruppen genau zu unterscheiden, deren spezifische Motivationen und Zielvorstellungen sowie jeweilige Abhängigkeit vom Ausland zu bestimmen. Insgesamt vermag Manoschek die Bedeutung des vermeintlichen Nebenkriegsschauplatzes Jugoslawien für die Gesamtentwicklung des Krieges stringent zu erklären.

Die Ergebnisse der ebenfalls in dieser Schriftenreihe erschienenen Arbeit von Gerhard Schreiber über »Die italienischen Militärinternierten im deutschen Machtbereich 1943 bis 1945« erfahren dadurch Bestätigung und Ergänzung.

Dr. Günter Roth
Brigadegeneral und Amtschef des
Militärgeschichtlichen Forschungsamtes

Einführung

Die wissenschaftliche Aufarbeitung der deutschen Besatzungsherrschaft in Serbien ist bis heute nicht zureichend geleistet. Sie blieb neben dem Engagement zahlreicher Historiker für die Aufklärung der Tendenzen und Realität der deutschen Herrschaft in Polen und der Sowjetunion geradezu nebensächlich. Jahrzehntelang war unsere Kenntnis nicht unerheblich auf die Memoirenliteratur und auf Beiträge von politischen und militärischen Zeitzeugen angewiesen. Dies gilt auch für das Thema »Endlösung der Judenfrage« in Serbien, dem sich seit 1978 als erster Christopher Browning in mehreren Aufsätzen mit Blick auf die Beteiligung des Heeres gewidmet hat.

Die erste umfassende Gesamtdarstellung dieser Geschichte — man muß wohl sagen deutsch-österreichischer — militärischer Besatzungspolitik und -herrschaft hat Walter Manoschek nunmehr vorgelegt. Aus zwei Gründen macht die Beschränkung auf Serbien und die Jahre 1941/42 Sinn: Serbien unterstand der deutschen Militärverwaltung. Serbien erfreute sich besonderer deutscher, vor allem aber österreichischer Rachegefühle. Die »Lösung der Judenfrage« erfolgte im wesentlichen schon im Verlaufe des Jahres 1941 im Umfeld einer besonders rücksichtslosen Bekämpfung des serbischen Widerstandes. Als wichtiges Ergebnis der Arbeit ist für 1941 die Verantwortung des Heeres bei Planung und Durchführung der Vernichtung der Juden festzuhalten. Im Unterschied zur Kooperation Heer — SD in der Sowjetunion lag in Serbien 1941 die Leitung der einschlägigen Einsätze beim »Bevollmächtigten Kommandierenden General in Serbien«, dem aus dem österreichischen Bundesheer kommenden General Böhme. Zwar hatten seine Vorgänger schon im Sommer 1941 die Dezimierung der Belgrader und der verschleppten Banater Juden betrieben: Ohne Zustimmung der Militärbefehlshaber Schröder und Danckelmann konnte die Einsatzgruppe Fuchs nicht agieren. Unter Böhme nahm das Heer diese Aktionen im Herbst 1941 nun selbst in die Hand. Mit Befehl vom 4. Oktober 1941 läutete er die Massenexekution von Juden und Zigeunern ein; als Mittel zur Bekämpfung der Tito-Partisanen absolut untaugliche Mordaktionen. Juden und Zigeuner waren aus den Konzentrationslagern Belgrad und Šabac an Erschießungskommandos des Heeres zu übergeben.

Im Befehlsweg OKW — WB-Südost — Bevollmächtigter General in Serbien erfolgte die letzte Verschärfung und Zuspitzung der Vernichtungsbefehle durch den Mann in Belgrad. Böhme, den Feldmarschall List, OB der 12. Armee und Wehrmachtbefehlshaber Südost, als »besonders geeignete Persönlichkeit« für den Posten des Inhabers der vollziehenden Gewalt in Serbien vorgeschlagen hatte, brachte Systematik in die brutalen und zugleich sinnlosen Aktionen.

Dieser Hintergrund war bisher schon gesichertes Ergebnis der Forschung. Manoschek hat darüber hinaus die Durchführung auf der Truppenebene mit reichhaltigem Material belegt und damit ein Kapitel spezieller Zusammenarbeit Heer — SD aufgearbeitet, das sich wegen der dominanten Rolle des Heeres von der blutigen Praxis in der Sowjetunion noch negativ

abhebt. Nicht nur, daß mit der »Sühnequote« 1:100 ernstgemacht wurde, auch die Beteiligung am Aufbau des Konzentrationslagers Zasavica und anderer Lager veranschaulicht die besondere »Qualität« der Mitwirkung des Heeres am Holocaust in Serbien.
Das Reichssicherheitshauptamt hatte entschieden, daß die in Serbien lebenden oder dorthin verbrachten Juden dort umzubringen seien. Der Bevollmächtigte General Böhme war noch schneller als das Ergebnis der Verhandlungen RSHA — Auswärtiges Amt im Herbst 1941. Aus eigenem Entschluß befahl er zur Sühne für deutsche Verluste als erste Maßnahme die Erschießung von 2200 Serben — vorrangig Juden und Zigeuner. Mitte Oktober 1941 konnten Vertreter des RSHA verblüfft feststellen, daß General Böhme »die Lösung des Problems« in Angriff genommen hatte. AOK 12 und damit Feldmarschall List waren über alle Aktionen orientiert. Bis zum November 1941 ist der größte Teil der männlichen Juden vom 14. Lebensjahr an aufwärts sowie der Zigeuner ermordet worden.
Manoschek konnte aufgrund der militärischen und politischen Akten nachweisen, daß dieses Vorgehen ein Ergebnis der einvernehmlichen Kooperation von Heer und SD in Belgrad gewesen ist. Die Motive auf militärischer Seite lassen sich als ein Knäuel ideologischer und logistischer Gesichtspunkte charakterisieren (man brauchte die Lager für serbische Gefangene und Geiseln) sowie als Racheakte wegen militärischer Rückschläge im Partisanenkrieg, die mit den Vorgängen in Topola und in Valjevo und Kraljevo zusammenhingen. Kraljevo und Kragujevac, wo von der 717. I.D. im Oktober 1941 über 7000 Geiseln erschossen worden sind, stehen für die grausamen Methoden deutscher Besatzungsherrschaft, aber auch für das österreichische Spezifikum — die Bekämpfung der »Balkanmentalität«. Das Schicksal der Juden und Zigeuner ist bei der Behandlung dieser Prozeduren in der Literatur meist wenig oder gar nicht beachtet worden.
Eine Darstellung, wie sie mit Manoscheks Untersuchung nunmehr vorliegt, basierend auf dem Material der in Frage kommenden in- und ausländischen Archive, war seit langem überfällig. Ein wichtiger Gesichtspunkt ist überdies die Möglichkeit eines interpretatorischen Neuansatzes für die Charakterisierung der Rolle des Heeres im Krieg gegen die Sowjetunion. Der Übergang zur Politik der Judenvernichtung vollzog sich 1941. Eine Unterscheidung zwischen Blitzkriegsphase und dem »totalen« Krieg seit 1942, wie sie Arno J. Mayer in seinem Buch »Why did the Heavens not darken?« trifft, wird jedenfalls vom Beispiel Serbien widerlegt. Dies macht nachdenklich für die Kooperation Heer — Einsatzgruppen in der Sowjetunion im Jahre 1941.
Zwischen Mayers Ansatz und den Forschungsergebnissen Raul Hilbergs, Gerald Flemings, Helmut Krausnicks, Jürgen Försters und Christian Streits liegt ein breiter Graben. Walter Manoschek verstärkt mit seiner auch als Fallstudie militärischer und politischer Motivationen zu lesenden Arbeit die Zweifel an Mayers These vom Zusammenhang zwischen Holocaust und Scheitern der Wehrmacht im Osten. Seine Untersuchung wird die Diskussion zwischen Intentionalisten und Funktionalisten beleben. Sie fügt der Geschichte der Wehrmacht im NS-System ein aufschlußreiches Kapitel an.
Manoschek ist für sein Buch der »Fraenkel-Preis« 1992 des Institute of Contemporary History and Wiener Library London zugesprochen worden.

Manfred Messerschmidt

Einleitung

Die Einbindung der Wehrmacht in das Vernichtungsprogramm des Nationalsozialismus ist evident. Sowohl im Nürnberger Prozeß gegen die Hauptkriegsverbrecher als auch in den Nürnberger Nachfolgeprozessen gegen das OKW (»Fall 12«)[1] und gegen die »Südost-Generäle« (»Fall 7«)[2] wurden hohe Wehrmachtgeneräle wegen Kriegsverbrechen und Verbrechen gegen die Menschlichkeit mit dem Tode bestraft oder zu langjährigen Haftstrafen verurteilt. In diesen Prozessen wurde zwar nur die Spitze eines Eisberges sichtbar. Sie reichte aber, um schon damals klar erkennen zu können, daß die Kriegsverbrechen der Wehrmacht nicht singuläre kriegs- und völkerrechtswidrige Übergriffe waren, wie sie in einem Krieg wohl bei allen Armeen vorkommen. Vielmehr machten diese Verbrechen eine »in ihrem Ausmaß erschreckende Integration des Heeres in das Vernichtungsprogramm und die Vernichtungspolitik Hitlers«[3] deutlich. Die bisher vorliegenden Forschungsergebnisse, insbesondere über den sowjetischen Kriegsschauplatz, bestätigen Gerhard Botz' Einschätzung, daß die Wehrmachtorgane bei der Vernichtungsarbeit eher als »Schmieröl und Antriebsräder« denn »als Sand im Getriebe«[4] fungierten.
Doch während die Wehrmacht im Osten als technischer, logistischer und von Fall zu Fall auch praktischer Gehilfe bei Massenvernichtungsaktionen der Einsatzgruppen und der Polizei tätig wurde, übernahm sie in den militärisch besetzten Gebieten des Balkanraums (Serbien, Griechenland und z. T. auch Kroatien) im Rahmen der »Bandenbekämpfung« die führende Rolle bei der verbrecherischen Terrorpolitik vor allem gegen die Zivilbevölkerung[5].
In Serbien scheute die Wehrmacht im Herbst 1941 auch nicht vor der selbständigen Initiative zur »Endlösung der Judenfrage« zurück. Mangels ausreichender SD-Mannschaften und Polizeieinheiten (sie wurden für Mordaktionen im Osten dringender benötigt) war die Wehrmacht von Hitler im August 1941 mit der Niederschlagung des sich rasch ausbreitenden Aufstandes der kommunistischen Partisanen in Serbien beauftragt worden. Wohl von der Überzeugung ausgehend, der Krieg würde ohnehin in wenigen Monaten siegreich beendet sein, ermordeten die Exekutionskommandos der Wehrmacht allein

---

[1] Fall 12. Das Urteil gegen das Oberkommando der Wehrmacht, gefällt am 28. Oktober 1948 in Nürnberg vom Militärgerichtshof V der Vereinigten Staaten von Amerika.
[2] Fall 7. Das Urteil im Geiselmordprozeß, gefällt am 19. Februar 1948 vom Militärgerichtshof V der Vereinigten Staaten von Amerika.
[3] Krausnick, Hitlers Einsatzgruppen, S. 245. Zu den Kriegsverbrechen der Wehrmacht — insbesondere in der Sowjetunion — siehe auch Streit, Keine Kameraden; Messerschmidt, Harte Sühne am Judentum; Krausnick/Wilhelm Die Truppe des Weltanschauungskrieges; Förster, The Wehrmacht and the War of Extermination against the Soviet Union; »Schöne Zeiten«; »Gott mit uns«; Kohl, »Ich wundere mich, daß ich noch lebe«.
[4] Botz, Die Rolle der Wehrmacht im »Dritten Reich« und im Zweiten Weltkrieg, S. 253.
[5] Manoschek/Safrian, Österreicher in der Wehrmacht; Bericht der internationalen Historikerkommission über die Kriegsvergangenheit Dr. Kurt Waldheims.

im Herbst 1941 unter dem Vorwand von Geiselerschießungen und Sühnemaßnahmen für Partisanenüberfälle zwischen 25000 und 30000 serbische Zivilisten, darunter auch mehr als 6000 erwachsene männliche Juden und Zigeuner. Erst im Winter 1941/42 ging das Kommando bei der »Endlösung der Judenfrage« in Serbien wieder an die Organe des Reichssicherheitshauptamtes über. Zur Jahreswende 1941/42 wurden die jüdischen Frauen und Kinder im Konzentrationslager Sajmište bei Belgrad inhaftiert; im Frühjahr 1942 traf ein aus Berlin kommender Gaswagen in Belgrad ein — in diesem Wagen wurden unter der Leitung von SD-Angehörigen innerhalb weniger Wochen die jüdischen Frauen und Kinder vergast.

Mit der Niederschlagung des Partisanenaufstandes in Serbien war im September 1941 der aus Österreich stammende General Franz Böhme beauftragt worden. Auch die ihm unterstehenden Wehrmachttruppen in Serbien setzten sich zu mehr als einem Drittel aus Österreichern zusammen. Nicht zufällig — verfügten doch die Österreicher noch aus der Zeit der österreich-ungarischen Monarchie über einschlägige Erfahrungen mit Besatzungspolitik in dieser Region. Darüber hinaus verfochten sie auch einen ausgeprägten, rassistisch gefärbten Revanchismus gegenüber den Serben, die als die »Totengräber der österreichisch-ungarischen Monarchie« galten. Zur Einstimmung der Truppen auf ihre Mission erließ General Böhme einen Tagesbefehl, in dem er darauf hinwies, daß im Ersten Weltkrieg in Serbien »Ströme deutschen Blutes« geflossen waren und sich die Wehrmacht nunmehr als »Rächer dieser Toten« zu verstehen habe[6].

Den Anlaß für die Massaker an der Zivilbevölkerung und die Vernichtung der männlichen Juden durch die Wehrmacht im Herbst 1941 bildete der bewaffnete Kampf gegen die Besatzer und ihre serbischen Kollaborateure. Dieser Aufstand wurde von der kommunistischen Partisanenbewegung unter der Leitung Titos initiiert und getragen, während sich die königstreue, von Draža Mihailović geführte Widerstandsbewegung der Četniks gegenüber den deutschen Okkupanten im wesentlichen passiv verhielt. Die blutige Terrorpolitik der Besatzer forcierte den Konflikt zwischen den beiden Widerstandsbewegungen, der letztendlich zur unerbittlichen Gegnerschaft zwischen den Partisanen und den Mihailović-Četniks führte.

Erst mit der Diskussion um die Kriegsvergangenheit Kurt Waldheims rückte das Kriegsgeschehen auf dem Balkan stärker in den Blickpunkt der Öffentlichkeit. Der serbische Kriegsschauplatz blieb in diesem Kontext jedoch weitgehend ausgeklammert. Auch von wissenschaftlicher Seite wurde bisher der Besatzungspolitik und der Judenvernichtung in Serbien nur wenig Beachtung geschenkt. Dies ist um so verwunderlicher, als anhand der Militärbesatzung in Serbien wohl am deutlichsten die Beteiligung der Wehrmacht an der Judenvernichtung und an Kriegsverbrechen aufgezeigt werden kann. In der Literatur zum Thema Serbien dominieren immer noch Memoiren ehemaliger Militärs und sonstige apologetische Schriften, welche die Kriegsverbrechen der nationalsozialistischen Besatzer entweder überhaupt ausklammern oder verharmlosen[7]. Profunde kritisch-em-

---

[6] BA-MA, RH 26—342/8, Böhme an alle Einheiten der 342. ID, 25.9.1941.
[7] Als typische Beispiele seien hier nur erwähnt: Neubacher, Sonderauftrag Südost 1940—1945; Rendulic, Gekämpft — Gesiegt — Geschlagen; Rendulic, Soldat in stürzenden Reichen; Diakow, General-

pirische Arbeiten zu jenem Themenkomplex liegen nur von Browning[8] und Shelach[9] sowie von Sundhaussen[10] vor; sie werden durch einige überblicksmäßige Darstellungen über die Endlösung der Judenfrage in Serbien und eine Dokumentenedition ergänzt[11]. Die Forschung im ehemaligen Jugoslawien konzentrierte sich im wesentlichen auf die Geschichte des Partisanenkampfes und beschäftigte sich nur sekundär mit der nationalsozialistischen Besatzungspolitik[12].

Dieses Buch versucht einige Lücken zu schließen. Getragen ist es vom forschungstheoretischen Postulat Hilbergs: »Es gibt keinen besseren Weg, an die Realität heranzukommen, als eben diese Perspektive der Täter zu rekonstruieren[13].« Die Besatzer kommen nach Möglichkeit selbst zu Wort. Ihre militärischen Befehle, ihre Exekutionsberichte nach erfolgter »Pflichterfüllung«, ihre Stimmungsberichte, ihre täglichen Meldungen über Massaker und die verharmlosenden Schutzbehauptungen nach 1945 erhellen eines der dunkelsten Kapitel der Wehrmachtgeschichte. Strafrechtlich blieben ihre Taten weitgehend ungesühnt: im Prozeß gegen die »Südost-Generale« wurden Generalfeldmarschall List und sein interimistischer Nachfolger, General Kuntze, — u. a. wegen ihrer Verantwortlichkeit für Geiselerschießungen — 1948 vom Internationalen Militärgerichtshof zu lebenslänglichem Gefängnis verurteilt[14], aber bereits vier bzw. fünf Jahre später entlassen[15]. Der ebenfalls angeklagte Befehlshaber in Serbien, General Böhme, verübte vor dem Urteilsspruch Selbstmord. In Jugoslawien wurden nach Kriegsende neben führenden Wehrmachtgenerälen (Löhr, Lontschar, Wurster u.a) auch eine Anzahl von Wehrmachtangehöriger in niederem Dienstrang wegen Kriegsverbrechen in Serbien zum Tode oder zu langjährigen Haftstrafen verurteilt[16].

In wenigen Fällen ermittelten bundesdeutsche und österreichische Behörden gegen ehemalige Wehrmachtangehörige wegen Geisel- oder Judenerschießungen in Serbien; zumeist wurden diese Ermittlungsverfahren wieder eingestellt. Kam es in Einzelfällen dennoch

---

oberst Alexander Löhr; Kaltenegger, Schicksalsweg und Kampf der »Bergschuh«- Divison; Kumm, Vorwärts »Prinz Eugen«; Neidhardt, Mit Tanne und Eichenlaub; Buchner, Gebirgsjäger an allen Fronten.

[8] Browning, Fateful Months; ders., The Final Solution and the German Foreign Office; ders., Harald Turner und die Militärverwaltung in Serbien 1941–1942; ders., The Final Solution in Serbia; ders., Wehrmacht Reprisal Policy and the Mass Murder of Jews in Serbia.

[9] Shelach, Sajmište — An Extermination Camp in Serbia.

[10] Sundhaussen, Jugoslawien.

[11] Hilberg, Die Vernichtung der europäischen Juden; Nationalsozialistische Massentötungen durch Giftgas; Müller/Zöller, Okkupationsverbrechen der faschistischen Wehrmacht gegenüber der serbischen Bevölkerung im Herbst 1941; Vogel, Deutschland und Südosteuropa; Europa unterm Hakenkreuz.

[12] Glisić, Der Terror und die Verbrechen des faschistischen Deutschland in Serbien von 1941 bis 1944; ders., Concentration Camps in Serbia (1941–1944); Les systèmes d'occupation en Yougoslavie 1941–1945; The Third Reich and Yugoslavia 1933–1945.

[13] Hilberg/Söllner, Das Schweigen zum Sprechen bringen, S. 548.

[14] Fall 7. Das Urteil im Geiselmordprozeß, gefällt am 19. Februar 1948 vom Militärgerichtshof V der Vereinigten Staaten von Amerika, S. 175.

[15] Schwartz, Die Begnadigung deutscher Kriegsverbrecher, S. 409.

[16] Böhme, Die deutschen Kriegsgefangenen in Jugoslawien.

zu Anklagen, endeten die Prozesse ausnahmslos mit Freisprüchen[17]. Einige Berufsoffiziere setzten nach Kriegsende ihre Karrieren in der Bundeswehr fort[18].

Das Zustandekommen dieses Buches wäre ohne die Mithilfe einer Reihe von Personen nicht möglich gewesen. An erster Stelle möchte ich Professor Dr. Manfred Messerschmidt (Freiburg) für seine moralische und praktische Unterstützung danken. Univ. Prof. Dr. Emmerich Tálos (Wien) ermutigte mich in einer schwierigen Phase, diese Arbeit in Angriff zu nehmen. Dr. Detlef Vogel und Dr. Wolfram Wette vom Militärgeschichtlichen Forschungsamt Freiburg i. Br. sowie Dr. Ulrich Herbert (Hamburg) und Dr. Richard Mitten (Wien) gaben mir zahlreiche Anregungen und Hinweise. Dr. Menachem Shelach (Haifa) und Dr. Hans Safrian (Wien) stellten mir freundlicherweise Dokumente zur Verfügung; die Diskussion mit ihnen beeinflußte auf unterschiedliche Weise einige meiner Forschungsschritte. Mein Dank gilt auch der Zentralen Stelle der Landesjustizverwaltungen in Ludwigsburg, insbesondere Frau Herta Doms, und Herrn Brün Meyer vom Bundesarchiv-Militärarchiv Freiburg, die mir durch archivarische Hinweise viel Zeit und Mühe ersparten. Dr. Hans Schafranek korrigierte mit großer Sorgfalt das Manuskript, ehe Dr. Norbert Müller (Potsdam) mit bewundernswerter Professionalität die mühevolle Lektoratsarbeit in Angriff nahm. Dr. Wolfgang Michalka und Dr. Arnim Lang von der Schriftleitung des Militärgeschichtlichen Forschungsamtes Freiburg hatten entscheidenden Anteil an der technischen und formalen Gestaltung des Buches. Mein Dank gilt auch Dr. Gabriele Anderl, die in vielen Stunden stilistische Unebenheiten zu glätten versuchte und über Jahre die Entstehung dieses Buches begleitete. Trotz der zahlreichen Personen, die zur Fertigstellung dieses Buches beitrugen, trägt der Autor selbstverständlich die alleinige Verantwortung für alle etwaigen inhaltlichen Mängel.

Durch ein Projekt des österreichischen Bundesministeriums für Wissenschaft und Forschung wurde die Forschungsarbeit finanziell unterstützt.

---

[17] Die Gerichte bzw. Untersuchungsbehörden gingen davon aus, daß die Geiselerschießungen im Herbst 1941 in Serbien generell nicht kriegsverbrecherisch gewesen sind. Da der Mord an den Juden durch Wehrmachtangehörige angeblich aus keinen »niedrigen Beweggründen« erfolgt ist, hatten die Ausführenden nach deutschem und österreichischem Recht keine Morde begangen. In einem Ermittlungsverfahren wurde — entgegen den historischen Tatsachen — behauptet, die SS hätte der Wehrmacht die Juden als Opfer »untergeschoben« (Landgericht Kassel, 3 Js 11/66, S. 22 ff).

[18] Der Stabschef General Böhmes in Serbien, Oberst Max Pemsel, der den Befehlsentwurf für die Ermordung von 2100 Sühnegefangenen (»vorwiegend Kommunisten und Juden«) angefertigt hatte, ging als Generalleutnant und Kommandierender General der Bundeswehr in den Ruhestand. Siehe dazu Zentrale Stelle der Landesjustizverwaltungen Ludwigsburg, (im folgenden: ZStL), V 503/AR-Z 54/66, Zeugenaussage Pemsel. Der Stabschef von Generalfeldmarschall List, Hermann Förtsch (er wurde im Prozeß gegen die »Südost-Generäle« freigesprochen) setzte als Generalinspekteur der Bundeswehr seine Karriere fort (vgl. dazu: Müller/Zöller, Okkupationsverbrechen der faschistischen Wehrmacht gegenüber der serbischen Bevölkerung im Herbst 1941, in: Zeitschrift für Militärgeschichte, 9 (1970) 6 S. 704 ff.).

I. »Unternehmen Strafgericht«

Zwischen Herbst 1940 und März 1941 war die Politik des Dritten Reiches darauf ausgerichtet, die südosteuropäischen Länder politisch und wirtschaftlich eng an das Deutsche Reich zu binden[1], um die wirtschaftliche Ausbeutung der Ressourcen dieser Länder sicherzustellen. Zudem war geplant, die nach dem Angriff Mussolinis auf Griechenland auf dem griechischen Festland gelandeten Briten durch eine teilweise militärische Besetzung Griechenlands wieder zu verdrängen. Dadurch sollte im Frühjahr 1941 für den bereits fest geplanten Überfall auf die Sowjetunion die südliche Flanke gesichert werden[2].
Diese generelle Zielsetzung der Politik des Deutschen Reiches fand ihren Niederschlag in Vorbereitungen zur militärischen Besetzung Griechenlands. In Bulgarien wurden Truppenverbände zusammengezogen und auf die jugoslawische Regierung verstärkter politischer Druck ausgeübt, dem Dreimächtepakt beizutreten. Obwohl es Jugoslawien bei den Vertragsverhandlungen gelang, sich den militärischen Verpflichtungen dieses Paktes zu entziehen, war man auf britischer Seite — wohl nicht zu Unrecht — davon überzeugt, daß sich Deutschland im Kriegsfall nicht sonderlich um die Einhaltung dieser Bedingungen kümmern würde[3]. Nach langen internen Auseinandersetzungen und einer ultimativen Forderung Ribbentrops entschloß sich die jugoslawische Regierung unter Ministerpräsident Cvetković zur Unterzeichnung des Vertrages. Der Pakt wurde am 25. März 1941 im Wiener Belvedere unterzeichnet. Der Beitritt Jugoslawiens zur faschistischen Allianz löste in Jugoslawien Massenproteste aus. Am Morgen des 27. März 1941 wurde die Regierung Cvetković von serbischen Luftwaffenoffizieren gestürzt[4]. Das neugebil-

---

[1] Der Anteil Deutschlands am jugoslawischen Gesamtexport stieg zwischen 1934 und 1939 von 15,4% auf 31,9%; der deutsche Anteil an der jugoslawischen Einfuhr erhöhte sich im selben Zeitraum sogar von 13,9% auf 47,7%, (Olshausen, Zwischenspiel auf dem Balkan, S. 259).
[2] Schreiber/Stegemann/Vogel, Das Deutsche Reich und der Zweite Weltkrieg, Bd 3., S. 417—441.
[3] Jugoslawien erreichte von Deutschland die Zusicherung, daß seine Souveränität und territoriale Integrität von Deutschland respektiert würde, Deutschland an Jugoslawien keinen Anspruch auf militärische Hilfeleistung erheben würde und keine Truppen oder militärische Versorgungsgüter durch Jugoslawien transportiert. Der Vertragspunkt über die militärische Hilfeleistung wurde allerdings in einer Geheimklausel festgehalten, da die deutsche Seite argumentierte, eine Veröffentlichung dieser Abmachung würde die Ultima ratio des Vertrages — nämlich die abschreckende Wirkung auf Drittstaaten — aufheben (Knoll, Jugoslawien in Strategie und Politik der Alliierten 1940—1943, S. 122f.).
[4] Der eigentliche Initiator und Verantwortliche für die Planung und Durchführung des Staatsstreiches dürfte der stellvertretende jugoslawische Oberbefehlshaber der Luftwaffe, Brigadegeneral Bora Mirković, gewesen sein. Der Luftwaffengeneral und Ministerpräsident der jugoslawischen Putschregierung, Dusan Simović, der in einer posthum veröffentlichten Erklärung diesen Ruhm für sich beanspruchte, war in die Pläne zwar eingeweiht und stimmte ihnen zu, beteiligte sich aber nicht an der konkreten Planung und Durchführung der Aktion. Vermutlich glaubte Mirković nach dem Coup auf den ausgesprochen prowestlich orientierten General — der den höchsten militärischen Rang bekleidete und im Gegensatz zu ihm in der jugoslawischen Öffentlichkeit eine bekannte Persönlichkeit war — angewiesen zu sein. Von Simović war am ehesten zu erwarten, daß er bei der Bildung eines neuen Kabinetts und

dete Kabinett unter Simović mußte damit rechnen, daß die veränderte Situation zu einem Angriff Deutschlands auf Jugoslawien führen würde. Die jugoslawische Regierung setzte daher gegenüber Deutschland auf Zeitgewinn — eine Politik, die durch den Regierungseintritt des Führers der kroatischen Bauernpartei, Vladko Maček, noch verstärkt wurde[5]. Die Putschisten hatten die deutschfreundliche Regierung Cvetković gestürzt, ohne über ein weiterreichendes militärisches und außenpolitisches Konzept für ihre künftige Politik zu verfügen. Die internen Regierungsparolen — kaltes Blut bewahren, jegliche Provokationen gegenüber Deutschland vermeiden, um dadurch Zeit für eine politische und militärische Konsolidierung Jugoslawiens zu gewinnen — fanden ihren Ausdruck allerdings nur in wirren und unkoordinierten politischen Manövern: In den letzten zehn Tagen vor dem deutschen Überfall versuchte Simović mit einer dilettantischen Drohpolitik gegenüber Italien eine Intervention Mussolinis bei Hitler zu erzwingen[6], während Außenminister Ninčić in direkten Verhandlungen mit Deutschland hoffte, einen Angriff Deutschlands auf sein Land hinauszuzögern[7]. Gleichzeitig nahm die jugoslawische Regierung — letztlich erfolglose — Kontakte mit der neutralen Türkei auf, um bei einem Überfall auf Jugoslawien deren Kriegseintritt auf Seite der Alliierten zu erwirken[8].

---

bei der Führung des Landes das Vertrauen der Militärkommandeure sowie der serbischen und auch der nichtserbischen Politiker gewinnen würde; siehe dazu Tomasevich, War and Revolution in Yugoslavia, 1941—1945, S. 43 ff.; Knoll, Jugoslawien in Strategie und Politik der Alliierten 1940—1943, S. 179 f. Der britische Geheimdienst war — ebenso wie über die verschiedenen anderen serbisch-nationalistischen Putschpläne seit 1940, die niemals zur Ausführung kamen — auch über diesen Plan informiert, ohne darauf selbst Einfluß zu nehmen; siehe dazu Barker, British Policy in South-East Europe in the Second World War, S. 84 ff.

[5] Noch unmittelbar nach dem Putsch hatte Maček dem abgesetzten, in Zagreb weilenden Prinzen Paul das Angebot gemacht, mit kroatischer Hilfe gegen die Putschisten Front zu machen. Gleichzeitig war Maček an die Deutschen mit der Bitte um sofortige Stellungnahme zu der Frage, wie Deutschland sich zur neuen Belgrader Regierung stellen würde, wenn diese den Beitritt Jugoslawiens zum Dreimächtepakt anerkennen würde, herangetreten. Obwohl Ribbentrop Maček über das deutsche Generalkonsulat in Zagreb wissen ließ, daß das Deutsche Reich seine Mitarbeit in der neuen Regierung ablehne, erklärte sich Maček am 3.4.1941 bereit, der Putschregierung unter der Bedingung beizutreten, daß sie eine strikte Neutralitätspolitik gegenüber dem Deutschen Reich verfolgen und kein Bündnis mit England oder Griechenland eingehen würde (Knoll, Jugoslawien in Strategie und Politik der Alliierten 1940—1943, S. 209 f.).

[6] Am 29.3.1941 drohte Simović dem italienischen Gesandten in Belgrad, Mameli, daß sich Jugoslawien bei einer Besetzung Salonikis durch die Deutschen gezwungen sehen würde, die Italiener in Albanien anzugreifen (Documents on German Foreign Policy 1918—1945, Series D, Vol XII, Dokument 235, Heeren an Auswärtiges Amt, 30.3.1941, S. 422). Am 2.4.1941 wiederholte Simović seine Drohung gegenüber Mameli und fügte noch hinzu, daß Jugoslawien die 500000 italienischen Soldaten in Albanien in diesem Fall als Geiseln betrachten würde (Knoll, Jugoslawien in Strategie und Politik der Alliierten 1940—1943, S. 221 ff.). Mit diesem, aufgrund der realen politischen und militärischen Kräfteverhältnisse als größenwahnsinnig einzuschätzenden Einschüchterungsversuch war es Simović lediglich gelungen, die aufgrund der prekären militärischen Lage der italienischen Truppen in Albanien vorhandene potentielle Gesprächsbereitschaft der Italiener zunichtezumachen.

[7] Außenminister Ninčić bekräftigte in einer Demarche an den deutschen Botschafter in Belgrad, Heeren, das Bekenntnis der neuen jugoslawischen Regierung zum Dreimächtepakt (Documents on German Foreign Policy 1918—1945, Serie D, Vol XII, Dok. 235, Heeren an Auswärtiges Amt, 30.3.1941, S. 421 f.).

[8] Knoll, Jugoslawien in Strategie und Politik der Alliierten 1940—1943, S. 223 f.

Die Briten drängten vehement auf Verhandlungen mit der Regierung Simović, um Jugoslawien zu einem Präventivschlag gegen die italienischen Truppen in Albanien, zu einer Offensive gegen Bulgarien und zur militärischen Absperrung der griechischen Grenze zu bewegen um dadurch bessere Kampfbedingungen für das bereits in Griechenland stationierte britische Expeditionskorps zu schaffen. Die geheimen Verhandlungen scheiterten zum einen an der illusorischen Vorstellung der jugoslawischen Regierung, einen deutschen Angriff durch eine dezidierte Antikriegspolitik zumindest hinauszögern zu können, zum anderen aber auch an der militärischen Schwäche der britischen Truppen in Griechenland. Die jugoslawische Seite erkannte sehr rasch, daß von dem schwachen militärischen Potential der Briten im Südosten[9] im Ernstfall keine große Hilfe zu erwarten sein würde und Jugoslawien für weitreichende militärische Ziele der Briten geopfert werden sollte[10]. In welchen Zeitdimensionen die jugoslawische Regierung rechnete, illustriert die Tatsache, daß sie nach dem Scheitern der Verhandlungen mit den Briten Anfang April 1941 eine Wiederaufnahme der Gespräche in einem Monat erwog. Eine Begegnung mit dem englischen Außenminister Eden in Belgrad war für den Frühsommer 1941 geplant[11].

Obwohl die jugoslawische Regierung bereits am 4. April 1941 von britischer Seite über die intensiven deutschen Kriegsvorbereitungen informiert wurde[12], war die Belgrader Führung von einem unmittelbar drohenden deutschen Überfall nicht zu überzeugen. Um Deutschland nicht zu provozieren, hatte Simović nur eine allgemeine Aktivierung der jugoslawischen Streitkräfte, nicht aber eine offene Mobilmachung angeordnet[13]. Bis zum 3. April 1941 war erst die Hälfte der Truppen mobilisiert, und es hätte noch bis zum 22. April gedauert, bis die Truppenkonzentration abgeschlossen gewesen wäre[14].

[9] Das in Griechenland stationierte Expeditionskorps umfaßte lediglich 53 000 bis 58 000 Mann, das auch bei einem etwaigen Präventivschlag Jugoslawiens nicht wesentlich verstärkt werden sollte, Vogel, Das Deutsche Reich und der Zweite Weltkrieg, Bd 3, S. 457. Obwohl die Briten seit dem Vormarsch der Italiener in Albanien und Griechenland im Frühjahr 1940 auf einen Kriegsbeitritt Jugoslawiens drängten, waren sie selbst nicht imstande, entsprechende militärische Hilfe anzubieten. Insbesondere im Winter 1940/41 unternahmen sie den Versuch, die Türkei und Jugoslawien zum Kriegseintritt zu bewegen, um — wie schon im Ersten Weltkrieg — eine »Saloniki-Front« zu errichten (Wheeler, Britain and the War for Yugoslavia, 1940—1943, S. 33, 55).
[10] Knoll, Jugoslawien in Strategie und Politik der Alliierten 1940—1943, S. 211 ff. Die politischen Diskussionen um britische Militärhilfe bei einem möglichen Kriegseintritt Jugoslawiens hatten schon zur Zeit des wirtschaftlichen Vordringens Deutschlands in Rumänien im Frühjahr 1940 begonnen. Großbritannien sah sich für den Fall eines Kriegseintritts Jugoslawiens nicht imstande, das Land auf dem Land- oder Seeweg militärisch zu unterstützen. König Paul wiederum erklärte, daß sich Jugoslawien einen Kriegsbeitritt nur dann überlegen würde, wenn die Engländer bereit und imstande wären, analog zum Ersten Weltkrieg eine »Saloniki-Front« zu errichten (Barker, British Policy in South-East Europe in the Second World War, S. 78 ff.).
[11] Anglo-Yugoslav Discussions 31st March—1st April, 1941, zit. nach: Knoll, Jugoslawien in Strategie und Politik der Alliierten 1940—1943, S. 213.
[12] Die jugoslawische Regierung war von den Briten u. a. vom bevorstehenden Transport einer Gebirgsdivision von Tirol nach Albanien verständigt worden (Knoll, Jugoslawien in Strategie und Politik der Alliierten 1940—1943, S. 215).
[13] Brandes, Großbritannien und seine osteuropäischen Alliierten 1939—1943, S. 92.
[14] Knoll, Jugoslawien in Strategie und Politik der Alliierten 1940—1943, S. 219.

Die panischen und konzeptlosen sicherheitspolitischen Manöver der Regierung Simović endeten mit der Unterzeichnung eines Freundschafts- und Nichtangriffspaktes mit der Sowjetunion. Simović hatte Moskau bereits am Tag des Putsches zum Abschluß eines militärischen Beistandspaktes gedrängt. Um die freundschaftlichen Beziehungen zu Deutschland nicht zu gefährden, erklärte sich Moskau aber nur zum Abschluß eines Freundschafts- und Nichtangriffspaktes mit Jugoslawien bereit. Der Vertrag wurde in Moskau in der Nacht vom 5. auf den 6. April 1941 unterzeichnet. Die sowjetischen Tageszeitungen, die am Morgen des 6. April mit Verspätung erschienen, um über das Ereignis berichten zu können, feierten den Pakt in großer Aufmachung als glänzenden Erfolg und bezeichneten den Vertragstext als »leuchtendes Dokument, das den Frieden bekräftigt und versucht, die Ausdehnung des Krieges zu vermeiden«[15]. Ironie der Geschichte: Als die Welt aus der sowjetischen Presse vom neuesten »Erfolg« des Hitler-Stalin-Paktes hinsichtlich der »Friedenssicherung« in Europa erfuhr, war die jugoslawische Hauptstadt Belgrad bereits in Schutt und Asche gelegt.

1. Die Bombardierung Belgrads

Auch wenn die von innenpolitischen Schwierigkeiten, extremem Zeitdruck und verantwortungslosem Dilettantismus geprägte Außen- und Sicherheitspolitik der jugoslawischen Führung anders ausgesehen hätte, wäre der deutsche Überfall auf Jugoslawien nicht zu verhindern gewesen. Denn bereits am Tag des Putsches in Belgrad hatte Hitler in einer geheimen Führerweisung beschlossen:

»Jugoslawien muß auch dann, wenn es zunächst Loyalitätserklärungen abgibt, als Feind betrachtet und daher so rasch als möglich zerschlagen werden[16].«

Als Auftakt zu dem als »Unternehmen Strafgericht« bezeichneten Überfall sollte Belgrad durch die Luftflotte 4 bombardiert werden. Am 31. März 1941 erließ ihr Oberbefehlshaber, der österreichische General Alexander Löhr, in Wien den »Befehl für die Luftkriegsführung Jugoslawien«: Die von Zwölfaxing, Münchendorf, Wiener Neustadt, Wien-Aspang, Graz und Arad (Rumänien) startenden Fliegerverbände erhielten den Auftrag, die »Zerstörung Belgrads durch Großangriff« durchzuführen. Die Kampfflugzeuge wurden mit Spreng- und Brandbomben beladen, deren Abwurf das Ziel verfolgte, »Großbrände zu verursachen, um für den anschließend geplanten Nachteinsatz die Zielauffindung zu erleichtern«[17]. Die erste Welle des Bombenangriffes sollte die Stadt verwüsten und die ahnungslose Bevölkerung treffen. Erst beim zweiten Angriff sollten dann gezielt bestimmte militärische Anlagen und Verwaltungszentren zerstört werden.

Am Morgen des 6. April 1941 wurde Jugoslawien ohne Kriegserklärung überfallen. 611 Kampf- und Jagdflugzeuge griffen die durch keinerlei Luftabwehr geschützte jugoslawische Hauptstadt an. In zwei Tagen und einer Nacht zerstörten 440 Tonnen Brand- und

---

[15] Ebd., S. 227.
[16] Führerweisung Nr. 25 vom 27.3.1941 (Hitlers Weisungen für die Kriegführung, S. 124).
[17] Bundesarchiv-Militärarchiv Freiburg (im folgenden: BA-MA), RL 7/657, Befehl Löhrs vom 31.3.1941.

Splitterbomben weite Teile der Stadt[18]. Damit hatte General Löhr nach der Bombardierung Warschaus im September 1939 abermals unter Beweis gestellt, daß er auch selbst bemüht war, die an seine Untergebenen gerichtete Forderung zu erfüllen, »jeder einzelne (habe) sich als Nationalsozialist der Tat«[19] zu erweisen.

Als am 7. April 1941 die Bombardierung Belgrads beendet war, hatten dann auch mehr Menschen den Tod gefunden als bei den vorangegangenen Bombardierungen von Warschau, Rotterdam und Coventry zusammen[20]. Die von Löhr schon bei der Bombardierung Warschaus erfolgreich praktizierte Strategie der Zerstörung des administrativen und logistischen Zentrums eines Landes erwies sich auch in Jugoslawien als erfolgreich. Die jugoslawische Luftwaffe wurde gänzlich ausgeschaltet; die Regierung mußte aus Belgrad flüchten und war nicht mehr in der Lage, eine zentrale Verbindung zu den militärischen Stäben und Dienststellen aufrechtzuerhalten.

Zufrieden konnte Hitler in seinem Führerhauptquartier, das zur Durchführung des »Unternehmens Strafgericht« in einen Eisenbahnzug auf dem Bahnhof von Mönichkirchen/Steiermark verlegt worden war, konstatieren, daß die vom Aufmarschgebiet Kärnten, Steiermark und Westungarn aus operierende 2. Armee unter dem Kommando des Generals von Weichs nur mehr auf geringen Feindwiderstand traf. Am 10. April wurde Zagreb (Agram) besetzt, am 13. April Belgrad kampflos übergeben. Gleichzeitig war die 12. Armee unter Generalfeldmarschall List von Bulgarien aus nach Südjugoslawien und Griechenland vorgedrungen. Am 18. April kapitulierte Jugoslawien, drei Tage später auch Griechenland.

---

[18] Kriegsarchiv Wien (im folgenden: KA Wien), Nachlaß Löhr, B 521, folio 29, Jaromir Diakow, Der Luftkrieg im jugoslawischen und griechischen Feldzug aus der Blickrichtung einer Gegenüberstellung der Einsätze zur Unterstützung des Heeres und des selbständigen Luftkrieges, o.D., S. 5.

[19] Wiener Neueste Nachrichten, 1.4.1938.

[20] Die Angaben über die Zahl der Todesopfer in Belgrad schwanken beträchtlich. Der Chef der Militärverwaltung Serbiens, SS-Gruppenführer Harald Turner, berichtete Generaloberst Löhr im August 1942: »In Belgrad von rd. 20000 Häusern durch Bombardement 9000 zerstört oder beschädigt. [...] Von den rd. 3000 unter den Trümmern verschütteten Menschen bereits im 1. Monat 2000 geborgen« (BA-MA, RW 40/32, 29.8.1942). Auch von offizieller jugoslawischer Seite werden die gleichen Zahlen für die Opfer angegeben (vgl. Glišić, Der Terror und die Verbrechen des faschistischen Deutschland in Serbien von 1941 bis 1944, S. 35). Nach einem Bericht der serbischen Quisling-Verwaltung wurden 692 Häuser vollständig zerstört, 1476 beschädigt (ebd.). Die Frage nach der Art der Bombardierung Belgrads spielte im Kriegsverbrecherprozeß gegen Löhr in Jugoslawien eine wichtige Rolle. Da zum Zeitpunkt des Prozesses (Februar 1947) dem jugoslawischen Gericht der Einsatzbefehl Löhrs nicht vorlag und Löhr dies wußte, leugnete er den Abwurf von Brand- und Splitterbomben. Die Frage der Anklage, ob Löhr den Abwurf von Brand- und Splitterbomben ohne vorherige Kriegserklärung als Terrorüberfall bezeichnen würde, beantwortete Löhr mit »ja«. Löhrs Rechtfertigung ging aber noch einen Schritt weiter. Er sagte aus, daß die jugoslawische Regierung über die Abwehrstelle Canaris darüber informiert gewesen sei, daß der Überfall auf Jugoslawien am 6.4.1941 mit der Bombardierung Belgrads eingeleitet werden sollte. Diese Behauptung Löhrs, die zum Zeitpunkt seines Prozesses im Jahre 1947 nicht überprüft wurde oder werden konnte, stellte sich nachträglich als richtig heraus. Der ehemalige jugoslawische Militärattaché in Berlin bestätigt in seinen Memoiren, daß er bereits am 2.4.1941 telegraphisch sowohl die jugoslawische Regierung als auch den Generalstab die ihm in Berlin anonym zugegangene Information über die geplante Bombardierung Belgrads weitergeleitet hatte (Vauhnik, Memoiren eines Militärattachés, S. 154ff.). Angeblich soll Vauhnik die Information von Oberst Oster, einem Mitarbeiter von Canaris, erhalten haben (Wiener, Partisanenkampf am Balkan, S. 85; siehe dazu auch Jukić, The Fall of Yugoslavia, S. 66).

Am 21. und 22. April 1941 traf in Wien der italienische Außenminister Ciano mit seinem deutschen Amtskollegen Ribbentrop zusammen, um die Aufteilung Jugoslawiens und Griechenlands unter den vier siegreichen Mächten zu klären[21]. Italien besetzte mit Ausnahme des Raumes um Saloniki, einiger Inseln (unter deutscher Besatzung) und Thraziens (unter bulgarischer Besatzung) ganz Griechenland. Jugoslawien wurde, wie Hitler es angekündigt hatte, als Staat zertrümmert: Teile Sloweniens wurden Italien und dem Deutschen Reich einverleibt. Kroatien wurde einschließlich Bosniens und der Herzegowina unter Führung der Ustascha ein formal selbständiger Satellitenstaat, war jedoch in deutsche und italienische Interessensphären aufgeteilt; große Teile der Batschka, des Banats und ein Teil Sloweniens wurden von Ungarn besetzt, ein Teil Südserbiens von Bulgarien. Das sogenannte »Altserbien«[22] und Teile des Banats wurden vom Deutschen Reich okkupiert und unter deutsche Militärverwaltung gestellt.

Ganz in der Tradition der »Blitzsiege« war in knapp zwei Wochen der Balkan erobert worden. Das britische Expeditionskorps mußte sich vom griechischen Festland auf die Insel Kreta zurückziehen. Am 15. April 1941 trug General Löhr im Führerhauptquartier am Semmering Göring die Idee einer Eroberung Kretas durch Luftlandetruppen vor. Nicht ganz zu Unrecht konnte Löhrs persönlicher Freund und spätere Hagiograph, Jaromir Diakow, behaupten:

»Löhr ist nicht nur der Eroberer, sondern auch der Anreger der Idee, Kreta aus der Luft zu nehmen[23].«

Löhr erhielt von Göring den Auftrag, mit Luftlandetruppen und Fallschirmjägerverbänden die Insel zu erobern. Unterstützt von der 5. Gebirgsdivision unter dem Kommando des österreichischen Generals und Trägers des »Goldenen Parteiabzeichens« Julius Ringel[24], meisterte Löhr — wenngleich unter beträchtlichen Verlusten — auch das Unternehmen »Merkur«. Am 1. Juni 1941 war Kreta »feindfrei«. In seiner Abschlußmeldung über die Eroberung Kretas ließ Löhr »gaupatriotisch« seine »ostmärkischen« Kameraden nicht unerwähnt. Er hob besonders die »sichere Führung des General Ringel und der wie immer und überall, so auch im Unternehmen »Merkur« ausgezeichneten soldatischen Haltung der Gebirgsjäger« hervor, die verstärkt »durch Teile des XVIII. AK (unter dem Kommando des österreichischen Generals Franz Böhme — W.M.) zur Beschleunigung und damit zur Größe des Erfolges wesentlich beigetragen haben«[25]. In einem Funkspruch an Löhr drückte Göring in überschwenglichen Worten seinen »aufrichtigsten und herzlichsten Dank zu dem unvergänglichen Sieg von Kreta«[26] aus:

---

[21] Zu den in Wien getroffenen Vereinbarungen bezüglich Einflußsphären und Grenzziehungen siehe Olshausen, Zwischenspiel auf dem Balkan, S. 157 ff.
[22] Unter »Altserbien« versteht man das Gebiet innerhalb der Grenzen Serbiens vor 1912.
[23] KA Wien, Nachlaß Löhr B 521, folio 18, Jaromir Diakow, Kreta-Fragen. Eroberer Kretas und Anreger der Idee.
[24] Ringels 5. Gebirgsdivision unterstand dem in Griechenland verbliebenen XVIII. Generalkommando unter der Führung des österreichischen Generals Franz Böhme.
[25] KA Wien, Nachlaß Löhr, B 521, folio 18, Abschlußmeldung Unternehmen Merkur, Löhr an den Oberbefehlshaber der 12. Armee, List, 3.6.1941.
[26] Ebd., Funkspruch Nr. 354, Göring an Löhr, 2.6.1941.

1. Die Bombardierung Belgrads

»Der Sieg von Kreta ist ein neuerlicher Beweis unüberwindlichen nationalsozialistischen Kampfgeistes. Es ist ein herrliches Gefühl, Oberbefehlshaber solcher tapferen Männer zu sein[27].«

Während die Wehrmacht noch mit der militärischen Eroberung des Balkans beschäftigt war, wurden im Mönichkirchner Führerhauptquartier bereits Maßnahmen zur militärischen Besetzung und politischen Verwaltung der eroberten Gebiete getroffen. Die Generallinie war durch den bereits beschlossenen Angriff auf die Sowjetunion vorgegeben: den Balkanraum mit möglichst geringem materiellen und personellen Aufwand zu kontrollieren, dadurch die Südflanke für den Feldzug gegen die Sowjetunion zu sichern und die für den weiteren Kriegsverlauf unentbehrlichen Rohstoffressourcen Südosteuropas auszubeuten. Die Realisierung dieser Zielsetzungen erforderte Männer, die mit den in Jugoslawien lebenden Völkern, ihrer Geschichte, ihren Sprachen und Religionen und ihren komplexen und konfliktreichen internen Beziehungen vertraut waren. Vor allem Österreicher schienen für diese Aufgabe geeignet. So mancher der nunmehr in deutsche Uniform gekleideten österreichischen Berufsoffiziere hatte seine Kriegserfahrungen im Ersten Weltkrieg auf dem Balkan gesammelt. Ein beträchtlicher Teil jener österreichischen Nazis, die mittlerweile Karriere bei der SS und Polizei gemacht hatten, stammte aus Kärnten oder der Steiermark, wo sie sich nach dem Zusammenbruch der Monarchie in der »Heimwehr« oder in den sogenannten »Abwehrkämpfen« von 1919/20 gegen jugoslawische Einheiten politisch-militärisch betätigt hatten und über den »Steirischen Heimatschutz« in die nationalsozialistischen Reihen gelangt waren. Noch waren keine 30 Jahre vergangen, seit die »Bosniaken« mit ihren exotisch anmutenden Uniformen und ihren Fesses in der österreichisch-ungarischen Armee gedient hatten und kroatische und slowenische Offiziere in der Militärakademie Wiener Neustadt ausgebildet worden waren.

Die Erfahrungen der Österreicher auf dem Balkan gewannen in der durch die Zerschlagung des Staates Jugoslawien neu entstandenen politischen Situation an Gewicht. Noch am 25. März 1941 war das Dritte Reich Bündnispartner Jugoslawiens, dessen staatliche Integrität aus kriegsstrategischen Gründen garantiert worden war. Die Beibehaltung dieser Politik hätte für Hitler den Vorteil gebracht, sich nicht in die innernationalen Konflikte einmischen zu müssen. Die Besetzung und Aufteilung Jugoslawiens unter den vier Siegermächten bedeutete, daß sich Deutschland nun mit den historischen und politisch-nationalen Problemen in diesem Raum konfrontiert sah. Aufgrund der historischen Vorbedingungen waren die dafür nötigen »Balkankenner« vornehmlich in den österreichischen Reihen zu finden. Der Generalbevollmächtigte für die Wirtschaft Serbiens, Franz Neuhausen, beschrieb die Einstellung Hitlers zu Serbien am Beginn des Balkanfeldzuges folgendermaßen: Hitler hatte

»denselben Standpunkt eingenommen, den die Österreicher 1914 einnahmen. Als Österreicher hielt er sich strikt an diesen Standpunkt, indem er strenge Maßnahmen gegenüber den Serben anordnete. Außerdem glaubte er, daß nur die Österreicher die Serben kennen, und daß sie als einzige kompetent wären, eine Einschätzung über die politischen, wirtschaftlichen und anderen Fragen in Serbien zu treffen[28].«

---

[27] Ebd., Fernschreiben Görings an Löhr, 3.6.1941.
[28] Vernehmungsprotokoll Franz Neuhausen im jugoslawischen Militärgefängnis in Belgrad, 20.9.1947 (zit. nach: Glisić, Der Terror und die Verbrechen des faschistischen Deutschland in Serbien von 1941 bis 1944, S. 31).

Bereits am 14. April 1941 bestellte Hitler den ehemaligen k. u. k. Stabsoffizier Edmund Glaise von Horstenau ins provisorische Führerhauptquartier nach Mönichkirchen. Er ernannte ihn zum »Deutschen General in Agram« und übertrug ihm die Funktion eines Vertreters der Wehrmacht beim kroatischen Ustascha-Regime. Glaise von Horstenau wurde dem Oberkommando der Wehrmacht (OKW) direkt unterstellt. Er erhielt die Aufgabe, die Interessen der Wehrmacht gegenüber dem formal unabhängigen Kroatien zu vertreten und die Ustascha-Regierung bei der Aufstellung einer kroatischen Armee zu unterstützen. Glaise von Horstenau brachte für diesen militärpolitischen Auftrag Voraussetzungen mit, die nur ein »Altösterreicher« besitzen konnte: er kannte nahezu den gesamten Generalstab der kroatischen Marionettenarmee persönlich aus seiner Generalstabszeit im k. u. k. Heer. Vom nunmehrigen Marschall Slavko Kvaternik bis zum Kommandanten der Kriegsmarine, Djuro Jakcin, waren sie durchwegs ehemalige Generalstabsoffiziere der altösterreichischen Armee. Das Ustascha-Regime, von Nazi-Deutschland und Italien in den Sattel gehoben und mit geringer gesellschaftlicher Basis ausgestattet, sah sich gezwungen, auf k. u. k. Generale zurückzugreifen, um überhaupt den Anschein militärischer Autonomie zu wahren. Oder, wie es Glaise von Horstenau angesichts seiner eigenen Karriere eitel formulierte:

»Diese Revolution [gemeint ist die Machteinsetzung des Ustascha-Regimes – W. M.] ist auch eine Revolution der alten Männer und – last, not least – der alten kaiserlichen Offiziere[29].«

Schon bei der ersten Paradeabnahme der kroatischen Truppen betonte Glaise von Horstenau die gemeinsame alt-österreichische Vergangenheit und vermerkte voller Stolz, daß er »mit der älteren Generation der kroatischen Kameraden durch 25 Jahre (inklusive Militärschulen) den gleichen Rock getragen«[30] habe. In den Beschreibungen seiner ersten Reisen durch Kroatien als »Deutscher General in Agram« schwelgte er in altösterreichischer Nostalgie und in Erinnerungen an das Kriegsgeschehen zwischen 1914 und 1918: In Agram fühlte er sich vom Geist der k. u. k. Korpskommandanten umweht, betrachtete mit Stolz Paßstraßen aus der Kaiserzeit – »wie jegliche Kulturtat in diesem Lande ein Werk der österreichischen Verwaltung« – und gedachte paternalistisch der »armen Kroaten«, dieser »Getreuesten der Getreuen der habsburgischen Kaiserzeit«[31]. In seiner ersten persönlichen Berichterstattung bei Hitler über die politische Lage in Kroatien brachte Glaise von Horstenau das Gespräch auf den Posten des »Gesandten in Agram«, in der Hoffnung, daß auch dieser mit einem österreichischen »Balkankenner« besetzt werden würde. Die Entscheidung Hitlers zugunsten des reichsdeutschen SA-Mannes Siegfried Kasche, dem als Experte der in den 30er Jahren an der österreichischen Botschaft in Belgrad akkreditiert gewesene Diplomat Heribert v. Troll-Obergfell beigegeben wurde, rief in Glaise von Horstenau »schwere Betroffenheit« hervor, die er Jodl gegenüber folgendermaßen ausdrückte:

»Wir werden nächstens einen Zivilisten zum Armeeführer machen mit der Begründung, daß ihm ohnehin ein gewiegter Stabschef beigegeben werde[32].«

---

[29] Ein General im Zwielicht, S. 98.
[30] Ebd., S. 93.
[31] Ebd., S. 96, 100.
[32] Ebd., S. 90f. Der Generalstabschef des Heeres, General Halder, vermerkte dazu in seinem Kriegstage-

Die nationalsozialistische Führung hoffte, durch die Einsetzung der Ustascha und die Besetzung großer Teile Kroatiens durch italienische Divisionen eine politische Situation zu schaffen, die ihr die Durchsetzung ihrer militärstrategischen und wirtschaftlichen Interessen ohne größeren materiellen und personellen Aufwand ermöglichen würde. Nach dem Abzug der Truppen des Armeeoberkommandos 2 im Mai 1941 wurde vom OKW eine einzige kampfunerprobte Division speziell für Besatzungsaufgaben nach Kroatien geschickt und durch sechs Landesschützenbataillone für Sicherungs- und Bewachungsaufgaben ergänzt. Mit Glaise von Horstenau in einer Doppelfunktion — einerseits als dem OKW unterstellter Wehrkreisbefehlshaber der in Kroatien stationierten deutschen Truppen, andererseits als eine Art Militärattaché[33] — und der deutschen Gesandtschaft in Agram unter Kasche dachte die deutsche Führung im Ustascha-Staat auszukommen. Doch die politische und militärische Entwicklung in Kroatien verlief gänzlich anders als erwartet. Schon nach einem Jahr sollte Kroatien zum Zentrum des Kampfes der jugoslawischen Partisanenarmee gegen die Besatzer und das Ustascha-Regime werden.

Bereits einige Monate später, insbesondere aber nach der Kapitulation Italiens im September 1943, konnte der mittlerweile zum »Deutschen Bevollmächtigten General in Kroatien« im Rang eines Generalleutnants avancierte Glaise von Horstenau eine Reihe österreichischer Generale als Truppenführer in Kroatien, Serbien und Griechenland begrüßen.

Die Namensliste der österreichischen Generale, die in der Wehrmacht im Südostraum führende Positionen erlangten, könnte der Generalstabsliste des österreichischen Bundesheeres vor dem März 1938 entnommen sein. Hier sollen nur die Karrieren der wichtigsten österreichischen Militärs im Südosten skizziert werden:

Alexander Löhr:
in Österreich vor dem März 1938: Kommandant der Luftstreitkräfte, Generalmajor im Generalstab; Träger des Offiziers- und des Ritterkreuzes 1. Klasse des österreichischen Verdienstordens und des k. u. k. Franz-Joseph-Ordens.
Auf dem Balkan: Oberbefehlshaber der Luftflotte 4 beim Überfall auf Jugoslawien, von August 1942 bis August 1943 Wehrmachtsbefehlshaber Südost und als solcher Oberkommandierender aller Wehrmachteinheiten in Griechenland, Serbien und Kroatien, von August 1943 bis Kriegsende Chef der Heeresgruppe E, bis zum Rückzug Oberkommandierender aller deutschen Truppen in Griechenland.
Löhr wurde im Mai 1945 von den Engländern in Kärnten gefangengenommen, an Jugoslawien ausgeliefert, vom jugoslawischen Militärgerichtshof zum Tode verurteilt und 1947 hingerichtet.

---

buch: »Von seiten der politischen Führung soll SA-Obergruppenführer Kasche als Gesandter nach Kroatien. Ihm soll als eigentliche Arbeitskraft ein Leg. Rat v. Troll-Obergfell beigegeben werden« (Generaloberst Halder, Kriegstagebuch, Bd 2, S. 370).

[33] Glaise von Horstenau unterstand direkt dem Chef des OKW, Keitel. Als »Deutscher General in Agram« hatte er speziell zu Besatzungsbeginn die Aufgabe, die Anordnungen des OKW gegenüber den in Kroatien stationierten Wehrmachtstäben durchzusetzen (Olshausen, Zwischenspiel auf dem Balkan, S. 149).

I. »Unternehmen Strafgericht«

Lothar Rendulic:
in Österreich vor 1938: 1933/34 österreichischer Militärattaché in Paris, 1935 Kommandant der Schnellen Brigade in Wien, 1936 wegen illegaler Mitgliedschaft in der NSDAP vorzeitig in den Ruhestand versetzt, sofort nach dem Anschluß Österreichs reaktiviert.
Auf dem Balkan: von August 1943 bis Juni 1944 Oberbefehlshaber der 2. Panzerarmee in Jugoslawien. Rendulic wurde unter anderem wegen dieser Tätigkeit im Nürnberger Nachfolgeprozeß gegen die Südostgenerale (»Fall 7«) angeklagt und wegen Kriegsverbrechen und Verbrechen gegen die Menschlichkeit zu 20 Jahren Gefängnis verurteilt. 1951 wurde die Strafe zunächst auf 10 Jahre herabgesetzt, im selben Jahr wurde er vorzeitig aus der Haft entlassen.

Franz Böhme:
in Österreich vor dem März 1938: Chef des militärischen Nachrichtendienstes, Generalmajor im Generalstab, im Berchtesgadener Abkommen vom Februar 1938 auf Wunsch Hitlers zum Nachfolger General Jansas als Chef des Generalstabs der bewaffneten Macht designiert; Träger des Ritterkreuzes 1. Klasse des österreichischen Verdienstordens und des k. u. k. Ordens der Eisernen Krone 3. Klasse.
Auf dem Balkan: April bis September 1941 Kommandierender General des XVIII. (Geb.) AK in Griechenland, September bis Dezember 1941 Bevollmächtigter Kommandierender General in Serbien, von Juni 1944 bis zu seinem Flugzeugabsturz im Juli 1944 als Oberbefehlshaber der 2. Panzerarmee Befehlshaber der deutschen Truppen in Jugoslawien. Als Angeklagter im »Fall 7« verübte er 1947 in der Untersuchungshaft Selbstmord.

Edmund Glaise von Horstenau:
in Österreich vor 1938: k. u. k. Generalstabsoffizier im 1. Weltkrieg, Juli 1936 bis März 1938 als Vertreter der »Nationalen Opposition« Minister in verschiedenen Kabinetten von Bundeskanzler Schuschnigg. Hitler forderte im Februar 1938 von Schuschnigg die Einsetzung Glaise von Horstenaus als Heeresminister; Vizekanzler der »Anschlußregierung« Seyß-Inquart.
Auf dem Balkan: April 1941 bis September 1944 Deutscher General in Agram, als solcher Vertreter der Wehrmacht beim kroatischen Ustascha-Regime. Er trat beim Nürnberger Prozeß gegen die Hauptkriegsverbrecher als Zeuge auf und beging im Juli 1946 im Internierungslager Langwasser Selbstmord.

Maximilian de Angelis:
in Österreich vor dem März 1938: Ausbilder bei den Höheren Offizierskursen des Bundesheeres, Oberst des Generalstabes, Führer des Nationalsozialistischen Soldatenringes (NSR), im Kabinett Seyß-Inquart Staatssekretär für Landesverteidigung.
Auf dem Balkan: von Juli 1944 bis zur Kapitulation Nachfolger Böhmes als Oberbefehlshaber der 2. Panzerarmee in Jugoslawien.

Julius Ringel:
in Österreich vor 1938: Oberstleutnant beim 5. Divisionskommando (Steiermark); führendes Mitglied des NSR; Träger des k. u. k. Ordens der Eisernen Krone 3. Klasse und des Goldenen Parteiabzeichens der NSDAP.

Auf dem Balkan: April bis Dezember 1941 Kommandeur der 5. Gebirgsdivision in Griechenland.

Dr. Walter Hinghofer:
in Österreich vor 1938: Oberst des österreichischen Generalstabes, Chef des Stabes der 7. Division in Kärnten, Mitglied des NSR; Träger des k. u. k. Ordens der Eisernen Krone 3. Klasse.
Auf dem Balkan: September bis November 1941 Kommandeur der 342. Infanteriedivision (ID) in Serbien unter General Böhme, anschließend Kommandeur der 717. ID und stellvertretender Kommandierender Befehlshaber Serbiens.

Adalbert Lontschar:
in Österreich vor 1938: Oberstleutnant beim Infanterieregiment 1 in Wiener Neustadt; Träger des Offizierskreuzes des österreichischen Verdienstordens und des k. u. k. Ordens der Eisernen Krone 3. Klasse.
Auf dem Balkan: Juni bis Oktober 1941 Kommandeur der 704. ID, ab November 1941 Feldkommandant von Belgrad. Er wurde vom jugoslawischen Militärgerichtshof wegen der Anordnung von Geiselerschießungen zum Tode verurteilt und 1947 hingerichtet.

Erwähnt seien noch:
Generalleutnant Emil Zellner (Oberst des österreichischen Generalstabes) als Kommandeur der in Kroatien eingesetzten 373. Division, deren Mannschaft aus kroatischen Soldaten bestand; der Nachfolger Zellners ab August 1944, Generaloberst Eduard Aldrian (vor 1938 Major des Steirischen Leichten Artillerieregiments Nr. 5); Generalmajor Alois Windisch (Oberstleutnant des österreichischen Generalstabes) als Kommandeur der 264. ID in Dalmatien; General Johann Mickl (Oberstleutnant des österreichischen Generalstabes) als Kommandeur der 392. (kroat.) Division; Generalleutnant Karl Eglseer (Oberst des österreichischen Generalstabes), Nachfolger Böhmes als Kommandierender General des XVIII. Armeekorps und ab Mitte 1943 Kommandeur der 714. ID (später 114. Jägerdivision) in Kroatien.
Zumindest temporär hatten Böhme, Rendulic, de Angelis und Glaise von Horstenau den Rang von Territorialbefehlshabern in Kroatien und/oder Serbien inne. Löhr war drei Jahre Chef der Heeresgruppe E und ein Jahr lang als Oberbefehlshaber Südost Wehrmachtsbefehlshaber sämtlicher deutscher Truppenverbände auf dem Balkan.
Nicht nur bei der Wehrmacht, sondern auch in anderen Bereichen waren Österreicher in Spitzenpositionen auf dem Balkan deutlich überrepräsentiert. Fast alle Höheren SS- und Polizeiführer waren Österreicher[34]. Der erste nationalsozialistische Bürgermeister von Wien, Hermann Neubacher, war ab Oktober 1942 »Sonderbeauftragter des Reiches für wirtschaftliche und finanzielle Fragen in Griechenland« und ab August 1943 »Sonderbevollmächtigter des Auswärtigen Amtes für den Südosten«[35].

---

[34] Sie waren als Chefs des nicht-militärischen Repressionsapparates die Vertreter Himmlers in den besetzten Gebieten (vgl. Birn, Die Höheren SS- und Polizeiführer; Birn, Austrian Higher SS and Police Leaders; Preradovich, Österreichs Höhere SS-Führer).
[35] Neubacher, Sonderauftrag Südost 1940–1945.

2. Die militärische Besatzungsstruktur in Serbien 1941

Während in Kroatien ein formal unabhängiger Satellitenstaat installiert und das Land in italienische und deutsche Besatzungs- und Einflußzonen aufgeteilt wurde, beschloß das Deutsche Reich, das sogenannte »Altserbien« (das ehemalige Gebiet Serbiens unter Ausschluß Mazedoniens) einschließlich des Banats als »deutsches Schutzgebiet« zu okkupieren und unter deutsche Militärverwaltung zu stellen. Dieses Gebiet umfaßte mit etwa 60 000 km² mehr als ein Viertel der Gesamtfläche des ehemaligen Jugoslawien[36]. Von den dort lebenden etwa 3,8 Millionen Menschen waren 80 % Serben. Die restliche Bevölkerung setzte sich aus Kroaten, Madjaren, etwa 170 000 Rumänen, Walachen und Volksdeutschen (den vornehmlich im Banat ansässigen Banater Schwaben) zusammen. Mit etwa 23 000 Menschen mosaischen Bekenntnisses stellte die jüdische Gemeinde in Serbien nur etwa 0,5 % der Gesamtbevölkerung[37]. Hinzu kam noch eine Gruppe von etwa 1100 großteils aus Österreich stammenden jüdischen Flüchtlingen. Sie waren 1939 bei dem Versuch, mit einem Schiffstransport über die Donau und das Schwarze Meer nach Palästina zu flüchten, in Jugoslawien hängengeblieben, hatten dort vergeblich auf eine Möglichkeit zur Weiterreise gewartet und waren zum Zeitpunkt der Okkupation Serbiens in der 50 km westlich von Belgrad gelegenen Stadt Šabac untergebracht[38].

Über die endgültige Stellung Serbiens hatten die Deutschen noch keine klaren Vorstellungen. Außenminister Ribbentrop etwa instruierte seinen Vertreter Benzler in Serbien dahingehend, bei seiner Tätigkeit darauf Rücksicht zu nehmen, daß es in Zukunft wiederum einen serbischen Staat geben könnte[39]. Für den Augenblick aber wurden die Serben als Vertreter des ehemaligen jugoslawischen Staates und als verantwortlich für den deutschfeindlichen Putsch vom 27. März 1941 angesehen. Die Serben sollten dafür die Konsequenzen tragen[40]. Wie Hermann Neubacher[41] nicht ohne Grund vermutete, dürfte die Entscheidung Hitlers, den jugoslawischen Staat zu zerstören und Serbien durch eine

---

[36] Von Gebieten, die vor 1941 noch zu Serbien zählten, besetzte Ungarn den Südbaranja und die Batschka, Bulgarien den Großteil von Mazedonien, während Syrmien dem kroatischen Satellitenstaat einverleibt wurde. Außer den Grenzen des Banats wurden die Grenzen Serbiens bis zu Kriegsende zwischen den Achsenmächten ständig verschoben (Marjanović, The German Occupation System in Serbia in 1941, S. 270 ff.).

[37] Die Angaben über die Bevölkerungszahlen für den von Deutschland besetzten Teil Serbiens divergieren. Die vom Statistischen Amt der Jugoslawischen Volksrepublik errechnete Zahl für 1941 beträgt 4 008 112. Die Regierung Nedić gab für 1941 eine Zahl von 3 773 000 Menschen für das von Deutschland okkupierte Gebiet Serbiens an (Marjanović, The German Occupation System in Serbia in 1941, S. 273). Die hier verwendeten Zahlenangaben beruhen auf einer Statistik des Auswärtigen Amtes vom 21. 5. 1941, deren Daten auf dem jugoslawischen Mikrozensus von 1931 basieren (Politisches Archiv, Auswärtiges Amt [im folgenden: PA-AA], Büro Staatssekretär Jugoslawien, Bd 3).

[38] Zur Geschichte dieses Flüchtlingstransportes vgl. Anderl/Manoschek, Gescheiterte Flucht.

[39] Schreiben von Ribbentrop an Benzler, 3.5.1941 (Marjanović, The German Occupation System in Serbia in 1941, S. 266).

[40] So etwa gab das OKW den Befehl, daß die serbischen Offiziere ausgesucht schlecht behandelt werden sollten (Generaloberst Halder, Kriegstagebuch, Bd 2, S. 357).

[41] Neubacher hatte im 1. Weltkrieg als k. u. k. Offizier selbst eine kroatische Kompanie geführt (Wiener, Partisanenkampf am Balkan, S. 95).

2. Die militärische Besatzungsstruktur in Serbien 1941

deutsche Militärverwaltung zu regieren, auch von einem altösterreichischen antiserbischen Komplex mitbestimmt gewesen sein[42].

Aber auch in militärstrategischer Hinsicht nahm Deutschland Anleihen bei der österreichischen Geschichte. Zur Vorbereitung der Wiener Außenministerkonferenz vom April 1941, wo unter Teilnahme von Vertretern des Auswärtigen Amtes, des Reichsinnenministeriums und des Reichskommissars für die Festigung des Deutschen Volkstums über die Aufteilung des jugoslawischen Staatsgebietes zwischen Deutschland und Italien verhandelt wurde, erarbeitete man eine Denkschrift, die sich in grundlegenden Überlegungen an der Politik »des genialen Feldherrn und großen Staatsmannes Prinz Eugen« orientierte. Ebenso wie dieser kamen auch die Konferenzteilnehmer des Auswärtigen Amtes zu dem Schluß, daß die Vorherrschaft des Dritten Reiches über den Donauraum nur durch den Ausbau Belgrads zu einer deutschen Reichsfestung möglich wäre,

»weil nur der das Eiserne Tor und das Tor bei Wien [...] beherrscht, der Belgrad fest in der Hand hält«[43].

Dabei nahmen die pseudowissenschaftlich legitimierten »volkspolitischen Raumordnungspläne« einen breiten Raum ein. Um möglichst wenig deutsche Wehrmachteinheiten in Serbien zu binden, sollten Volksdeutsche die Sicherung dieses Gebietes übernehmen:

»Der Gedanke einer Reichsfestung Belgrad läßt sich um so leichter verwirklichen, als das Hinterland Belgrads aus Gemeinden besteht, in denen die Deutschen die absolute oder relative Mehrheit haben und das ganze Hinterland allein durch deutsche Kulturleistung geprägt worden ist. Die dort siedelnden Deutschen könnten ihre Wehrpflicht in der deutschen Garnison Belgrad erfüllen und damit die allzeit einsatzbereite Stammannschaft der Reichsfestung bilden[44].«

Nicht zuletzt auf Grund dieser Konzepte dürfte der immer bestens informierte Leiter der deutschen Volksgruppe im deutschbesetzten Teil des Banats, Sepp Janko, schon Pläne für einen »Prinz-Eugen-Gau« (bestehend aus den Gebieten der Batschka, des Banats, Teilen Siebenbürgens und der Baranja) geschmiedet haben[45]. Die militärische Entwicklung auf dem Balkan verhinderte die Umsetzung dieser expansionistischen Raumordungsziele. Dennoch hielt das Auswärtige Amt auch während der Okkupation an altösterreichischen Zielvorstellungen fest. In einem Vortragskonzept der »Abteilung Deutschland« vom November 1942 wurde abermals auf die aktuelle Bedeutung der habsburgischen Raumordnungspläne für das Dritte Reich hingewiesen:

»Im Gegenteil, die Bedeutung der ehemaligen ›Österreichischen Militärgrenze‹, [...] kann in der Reichspolitik nicht übersehen werden. Nach der Wiederbildung des Großdeutschen Reiches gewinnen die historischen politischen Maßnahmen des Reichsmarschalls Prinz Eugen in Hinblick auf die Einordnung des Südosteuropäischen Raumes in den Mitteleuropäischen Großraum an Aktualität[46].«

Die Beherrschung des Transitweges über die Donau — vom Schwarzen Meer bis nach Wien, der östlichsten Großstadt des Deutschen Reiches — spielte aber auch aus kriegs-

---

[42] Neubacher, Sonderauftrag Südost 1940–1945, S. 147.
[43] Denkschrift »Über die Lage und das zukünftige Schicksal des Deutschtums im ehemaligen jugoslawischen Staatsgebiet«, in Wehler, »Reichsfestung Belgrad«, S. 82.
[44] Ebd., S. 82.
[45] Ebd., S. 74; siehe auch Olshausen, Zwischenspiel auf dem Balkan, S. 212.
[46] PA-AA, Inland IIg, Bd 255, Vortragskonzept der Abteilung Deutschland an den Reichsaußenminister vom 5.11.1942.

wirtschaftlicher Sicht eine wesentliche Rolle. Durch die Zerschlagung Jugoslawiens »tritt die Donau heraus aus ihrer Vernachlässigung und kann zur deutschbestimmten Hauptverkehrsader des deutschen und des europäischen Südostens werden«[47]. Insbesondere das rumänische Erdöl konnte jetzt auf sicherem und wesentlich kürzerem Wege als bisher ins Deutsche Reich transportiert werden.

Serbien selbst war speziell wegen seiner Agrarprodukte und Erzvorkommen für die deutsche Lebensmittelversorgung und die Rüstungsproduktion von großer Bedeutung. In Bor befand sich die größte europäische Kupfermine mit einer Monatsförderung von etwa 6000 Tonnen; die Antimonminen in Serbien förderten 40 % der europäischen Gesamtproduktion, während das Land beim Silberabbau den zweiten Platz einnahm[48]. Des weiteren war das Deutsche Reich an der Ausbeutung des bäuerlichen serbischen Arbeitskräftepotentials (drei Viertel der Bewohner Serbiens waren Bauern) interessiert[49]. Allein bis Oktober 1941 wurden 25 000 Personen teils als Freiwillige, teils als Zwangsverpflichtete ins Deutsche Reich gebracht[50].

Schema der deutschen Besatzungsstruktur im ehemaligen Jugoslawien
(April—Dezember 1941)

Wehrmachtbefehlshaber Südost
(Generalfeldmarschall List, Sitz Saloniki)

Kroatien	Serbien
Deutscher General in Agram	Militärbefehlshaber in Serbien
Glaise von Horstenau	Schröder, Danckelmann
	(April — September 1941)
	Bevollmächtigter Kommandierender
	General in Serbien
	Böhme (mit dem XVIII. AK)
	(September—Dezember 1941)
	Höheres Kommando LXV
	Bader
	342. ID
125. IR	Hinghofer
718. ID	704. ID, 714. ID, 717. ID
	Landesschützenbataillone

In Serbien stand an der Spitze der Okkupanten der »Militärbefehlshaber in Serbien« bzw. ab September 1941 der »Bevollmächtigte Kommandierende General in Serbien«,

---

[47] Gutachten der »Reichsstelle für Raumordnung« vom 24.4.1941, in: Wehler, »Reichsfestung Belgrad«, S. 83.
[48] Marjanović, The German Occupation System in Serbia in 1941, S. 273 f.
[49] Ebd., S. 275.
[50] Ebd., S. 267.

2. Die militärische Besatzungsstruktur in Serbien 1941

der dem Militärbefehlshaber Südost in Griechenland unterstand. Der Militärbefehlshaber bzw. der Bevollmächtigte Kommandierende General in Serbien verfügte über zwei Stäbe, die sich insgesamt aus mehr als 700 Offizieren und Bediensteten zusammensetzten[51]. Der erste Stab war der Verwaltungsstab unter dem Staatsrat und SS-Gruppenführer Harald Turner[52]. Er überwachte die vorerst provisorische serbische Regierung und die vier Feldkommandanturen in Serbien. Turners Versuch, sich auch das 64. Polizei-Reservebataillon (Pol. Res. Bat. 64) und die Einsatzgruppe der Sicherheitspolizei und des SD unter der Leitung von Wilhelm Fuchs zu unterstellen, scheiterte am Einspruch Heydrichs. Man einigte sich aber auf eine enge Zusammenarbeit der beiden Dienststellen[53]. Mittels eines Kommandostabes, des Generalstabes in Serbien, an dessen Spitze Oberstleutnant Gravenhorst stand, hatte der Militärbefehlshaber direkte Kontrolle über die für Sicherungsaufgaben zuständigen Landesschützenbataillone und indirekte Kontrolle über das aus drei Divisionen bestehende LXV. Armeekorps unter General Bader.

Zur Präsenz von Militär, Polizei und SS kam noch die Abteilung des Generalbevollmächtigten für die Wirtschaft Serbiens, Franz Neuhausen, die direkt Göring unterstand und die wirtschaftliche Ausbeutung Serbiens im Sinne des Vierjahresplanes organisieren sollte[54]. Das Auswärtige Amt Ribbentrops war durch den Bevollmächtigten des Auswärtigen Amtes, Gesandten Dr. Felix Benzler, vertreten[55].

Nach der raschen Kapitulation der jugoslawischen Armee waren die Kampfverbände der Wehrmacht unverzüglich aus dem jugoslawischen Raum abgezogen und in Richtung Osten dirigiert worden. An ihre Stelle traten eigens für den Balkan zusammengestellte Besatzungsdivisionen: Die 704., 714. und 717. ID wurden in Serbien stationiert, die 718. ID kam nach Kroatien, wo sie dem Deutschen General in Agram, Glaise von Horstenau unterstand. Die 717. und 718. ID waren in der nunmehrigen »Ostmark« aufgestellte Divisionen: die 717. ID wurde am 1. Mai 1941 im Wehrkreis XVII (Bruck/Leitha)[56], die 718. ID am selben Tag im Wehrkreis XVIII (Innsbruck)[57] formiert. Auch sämtliche Ersatztruppenteile kamen aus diesen Wehrkreisen. Beide Divisionen setzten sich sowohl bei den Offizieren als auch bei der Mannschaft mehrheitlich aus Österreichern zusammen. Während in der 718. ID 51 % der Offiziere und 62 % der Mannschaften aus Öster-

---

[51] Ebd., S. 278.
[52] Turner war eigentlich als Chef der Militärverwaltung in Griechenland vorgesehen gewesen (Nürnberg Government-Dokument [NG] 3244, Botschafter in Rumänien, Felix Benzler, an das Auswärtige Amt, 18.2.1941.).
[53] Heydrich lehnte Turners Ansuchen um Unterstellung der Polizei am 9.4.1941 mit der Begründung ab, daß auch nirgendwo anders die Polizei der Wehrmacht (in diesem Fall der Militärverwaltung) unterstellt sei (Archiv des Militärhistorischen Instituts Belgrad [im folgenden: AVJJ], Na-27–10/5–2; Glisić, Der Terror und die Verbrechen des faschistischen Deutschland in Serbien 1941 bis 1944, S. 28).
[54] Neuhausen war seit 1935 Generalkonsul in Jugoslawien und gleichzeitig der Gründer der ersten Organisationen der NSDAP auf jugoslawischem Gebiet (Glisić, Der Terror und die Verbrechen des faschistischen Deutschland in Serbien 1941 bis 1944, S. 29).
[55] Der bisherige deutsche Botschafter in Rumänien, Felix Benzler, war als Gesandter in Athen vorgesehen gewesen. Nach der Besetzung Serbiens wurde er aber mit der Übernahme der Dienststelle des Auswärtigen Amtes in Belgrad betraut (Olshausen, Zwischenspiel auf dem Balkan, S. 135).
[56] BA-MA, RH 26–117/3, Tätigkeitsbericht Ia der 717. ID, 15.5.–31.12.1941.
[57] Tessin, Verbände und Truppen der deutschen Wehrmacht und Waffen-SS 1939–1945, Bd 12, S. 186–189.

reich stammten[58], war der Anteil der Österreicher in der 717. ID noch höher[59]. Die beiden Divisionen waren ebenso wie die 704. und 714. ID nicht als Kampftruppen vorgesehen, sondern sollten lediglich Besatzungsaufgaben erfüllen: Sie bestanden nur aus zwei statt der üblichen drei Regimenter mit jeweils insgesamt 6000 Mann. Die Ausbildung der im Durchschnitt 30jährigen Männer beschränkte sich auf einen mehrwöchigen Lehrgang, bei dem sie über mehrmaliges Übungsschießen kaum hinauskamen. Bis auf einige Unterführer hatten sie nie aktiv gedient. Selbst das Offizierkorps setzte sich ausschließlich aus Reserveoffizieren zusammen.

Die 718. ID wurde gleich nach ihrem Eintreffen als Grenzschutz an der serbisch-kroatischen Grenze eingesetzt, während die beiden Regimenter der 717. ID ins südliche Serbien (Niš, Mitrovica, Kragujevac) gelegt wurden[60]. Die Besatzungsdivisionen wurden durch sechs Landesschützenbataillone ergänzt, deren Aufgabe die Sicherung wichtiger Industrieobjekte, Beutelager, militärischer Anlagen und sonstiger Einrichtungen war. Auch die Landesschützen waren keine aktiven Soldaten, sondern ältere Semester, meist ohne gründliche militärische Ausbildung. Vier der sechs Bataillone waren in der »Ostmark« aufgestellt worden: Das 923. (Aufstellungsort Teesendorf), das 924. und das 925. Bataillon (Aufstellungsort Lienz) wurden in Kroatien stationiert; das 920. Bataillon (Aufstellungsorte Völkermarkt und Lienz) wurde in Serbien eingesetzt. Sowohl die Offiziere als auch die Mannschaften stammten überwiegend aus Österreich[61].

Nach der raschen Kapitulation der jugoslawischen Armee, der Zerschlagung und Aufteilung des jugoslawischen Staates und der Einsetzung des Ustascha-Regimes in Kroatien glaubte die NS-Führung mit den rund 25000 Mann Besatzungs- und Polizeitruppen in Serbien auskommen zu können. Die deutsche Siegeseuphorie befand sich im Frühjahr 1941 auf ihrem Höhepunkt. Deutschlands Kriegsmaschinerie hatte bis jetzt keine militärischen Rückschläge erlitten. Das Dritte Reich rüstete zum Angriff gegen die Sowjetunion.

Der Überfall auf Jugoslawien und Griechenland war nicht als Eroberungskrieg im engeren Sinne geplant gewesen, sondern erfolgte kurzfristig aufgrund übergeordneter strategischer Kriegsinteressen. Für Deutschland hatte die Eroberung des Balkans den Charakter eines in Hinblick auf den geplanten Krieg gegen die Sowjetunion notwendig gewordenen Handstreichs, der im Vorübergehen erledigt werden sollte. Die rasche Kapitulation Jugoslawiens und Griechenlands schien diese Erwartung zu bestätigen. Wegen der komplizierten Macht- und Einflußverhältnisse unter den verbündeten Achsenmächten, die durch die Zerstückelung des Balkans in diverse Besatzungs- und Okkupationszonen entstanden waren, wurde von deutscher Seite schlimmstenfalls mit Komplikationen unter den Verbündeten gerechnet[62].

---

[58] BA-MA, RH 26—718/3, KTB Ia der 718. ID, 14.5.—31.12.1941.
[59] Die Hälfte des Offizierskorps der 717. ID bestand aus Österreichern, weit mehr als die Hälfte der Mannschaften waren »Ostmärker« (ebd., RH 20—12/121, OB, Chefreisen und Besprechung Serbien Juli—Dezember 1941). Auch nach der Neuformierung der 717. ID im April 1943 als 117. Jägerdivision und der Zuführung von Offizieren und Mannschaften aus anderen Wehrkreisen stellten die Österreicher noch immer die Mehrheit (ebd., RH 26—117/15, Bericht betreffend Dienstaufsicht vom 18.9.1943).
[60] Ebd., RH 26—117/3 und RH 26—118/3.
[61] Tessin, Verbände und Truppen der deutschen Wehrmacht und Waffen-SS 1939—45, Bd 13, S. 127—132.
[62] Die Grenzen der Besatzungsgebiete boten in der Folge auch ständig Anlaß zu Konflikten zwischen

3. Von der Kapitulation Jugoslawiens bis zum Rußlandfeldzug

Am 17. April 1941 hatte die jugoslawische Armee kapituliert. Im Waffenstillstandsvertrag hieß es: »Wer sich an dem Kampf gegen die Achsenmächte beteiligt, wird als Freischärler behandelt[63].« Bereits einen Tag später zeigte die Wehrmacht, welche Maßnahmen sie in Zukunft bei Widerstandsaktionen ergreifen würde. Als ein Soldat der SS-Division »Das Reich« in der Banater Stadt Pančevo von serbischen Heckenschützen erschossen wurde, ordnete der Divisionskommandeur die Erschießung von 18 Serben und das Erhängen von weiteren 18 an. Die Exekutionen wurden vom Regiment »Deutschland« dieser Division durchgeführt, die Leichen zur Abschreckung drei Tage lang öffentlich ausgestellt[64]. Die Wehrmachtbefehle ließen keinen Zweifel daran, was die serbische Bevölkerung bei Widerstandshandlungen zu erwarten hatte. Was mit der Bezeichnung »Strafgericht« als militärischer Überfall begonnen hatte, sollte unter der Besatzung seine Fortsetzung finden. Von der Truppe wurde erwartet, daß

»mit rücksichtsloser Schärfe jeder Widerstand gebrochen wird. Jeder mit der Waffe in der Hand bei Gegenwehr oder Flucht Angetroffene ist unverzüglich zu erschießen. [...] In Unruhegebieten sind ferner Geiseln festzunehmen, deren Erschießung bei Auftreten weiterer feindlicher Widerstandes zu beantragen ist. Jede Rücksichtnahme wird den deutschen Truppen als Schwäche ausgelegt und ist verfehlt[65].«

Die Erschießung eines deutschen Offiziers am 21. April 1941 im Dorf Donji Dobrić wurde von deutscher Seite mit der Zerstörung der Ortschaft beantwortet[66]. Der Vorfall wur-

---

den Achsenmächten (siehe dazu insbesondere die Berichte Glaise von Horstenaus an das OKW, OKH und den Wehrmachtsbefehlshaber Südost aus dem Jahre 1941, BA-MA, RH 31 III/2). Speziell in den ersten Monaten nach dem Balkanfeldzug kam es zwischen den Siegermächten Deutschland, Italien, Ungarn, Bulgarien und — im gewissen Sinn — auch Kroatien zu einem zähen Feilschen um die territorialen Grenzen und um die politischen und wirtschaftlichen Interessenssphären. Die durch die beachtliche Zahl der an der Beute interessierten Staaten und die vielschichtigen Volksgruppenkonflikte ohnehin schon sehr schwierige Sache wurde durch die komplexen hierarchischen Strukturen und teilweise nur sehr vage formulierten Kompetenzabgrenzungen zwischen den rivalisierenden deutschen Dienststellen noch verkompliziert. Es stellte sich bald heraus, daß eine für alle beteiligten Achsenmächte befriedigende Lösung nicht zu erzielen sein würde. Obwohl die deutschen Stellen daraufhin bei den zwischenstaatlichen Verhandlungen betonten, daß die Ergebnisse nur als »Kriegsprovisorium« und nicht als Teil einer abschließenden territorialen Neuaufteilung aufzufassen wären, kam es bis Kriegsende zu ständigen Auseinandersetzungen insbesondere um die Grenzziehungen, so daß Marjanović in Hinblick auf Serbien resigniert zum Schluß kommt: »It is very difficult, almost impossible, to fix precisely the borders of the German occupation zone in serbia« (Marjanović, The German Occupation System in Serbia in 1941, S. 270).

[63] Oberbefehlshaber der 2. Armee, General Weichs, aus: Anlagen zur Ausarbeitung eines Berichtes des Bundesarchiv Koblenz über Serbien, Institut für Zeitgeschichte München (im folgenden: IfZ München). Nach der Haager Landkriegsordnung gelten als Freischärler Personen, die in einem besetzten Territorium bewaffneten Widerstand gegen die Okkupanten leisten und nicht einer regulären Armee angehören.

[64] ZStL, V 503 AR-Z 90/74, Verfahren gegen Robert K., Zeugenaussage Otto K., S. 72.

[65] NOKW-Dokument 1111, Korpsbefehl Nr. 9 von General v. Kortzfleisch, Generalkommando XI. Armeekorps, 27. 4. 1941.

[66] Glisić, Der Terror und die Verbrechen des faschistischen Deutschland in Serbien von 1941 bis 1944, S. 37 f.

de vom Befehlshaber der 2. Armee, Generalfeldmarschall von Weichs[67], außerdem zum Anlaß genommen, das weitere Vorgehen der Wehrmacht zur »Aufrechterhaltung von Ruhe und Sicherheit und zur Verhinderung der Bildung von Banden« genauer festzulegen:

»[...]
c) Tritt in einem Gebiet eine bewaffnete Bande auf, so sind auch die in der Nähe der Bande ergriffenen wehrfähigen Männer zu erschießen, sofern nicht sofort einwandfrei festgestellt werden kann, daß sie nicht mit der Bande in Zusammenhang gestanden haben.
d) Sämtliche Erschossene sind aufzuhängen, ihre Leichen sind hängen zu lassen. [...]
Als vorbeugenden Schutz für die Truppe gegen derartige heimtückische Überfälle befehle ich:
e) In jeder von Truppen belegten Ortschaft des gefährdeten Gebiets sind sofort Geiseln (aus allen Bevölkerungsschichten!) festzunehmen, die nach einem Überfall zu erschießen und aufzuhängen sind[68].«

Unverzüglich wurde der Befehl in die Praxis umgesetzt. In einem in deutscher und serbokroatischer Sprache abgefaßten Plakattext, der in allen noch nicht befriedeten oder gefährdeten Ortschaften am 19. Mai 1941 ausgehängt wurde, gab Weichs die bereits vollzogene Erschießung von 100 Serben wegen eines Anschlags auf deutsche Soldaten bekannt und kündigte weitere Erschießungen serbischer Zivilisten an:

»In Zukunft werden für jeden deutschen Soldaten, der durch Überfall von serbischer Seite zu Schaden kommt, rücksichtslos jedesmal weitere 100 Serben erschossen werden[69].«

Beim Einsammeln von Feuerwaffen, deren Besitz schon einen Tag vor der Kapitulation der jugoslawischen Armee unter das Kriegsrecht fiel, wurden allein im Mai 1941 146 Personen erschossen[70].
Gleichzeitig begannen die Besatzer mit Geiselnahmen und Internierungen[71].
Während nach Abschluß der Kämpfe in Jugoslawien die Kriegsgefangenen kroatischer und madjarischer Nationalität entlassen wurden, kamen die 240 000 Gefangenen serbischer und in geringer Zahl auch slowenischer Nationalität in Kriegsgefangenenlager[72].

---

[67] Die 2. Armee unter Weichs wurde im Frühjahr 1941 nach dem Osten verlegt. Weichs kehrte im August 1943 als Nachfolger Löhrs als Wehrmachtbefehlshaber Südost (Heeresgruppe F) auf den Balkan zurück. Weichs wurde im Nürnberger »Südost-Generäle-Prozeß« angeklagt, aber aus Gesundheitsgründen noch während des Prozesses entlassen.
[68] NOKW-Dokument 1198, Befehl des Oberbefehlshaber der 2. Armee, Weichs, 28.4.1941.
[69] NOKW-Dokument 1151. Die von Weichs festgelegte Quote von 1:100 wurde aber im Frühjahr 1941 nicht eingehalten. So hält ein bei Glišić nicht näher ausgewiesener deutscher Bericht vom Mai 1941 fest, daß von der 60. ID nach einem Anschlag bei Požega 9 Männer und eine Frau festgenommen und erschossen bzw. erhängt wurden (Glišić, Der Terror und die Verbrechen des faschistischen Deutschland in Serbien von 1941 bis 1944, S. 40).
[70] Glišić, Der Terror und die Verbrechen des faschistischen Deutschland in Serbien von 1941 bis 1944, S. 41. Als Quellen gibt Glišić Mikrofilm T 501 — R-245, Aufn. 117, in den National Archives Washington (im folgenden: NAW), an.
[71] Mitte Mai wurden zahlreiche ehemalige Funktionäre bürgerlicher Parteien, die unter dem Verdacht standen, am Militärputsch vom 27.3.1941 beteiligt gewesen zu sein, und die man verdächtigte, mit den Briten zu sympathisieren oder in Kontakt zu stehen, als Geiseln festgenommen und interniert (Glišić, Der Terror und die Verbrechen des faschistischen Deutschland in Serbien von 1941 bis 1944, S. 41).
[72] Die Gesamtzahl der in Serbien internierten Kriegsgefangenen aller jugoslawischen Nationalitäten betrug nach Angaben Hitlers 6298 Offiziere, 337 864 Unteroffiziere und Soldaten (NAW, T 501— R 251/638, zit. nach: Glišić, Der Terror und die Verbrechen des faschistischen Deutschland in Serbien von 1941 bis 1944, S. 43).

3. Von der Kapitulation Jugoslawiens bis zum Rußlandfeldzug

Mit Verordnung vom 22. Mai 1941 wurden auch jene ehemaligen Soldaten, die der Kriegsgefangenschaft bis dahin hatten entgehen können oder bereits wieder entlassen worden waren, zur Meldung verpflichtet und quasi rückwirkend zu Kriegsgefangenen erklärt[73]. Da jene, die sich freiwillig meldeten, in Kriegsgefangenenlager nach Deutschland transportiert oder als Kriegsdienstverpflichtete eingesetzt wurden[74], war diese Verordnung nicht erfolgreich, sondern führte zum gegenteiligen Resultat: Um der Verschickung ins Deutsche Reich zu entkommen, versteckten sich viele ehemalige Soldaten in den Wäldern und schlossen sich dort den gerade im Aufbau befindlichen Četnik-Formationen des Draža Mihailović an. Der kommissarische serbische Regierungschefs Aćimović wies mehrmals auf die negativen Konsequenzen jener Verordnung hin; die deutsche Besatzung nahm von ihrer Durchführung jedoch erst Ende Juli 1941 Abstand, als wegen der Ausdehnung des bewaffneten Aufstandes die Sammellager für Kriegsgefangene zu Geisellagern umfunktioniert wurden[75].

Die Charakterisierung des serbischen Volkes durch den im Mai 1941 nach Serbien entsandten Wehrmachtpropagandatrupp zeigt, wie stark die nationalsozialistische Rasseideologie auch in der Wehrmacht verankert war und propagandistisch zur Definition eines Feindbildes herangezogen werden konnte[76]. Bereits nach dreiwöchigem Aufenthalt wußten die Repräsentanten des »Herrenvolkes« genug über das serbische Volk, um ein Bild des »serbischen Sozialcharakters« zu zeichnen.«

»Der Serbe ist [...] der geborene Verschwörer und Geheimbündler, der es liebt, krumme Wege zu gehen. [...] Der Stadtserbe ist seinem Charakter nach labil, Stimmungen sehr stark unterworfen. [...] Die Landbevölkerung nimmt die deutsche Besetzung mit größter Gelassenheit hin. (...) Wenn der serbische Bauer eine materielle Förderung im Sinne der Arbeit des Reichsnährstandes erfährt, wird er auf seine Art dankbar sein, ruhig bleiben und den Führungsanspruch der deutschen Überlegenheit, wenn auch nicht willig, so doch tatsächlich anerkennen. [...] Wie auch immer die künftige Regierungsform des Landes sein mag, immer wird es (das serbische Volk — W.M.) mit gereifter Strenge am kurzen Zügel gelenkt werden müssen. Gutmütigkeit und Wohlwollen legt der Serbe als Schwäche aus, die er sofort hinterhältig und tückisch zu seinen Gunsten, vor allem für seinen materiellen Vorteil, auszunutzen bestrebt ist[77].«

Daß die Besetzung Serbiens auf propagandistischer Ebene nicht vorbereitet war, spiegelt sich in der Orientierungslosigkeit der Abteilung wider. Sie war nicht darüber informiert, welche Haltung die oberste Führung im Reich gegenüber den Serben einzunehmen gedachte:

»Es sind hier dabei viele Varianten denkbar, von der ›polnischen Methode‹ bis zu der sorgsamen und pfleglichen Behandlung, die man den Franzosen angedeihen läßt[78].«

---

[73] Verordnung des Militärbefehlshabers Serbien vom 22.5.1941.
[74] Aufgrund von Transportschwierigkeiten war die Überführung der etwa 240000 serbischen Kriegsgefangenen in Kriegsgefangenenlager nach Deutschland erst im Juli 1941 abgeschlossen (Glisić, Der Terror und die Verbrechen des faschistischen Deutschland in Serbien von 1941 bis 1944, S. 43f.).
[75] Ebd., S. 41f.
[76] BA-MA, RW 4/v.231, Lage- und Tätigkeitsbericht der Propaganda-Abteilung »S« (Zeitraum 1.—25.5. 1941) vom 26.5.1941.
[77] Ebd.
[78] Ebd., Zeitraum 26.5.—25.6.1941.

Bis zur Klärung dieser Frage bediente sich die Propagandabteilung bei ihrer Arbeit der historischen Siege des »Deutschtums« in Serbien:

»Das Pausezeichen des Senders Belgrad sind Takte aus ›Prinz Eugen‹, die die Worte ›Stadt und Festung Belgerad‹ haben«[79].

Die Antwort des OKW, »betreffend die grundsätzliche Haltung gegenüber dem Serbentum«, kam schnell und machte deutlich, daß man in Berlin nicht gewillt war, sich mit historischen Reminiszenzen abzugeben. Das OKW teilte

»in Übereinstimmung mit dem Auswärtigen Amt und dem Reichsministerium für Volksaufklärung und Propaganda folgendes mit: Deutschland hat kein Interesse daran, in Serbien, das uns immer feindlich gesinnt bleiben wird, eine kulturelle Betreuung zu betreiben [...]. Die einzige Richtschnur für unsere Haltung ist in der nüchternen Wahrung der aus unserer Eigenschaft als Besatzungsmacht sich ergebenden rein deutschen Belange zu sehen. Alles, was über dieses rein deutsche Interesse hinausgeht, ist unangebracht[80].«

Konkret hieß diese Phrase, daß die Besatzer mit allen Mitteln die Ruhe im Land garantieren sollten. Über dieses Ziel herrschte unter den deutschen Besatzungsorganen (Wehrmacht, Militärverwaltung, Auswärtiges Amt, Einsatzgruppe) bei allen sonstigen Differenzen Einigkeit. Der stellvertretende Leiter des SS-Einsatzkommandos Belgrad, Hans Helm, brachte die Haltung der deutschen Besatzer im Jahre 1941 bei seiner Vernehmung durch die jugoslawische Militärstaatsanwaltschaft 1946 auf den Punkt:

»Die Richtlinie, die in Serbien zur Anwendung kam, [...] war der Richtsatz der ehernen Faust und uns war befohlen, bei Durchführung des Systems der ehernen Faust Exempel zu statuieren. In den höheren Stäben der Polizei in Berlin, die uns diesbezüglich Weisungen erteilten, herrschte die Meinung vor, wir hätten uns um die Stimmung der Bevölkerung nicht viel zu bekümmern, der Krieg mit Rußland sei ohnehin in wenigen Monaten aus und später wäre es ein leichtes, die Verhältnisse in Ordnung zu bringen[81].«

---

[79] Ebd.
[80] Ebd., OKW, Wehrwirtschaftsstab/Wehrmachtspropaganda (Ia) an den Militärbefehlshaber in Serbien für Propagandaabteilung »S«, 12.7.1941. Serbien wurde für den Bruch des »Drei-Mächte-Paktes« verantwortlich gemacht. Dafür sollten das Land und seine Bevölkerung »büßen«. Im übrigen war die Haltung Deutschlands gegenüber Serbien primär durch einen kriegswirtschaftlichen Pragmatismus (Ausbeutung der Rohstoffe und der Arbeitskraft) bestimmt. Über das Schicksal Serbiens innerhalb der geplanten Nachkriegsordnung gab es von deutscher Seite zu keinem Zeitpunkt klare Vorstellungen. Ganz allgemein ging das Auswärtige Amt davon aus, daß in der Zukunft wieder ein serbischer Staat in der einen oder anderen Form geschaffen werden sollte, mit dem Deutschland diplomatische Beziehungen haben würde (Marjanović, The German Occupation System in Serbia in 1941, S. 263ff.). Auf die Unklarheit in der Politik gegenüber den Serben zu Beginn der Besatzungszeit verweist auch der stellvertretende Militärverwaltungschef Kiessel: »Alle Mitteilungen, die von oben kamen, haben einen negativen Charakter getragen und waren voller Unstimmigkeiten gegenüber Serbien« (Erklärung Kiessels beim Verhör im jugoslawischen Armeegefängnis in Belgrad, 24.3.1947, zit. nach: Glišić, Der Terror und die Verbrechen des faschistischen Deutschland in Serbien von 1941 bis 1944, S. 31).
[81] Bundesarchiv Koblenz (im folgenden: BA), All.Proz. 6 (Eichmann-Prozeß), Anklagedokument 1434, Vernehmungsprotokoll Hans Helm vor der Militärstaatsanwaltschaft der jugoslawischen Armee, 8.9.1946. SS-Sturmführer Helm war vor dem Überfall auf Jugoslawien Polizeiattaché bei der deutschen Gesandtschaft in Belgrad. Er kam im Mai 1941 zur Einsatzgruppe Fuchs und wurde mit dem Aufbau des Einsatzkommandos Belgrad betraut. Helm wurde im Frühjahr 1942 als Polizeiattaché nach Agram versetzt, wo er u.a. an der Deportation der kroatischen Juden nach Auschwitz mitwirkte. Er wurde 1947 in Jugoslawien zum Tode verurteilt und hingerichtet.

Durch politische, wirtschaftliche und terroristische Präventivmaßnahmen gegen die Zivilbevölkerung sollte in der Phase vor dem Überfall auf die Sowjetunion eine Stabilisierung der Okkupation und eine Erneuerung des Wirtschaftslebens im Interesse der deutschen Kriegswirtschaft erreicht werden. Um Ruhe und Ordnung zu garantieren, wurden Kriegsrecht, Kriegsdienstverpflichtung und Ausgangssperre verhängt und Kommunisten verhaftet[82]. Deutsche Konzentrationslager wurden inspiziert, da nach deren Muster in Serbien ähnliche Lager errichtet werden sollten[83]. Darüber hinaus wurden von den deutschen Besatzern von Beginn an Geiselerschießungen durchgeführt. Die mit aller Brutalität vollzogene Tötung von Zivilisten hatte demonstrativen Charakter und verfolgte das Ziel, durch die abschreckende Wirkung jeden Widerstand gegen die Besatzer schon im Keim zu ersticken. Vor dem Beginn des bewaffneten Aufstandes erfolgten die Geiselerschießungen mittels eines arbeitsteiligen Verfahrens: Nach einem Anschlag von Partisanen oder Četniks gegen militärische oder verwaltungstechnische Einrichtungen führten Wehrmachteinheiten »Säuberungen« im jeweiligen Gebiet durch. Dabei nahmen sie in der Regel alle Verdächtigen fest, wobei als verdächtig alle Männer und Jugendlichen galten, die in der Umgebung aufgegriffen werden konnten. Die Truppe übergab die Gefangenen der serbischen Quisling-Polizei, die eine gewisse Anzahl von ihnen unter der Aufsicht von Angehörigen der SS-Einsatzgruppe Belgrad oder eines ihrer Außenkommandos erschoß. Die Überlebenden wurden als Geiseln in die Gefangenenlager der Einsatzgruppe sowie der Feld- und Kreiskommandanturen eingeliefert[84]. Bei der Verfolgung, Gefangennahme und Tötung von serbischen Zivilisten erfolgte bis Ende Juni 1941 zwischen der Art der politischen Gegner keine Differenzierung. Nur eine Bevölkerungsgruppe wurde von Beginn an gezielt und systematisch ausgesondert und verfolgt: die Juden.

4. Die ersten Maßnahmen gegen die Juden in Serbien

Die ersten Maßnahmen gegen Juden erfolgten nach dem bereits im »Altreich«, der »Ostmark« und in den besetzten Gebieten gehandhabten Schema: Registrierung — Kennzeichnung — Beraubung — Ausgrenzung. Am 16. April 1941, also schon vor der Kapitulation Jugoslawiens, gab der Chef der Einsatzgruppe der Sipo und des SD per Anschlag bekannt:

»Alle Juden haben sich am 19.4. des Jahres um 8 Uhr morgens bei der Städtischen Schutzpolizei im Feuerwehrkommando am Tas-Majdan zu melden. Juden die dieser Meldepflicht nicht nachkommen, werden erschossen[85].«

---

[82] Schon vor dem Überfall auf die Sowjetunion wurde am 9.6.1941 vom kommissarischen Regierungschef Aćimović die Verhaftung von 150—200 führenden Kommunisten beschlossen (Glišić, Der Terror und die Verbrechen des faschistischen Deutschland in Serbien von 1941 bis 1944, S. 47).
[83] Ebd.
[84] Zuerst wurden für die Kriegsgefangenen von den Feldkommandanturen Mannschaftsstammlager (Stalags) eingerichtet (IfZ München, MA 687, KTB Ib (Quartiermeisterabteilung beim Befehlshaber Serbien, 21.5.1941).
[85] AVJJ, German Archive, 40—4—4.

Von den ca. 12000 vor dem Krieg in Belgrad lebenden Juden meldeten sich 9145 bei der Schutzpolizei[86]. Dort wurden sie von Mitarbeitern des Judenreferats bei der Gestapo unter der Leitung des SS-Untersturmführers Fritz Stracke registriert. Aufgrund dieser Angaben fertigte das Judenreferat drei Karteien an: eine allgemeine Kartei, eine Vermögenskartei und eine Kartei der Ehepartner von Juden, die im Staatsdienst beschäftigt waren[87].
In enger Zusammenarbeit mit der Gestapo erließ der Leiter der lokalen militärischen Dienststelle, der Feldkommandant von Belgrad, Oberst von Kaisenberg, die erste Judenverordnung:

»1) Alle Juden wohnhaft in Belgrad können Lebensmittel und sonstige Waren auf den Märkten und Plätzen täglich nur von 10.30 h. weiter einkaufen [...]
2) Bei den öffentlichen Brunnen und sonstigen Plätzen wo die Bürger in Reihen warten, können sich die Juden erst dann anstellen, nachdem sich alle übrigen Bürger Arier mit den betreffenden Artikeln versorgen;
3) Es wird allen Kaufleuten verboten, zu erhöhten Preisen und überhaupt unter der Hand den Juden Lebensmittel und sonstige Waren zu verkaufen;
4) Alle Juden, welche gegen diese Verordnung verstoßen, werden mit bis zu 30 Tagen Arrest oder mit Geldstrafen bis zu Din. 10000 bestraft werden. Nach Gutdünken werden sie auch in Konzentrationslager geschickt werden[88].«

Doch die Feldkommandantur erließ nicht nur Verordnungen und führte gemeinsam mit der Gestapo die Registrierung der Belgrader Juden durch, sondern wurde auch selbst praktisch tätig. Die ihr unterstehende Feldgendarmerie beschlagnahmte die jüdischen Geschäfte und Wohnungen sowie das dazugehörige Inventar; dann wurden die geraubten beweglichen Güter in Lagerhallen deponiert, wo sie gegen Bescheinigungen, die von der Verwaltungsgruppe der Feldkommandantur ausgestellt wurden, von allen Angehörigen der Besatzungsmacht zu günstigen Preisen erstanden werden konnten[89]. Der Rest der geraubten Waren wurde der Nationalsozialistischen Volksfürsorge der Deutschen Volksgruppe in Belgrad übergeben, mit dem von der Feldkommandatur 599 in Belgrad erteilten Auftrag, die Waren zu mäßigen Preisen an die Deutsche Volksgruppe zu verkaufen[90].
In den Feld- und Kreiskommandanturen wurden auch Juden zur Zwangsarbeit eingesetzt — sonst waren Juden dort allerdings unerwünscht: Als Dr. Erich Adler, der mit seiner Frau schon 1938 aus Österreich vertrieben wurde und nach Belgrad geflüchtet war, bei der Kreiskommandantur um eine Ausreisebewilligung vorsprechen wollte, las er zu seiner Überraschung am Eingangstor: »Juden ist der Zutritt verboten[91].«

---

[86] The Crimes of the Fascist Occupants and Their Collaborators Against Jews in Yugoslavia, Summary, S. 1.
[87] Glišić, Der Terror und die Verbrechen des faschistischen Deutschland in Serbien von 1941 bis 1944, S. 102.
[88] AVJJ, German Archive, 12—1—66. Die Feldkommandanten, ebenso wie die Kreis- und Ortskommandanten, unterstanden dem Befehlshaber Serbien (IfZ München, MA 515, OKH, Befehlsstab Generalquartiermeister: Dienstanweisung für den Militärbefehlshaber in Serbien, 17.4.1941).
[89] Siehe dazu die Zeugenaussagen der Angehörigen der Feldkommandantur 599 (Belgrad) Willi J. und Anton W., ZStL, 503 AR 12/62, Beiakte Bd 6.
[90] BA, R 26 VI/602, Rechnungshof des Deutschen Reiches an Generalbevollmächtigten für die Wirtschaft in Serbien, betr.: Örtliche Erhebungen und Prüfungen bei der Verwaltung des Judenvermögens, 20.1.1943.
[91] Interview mit Dr. Erich Adler, 22.11.1988.

4. Die ersten Maßnahmen gegen die Juden in Serbien

Nach bewährtem Muster baute die Gestapo eine innerjüdische Organisationsstruktur auf. Um die reibungslose Registrierung der Juden voranzutreiben, wurde ein Judenrat gebildet. Über diese Stelle ergingen auch die Anordnungen an die jüdische Bevölkerung. Die Aufstellung einer »Judenpolizei« sollte zudem eine effektivere Aufsicht gewährleisten[92].
Sodann begannen die Besatzer mit der planmäßigen »Arisierung« des jüdischen Vermögens. Zu diesem Zweck traf Anfang Mai 1941 der Chef des Referates D III (Judenfragen) des Auswärtigen Amtes, Legationsrat Rademacher, in Belgrad ein, um dort die Interessen seiner Dienststelle zu vertreten. In den Besprechungen mit dem Gesandten und den Vertretern des SD sowie der Militärverwaltung konnte er gänzliche Interessengleichheit konstatieren. Der Erlaß von Judenverordnungen sollte nach dem Muster der Militärverwaltung in Frankreich erfolgen, wobei Rademacher darauf hinwies, daß der nunmehrige Leiter der Militärverwaltung in Serbien, Staatsrat Turner, Judenverordnungen schon aus seiner Praxis als ehemaliger Militärverwaltungschef von Paris und Frankreich-Ost kannte, wo er einschlägige Erfahrungen mit dem Raub von jüdischen Kunstschätzen gesammelt hatte[93]. Turner solle in Serbien nur nach bewährtem Muster vorgehen. Einzig in Hinblick auf die Verwertung des Judenvermögens unterbreitete Rademacher Vorschläge, denen die neuesten Entwicklungen auf dem Gebiet des Vermögensraubes zugrunde lagen: Die Juden sollten nach einem vom österreichischen SS-Obersturmführer Dr. Erich Rajakowitsch in Holland entwickelten Plan[94] dazu gebracht werden, ihr Ver-

---

[92] Glišić, Der Terror und die Verbrechen des faschistischen Deutschland in Serbien von 1941 bis 1944, S. 102.
[93] Gemeinsam mit dem »Einsatzstab Rosenberg« und der Geheimen Feldpolizei (GFP) hatte Turner im ersten halben Jahr der Besatzung in Frankreich Kunstschätze im Wert von einer halben Milliarde Reichsmark gestohlen (Centre de Documentation Juive Contemporaine Paris [im folgenden: CDJCP], CCLI-59, Schreiben Rosenbergs an Hitler, 13.11.1940). Göring war mit Turners Leistung sehr zufrieden: »Die weitere Erfassung jüdischen Kunstbesitzes in Frankreich geschieht in der bisher bewährten Form durch den Einsatzstab Rosenberg in Zusammenarbeit mit dem Chef der Militärverwaltung Paris« (ebd., 5.11.1940).
[94] Dr. Erich Rajakowitsch war schon 1938 als Rechtsexperte für den »Auswanderungsfond Wien« tätig, der eng mit Eichmanns »Zentralstelle für jüdische Auswanderung Wien« zusammenarbeitete, um die vermögensrechtlichen Fragen der Vertreibung der österreichischen Juden zu regeln. Nach der Gründung der »Zentralstelle Prag« wurde er von Eichmann zum Leiter des »Auswanderungsfonds« in Prag ernannt. In dieser Funktion entwickelte Rajakowitsch ein Finanzierungssystem, bei dem Juden Geldsummen einerseits zur Finanzierung des »Auswanderungsfonds« und andererseits zur Emigration armer Juden einzahlen mußten. Im April 1941 wurde Rajakowitsch nach Holland versetzt, um auch dort im Rahmen einer geplanten »Zentralstelle für jüdische Auswanderung« einen »Auswanderungsfond« zu errichten. Wie der österreichische Höhere SS- und Polizeiführer in Holland, Hanns Rauter, in einem Brief vom April 1941 an den Reichskommissar von Holland, Arthur Seyß-Inquart, ankündigte, sollte in Holland eine »Zentralstelle für jüdische Auswanderung« geschaffen werden, »which would serve as an example of the solution of the Jewish question for all European countries« (in engl. Übersetzung zit. nach: Michman, Planning for the Final Solution Against the Background of Developments in Holland in 1941, S. 153).
In den Machtkämpfen zwischen dem Reichskommissariat und der SS um die Zuständigkeit für Judenangelegenheiten in Holland blieb vorerst Seyss-Inquart gegenüber Rauter erfolgreich. An Stelle der Gründung eines »Auswanderungsfonds« durch den SS-Mann Rajakowitsch übernahm der Vertraute von Seyss-Inquart und ehemalige »ostmärkische« Finanzminister, Dr. Hans Fischböck, — der seine

mögen selbst zu liquidieren und einen Juden-Sonderfonds zu gründen, aus dem (im Gegensatz zur bisherigen Einrichtung von Sperrkonten) das Geld auch für deutsche Zwecke verwendet werden könnte, etwa für den Kauf kriegswichtiger Bergwerksbetriebe in Serbien. Ebenso könnten aus einem solchen Judenfonds die Ausgaben für die in Šabac internierten jüdischen Flüchtlinge bestritten werden, die bereits bis dato 200 000 Dinar betrügen. Nur die wichtigsten Objekte sollten von Deutschen selbst »arisiert« werden. Der überwiegende Rest des gestohlenen Eigentums war als Gratifikation für Volksdeutsche und potentielle serbische Kollaborateure vorgesehen. Da Rademacher bei der Besprechung mit den Vertretern der Gesandtschaft, des SD und der Militärverwaltung restlose Übereinstimmung erzielte, sah er keinen Anlaß mehr, an der vom Militärbefehlshaber, General Schröder, einberufenen Sitzung (14. Mai 1941) teilzunehmen[95].
An diesem Tag trafen sich im Belgrader Parlamentsgebäude die Vertreter von Wehrmacht, SS, Sipo und SD, der Gesandtschaft sowie des Wirtschaftsstabes und einigten sich auf das weitere Vorgehen gegen die serbischen Juden:

»1. Erfassung aller Juden, ihre Kenntlichmachung. Für die Bestimmung der Juden ist allein die Abstammung maßgeblich.
2. Entfernung der Juden aus allen öffentlichen Ämtern.
3. Arisierung der Geschäfte und Betriebe und Einsetzung von Treuhändern. Die Einsetzung von Treuhändern soll, wenigstens soweit es sich um Großbetriebe handelt, auf Vorschlag des Generalbevollmächtigten für die Wirtschaft durch die Feldkommandanturen erfolgen. In kleineren Betrieben werden die Einsetzungen unmittelbar durch die Feld-, Kreis- und Ortskommandanturen erfolgen. [...] Durch den Generalbevollmächtigten für die Wirtschaft sind bisher etwa 50 Großbetriebe arisiert worden.
4. Sicherstellung von jüdischem Grundvermögen. Die Erfassung des Vermögens wird zunächst durch den Generalbevollmächtigten für die Wirtschaft erfolgen.
5. Aufstellung jüdischer Arbeitsgruppen. Eine Bezahlung wird entsprechend der effektiven Leistung erfolgen.
6. Erfassung aller jüdischen Organisationen.
7. Jüdische Ärzte müssen zunächst noch für die Behandlung von arischen Personen zugelassen werden. Jedenfalls aber dürfen Volkstumsdeutsche sich nicht durch sie behandeln lassen.
8. Festsetzung besonderer Einkaufszeiten für die Juden. Die Benutzung der Straßenbahn für Juden ist nur im Anhängerwagen zugelassen.
9. Besuch von Gaststätten, Kinos, Theatern etc. wird den Juden verboten. In Belgrad werden zwei besondere Gaststätten allein für Juden zugelassen.
10. Beschäftigung von Juden in arischen Betrieben, insbesonders als Bedienungspersonal in öffentlichen Gaststätten, ist verboten[96].«

Darüber hinaus wurde erwogen, alle Belgrader Juden in dem Südbanater Dorf Majdanpek anzusiedeln und die dort lebende serbische Bevölkerung in andere Ortschaften umzusiedeln. Dieser Plan wurde durch die reale Entwicklung rasch bedeutungslos.

Fähigkeiten bei der Beraubung jüdischen Vermögens schon 1938 in Wien erfolgreich unter Beweis stellen konnte (Witek, »Arisierungen« in Wien, S. 199 ff.) — die vermögensrechtlichen Agenden bei der »Lösung der Judenfrage« in Holland (Michman, Planning for the Final Solution Against the Background of Developments in Holland in 1941 ff.).
[95] PA-AA, Inland II A/B (Juden in Jugoslawien 193 65/4. Aufzeichnung Rademachers über seine Besprechungen in Belgrad, 23.5.1941.
[96] Ebd., Botschaft Belgrad, Judenangelegenheiten Bd 62/6, Aufzeichnung über Besprechung über Judenfragen beim Militärbefehlshaber in Serbien am 14.5.1

4. Die ersten Maßnahmen gegen die Juden in Serbien

Die Ausarbeitung der angeführten zehn Punkte oblag dem Chef von Sipo und SD, Dr. Fuchs. Sie wurden am 30. Mai 1941 in einer Verordnung des Militärbefehlshabers bekanntgegeben[97]. Aufgrund dieser Verordnung befahl Fuchs eine erweiterte Registrierung der Juden, bei der nun auch alle 14- bis 16jährigen männlichen Juden und alle Juden, gleich welcher Staatsbürgerschaft, die innerhalb der letzten 10 Jahre aus dem Ausland nach Belgrad übersiedelt waren, mit einbezogen wurden:

»Zum Zwecke der Feststellung der Zahl der Juden wird angeordnet, daß die untergeordneten Organe schnellstens Berichte über den Stand und die Zahl sowohl unserer als auch ausländischer Juden einsenden; bei den letzteren ist mitzuteilen, woher sie kamen und wessen Staatsbürger sie sind. Im Zeitraum von 5 Tagen haben alle Juden, die unsere Staatsbürgerschaft haben, in die Orte zurückzukehren, in denen sie vor dem 6. April lebten[98].«

Zwischen Ende April und Mitte Juni 1941 wurden alle arbeitsfähigen männlichen Juden zwischen 14 und 60 und alle Jüdinnen zwischen 16 und 60 Jahren zur Zwangsarbeit herangezogen. In Belgrad kamen etwa 3500–4000 Juden bei der Aufräumung von zerbombten Häusern zum Einsatz.

Mit der Registrierung der Juden, ihrer Kennzeichnung durch gelbe Armschleifen mit der Aufschrift »Jude«, Kontributionszahlungen in Form von Abgaben, der »Arisierung« ihres Grundvermögens und der Einsetzung von »Treuhändern« in jüdischen Betrieben, dem Ausschluß aus dem öffentlichen und der Verdrängung aus dem gesellschaftlichen Leben[99] hatten die deutschen Besatzer in knapp zwei Monaten die erste Phase der Entrechtung und Beraubung der Juden in Serbien abgeschlossen.

Per Verordnung des Militärbefehlshabers vom 30. Mai 1941 erfolgte vorerst eine Gleichstellung von Juden und Roma[100]. Schon wenig später erfuhr die Verordnung aber insofern eine Änderung, als nunmehr nach seßhaften und nomadisierenden Roma unterschieden wurde[101]. Die jeweilige Zuweisung sollte über ihr weiteres Schicksal entscheiden.

---

[97] Jevrejski Istorijski Muzej Belgrade (Jüdisches Historisches Museum Belgrad, im folgenden: JIMB), 21–1-1/20, Verordnung betreffend die Juden und Zigeuner, 30.5.1941.

[98] Zit. nach: Glišić, Der Terror und die Verbrechen des faschistischen Deutschland in Serbien von 1941 bis 1944, S. 102.

[99] Bereits Ende April 1941 wurde den Juden in Belgrad das Benutzen der Straßenbahnen verboten. Im Banat trat eine Einkaufsordnung in Kraft, laut derer den Juden das Einkaufen nur zwischen 11 Uhr und 12 Uhr gestattet war. Die Juden in Belgrad durften nur vor 11 Uhr einkaufen. Juden wurde der Besuch von Theatern, Kinos und anderen öffentlichen Veranstaltungen verboten (ebd., S. 103).

[100] »§ 18: Zigeuner werden wie Juden behandelt.
§ 19: Zigeuner ist der, der mindestens drei zigeunerische Großeltern hat. Zigeunermischlinge, die mit Zigeunerinnen verheiratet sind, gelten als Zigeuner.
§ 20: Zigeuner werden gesondert registriert« (Verordnung des Militärbefehlshabers vom 30.5.1941, zit. nach: Kenrick/Puxon, Sinti und Roma — die Vernichtung eines Volkes im NS-Staat, S. 88).

[101] Am 25.7.1941 wurde einer Anregung der kommissarischen serbischen Regierung zur Unterscheidung in seßhafte und nomadisierende Zigeuner vom Militärbefehlshaber Rechnung getragen. Die »Juden- und Zigeunerverordnung« wurde insofern novelliert, als »zur Beseitigung gewisser Härten [...] serbische Staatsangehörige zigeunerischer Abstammung, die einen geachteten Beruf ausüben, einen ordentlichen Lebenswandel führen und deren Vorfahren nachweislich mindestens seit dem Jahre 1850 seßhaft sind, vorerst nicht nach den Paragraphen 18 bis 20 der obengenannten Verordnung zu behandeln« sind (PA-AA, Botschaft Belgrad, Judenangelegenheiten 62/6, Stellvertretender

Die Maßnahmen gegen die Juden wurden von allen Besatzungsorganen getragen und in gemeinsamen Besprechungen akkordiert. Da dem Befehlshaber der Wehrmacht in Serbien als oberstem Besatzungsorgan alle Besatzungsstäbe direkt oder indirekt unterstellt waren, bedurften auch alle antijüdischen Maßnahmen seiner Zustimmung. Luftwaffengeneral Schröder hatte den Worten Görings, des Oberbefehlshabers der Luftwaffe, »der Kampf gegen Juden, Freimaurer und die ihnen verbündeten und sonstigen weltanschaulichen und gegnerischen Mächte [...]« sei »eine vordringliche Aufgabe des Nationalsozialismus während des Krieges«[102], in seinem Wirkungsbereich zur Geltung verholfen.

5. Die Zusammenarbeit von Wehrmacht und Polizeiorganen

Bei den Judenmaßnahmen vom Frühjahr 1941 in Serbien funktionierte die Kooperation zwischen den obersten Besatzungsstellen der Wehrmacht und dem SD reibungslos. Die Zusammenarbeit der Wehrmacht und der Organe Himmlers konnte auf eine gemeinsame Geschichte zurückblicken, die bereits mit dem Überfall auf Polen begonnen hatte. Noch im September 1939 waren die polizeilichen Sonderformationen formalrechtlich dem Heer unterstellt worden[103] und sollten von den militärischen Dienststellen bei ihren »volkspolitischen Aufgaben«[104] unterstützt werden. Doch vom »Blutrausch der Polizei im Osten«[105] gegen Juden und die polnische Intelligenz überrascht, erhob sich starker Protest seitens der Wehrmacht gegen die Praktiken von SS und Polizei. Im Winter 1939/40 ging dieser Protest soweit, daß verschiedene Befehlshaber ihre Ablehnung gegenüber der Eröffnung einer Westoffensive mit Hinweisen auf die Mordaktionen der Polizeiorgane in Polen untermauerten[106].

Der Konflikt zwischen Heer und SS wurde von Brauchitsch im Frühjahr 1940 auf pragmatische Weise beigelegt. Er akzeptierte vorbehaltlos die Mordaktionen der Einsatzgruppen, garantierte, daß sich die Truppe in die Praxis der SS nicht einmischen werde und bestand lediglich darauf, daß diese Form der »Gegnerbekämpfung« von der Truppe ferngehalten werden müsse[107]. Damit akzeptierte die Heeresführung grundsätzlich die geplante – von Heydrich dem Generalstab schon im September 1939 vorgetragene – Vernichtungspolitik im Osten gegen Juden, Intelligenz, Geistlichkeit und Adel.

Militärverwaltungschef Kiessel an Kommissarischen Leiter des Innenministeriums, 11.7.1941). In Jugoslawien lebten insgesamt etwa 300000 Roma, davon allein in Serbien etwa 150000. Der überwiegende Teil der serbischen Roma war seßhaft (Kenrick/Puxon, Sinti und Roma – die Vernichtung eines Volkes im NS-Staat, S. 87).

[102] PA-AA, Botschaft Belgrad, Judenangelegenheiten, Bd 62/6, Anweisung Görings zur Unterstützung des Stabes Rosenberg, 1.5.1941.

[103] Die Angehörigen dieser Polizeiverbände (darunter auch die SS-Totenkopfverbände) galten als Wehrmachtgefolge und waren somit auch der Militärgerichtsbarkeit unterworfen (Krausnick/Wilhelm, Die Truppe des Weltanschauungskrieges, S. 33 f.).

[104] Siehe den genauen Wortlaut des Schreibens des damaligen Oberbefehlshaber des Heeres, von Brauchitsch, in: Müller, Das Heer und Hitler, S. 667 f.

[105] Zit. nach: Messerschmidt, Harte Sühne am Judentum, S. 115.

[106] Ebd., S. 115.

[107] Ebd., S. 115 f.

5. Die Zusammenarbeit von Wehrmacht und Polizeiorganen

Nach den Erfahrungen in Polen mußte Hitler erkennen, daß »es ihm noch nicht gelungen war, aus dem Heer des nationalsozialistischen Staates ein Heer von Nationalsozialisten zu machen«[108]. Er begnügte sich vorerst mit der bedingungslosen Duldung und technischen Förderung der »politisch-polizeilichen Sonderformationen« durch das Heer. Die Konflikte im Polenfeldzug waren der Grund für die formale Trennung von Wehrmacht und »Sonderorganisationen« (SS, SD, Sipo, Polizei, Einsatzgruppen und -kommandos) im Zuge der Vorbereitung des Überfalls auf die Sowjetunion. Der Generalquartiermeister des Heeres, General Wagner, und Heydrich einigten sich, die Einsatzgruppen im Operationsgebiet, sowohl disziplinarisch und gerichtlich, als auch fachlich dem Chef der Sicherheitspolizei und des SD zu unterstellen. Das bedeutete, daß die Befehle an die Einsatzgruppen direkt vom Reichsführer-SS Himmler oder von Heydrich kamen und die Armeen nur für Marschversorgung und Unterbringung dieser »Sonderkommandos der Sicherheitspolizei« verantwortlich waren[109].

Im OKH-Befehl über die »Regelung des Einsatzes der Sicherheitspolizei und des SD im Verbande des Heeres«[110] wurde als Auftrag der Einsatzgruppen bzw. -kommandos im rückwärtigen Heeresgebiet die »Erforschung und Bekämpfung der staats- und reichsfeindlichen Bestrebungen« genannt. Im rückwärtigen Armeegebiet bestand ihre Aufgabe in der »Sicherstellung vor Beginn von Operationen festgelegter Objekte (Material, Archive, Karteien von reichs- oder staatsfeindlichen Organisationen, Verbänden, Gruppen usw.) sowie besonders wichtiger Einzelpersonen (führende Emigranten, Saboteure, Terroristen usw.)«. Im Rahmen dieser Aufträge wurden die »Sonderorganisationen« ermächtigt, »in eigener Verantwortung Exekutivmaßnahmen gegenüber der Zivilbevölkerung zu treffen«[111].

Diese grundlegenden Vereinbarungen zum Verhältnis von Heer und politisch-polizeilichem Terrorapparat, die zwischen Heydrich und General Wagner ausgehandelt worden waren, lagen am Tag des Sturzes der eben erst dem Dreimächtepakt beigetretenen jugoslawischen Regierung, am 26. März 1941 im Entwurf vor und wurden am 28. April 1941 unterzeichnet. Nachdem sich Hitler für den militärischen Überfall auf Jugoslawien und Griechenland entschieden hatte, wurde dieser ursprünglich für die »Operation Barbarossa« vorgesehene Befehlsentwurf auch auf diesen Kampf- bzw. Besatzungsraum ausgedehnt. Fast wortwörtlich wurde er am 2. April 1941 für den »Fall Fünfundzwanzig« (Jugoslawien) und für den »Fall Marita« (Griechenland) übernommen. Die wenigen Abweichungen aber markierten einen qualitativen Sprung in der Gegnerbekämpfung. Die »besonders wichtigen Einzelpersonen«, welche die beiden vorgesehenen Einsatzgruppen der Sipo und des SD (je eine in Serbien und Griechenland) »sicherstellen« sollten, waren von Halder, dem Chef des Generalstabes und zeitweiligen Haupt der Opposition von 1938/39, um zwei Gegnergruppen erweitert worden: neben »Emigranten, Saboteuren, Terroristen

---

[108] Krausnick/Wilhelm, Die Truppe des Weltanschauungskrieges, S. 128.
[109] Befehl des Oberbefehlshabers des Heeres zur Regelung des Einsatzes der Sicherheitspolizei und des SD im Verband des Heeres beim Überfall auf die UdSSR, 28.4.1941 (abgedruckt in: Müller, Deutsche Besatzungspolitik, S. 42 ff.).
[110] Ebd.
[111] Ebd.

usw.« wurden auch »Kommunisten und Juden« explizit aufgelistet[112]. In diesem Befehl, der — wie Messerschmidt betont — »im Kern die grundsätzliche Einstellung der Heeresführung zum Vorgehen der Sicherheitspolizei und des SD gegen die jüdische Bevölkerung«[113] enthält, wird offensichtlich, daß die Wehrmachtführung nicht erst beim Rußlandfeldzug, sondern schon beim Überfall auf den Balkan das Konzept eines »Weltanschauungskrieges« berücksichtigt hatte. Wenige Tage vorher, am 30. März 1941, hatte Hitler in seiner berühmten Rede vor der versammelten Generalität die zukünftigen Aufgaben der Wehrmacht umrissen und die Heeresspitze auf den rücksichtslosen Entscheidungskampf gegen den Bolschewismus, jenseits der Regeln des Völker- oder Kriegsrechts, eingeschworen[114]. Die Identifikation der Heeresleitung mit den ideologischen, militärischen und außenpolitischen Zielsetzungen des NS-Regimes hatte zwischen dem Frankreichfeldzug und dem Krieg gegen die Sowjetunion ein kaum erwartetes Ausmaß erreicht. Außenpolitische Rücksichtnahmen (wie sie etwa beim Oberbefehlshaber Ost während des Polenfeldzuges noch auftauchten) waren ebenso wie völker- oder kriegsrechtliche Bedenken nach den »Blitzsiegen« auch bei der Heeresspitze einem absoluten und schrankenlosen Siegeswillen gewichen, der in der Übernahme der vom NS-Regime propagierten Ideologie vom »Kreuzzug gegen den jüdischen Bolschewismus« (Keitel) seinen Ausdruck fand. Nunmehr ging es gegen den Bolschewismus, und da mußte die Truppe, wie Halder notierte, auch »den weltanschaulichen Kampf mit durchfechten«[115].

Mit dem OKH-Befehl vom 2. April 1941 war die funktionelle Aufgabentrennung der einzelnen Besatzungsorgane in Serbien festgelegt. Halder beschrieb den Sinn der neuen kooperativen Funktionstrennung sehr pragmatisch:

»Das Heer kann nicht mit allen Aufgaben belastet werden, daher Zusammenarbeit mit Reichsführer SS in polizeilicher, dem Reichsmarschall in wirtschaftlicher und dem Reichsleiter Rosenberg in politischer Hinsicht[116].«

In etwas abgewandelter Form[117] kam dieses Schema in Serbien bis zum Sommer 1941 zum Tragen. Mit dem Einsetzen von Sabotage- und Widerstandsaktionen wurde der OKH-Befehl vom 2. April 1941 in Serbien praktisch wirksam. Wie eine Anordnung des Befehlshabers von Serbien, General Schröder, vom 17. Juli 1941 an Kommandostab, Feldkommandanturen, Einsatzgruppe, Wehrmacht-Verbindungsstelle, Geheime Feldpolizei und an das Pol. Res. Bat. 64 zeigt, versuchte die Militärverwaltung von Beginn der Widerstandshandlungen an, eine enge Kooperation zwischen den Heeresorganen und der Einsatzgruppe der Sicherheitspolizei und des SD herzustellen. Den Feldkommandanturen wurde ein »sicherheitspolitischer Berater« aus der Dienststelle der Einsatzgruppe zur Seite

---

[112] OKH, GenStdH/GenQu., Abt. Kriegsverwaltg. Nr. II/0308/41 g. K. Chefs. bis zum »Operationsbeginn«, vom 2. 4. 1941 (zit. nach: Krausnik/Wilhelm, Die Truppe des Weltanschauungskrieges, S. 137).
[113] Messerschmidt, Harte Sühne am Judentum, S. 117.
[114] General Halder, Kriegstagebuch Bd 2, S. 335 ff.
[115] Ebd., Eintragung vom 6. 5. 1941, S. 399.
[116] Zit. nach: Krausnik/Wilhelm, Die Truppe des Weltanschauungskrieges, S. 134.
[117] Das Amt Rosenberg spielte in Serbien keine Rolle. Dafür waren 1941 der Reichsführer SS durch den Verwaltungschef Turner und der Chef des RSHA, Heydrich, durch die »Einsatzgruppe Serbien« unter Leitung von Wilhelm Fuchs in Serbien vertreten.

5. Die Zusammenarbeit von Wehrmacht und Polizeiorganen

gestellt und der Feldkommandantur angegliedert[118]. In direkter Bezugnahme auf den OKH-Befehl vom 2. April 1941 betraute der Militärbefehlshaber Serbien die Einsatzgruppe mit der Bekämpfung des Widerstandes:

»Die mir unterstellte staatspolizeiliche Einsatzgruppe bearbeitet demnach in eigener Zuständigkeit — mit Ausnahme der Abwehrangelegenheiten, für die die Geheime Feldpolizei zuständig ist — die gleichen Aufgaben wie im Reich. Demgemäß ist sie bei der von mir befohlenen verschärften Bekämpfung kommunistischer Umtriebe federführend[119].«

Nachdem sich die Besatzer Mitte Juli 1941 einig waren, daß »jede militärische Aktion mit den vorhandenen, unausgebildeten Truppen zum Fehlschlag verurteilt« wäre, entschlossen sie sich, den Widerstand »nur mit dem Einsatz polizeilicher Mittel« zu bekämpfen:

»Hierzu steht von deutscher Seite zur Verfügung: die Einsatzgruppe der Sicherheitspolizei und des SD, die Geheime Feldpolizei, ein Polizeibataillon bestehend aus 3 Kompanien, die Feldgendarmerie[120].«

Mit der euphemistischen Umschreibung »Einsatz polizeilicher Mittel« war u.a. die Erschießung von Zivilisten gemeint. Da nach dem Überfall auf die Sowjetunion von den Besatzungsstellen mit dem Einsetzen von Widerstandsaktionen gerechnet wurde, war schon vorsorglich ein »Geiselreservoir« angelegt worden. Es setzte sich — wie nach dem Beginn des »Weltanschauungskrieges« gegen den »jüdischen Bolschewismus« nicht anders zu erwarten war — aus Juden und Kommunisten zusammen. Noch am Tag des Überfalls auf die Sowjetunion hatte der Chef des Verwaltungsstabes, Turner, dem provisorischen serbischen Innenminister Aćimović die Verhaftung sämtlicher führender Kommunisten und Spanienkämpfer und ihre Internierung in einem Belgrader Konzentrationslager befohlen[121]. Zugleich mußte ab diesem Zeitpunkt die jüdische Gemeinde Belgrad täglich 40 Geiseln bereitstellen[122]. Sie wurden im Belgrader Lager Topovske Šupe interniert. Diese beiden Gruppen wurden als erste Geiselopfer herangezogen.

Der Befehl zur ersten Massenerschießung wurde am 28. Juni 1941 gegeben, nachdem in einem Haus in der Nähe des Platzes, auf dem an diesem Tag bei einer Veranstaltung

---

[118] BA-MA, RW 40/79, Befehl betr. Einsatz der Sicherheitspolizei und des SD, 17.7.1941.
[119] Ebd. Als Anlage war der OKH-Befehl vom 2. April 1941 beigefügt.
[120] BA, NS 19, 1730, Lagebericht des stellvertretenden Verwaltungschefs Dr. Kiessel an den Wehrmachtbefehlshaber Südost, 23.7.1941.
[121] NOKW-Dokument 1148, Turner an Aćimović, 22.6.1941. Nach Aussage Kiessels vor dem Belgrader Militärgericht wurde die Verhaftung der Kommunisten und Spanienkämpfer bei einer Besprechung zwischen dem Militärbefehlshaber Schröder, Vertretern der Militärverwaltung, der Sipo und der provisorischen serbischen Regierung beschlossen und von Sipo und serbischer Gendarmerie gemeinsam durchgeführt. Die Verhaftungsaktion war in den verschiedenen Gemeinden unterschiedlich erfolgreich: z.B. wurden in Kragujevac nur 3 Kommunisten verhaftet, in Jagodina lehnte der Gemeindevorsteher Verhaftungen sogar erfolgreich ab. Bis zum 1.7.1941 wurden in Serbien etwa 400 Personen aus dem kommunistischen Umfeld verhaftet (Glišić, Der Terror und die Verbrechen des faschistischen Deutschland in Serbien von 1941 bis 1944, S. 49f.). Der Großteil der den Behörden bekannten Kommunisten floh in die Wälder und bildete dort den Grundstock für die ersten Partisaneneinheiten. Nur für die Aufrechterhaltung der Untergrundarbeit unerläßliche Parteimitglieder und Sympathisanten blieben in den Städten zurück (Interview mit Milo Dor, 11.12.1989).
[122] BA, 70 Jugoslawien/33, Anklageschrift gegen den Befehlshaber der Sipo-SD Belgrad, Dr. Emanuel Schäfer, S. 19.

der Volksdeutschen auch Militärbefehlshaber Schröder sprechen sollte, von der deutschen Polizei 423 Pakete Sprengstoff gefunden worden waren. Am 5. Juli 1941 wurden dafür zur »Sühne« 13 Juden und Kommunisten erschossen[123]. Am gleichen Tag wurde das erste Konzentrationslager in der Banjica, einer ehemaligen Kaserne in Belgrad, eingerichtet[124]. Von nun wurden fast täglich »Sühnemaßnahmen« in Form von Geiselerschießungen und Brandschatzungen zur Anwendung gebracht.

So etwa wurden am 8. Juli 1941 — wieder nach der Entdeckung von Sprengmitteln — 10 angebliche Kommunisten und 3 Juden erschossen[125]. Am 18. Juli 1941 wurde wegen eines durchschnittenen Fernkabels in Belgrad vom Militärbefehlshaber die Erschießung von 16 Kommunisten und Juden angeordnet und von der serbischen Polizei ausgeführt[126].

Am 25. Juli 1941 versuchte der 16jährige Jude Haim Almuzlino in Belgrad mehrere deutsche Militärfahrzeuge mit Benzinflaschen in Brand zu setzen[127]. Obwohl er sich nach dem Anschlag selbst stellte, sollten zur »Sühne« 100 Juden erschossen werden[128]. Die Zahl wurde noch erhöht, und am 29. Juli 1941 wurden wegen dieses Sabotageaktes 100 Juden und 22 Kommunisten hingerichtet[129].

Anhand der Monatsberichte der Wehrmachtpropagandaabteilung in Serbien läßt sich die von da an die gezielte Stilisierung des »Feindbild Jude« als politisches Repressionsinstrument aufzeigen. Die »Propagandaabteilung S« in Serbien war eine Außenstelle der Abteilung Wehrmachtpropaganda des OKW in Berlin und richtete ihre Berichte direkt an diese Stelle. Die etwa ein Dutzend Mitarbeiter umfassende Abteilung war im Mai 1941 von Wien nach Belgrad verlegt worden und unterstand dem Militärbefehlshaber Serbien. Ihre Aufgabe bestand darin, in den Bereichen Presse, Rundfunk, Kino und bei öffentlichen Veranstaltungen sowohl die Besatzungstruppe als auch die serbische Bevölkerung mit nationalsozialistischer Ideologie und Kriegspropaganda zu versorgen. Die Abteilung wurde von Wehrmachtangehörigen geleitet, hatte aber einige Parteibeamte als Mitarbeiter und wirkte eng mit einschlägigen nationalsozialistischen Parteistellen zusammen (Hauptamt Film usw.). Die Lageberichte der Abteilung sind Pamphlete, die nur wenig über die tatsächliche Situation und Stimmung der serbischen Bevölkerung aussagen, hingegen viel-

---

[123] NOKW-Dokument 902, KTB Ia des Kommandierenden Generals und Befehlshabers Serbien, Juli 1941. Unterstrurmbannführer Dr. Georg Kiessel, der Stellvertreter Turners im Verwaltungsstab, sprach bei seiner Einvernahme vor der jugoslawischen Kriegsverbrecherkommission im Zusammenhang mit dieser Erschießungsaktion von 15 Personen, »die mit der Sache gar nichts zu tun hatten, von denen aber 5 gerade auf ausdrücklichen Befehl von Schröder Juden gewesen sein sollen« (NOKW-Dokument 1637).

[124] Hronologija narodnooslobodilačke borbe naroda Jugosl. 1941—1945, Belgrad 1963, S. 63, zit. nach: Glisić, Der Terror und die Verbrechen des faschistischen Deutschland in Serbien von 1941 bis 1944, S. 52.

[125] NOKW-Dokument 1660, Tagesmeldung des AOK Ic/AO an OKW Wehrmachtführungsstab und OKH Generalstab d. Heeres, Operationsabt. 2, 8.7.1941.

[126] Nürnberg Organisations(NO)-Dokument 2942, Ereignismeldung UdSSR Nr. 27, 19.7.1941.

[127] NO-Dokument 2952, Ereignismeldung UdSSR Nr. 37, Chef Sipo-SD Belgrad, 29.7.1941.

[128] NOKW-Dokument 1660, Tagesmeldung AOK 12 Ic/AO, 28.7.1941.

[129] NO-Dokument 2952, Ereignismeldung UdSSR Nr. 37; siehe auch, Eichmann-Prozeß, Anklagedokument 1432.

5. Die Zusammenarbeit von Wehrmacht und Polizeiorganen

mehr die ideologischen Tendenzen der Propagandaarbeit widerspiegeln. Die Abteilung versuchte, eine Zusammenarbeit mit jenen serbischen Gruppen zu erreichen, die ähnliches Gedankengut vertraten wie der Nationalsozialismus. Neben den volksdeutschen Organisationen arbeitete die Propagandastelle auch mit der faschistischen nationalserbischen »Zbor«-Bewegung des Dimitrije Ljotić zusammen, die besonders in südserbischem Gebiet über eine gewisse Verankerung in der Bevölkerung verfügte und »schon seit Jahren ähnlich antijüdische und antifreimaurerische Bestrebungen verfolgt«[130]. Noch bevor es zu den ersten militanten Widerstandsaktionen gekommen war, wurden die Juden für die deutschfeindliche Stimmung in Serbien verantwortlich gemacht:

»Erkundungen über die Stimmung der serbischen Bevölkerung lassen erkennen, daß die negative Einstellung der intellektuellen Kreise sich noch keineswegs geändert hat. Hierbei spielen die Juden eine gewichtige Rolle. In vielen Fällen teilen sie gehamsterte und versteckt gehaltene Waren an arme Leute aus Belgrad aus und bemerken dazu, daß sie lieber ihren Besitz verschenken, als ihn den Deutschen in die Hand fallen lassen[131].«

Die Abteilung ging auch sofort zu aktiver antisemitischer Propaganda über:

»Die Vorbereitungen für den Start einer großangelegten Anti-Judenpropaganda sind getroffen worden. Für den Rundfunk wurden sechs Vorträge zusammengestellt, in welchen die Judenfrage in Serbien behandelt wird. Die Gruppe Presse und Film bereiten [...] ebenfalls das notwendige Material für die Anti-Judenpropaganda vor[132].«

Als die ersten Überfälle und Sabotageaktionen in Serbien einsetzten, bot sich ein neues antisemitisches Betätigungsfeld. Befriedigt stellte die Abteilung fest, daß

»seitens des Militärbefehlshabers mit aller Energie gegen Banditen und Saboteure, sowie ihre Hintermänner, vorgegangen (wird). Die Erschießung von bisher insgesamt rund vier Dutzend Kommunistenhäuptlingen und Juden hat ihren Eindruck auf die Öffentlichkeit nicht verfehlt. Selbstverständlich stellte auch die Abteilung einen Großteil ihrer Tätigkeit darauf ab, die zuständigen Organe des Militärbefehlshabers bei der Bekämpfung der politischen Umtriebe mit Rat und Tat zu unterstützen[133].«

Als erste Maßnahme wurden »mehrere antijüdische und antikommunistische Wort- und Bildplakate herausgebracht«[134]. Im weiteren kam das nationalsozialistische Feindbild von der »jüdisch-bolschewistischen Gefahr« zur Anwendung, wobei »Kommunisten und ihre jüdischen Drahtzieher«[135] als Verantwortliche für alle Widerstandsaktionen dargestellt wurden. Der serbischen Presse wurde daher »laufend Material gegen die kommunistische Propaganda sowie solches über das Treiben des Judentums auf dem Balkan zur Verfügung gestellt«[136]. Aus diesen Tätigkeitsberichten läßt sich die eingeschlagene propagandistische Argumentationslinie erkennen: Die Kommunisten wurden als die Akteure, die Juden als die eigentlichen Hintermänner und Drahtzieher des Widerstandes bezeichnet.

---

[130] BA-MA, RW 4/v. 231, Lage- und Tätigkeitsbericht vom 26.5.–25.6.1941.
[131] Ebd.
[132] Ebd.
[133] Ebd., 26.6.–25.7.1941.
[134] Ebd.
[135] Ebd., 26.7.–30.8.1941.
[136] Ebd.

Daß diese hetzerische antisemitische Propaganda auch in Wehrmachtbefehle Eingang fand, zeigt der Befehl des Feldkommandanten von Belgrad, Oberst von Kaisenberg, zur Ausrufung des Belagerungszustandes in Belgrad. Der Absatz über die Vorverlegung der Sperrstunde auf 20 Uhr enthielt eine kommentierte Sonderregelung für die Belgrader Juden:

»*Die Juden*, die auch hier wieder im Trüben zu fischen versuchen, *dürfen sich nur von 6 — 18 UHR draußen zeigen.* Weitere Einschränkungen für sie werden vorbehalten (Hervorhebungen im Original)[137].«

Wie die Wehrmachtpropaganda vor Augen führt, wurden in der Phase Juli/August 1941 von den Besatzungsorganen Wehrmacht, Einsatzgruppe und — nach dem Eintreffen des »Judenexperten« des Auswärtigen Amtes, Veesenmayer, — auch von den Beauftragten des Auswärtigen Amtes, die gemeinsam zu bekämpfenden Gegner »definiert«: Juden und Kommunisten.

Wie tief die Gleichsetzung »Juden — Kommunisten« verwurzelt war, wird an einer Prozeßaussage des ehemaligen SS-Obersturmbannführers Ludwig Teichmann nach dem Krieg deutlich:

»Mit dem Auftauchen der Widerstandsbewegung, als der BDS (Befehlshaber der Sicherheitspolizei)[138] noch keine im Inneren des Landes eingerichteten Dienststellen besaß, verständigten sich die Organe des BDS untereinander über die Maßnahmen, die im allgemeinen, aber besonders in Belgrad unternommen werden mußten. Dabei wurde vereinbart, die Verhaftung verdächtiger Personen, die als Kommunisten gekennzeichnet waren, nachdrücklicher zu betreiben[139].«

Natürlich liefen in den Straßen Belgrads nicht die Kommunisten mit einem roten Stern herum, sondern die Juden mit der verordneten gelben Schleife. Durch die nationalsozialistische Ideologie von der »jüdisch-bolschewistischen Gefahr« waren aber die Juden pauschal zu Kommunisten erklärt worden. Das brachte für die Einsatzgruppe den praktischen Vorteil, daß die Juden »als Kommunisten gekennzeichnet waren« und damit problemlos »identifiziert« und liquidiert werden konnten. In den Ereignismeldungen der Einsatzgruppe vom Sommer 1941 findet sich dann auch stereotyp die Formel von zur »Sühne erschossenen Juden und Kommunisten« wieder.

Die deutschen Besatzer in Serbien sahen sich in diesen Monaten mit einem neuen Gegner konfrontiert. Erstmals im Zweiten Weltkrieg hatten sie nicht feindliche Armeen zu bekämpfen, sondern sahen sich einer militanten Guerilla gegenüber, auf die die Besatzungstruppe weder taktisch noch von ihrer Ausbildung her vorbereitet war. Die Bekämpfung solcher Gegnergruppen war bisher die Aufgabe von Polizei, Einsatzgruppen und SD gewesen. Die Überstellung eines Polizeibataillons Ende Juni 1941 nach Serbien und die Beauftragung der Einsatzgruppe mit der Bekämpfung des kommunistischen Aufstandes durch den Militärbefehlshaber entsprach der traditionellen Rollenteilung zwischen der Wehrmacht und dem politisch-polizeilichen Repressionsapparat, wie sie noch zu Beginn des Balkankrieges festgelegt worden war. Doch schon zu diesem Zeitpunkt verwischten sich die Grenzen zwischen den Aufgabenbereichen der Wehrmacht einerseits und des

---

[137] AVJJ, Bestand 50, 4/4.
[138] Die Einsatzgruppe Fuchs wurde im Januar 1942 aufgelöst. An ihre Stelle trat der Befehlshaber der Sicherheitspolizei, Dr. Schäfer, siehe Kapitel V.
[139] BA, All. Proz. 6 (Eichmann-Prozeß), Beweisdokument 1437, Vernehmungsprotokoll der Militärstaatsanwaltschaft der jugoslawischen Armee mit Ludwig Teichmann, 17.9.1946.

5. Die Zusammenarbeit von Wehrmacht und Polizeiorganen

Polizei- und SD-Apparates andererseits zunehmend. Nicht nur der »Nichteinmischungs-Pakt« zwischen dem OKH und Heydrich, sondern auch die ideologische Übereinstimmung unter den Besatzungsorganen in Hinblick auf die politische und rassische Definition des Gegners schlossen prinzipiell jeglichen Protest seitens der Wehrmacht gegen die Maßnahmen aus, die Polizei und Einsatzgruppe zur Gegnerbekämpfung in Eigenverantwortung ergriffen. Durch die Zuteilung von Angehörigen der Einsatzgruppe zu den vier Heeres-Feldkommandanturen wurde neben der institutionalisierten Zusammenarbeit von SS und Wehrmacht im Besatzungsapparat über den Militärverwaltungschef beim Militärbefehlshaber, SS-Gruppenführer Dr. Turner, nun auch noch die Einsatzgruppe personell in Wehrmachtsstellen mit einbezogen.

Die enge technische und organisatorische Zusammenarbeit mit den Feldkommandanturen ermöglichte der Einsatzgruppe eine effizientere und umfassendere Erledigung ihrer sicherheitspolitischen Aufgaben. Die Feldkommandanten, die mit den Verwaltungs- und Gerichtsaufgaben betraut waren, stellten den Vertretern der Einsatzgruppe Informationen über den politischen Hintergrund und den Aufenthaltsort bestimmter Personen zur Verfügung, wodurch dem SD die Ausforschung und Verhaftung u. a. von »Sühneopfern« wesentlich erleichtert wurde.

Die organisatorische und personelle Zusammenarbeit von Wehrmachtdienststellen und Einsatzgruppe hatte aber auch andere Auswirkungen. Durch die oben beschriebene »Definition« der Widerstandskämpfer, war eine Bereitschaft der Wehrmachtangehörigen zum (zumindest inneren oder passiven) Widerstand gegen antisemitische oder kriegs- und völkerrechtswidrige Handlungen kaum vorhanden. Durch die partielle Eingliederung der Einsatzgruppe in die Wehrmachtdienststellen wurden etwaige Hemmschwellen noch weiter abgebaut.

Der systematische Abbau von Hemmschwellen bei den Wehrmachtorganen in Serbien wird in der Frage der Gerichtszuständigkeit besonders deutlich. Grundlage für die Gerichtsbarkeit in Serbien war der »Gerichtsbarkeitserlaß für den Fall Barbarossa« vom 13. Mai 1941, worin den Militärgerichten die Zuständigkeit für Strafsachen gegen sowjetische Zivilpersonen entzogen wurde. Bei Zivilisten, die eines Angriffes auf die Wehrmacht und das Gefolge verdächtigt wurden, sollte ein Offizier über ihre Erschießung entscheiden[140]. Der Gerichtsbarkeitserlaß wurde vom OKH am 25. Juli 1941 dahingehend ergänzt, wie die Truppe mit jenen Personen, die nicht der Militärgerichtsbarkeit unterstanden, verfahren sollte:

»*Verdächtige Elemente*, denen zwar eine schwere Straftat nicht nachgewiesen werden kann, die aber hinsichtlich *Gesinnung* und *Haltung* gefährlich erscheinen, sind an die Einsatzgruppen bzw. Kommandos der SP (SD) abzugeben[141].«

In Serbien waren die Besatzer schon Tage vorher zum gleichen Schluß gekommen:

»Wenn die Truppe in Gefechtsberührung mit Banditen kommt, erfolgt bei Verhaftung durch sie ein standrechtliches Verfahren und Erschießung durch die Truppe, wobei bei dem Einvernehmen die deutsche Sicherheitspolizei beteiligt wird. Alle anderen Aktionen überläßt die Truppe der Polizei[142].«

---

[140] Kriegsgerichtsbarkeitsbefehl vom 13. 5. 1941 (abgedruckt in: Müller, Deutsche Besatzungspolitik, S. 64 ff.)
[141] NOKW-Dokument 182, Befehl General Müllers vom 25.7.1941 (zit. nach: ebd., S. 121).
[142] BA, NS 19, 1730, Lagebericht des stellvertretenden Verwaltungschef Dr. Kiessel an den Wehrmachtbefehlshaber Südost, 23.7.1941.

Was Einsatzgruppen und SD mit diesen Personen taten, war der Wehrmacht sehr wohl bekannt. Hatte die Gegnerbekämpfung durch die Organe Himmlers im Polenfeldzug in Heereskreisen noch heftigen Widerstand ausgelöst, so waren nunmehr durch die formale Aufgabentrennung die Probleme zwischen Heer und Polizeiapparat bereinigt — das Heer konnte seine Hände in Unschuld waschen.

In Serbien hingegen hatte Anfang August 1941 die Kooperation zwischen Wehrmacht und Einsatzgruppe hinsichtlich der Gerichtsbarkeit bereits einen Grad erreicht, der weit über die einschlägigen Abmachungen zwischen OKH und Reichsführer SS hinausging. Wie aus einem Brief des Feldkommandanten von Niš, Oberst von Bothmer, an den neuen Militärbefehlshaber Danckelmann hervorgeht, wurde in Serbien seitens der Wehrmacht der Druck immer größer, die Anwendung der »gerichtlichen Methoden« des SD auch der Wehrmacht zu ermöglichen.

Nach einem Handgranatenanschlag auf das Park-Hotel in Niš, bei dem mehrere Wehrmachtangehörige durch unbekannte Attentäter getötet wurden, versuchte der Standortälteste der Stadt den Feldkommandanten von Bothmer zu bewegen, Repressionsmaßnahmen nach der Art von Polizei und SD anzuordnen, der dies jedoch ablehnte:

»Wie mir soeben der Standortälteste Niš mitteilte, herrscht in der Truppe des Standortes Beunruhigung und Verständnislosigkeit, weil noch nicht entsprechend früheren Ankündigungen für jedes deutsche Opfer 10 Serben vom Leben zum Tode befördert sind (also entweder 30, wenn nur die Toten gerechnet werden, 70, wenn alle Getroffenen mitgezählt werden). Auf meine wiederholte Frage, wer eigentlich erschossen werden sollte, wußte der Herr Standortälteste auch keine Antwort. Mein Hinweis unter Bezugnahme auf andere Vorfälle in Serbien, daß die Erschießung nichtkommunistischer Elemente den zweifellos kommunistischen Tätern vollkommen gleichgültig sei, vielleicht sogar begrüßt werden würde, fand anscheinend Verständnis. Zur Zeit ist hier nur noch eine kleine Zahl von Kommunisten in Haft. Ich halte mich nicht für berechtigt, diese Kommunisten einfach erschießen zu lassen. Meiner Ansicht nach kann ein Feldkommandant, der zugleich Gerichtsherr ist, nur aufgrund von bestätigten Urteilen Erschießungen vornehmen lassen. Als Ausnahme kann nur in Frage kommen, wenn für einen bestimmten Fall Geiseln festgenommen sind unter Ankündigung, daß sie erschossen werden, falls der bestimmte Fall eintritt. Alles andere muß ich nach gewissenhafter Prüfung aufgrund meines Rechtsgefühls und an meiner ganzen inneren Einstellung ablehnen. Sollten andere Maßnahmen erforderlich sein, bzw. höheren Orts für erforderlich gehalten werden, so sind meines Wissens dafür Sonderorganisationen vorhanden, deren Maßnahmen ich weder zu beurteilen habe, noch zuzulassen habe, noch hindern kann. Sollte meine Einstellung nicht gebilligt werden, so muß ich zugeben, daß ich nicht am richtigen Platze bin, also anderweit verwendet werden muß. Ich kann niemals von dem Standpunkt abgehen, daß ich als Gerichtsherr nur gesetzmäßig vorzugehen habe, bzw. als Soldat — und zwar mit voller Rücksichtslosigkeit —, sobald es sich um Einschreiten nach frischer Tat bzw. gegen Leute handelt, die in verdächtiger Weise mit Waffen angetroffen werden.
Irgendwelchen Forderungen nach Erschießungen von unbeteiligten Personen kann ich nicht Folge leisten, zumal meistens anzunehmen ist, daß die betroffenen Attentäter davon gar nicht berührt werden. Freiherr von Bothmer[143].«

Oberst von Bothmer widersetzte sich mit einer moralischen und rechtlich stichhaltigen Begründung der Durchführung von Maßnahmen zur Gegnerbekämpfung, die nach dem geltenden »Gerichtsbarkeitserlaß« nicht Aufgabe der Wehrmacht waren, sondern eindeutig in den Zuständigkeitsbereich der »Sonderorganisationen« (womit die Organe Himm-

---

[143] NOKW-Dokument 1011.

lers gemeint waren) fielen. Von Bothmers entrüstetes Schreiben liest sich fast wie eine angekündigte Befehlsverweigerung. Es ist zudem das einzige Dokument, in dem ein Wehrmachtvertreter in Serbien mit rechtlichen und moralischen Argumenten gegen die zunehmende Schrankenlosigkeit der Wehrmacht bei der Wahl der Repressionsmittel protestierte. Dieser, für die Verhältnisse in Serbien ungewöhnliche Einspuch, kann aber nicht darüber hinwegtäuschen, daß sich Bothmers Pochen auf ein »gesetzmäßiges Vorgehen« der Wehrmacht auf den »Gerichtsbarkeitserlaß« bezog, durch den mit Billigung des Heeres dem SD Tür und Tor für völker- und kriegsrechtswidrige Handlungen gegen die Zivilbevölkerung geöffnet worden war.

In Serbien schickte sich die Wehrmacht an, die »gerichtlichen Methoden« der Organe Himmlers und Heydrichs selbst zu übernehmen.

6. Wehrmacht und Partisanenbekämpfung in Serbien

Die Reaktion des Feldkommandanten von Niš zeigt, daß im Juli 1941 bei den Militärs in Serbien noch Unsicherheit sowohl hinsichtlich ihrer Zuständigkeit als auch der Auswahl der Methoden bei der Partisanenbekämpfung bestand. Mit der Übernahme der Partisanenbekämpfung durch die Wehrmacht sollten etwaige Skrupel aber bald beseitigt sein. Der nach dem tödlichen Flugzeugabsturz General Schröders neu ernannte Befehlshaber Serbien, General Danckelmann, plante, die Widerstandsbewegung durch verstärkten Einsatz von Polizei zu bekämpfen. Wegen der »Verschlechterung der Lage« und »zur Durchführung aktiver Bekämpfung« des serbischen Widerstandes forderte er vom OKW »die Zuführung von zusätzlich 2 Polizei-Bataillonen und mindestens 200 SD-Leuten«[144]. Doch das Ansuchen wurde vom OKW mit der Begründung abgelehnt, daß Polizei und SD für diese Aufgaben im Osten dringender benötigt würden. An Stelle der Polizei sollte unverzüglich die Wehrmacht den Kampf gegen die Widerstandsbewegung aufnehmen:

»Wegen Zunahme der Aufruhr- und Sabotageakte erwartet der Führer nunmehr Einsatz der Truppe, um durch schnelles und schärfstes Eingreifen Ruhe und Ordnung baldigst wiederherzustellen[145].«

Umgehend wurden in Serbien die Weichen gestellt, um den Erwartungen Hitlers gerecht zu werden. Schon zwei Tage nach Erhalt des OKW-Schreibens beauftragte der Befehlshaber Serbien das Höhere Kommando LXV[146] mit der sofortigen Aufnahme des Angriffs-

---

[144] BA-MA, RW 40/5, KTB Ia, Anlage 5, Schreiben Danckelmann an List, 4.8.1941.
[145] Ebd., KTB Ia, Chef OKW, nachrichtlich an Militärbefehlshaber Serbien, 9.8.1941.
[146] Diesem Kommando unter dem späteren Befehlshaber Serbien, General Bader, waren die vier Besatzungsdivisionen und die Landesschützen unterstellt. Militärbefehlshaber Danckelmann und sein Kommandostab sollten nur im Notfall den Einsatz und die Verwendung der Truppen als Territorialbefehlshaber leiten. Die Ursache dieser Zweigleisigkeit lag darin, daß der Posten des »Befehlshabers Serbien« nach den Vereinbarungen des OKH mit der Personalabteilung des Reichsluftfahrtministeriums einem General der Luftwaffe zustand. Da aber das OKH bestrebt war, einem Luftwaffengeneral keine Heeresdivisionen zu unterstellen, wurde vom OKH ein eigener Stab (Höh. Kdo. LXV) mit dem kommandierenden General Bader an der Spitze geschaffen. Dieses, durch wehrmachtinterne personelle Machtkämpfe entstandene ineffiziente Nebeneinander von zwei Militärstäben verkomplizierte die Entscheidungsbildung und blockierte die Durchführung von Maßnahmen erheb-

kampfes gegen die Partisanen[147]. Noch am selben Tag wurde eine Kompanie des Pol. Res. Bat. 64 direkt dem Wehrmachtkommando (Höheres Kommando LXV) unterstellt und der Feldkommandantur 816 (Oberst von Stockhausen) in Užice zugewiesen[148]. Tags darauf versammelten sich die auf dem Balkan agierenden Wehrmachtspitzen, um unter den neuen Bedingungen die weitere Vorgangsweise in Serbien zu besprechen. An diesem Tag trafen sich Glaise von Horstenau und der Chef des Generalstabes, Gravenhorst, beim Generalstabschef des Wehrmachtbefehlshabers Südost in Athen, um die genauen Richtlinien für die Partisanenbekämpfung festzulegen:

»Die Bekämpfung der Banden und die Aufrechterhaltung von Ruhe und Ordnung, die bisher ausschließlich Aufgabe der Polizei und Gendarmerie waren, sind dem Höheren Kommando LXV übertragen[149].«

Man einigte sich darauf, die Polizeiorgane beim Partisaneneinsatz der Truppe zu unterstellen. Die Bataillonskommandeure wurden angewiesen,

»in jedem Unterkunftsbereich 1—2 Jagdkommandos in Stärke von 1 Offizier und 30—50 Mann aufzustellen, die auf LKW verlastet, in Verbindung mit den serbischen Polizeikommandos angriffsweise die kommunistischen Banden aufzusuchen, aufzustöbern [haben], Hinterhalte legen, ihnen an der Klinge bleiben, sie vernichten oder zu Tode hetzen. Diesen Jagdkommandos sind Angehörige der Polizei, des SD, serbische Gendarmen und Dolmetscher zuzuteilen[150].«

Die Zusammenarbeit von Wehrmacht und SD bei Jagdeinsätzen wurde bei den nunmehr täglich beim Wehrmachtbefehlshaber stattfindenden Chefbesprechungen aller Besatzungsorgane koordiniert. Durch die Aufstellung »gemischter Jagdeinheiten«, bestehend aus Polizei, SD und Wehrmachteinheiten, wurde die Truppe auch mit den Kampfmethoden von Polizei und SD vertraut gemacht und von den Einheiten des Reichssicherheitshauptamtes und der Ordnungspolizei in deren spezieller Art der Gegnerbekämpfung geschult.

Als flankierende politische Maßnahme beschlossen die Besatzer wenige Tage später die Einsetzung einer serbischen Regierung unter dem ehemaligen serbischen Verteidigungsminister, Generaloberst Milan Nedić. Am 28. August 1941 übernahm Nedić die Regierungsgeschäfte von der bisherigen provisorischen Regierung Aćimović mit dem Auftrag, in Serbien unter deutscher Aufsicht eine möglichst selbständige Verwaltung zu etablieren[151]. Mit der Bestellung von Nedić zum Regierungschef hofften die Besatzer zum einen eine Entlastung im zivilen Verwaltungsbereich herbeizuführen, zum anderen die politische Verantwortlichkeit für unliebsame Maßnahmen auf die Marionettenregierung abschieben zu können und damit größeren politischen Spielraum für ihre Aktionen zu gewinnen. Dann begannen die Besatzer den Rahmen für das militärische Vorgehen gegen die Widerstandsbewegung abzustecken:

---

lich (BA, NS 19, 1730, Bericht des Verwaltungschefs SS-Gruppenführer Turner an den Reichsführer SS, 16.2.1942).
[147] BA-MA, RW 40/5, 11.8.1941.
[148] Ebd., KTB Befehlshaber Serbien, 11.8.1941.
[149] Ebd., RH 19 XI/81, Die Bekämpfung der Aufstandsbewegung im Südostraum, T. 1, S. 15. Der erste Teil umfaßt die Zeit vom Juni 1941 bis August 1942 und wurde bearb. durch Oberheeresarchivrat Ernst Wisshaupt im Auftr. des Chefs des Generalstabes Oberbefehlshaber Südost.
[150] Ebd.
[151] BA-MA, RW 40/5, Anlage zur KTB-Eintragung vom 28.8.1941, Chef des Verwaltungsstabes an Feld- und Kreiskommandanten.

6. Wehrmacht und Partisanenbekämpfung in Serbien

»Weiterer Einsatz der Jagdkommandos, außerdem größere Unternehmungen. Brutales Durchgreifen, Niederbrennen von Gebäuden bzw. Dörfern aus denen Überfälle auf deutsche Wehrmacht stattfinden, rücksichtsloses Erschießen im Kampf, Aufhängen überführter Attentäter gegen deutsche Wehrmacht und ihre Interessen[152].«

Die Übernahme der Partisanenbekämpfung löste in der Wehrmacht einen qualitativen Veränderungsprozeß aus. Die Wehrmacht begann sich in Serbien von einer Organisation mit klar festgelegten Kompetenzen, Richtlinien und militärischen Gesetzlichkeiten zu einem Verband zu entwickeln, dessen Methoden der Gegnerbekämpfung sich sukzessive denen der Organe Himmlers und Heydrichs anzugleichen begannen. Ein Schreiben des Verwaltungschefs, SS-Gruppenführer Turner, läßt erahnen, wie weit schon wenige Tage später die Kompetenzüberschneidungen zwischen Wehrmacht und Einsatzgruppe bzw. Polizei in der Praxis vorangeschritten waren. Turner wies die Wehrmachtstellen an, sich nicht in Tätigkeitsbereiche einzumischen, die auch nach der Übernahme der Partisanenbekämpfung durch die Wehrmacht zu den Spezialaufgaben der Einsatzgruppe zählten:

»Es ist in wiederholten Fällen klargestellt worden, daß der Chef der Einsatzgruppe der Sicherheitspolizei und des SD laut Befehl des OKH vom 2. 4. 1941 [...] zuständig ist für die ihr in der Heimat gestellten Aufgaben, d. i. insbesondere die Bekämpfung von reichs- und staatsfeindlichen Organisationen, Kommunisten, Juden, Terroristen und Saboteuren, die gesamten Fragen der Freimaurer, Kirche usw. Trotzdem ist wiederholt von nachgeordneten Dienststellen auf diesen Sachgebieten eigenmächtig vorgegangen worden. Es wird nochmals darauf hingewiesen, daß von allen Ereignissen auf diesen Sachgebieten der Chef der Einsatzgruppe der SP und des SD, bzw. die diesem unterstellten Dienststellen, insbesondere der Sachbearbeiter bei den Feldkommandanturen umgehend zu unterrichten sind. Lediglich bei Gefahr im Verzug können selbständige Handlungen vorgenommen werden, jedoch unter sofortiger Verständigung der Sicherheitspolizei und des SD[153].«

Die Unterstellung des Polizeibataillons unter das Höhere Kommando LXV zum Zwecke des militärischen Einsatzes hatte die Machtposition Turners geschmälert. In der Übernahme der Partisanenbekämpfung durch die Wehrmacht sah Turner nicht zu Unrecht einen weiteren Einbruch des Militärs in die angestammten Aufgabengebiete des Polizei- und SD-Apparates, vornehmlich im Bereich der politisch-polizeilichen Bekämpfung von Zivilisten. Der OKH-Befehl vom 2. April 1941 über die Trennung der Kompetenzen von Wehrmacht und Polizei, der die Wehrmacht zumindest von der direkten Teilnahme an der polizeilichen Gegnerbekämpfung bewahren sollte, begann in Serbien ins Gegenteil umzuschlagen. Turner hatte das Polizeibataillon an den Militärstab abgeben müssen. Nun versuchte er vehement, eine weitere Einschränkung der Zuständigkeit der Einsatzgruppe im Bereich der zivilen Gegnerbekämpfung abzuwenden.

Die institutionalisierte Zusammenarbeit von SD, Polizei und Wehrmacht in Form der mobilen Jagdkommandos brachte nicht den erwarteten militärischen Erfolg. Im Gegenteil — der Chef des Generalstabes, Gravenhorst, berichtete in seiner 10-Tage-Meldung vom 21. August 1941, daß »die Tätigkeit der Banden im Verhältnis zum ersten Monatsdrittel nicht geringer geworden ist. Besonders Terrorakte gegen deutsche Wehrmacht und

---

[152] Ebd., Lagebericht über den Zeitraum vom 21.–31.8.1941.
[153] Ebd., RW 40/79, Schreiben des Chefs des Verwaltungsstabes, 27.8.1941.

gegen Bevölkerung hätten zugenommen«. Hatte die Wehrmacht von Besatzungsbeginn bis Ende Juli weniger als 10 Tote aus ihren Reihen zu beklagen, so betrugen ihre Verluste in dem vom Bericht erfaßten Zeitraum bereits 22 Tote[154]. In den besagten 10 Tagen wurden rund 100 Sabotageakte gegen Eisenbahnen, Fernsprechleitungen, Gemeinde- und Gendarmeriestationen, Bergwerke, Fabriken und Wehrmachtkraftwagen verzeichnet[155]. Ernüchtert mußte die Wehrmachtführung in Serbien eingestehen, daß »der Einsatz der Jagdkommandos und der völlige Einsatz der übrigen Truppenteile in Zusammenarbeit mit verstärkter Gendarmerie bisher die erwartete Entspannung nicht gebracht hat. [...] Beabsichtigte Maßnahmen: Auch weiterhin stärkster Einsatz der Jagdkommandos, deren Wirkung durch die sich ergebende Schulung in diesem ausgesprochenen Guerillakrieg steigende Erfolge versprechen[156].«

Militärische Erfolge blieben aber auch weiterhin aus. Resigniert stellten die Besatzer fest, daß, wo immer die Jagdkommandos auch auftauchten, die Partisanen bereits geflüchtet waren.

Darum begannen die Jagdkommandos nun, den Angriffskampf verstärkt gegen die Zivilbevölkerung zu führen. Als am 18. Juli 1941 bei Užice auf den österreichischen General Adalbert Lontschar ein Attentat verübt wurde, (sein Adjutant wurde dabei schwer verwundet, Lontschar selbst blieb unverletzt[157]), führte eine im Raum des Anschlages liegende Wehrmachteinheit gemeinsam mit der SD-Einsatzgruppe, deutschen Polizeikräften und serbischer Gendarmerie eine »Säuberungsaktion« durch. In jeder Ortschaft wurden 10 Geiseln gefangengenommen und »52 Kommunisten, Juden und Angehörige von Bandenmitgliedern in den Orten Užice, Valjevo und Čačak«[158] erschossen. Danach raubten die Besatzer in den umliegenden Dörfern Lebensmittel und Vieh. Auch die 717. ID war an der Aktion beteiligt: In Čačak hatte eine Kompanie 11 Männer und eine Frau festgenommen, anschließend der serbischen Gendarmerie übergeben, die sie unter Aufsicht des SD erschoß[159].

Doch diese Praxis stieß bald an ihre Grenzen. Kurze Zeit später kam es im selben Gebiet zu einem weiteren Partisanenüberfall auf ein deutsches Polizeifahrzeug, wobei ein Polizist getötet und einer gefangengenommen wurde. Daraufhin wurden auf Befehl des Feldkommandanten von Užice, Oberst von Stockhausen, »aus der Umgebung des Tatortes [...] 81 Personen zusammengeholt und durch serbische Gendarmerie erschossen«[160]. Wie

---

[154] Ebd., RW 40/5, 21.8.1941.
[155] Ebd.
[156] Ebd.
[157] General Lontschar wurde im November 1941 Stadtkommandant von Belgrad. Zuständig für die Sicherung der Stadt, hatte er unmittelbare Befehlsgewalt über alle in und bei der Stadt liegenden Truppenteile, ebenso über die zivilen Dienststellen (BA-MA, RW 40/14, KTB Ia des Bevollmächtigten Kommandierenden Generals in Serbien, 15.12.1941 und RH 24—18/86, KTB-Anlagen des XVIII. AK, 26.11.1941). Lontschar wurde 1947 wegen befohlener Geiselerschießungen in Jugoslawien zum Tode verurteilt und hingerichtet (Böhme, Die deutschen Kriegsgefangenen in Jugoslawien 1941—1949, Bd 1/2, S. 18).
[158] NO-Dokument 2944, Chef Sipo und SD, Ereignismeldung UdSSR Nr. 30, 22.7.1941.
[159] BA-MA, RH 26—117/12, Tagesmeldung der 717. ID vom 21.7.1941.
[160] Ebd. RW 40/5, KTB Befehlshaber Serbien, 9.8.1941.

6. Wehrmacht und Partisanenbekämpfung in Serbien

der Gesandte Benzler zugeben mußte, hatte der Feldkommandant »auf dem Feld bei Erntearbeiten beschäftigte und völlig unbescholtene Personen verhaften und ohne Verfahren durch serbische Gendarmerie erschießen lassen, die hierzu durch deutsches Militär mit vorgehaltenem Gewehr gezwungen wurden[161].«
Die Mordaktion war Anlaß für eine Ministerkrise der kommissarischen Kollaborationsregierung, die sogar ernsthaft ihren Rücktritt erwog. Als Konsequenz weigerte sich die serbische Gendarmerie, weiterhin Erschießungen von Landsleuten auszuführen. Der Befehlshaber Serbien vermerkte dazu:

»Erheblicher Teil serbischer Gendarmerie hat keinerlei Lust zum Einsatz, ließ sich stellenweise von Banden entwaffnen. Unzuverlässigkeit der Gendarmerie wurde in vielen Fällen unter Beweis gestellt. Banden bestehen aus Kommunisten und Nationalserben. Bevölkerung steht durchaus nicht in der Mehrzahl den Banden feindlich gegenüber und liefert Lebensmittel. [...] Lage ist sonst, entgegen Bericht des Auswärtigen Amtes, sehr gespannt. Geeignete Maßnahmen sind im Gange[162].«

Zudem hatte die Erschießung völlig unbeteiligter Zivilisten auch militärisch negative Auswirkungen:

»Es ist erklärlich, daß die Truppe, die von den kommunistischen Banden aus dem Hinterhalt beschossen wird, nach Vergeltung schreit. Es werden hierbei oft irgendwelche, auf den Feldern befindliche Leute verhaftet und erschossen. In den meisten Fällen wird man aber nicht die Schuldigen fassen, die längst verschwunden sind, sondern Unschuldige und damit nur erreichen, daß auch die bisher loyale Bevölkerung aus Furcht oder Verbitterung zu den Banden übergeht. [...]. Daß von deutschen Soldaten Frauen, außer wenn sie mit der Waffe in der Hand gegen die Truppe vorgehen, unter keinen Umständen ohne gerichtliche Aburteilung erschossen werden dürfen, ist selbstverständlich[163].«

Somit wurde es auch für die Wehrmacht notwendig, nach geeigneteren »Zielgruppen« für Repressionsmaßnahmen Ausschau zu halten, deren Liquidierung zu keinen politischen Auseinandersetzungen mit den einheimischen Quisling-Stellen Anlaß bieten würde. Die Besatzungsmacht war im Sommer 1941 noch daran interessiert, bei der serbischen Bevölkerung eine möglichst deutschfreundliche Einstellung zu erreichen. In diesem Sinne waren Erschießungen von Kollaborateuren und völlig unschuldigen serbischen Bauern schwere politische Fehlgriffe, die Haß und Ablehnung der serbischen Bevölkerung gegen die Okkupanten noch mehr steigerten und zudem zu schweren innenpolitischen Konflikten mit der serbischen Kollaborationsregierung führten. Eine Anweisung, die vor der Erschießung eines Gefangenen die Absprache mit der serbischen Gendarmerie vorsah, um auf diese Weise die politische Haltung des Delinquenten zu überprüfen, war in der Praxis schwer einzuhalten. Damit stand die Truppe vor dem kaum lösbaren Problem, ohne ausreichenden SD-Apparat und mit nur beschränkt kooperationswilligen und vertrauenswürdigen einheimischen Polizeiorganen geeignete Opfer aufzuspüren.
Die Wehrmacht stellte fest, daß Polizei und SD weniger Schwierigkeiten hatten, geeignete »Sühneopfer« zu finden. Denn ihnen stand zumindest eine Opfergruppe zur Verfügung, die eindeutig definiert und gekennzeichnet war und deren Liquidierung auf keine Proteste stieß: die Juden.

---

[161] PA-AA, Büro des Staatsekretärs betr. Jugoslawien, Telegramm Benzler, 1.8.1941.
[162] BA-MA, RW 40/5, KTB Befehlshaber Serbien, 9.8.1941.
[163] Ebd., Chef des Höh. Kd. LXV, Bader, an alle Kompanien, 23.8.1941.

I. »Unternehmen Strafgericht«

Die Ermordung von Juden gehörte in Serbien bereits zur gängigen Praxis des Polizei- und SD-Apparates. Die Wehrmacht hingegen war bisher nur mit der militärischen Administration von Judenmaßnahmen befaßt gewesen[164]. Die Truppe selbst war mit dieser rassistischen Form der Geiselaktionen noch nicht direkt in Berührung gekommen.

Wie die Wehrmachtpropaganda in Serbien zeigt, fiel der Antisemitismus des NS-Regimes auch in Wehrmachtkreisen auf fruchtbaren Boden[165]. Durch den gemeinsamen Einsatz mit Polizei und SD sollte die Truppe bald unmittelbar mit den rassistischen Auswahlkriterien für »Sühneopfer« konfrontiert werden. Nach der Übernahme der Partisanenbekämpfung durch die Truppe, schien es nur mehr eine Frage der Zeit, bis auch die Wehrmacht bei der Gegnerbekämpfung auf dieses Feindbild zurückgreifen würde.

---

[164] So etwa wurden die Judenverordnungen vom Frühjahr 1941 von der Einsatzgruppe Fuchs ausgearbeitet und vom Militärbefehlshaber unterzeichnet.

[165] Genau zum selben Zeitpunkt war die Wehrmacht auch auf anderen Kriegsschauplätzen auf der Suche nach geeigneten »Sündenböcken«. Der Oberbefehlshaber der in der Ukraine operierenden 17. Armee, General Stülpnagel, ordnete am 30.7.1941 an: »Kollektive Maßnahmen nicht wahllos treffen! Soweit die auslösende Tat der ukrainischen Ortseinwohnerschaft nicht nachgewiesen werden kann, sind die Ortsvorsteher anzuweisen, in erster Linie jüdische und kommunistische Einwohner zu nennen. Durch solchen Druck soll die Bevölkerung zur Anzeigepflicht gezwungen werden. [...] Zahlreicher zurückgeblieben sind die Angehörigen der russ[ischen] Staatsjugend (Komsomolzen). Auf sie kann bei Notwendigkeit raschen Zugriffs notfalls zurückgegriffen werden. Besonders die jüdischen Komsomolzen sind als Träger der Sabotage und Bandenbildung Jugendlicher anzusehen«. Auch antisemitische Hetzkampagnen durch die Wehrmachtpropagandastellen waren nichts Unübliches. Zum selben Zeitpunkt, als die Wehrmachtpropaganda-Abteilung in Serbien die nationale Presse mit antisemitischer Propaganda versorgte, forderte General Stülpnagel von der Abt. Wehrmachtpropaganda im OKW: »Vermehrter Kampf gegen Judentum [...] nachdrücklichste Aufklärung über Judentum« (Krausnick/Wilhelm, Die Truppe des Weltanschauungskrieges, S. 219f.).

II. Die Wehrmacht und die Ermordung der männlichen Juden in Serbien

1. General Franz Böhme:
Bevollmächtigter Kommandierender General in Serbien

»Die Räume sind zu groß! Die eingesetzten Truppen zu schwach![1]« — so lautete die verzweifelte Meldung der Militärbesatzer Ende August 1941. Die Verlegung von 410 Landesschützen[2] aus der »Ostmark«, einer Panzerjägerabteilung aus Griechenland, des 125. IR und des III. Bataillons des 433. IR[3] reichte bei weitem nicht aus, um des sich immer massiver ausbreitenden Aufstandes Herr zu werden. Resümierend konstatierte Turner, »daß die hier zur Verfügung stehenden Truppen für den Kampf gegen die aufständischen Elemente bei den hiesigen Geländeverhältnissen, wie sich ergab, völlig ungeeignet waren[4].« Auch die bisher durchgeführten »Sühnemaßnahmen« und »Geiselerschießungen« hatten nicht zum erhofften Ziel geführt:

»Sofortige Sühnemaßnahmen gegen Sabotageakte gegenüber der deutschen Wehrmacht, bei denen bis Ende August insgesamt rund 1000 Kommunisten und Juden erschossen oder öffentlich aufgehängt worden sind, bei denen Häuser von Banditen, sogar ein ganzes Dorf niedergebrannt wurden, konnten dem ständigen Anwachsen des bewaffneten Aufstandes nicht Einhalt gebieten[5].«

Bei der Aufbringung neuer »Geiselopfer« kam es zu organisatorischen Änderungen. Die von der Truppe festgenommenen Zivilisten überstellte man in das Belgrader Lager. Das Lager wurde von der Feldkommandantur Belgrad dem Verwaltungsstab Turners übergeben, in »Konzentrationslager Serbien, Belgrad« umbenannt und von der Sipo und SD-Einsatzgruppe verwaltet und bewacht[6]. Das Belgrader Geisellager verlor damit seine ausschließlich lokale Zuständigkeit.

Der Nimbus von der Unbesiegbarkeit der Wehrmacht war in Serbien gehörig ins Wanken geraten. Die Moral der Truppe war durch die zahlreichen operativen Fehlschläge angeschlagen; hinzu kam, daß die stolze Wehrmacht von den Partisanen öffentlich lächerlich gemacht wurde[7].

---

[1] BA-MA, RW 24—30/277, Höh. Kdo. LXV an Wbfh. Südost, 28.8.1941.
[2] Die Landesschützen versahen in der Regel nur Bewachungsaufgaben.
[3] NOKW-Dokument 1660, Tagesmeldung AOK 12 Ic/AO, 4.9.1941. Das Bataillon sollte das als »Wachregiment Belgrad« eingesetzte 734. IR der 704. ID verstärken.
[4] BA-MA, RW 40/187, 5. Lagebericht des Verwaltungsstabes beim Befehlshaber Serbien, 6.10.1941.
[5] Ebd.
[6] NOKW-Dokument 1141, Befehlshaber Serbien, 11.9.1941.
[7] Johann K., Angehöriger des zu diesem Zeitpunkt in Serbien eingesetzten ANR 521, erinnert sich noch heute lebhaft an ein Ereignis, das sich wie ein Lauffeuer unter der Truppe und der Bevölkerung verbreitete: Ein von den Partisanen gefangengenommener Wehrmachtsoldat wurde, nachdem ihm die Uniform abgenommen worden war, nur mit der Unterhose bekleidet, davongejagt (Interview mit Johann K., 11.8.1988).

II. Die Wehrmacht und die Ermordung der männlichen Juden in Serbien

Im September 1941 schien es, als könne Serbien von den deutschen Truppen nicht mehr lange gehalten werden. Um die Kontrolle über Serbien nicht ganz zu verlieren, forderte Wehrmachtbefehlshaber List vom OKH und vom OKW die Zuführung einer zusätzlichen Kampfdivision und die Bestellung eines Generals, in dessen Person die gesamte vollziehende Gewalt in Serbien vereinigt werden sollte:

»Als hierfür besonders geeignete Persönlichkeit, weil zugleich vorzüglicher Kenner der Balkanverhältnisse, kommt General der Infanterie Böhme in Frage[8].«

Am 16. September 1941 ernannte Hitler General Böhme zum Bevollmächtigten Kommandierenden General in Serbien[9]. Zwei Tage später traf der ehemalige Leiter des österreichischen Heeres-Nachrichtendienstes und designierte Chef des österreichischen Generalstabes in Belgrad ein.

Böhme erhielt den Auftrag, »im serbischen Gebiet die Verkehrswege und die für die deutsche Kriegswirtschaft wichtigen Objekte zu sichern und dann auf weite Sicht im Gesamtraum mit den schärfsten Mitteln die Ordnung wiederherzustellen. [...] Für die Dauer der Durchführung dieser Aufgabe sind alle im Aufstandsgebiet befindlichen, beziehungsweise dorthin zuzuführenden Kräfte des Heeres unter dem Befehl des Kommandierenden Generals des XVIII. A.K., General der Infanterie Böhme, zusammenzufassen. Dieser übt im Aufstandsgebiet selbst nach Anweisung des W.Bfh. Südost die vollziehende Gewalt aus. Alle militärischen und zivilen Dienststellen sind insoweit an seine Anweisungen gebunden[10].«

Nicht zuletzt um Ansehen und Prestige der Wehrmacht wiederherzustellen, wurde General Böhme als »trouble shooter« nach Serbien beordert. Hitler ließ seinem Landsmann freie Hand bei der Wahl der einzusetzenden Mittel. Böhme sollte diese Vollmacht als einen Freibrief zum Massenmord gebrauchen.

2. Die 342. Infanteriedivision im Raum Šabac

Als General Böhme in Serbien eintraf, präsentierte sich ihm die militärische Situation außerhalb Belgrads, von wenigen Orten abgesehen, als Zustand völliger Anarchie[11]. Gemeinsam mit Böhme und seinem Stab (dem Generalkommando des XVIII. Armeekorps) wurden zwei Kampfeinheiten zur Verstärkung nach Serbien entsandt und dem XVIII. Armeekorps direkt unterstellt: das 125. IR aus Griechenland und die 342. ID aus Frankreich, eine kampferprobte, aus 12 000 Mann bestehende Truppe[12] unter dem Kommando des aus Österreich stammenden Generals Dr. Walter Hinghofer.

---

[8] Fernschreiben List an OKW und OKH, 12.9.1941 (zit. nach: BA-MA, RH 19 XI/81, Die Bekämpfung der Aufstandsbewegung im Südostraum, T. 1, S. 34).
[9] Führerweisung Nr. 31a, 16.9.1941 (zit. nach: Hitlers Weisungen für die Kriegführung 1939—1945, S. 149f.).
[10] Ebd.
[11] BA-MA, RW 40/187, Lagebericht Turner, 6.10.1941.
[12] Ebd., RH 26—342/107, Tätigkeitsbericht des Divisionsintendanten, 1.10.1941.

2. Die 342. Infanteriedivision im Raum Šabac

Generalfeldmarschall List hatte Böhme den Auftrag mitgegeben, mit der neu zugeführten 342. ID und dem 125. IR ein militärisches Unternehmen im sogenannten Save-Drina-Bogen durchzuführen[13]. Dieses Gebiet, etwa 100 km westlich von Belgrad, war seit Anfang September eines der Hauptzentren des bewaffneten Widerstandes in Serbien. Die in diesem Raum stationierten drei Kompanien des 750. IR der 718. ID waren zwar schon vor dem Eintreffen Böhmes um eine Kompanie des Pol. Res. Bat. 64 und um 450 serbische Gendarmerieangehörige verstärkt worden[14]. Dennoch hatten sich in diesem Gebiet an der serbisch-kroatischen Grenze rund um die Stadt Šabac immer mehr Widerstandsgruppen formiert. Nach den militärischen Erfolgen der Partisanen begannen Anfang September einzelne Četnik-Unterführer mit ihren Mannschaften, vorerst ohne Zustimmung ihres Führers Draža Mihailović[15], mit den Partisanenverbänden gemeinsame Operationen durchzuführen[16]. Die Stärke der Partisanen und Četnik-Einheiten in diesem Raum wurde von den Besatzern auf 2 000 bis 10 000 Mann geschätzt, die ihnen militärisch organisiert gegenüberstanden:

»Die kommunistischen und uns feindlichen nationalgetarnten serbischen Banden im Aufstandsgebiet haben sich in letzter Zeit so organisiert, daß man schon von feindlichen Verbänden sprechen kann. Ihre militärische Gliederung kennt Kompanien und Bataillone, die häufig unter verantwortlicher Führung von ehemals serbischen Offizieren stehen[17].«

Die Kompanien der Widerstandskämpfer verfügten neben Gewehren über leichte und einige schwere MG, dennoch gab es bei ihnen auch noch zahlreiche unbewaffnete Leute, die dann als Ablösung die Waffen von Fall zu Fall übernahmen[18]. Das Manko an Waffen wurde aber durch den Rückhalt in der Bevölkerung aufgewogen: Resigniert stellten die in Šabac stationierten Kompanien der 718. ID fest, »daß die serbische Aufstandsbewegung über gute Führung verfügt. Bodengestaltung und Nationalcharakter begünstigen den Kleinkrieg in ganz hervorragender Weise, der Spähdienst und die Nachrichten-

---

[13] Ebd., RW 40/11, KTB-Eintragung, 15.9.1941.
[14] Die serbische Gendarmerie hatte sich aber schon wenige Tage später als unzuverlässig herausgestellt: »Von serbischer Regierung mit Zustimmung Befehlshaber Serbien eingesetzte Gendarmerieabteilungen keinen Kampf mit Kommunisten aufgenommen. In einem Fall Kampfaufnahme verweigert. In anderem Fall hat 60—80 Mann starke Gendarmerieabteilung auf Marsch zu befohlenem Standort kampflos den Kommunisten ihre Waffen übergeben« (ebd., KTB Befehlshaber Serbien, Anlage 33, 12.9.1941).
[15] Bei einem Treffen mit Wehrmachtvertretern im November 1941 sagte Mihailović über die militärischen Operationen vom September 1941 gegen Šabac folgendes: »Der Überfall auf Šabac ist das Werk ungehorsamer (Četnik-)Elemente. Ich habe hier den Rückzug befohlen, weil es sinnlos ist, Šabac anzugreifen, nachdem das linke Ufer nicht genommen werden kann« (ebd., RH 24—18/168, Niederschrift über das Treffen mit dem serb. Generaloberst Draža Mihailović am 11. und 12.11.1941).
[16] Siehe dazu Kapitel III.5.
[17] BA-MA, RW 40/11, Befehlshaber Serbien, Chef des Generalstabes Gravenhorst, Betr.: Aufstandsbewegung, 16.9.1941. Zu diesem Zeitpunkt verfügten die Partisanen in Serbien bereits über eine militärische Gliederung: »Kompanien in der Stärke von 80—100 Mann, gegliedert in Züge und Gruppen; nächstgrößere taktische Einheit ist das Bataillon, das aus zwei bis vier Kompanien zusammengesetzt ist; eine größere Einheit als das Bataillon ist der Verband, der aus drei bis vier Bataillonen besteht«, Bericht des Oberkommandos der Volksbefreiungsverbände Bosniens und der Herzegowina über die Beschlüsse der Beratung in Stolice (zit. nach: Jugoslawien im Zweiten Weltkrieg, S. 65).
[18] Jugoslawien im Zweiten Weltkrieg, S. 65.

übermittlung werden durch die Mitarbeit der gesamten Bevölkerung außerordentlich erleichtert[19].«

General Böhmes Befehl zur »Säuberung des Save-Bogens« ließ keinen Zweifel über die neue Gangart, die unter seinem Kommando in Serbien eingeschlagen werden sollte. Böhme ging es nicht mehr primär um die direkte Bekämpfung des militärischen Widerstandes, sondern um die Ausmerzung der sozialen, logistischen und versorgungsmäßigen Basis der Widerstandsbewegung, also um die direkte Bekämpfung der serbischen Zivilbevölkerung:

»1. Feindliche Banden unter der Führung ehemaliger serbischer Offiziere sind im Save-Bogen westlich der Linie (Sremska) Mitrovica, Šabac und südlich davon in dem ausgedehnten Berggelände gemeldet. Die Bevölkerung in der Niederung zwischen Drina und Save hat sich der Aufstandsbewegung angeschlossen. Frauen und Kinder besorgen den Nachrichtendienst und halten die Verpflegung der herumziehenden Banden aufrecht. Die Gesamtheit der Bevölkerung ist somit an dem Aufstand beteiligt.
2. Die Niederung im Drina- und Savebogen, die die Verpflegungsbasis der Aufständischen darstellt, ist unter Vernichtung auftretender Banden zu säubern, um den Aufständischen die weitere Versorgung aus dieser Gegend auf lange Zeit abzuschneiden. Durch rücksichtslose Maßnahmen muß erreicht werden, daß ein abschreckendes Beispiel, das in kurzer Zeit in ganz Serbien bekannt wird, geschaffen wird. [...] Feindlicher Widerstand ist rücksichtslos zu brechen. Alle Beteiligten, die sich in irgendeiner Form am Kampf beteiligen, sind als Freischärler anzusehen und als solche zu behandeln. Alle Siedlungen, aus denen oder in deren Nähe die deutsche Truppe beschossen wird, oder in deren Nähe Waffen und Munition gefunden werden, sind niederzubrennen. Die gesamte männliche Bevölkerung von 15—60 Jahren ist festzunehmen und zunächst in von der Division einzurichtende Gefangenen-Sammelstellen abzuführen. Sie ist später abschnittsweise zum Arbeitseinsatz, insbesondere zur Niederlegung der Maisfelder an Durchgangsstraßen und zum Einbringen der Ernte zu verwenden. Die gesamte weibliche Bevölkerung ist vom ersten Tag an zu den gleichen Arbeiten heranzuziehen oder zum Arbeitseinsatz zu zwingen. Auf besonderen Befehl sind die Gefangenen in besondere vom Bfh. Serbien einzurichtende Konzentrationslager nördl. der Save abzuschieben und die weibliche Bevölkerung auf das Cer-Gebirge nach Süden abzudrängen und die Ortschaften und Gehöfte unter Schonung der Erntevorräte niederzubrennen. Viehbestände sind laufend in Viehsammelstellen, die von der Division unmittelbar beiderseits der Save einzurichten sind, zusammenzutreiben [...][20].«

Böhme wollte ein Exempel statuieren. Gegner war die gesamte Bevölkerung dieses Gebietes. Verhaftung aller Männer und Verschickung in Gefangenen- bzw. Konzentrationslager, Vertreibung der Frauen und Kinder ins Gebirge, Arbeitsdienst, Niederbrennen aller verdächtigen Ortschaften und Raub der Viehbestände, stellten die eigentlichen Ziele der Aktion dar.

Um dieses Vorgehen mit den übrigen Dienststellen abzusprechen, traf Böhme mit den Spitzen der anderen Besatzungsorgane zusammen. Schon einen Tag nach dem Eintreffen Böhmes in Serbien war der Bevollmächtigte General in Agram, Glaise von Horstenau, nach Belgrad geflogen, um den neuen Befehlshaber in Serbien über die Situation in Kroatien zu unterrichten. Es ist anzunehmen, daß die beiden ehemaligen österreichischen k.u.k. Offiziere, die nunmehr in der deutschen Wehrmacht die höchsten Positionen in Jugoslawien einnahmen, ihre Vorstellungen über das weitere Vorgehen in dem für Österreicher so geschichtsträchtigen Raum austauschten. Erst wenige Jahre zuvor war Glaise von Horstenau als damaliger Direktor des österreichischen Kriegsarchivs mit den Kriegsverbrechen, die die k.u.k. Armee 1914 in Šabac begangen hatte, befaßt gewesen.

---

[19] NOKW-Dokument 1214.
[20] BA-MA, RH 24—18/87, Befehl Böhmes zur Säuberung des Save-Bogens, 22.9.1941.

2. Die 342. Infanteriedivision im Raum Šabac

Im Juni 1934 war in Šabac die neuerbaute orthodoxe Kirche vom jugoslawischen König Alexander eingeweiht worden. Bei diesem Anlaß wies der König auf die Geschichte der Bevölkerung und der Kirche dieser Stadt im Ersten Weltkrieg hin:

»Es gibt keine Religion, kein Dorf, keine Familie, die (während des Ersten Weltkriegs in Serbien — W.M.) nicht ihre Opfer gebracht hätten. Aber niemand hat das erduldet, was die Stadt Šabac und ihre Umgebung erduldet haben. Das Schicksal von Šabac und seiner ganzen Gegend war das grausamste und härteste. Es stand ganz im Zeichen des Feuers und Schwertes, der Zerstörung und Vernichtung, im Zeichen der Wildheit und Gottlosigkeit des Feindes[21].«

Der orthodoxe Patriarch hob hervor, daß Šabac in die Geschichte des Weltkrieges als furchtbarer Beweis der Barbarei Österreich-Ungarns eingehe[22]. Der österreichische Gesandte hatte dazu eine Demarche im jugoslawischen Außenministerium überlegt, wollte aber zuvor die Vorwürfe kriegsaktenmäßig recherchiert haben. Der Direktor des österreichischen Staatsarchivs, Generalstaatsarchivar Glaise von Horstenau, wurde beauftragt, die historische Berechtigung der jugoslawischen Vorwürfe zu prüfen. Laut dieser Vorwürfe war Šabac 1914 von der österreichisch-ungarischen Armee bombardiert, und u.a. auch die mit Meßgängern gefüllte orthodoxe Kirche vorsätzlich mit Granaten zerstört worden. Glaise von Horstenau konnte nicht umhin, die jugoslawischen Vorwürfe zu bestätigen und der österreichischen Gesandtschaft von einem Protest abzuraten:

»Schabatz spielte, wie auch aus den Akten des k.u.k. Ministeriums (Pressedepartement) ersichtlich sein dürfte, von Anbeginn in der Kriegsgreuelpropaganda eine große Rolle. Tatsache ist, daß z.B. die ohne unser Wissen von Betern und Beterinnen angefüllte Kirche zusammengeschossen wurde, weil sich auf dem Turm ein serbischer Beobachtungsposten befand. Ebenso hat der Komitadschikrieg nach der Besetzung von Schabatz im August 1914 zu mancherlei Gegenmaßnahmen geführt, die völkerrechtlich gewiß nicht gutzuheißen waren. Eine diplomatische oder publizistische Gegenaktion gegen die Schabatzer Reden würde uns daher in keine besonders günstige Lage versetzen[23].«

Die Möglichkeit, sich mit der Leugnung der Rechtsnachfolge Österreichs aus der Affäre zu ziehen, beurteilte Glaise von Horstenau ebenfalls negativ. Der Standpunkt, daß Österreich kein Rechtsnachfolger sei, lasse sich »in moralischer Beziehung nicht mehr ganz aufrechterhalten, seit wir sonst in Wort und Schrift so intensiv an die Überlieferungen Altösterreichs anknüpfen«[24].

Die Kriegsverbrechen der österreichisch-ungarischen Armee in Šabac im Jahre 1914 waren Glaise von Horstenau gut bekannt. In Kenntnis darüber, daß General Böhme eben in diesem Landstrich Serbiens eine Aktion gegen die Zivilbevölkerung plante, welche die Kriegsverbrechen von 1914 in den Schatten stellen würde, bot Glaise von Horstenau dem Bevollmächtigten General Böhme seine militärstrategischen Kenntnisse an:

»Marschall Kvaternik (der Kommandant der kroatischen Armee — W.M.) hält es auf Grund der in diesem Raum gemachten Erfahrungen für zweckmäßig, den Angriff der verstärkten 243. ID (Glaise meinte offensichtlich die 342. ID — W.M.) aus Syrmien anzusetzen. [..] Ich kann mich, auch nach den im Herbst 1914 gemachten Erfahrungen, der Auffassung Kvaterniks nur anschließen[25].«

---

[21] Zit. nach: Suppan, Nachbarschaft zwischen Kooperation und Konfrontation, S. 429.
[22] Ebd.
[23] Ebd.
[24] Ebd., S. 430.
[25] BA-MA, RH 24—30/270, Fernschreiben Glaise von Horstenau an List, 12.9.1941.

Doch Böhme legte weder auf die Operationsvorschläge des k. u. k. Militärs noch auf das kriegsgeschichtliche Wissen des Militärhistorikers Glaise von Horstenau großen Wert. Er befahl — entgegen dem Vorschlag Glaises — General Hinghofer, einen der Hauptstützpunkte der Partisanen in der Gegend des Cer-Gebirges nahe der Stadt Šabac zu »säubern«. In Anspielung auf die historischen Ereignisse von 1914 wies Böhme in einem von altösterreichischem Serbenhaß durchdrungenen Befehl an die Offiziere und Mannschaften der 342. ID auf die historische Dimension ihrer kommenden Aufgabe hin. Böhme ließ keinen Zweifel daran, daß die 1914 gescheiterte Strafexpedition gegen Serbien unter dem k. u. k. Feldmarschall Conrad von Hötzendorf nun unter seinem Kommando erfolgreich zu Ende geführt werden sollte:

»Eure Aufgabe ist in einem Landstreifen durchzuführen, in dem 1914 Ströme deutschen Blutes durch die Hinterlist der Serben, Männer und Frauen, geflossen sind. Ihr seid Rächer dieser Toten. Es muß ein abschreckendes Beispiel für ganz Serbien geschaffen werden, das die gesamte Bevölkerung auf das Schwerste treffen muß. Jeder, der Milde walten läßt, versündigt sich am Leben seiner Kameraden. Er wird ohne Rücksicht auf die Person zur Verantwortung gezogen und vor ein Kriegsgericht gestellt[26].«

Die 342. ID wurde sofort nach ihrem Eintreffen nach Šabac und Sremska Mitrovica (auf kroatischem Gebiet) dirigiert[27]. Um den Fluchtweg der Partisanen und Četniks nach Kroatien abzuriegeln, sicherte sich Böhme die Zustimmung Glaises von Horstenau zur Verstärkung der schon im Raum Šabac und jenseits der serbischen Grenze in Sremska Mitrovica liegenden Kompanien der 718. ID durch weitere Einheiten dieser Division[28]. Der nach Šabac dirigierte Stab des II. Bataillons und die 8. Kompanie des 750. IR[29] wurden Hinghofers Division unterstellt[30].

Beim Eintreffen der Truppen in Šabac tobten in und um die Stadt bereits heftige Kämpfe[31]. Das II. Bataillon des 750. IR meldete, daß am 23. September 1941 Šabac von allen Seiten mit etwa 1 000 Mann angegriffen worden war, Kampfgruppen bereits in die Stadt eingedrungen wären und eine Fabrik und das Elektrizitätswerk besetzt hielten[32]. Erstmals hatten die Widerstandskämpfer eine von deutschen Truppen belegte Stadt angegriffen. Nach einem zehnstündigen Straßenkampf, bei dem von deutscher Seite auch ein Panzer eingesetzt wurde, zogen sich die Angreifer wieder aus der Stadt zurück[33].

Noch am selben Abend rückte ein Bataillon der 342. ID in Šabac ein. Es erhielt von Böhme den Auftrag, am nächsten Tag überfallartig die gesamte männliche Bevölkerung der Stadt im Alter zwischen 14 und 70 Jahren gefangenzunehmen. Alle Einwohner (auch Frauen), die sich am Straßenkampf in Šabac beteiligt hatten, seien sofort zu erschießen, ebenso alle Männer, in deren Wohnungen Waffen oder Munition gefunden würden, oder die zu fliehen versuchten. Die gefangengenommenen Männer seien auf kroatischem Gebiet

---

[26] Ebd., RH 26—342/8, Böhme an alle Einheiten der 342. ID, 25.9.1941.
[27] Ebd., RH 26—342/102, KTB Quartiermeisterabteilung, 21.9.1941.
[28] Ebd., RH 24—18/87, KTB Ia, Bev. Kdr. General in Serbien, 20.9.1941.
[29] Ebd., RH 26—118/3, KTB-Eintragung, 21.9.1941.
[30] Ebd., KTB-Eintragung, 26.9.1941.
[31] Ebd., KTB-Eintragung, 24.9.1941.
[32] Ebd., Fernschreiben II. Bat./750 an Höh. Kdo. LXV, 23.9.1941.
[33] Ebd., II./IR 750 an 750. IR, 23.9.1941.

2. Die 342. Infanteriedivision im Raum Šabac

in ein durch die Division anzulegendes Konzentrationslager nördlich der Save zu bringen. Außer dem was sie am Leib trugen, durften die Gefangenen nur einen Mantel, eine Decke, ein Eßgeschirr mit Löffel und Mundvorrat aus ihren eigenen Beständen mitnehmen[34]. Zur gleichen Zeit begann ein Pionierbataillon der 342. ID nördlich von Šabac mit dem Bau eines KZ auf kroatischem Boden[35].

Am 24. September 1941 begannen Einheiten der 342. ID und des II. Bataillons des 750. IR, mit Unterstützung der 3. Kompanie des Pol. Res. Bat. 64, mit der Verhaftung aller Männer und Jugendlichen der Stadt[36]. Vom Stadtrand aus in Richtung Zentrum drang die Truppe systematisch in alle Wohnungen und Geschäfte ein, plünderte Hab und Gut und zerrte alle Männer zu einer Sammelstelle im Westteil der Stadt[37]. Die 342. Division richtete zwei Dienststellen ein. Die eine sollte den Abschub der gefangenen Männer in die Wege leiten, die andere wurde mit der Unterbringung des geplünderten Gutes beauftragt. Hinghofer stellte persönlich die Richtlinien für die Tätigkeit der Dienststelle »Gefangenenabschub« auf:

»a) Übernahme der von den Regimentern zugeleiteten Gefangenen. Allgemeine Zählung. In besonderen Fällen namentliche listenmäßige Feststellung.
b) Aussonderung von Volksdeutschen und unberechtigt Festgenommenen.
c) Durchsuchung der Gefangenen auf Waffen und Munition. Abnahme der Waffen und Munition, einschl. Hieb- und Stichwaffen. Namentliche Feststellung der Waffen- und Munitionsträger nach anliegender Liste und deren Übergabe an das Standgericht. Der Besitz von Messern, die nicht als Stichwaffe anzusehen sind, berechtigt nicht zur Übergabe an das Standgericht. Sämtliche Messer sind dennoch abzunehmen. [...]
f) Bewachung der Gefangenenlager.
g) Abschub der Gefangenen in rückwärtige Läger. Kommandeur Pz. Jäg. Abt. 342 meldet täglich 21,00 Uhr an Division und Artl. Kdr. über Gefangenenzahl, Erschießungen, Waffenabnahme und besondere Vorkommnisse[38].«

Als nach drei Tagen die Aktion beendet war, hatte Hinghofers Truppe 4459 männliche Zivilisten gefangengenommen. Bei der systematischen Säuberung der Stadt waren aber weder Waffen gefunden worden, noch waren die Soldaten auf bewaffneten Widerstand gestoßen[39]. Es fanden sich auch keine Anzeichen dafür, daß sich die Bevölkerung der Stadt aktiv an den Kämpfen beteiligt hätte. Doch darum ging es Böhme auch gar nicht. Böhme wollte mit Hilfe von Hinghofers Division die erste kollektive Bestrafung der serbischen Zivilbevölkerung durchführen. Demgemäß blutig war auch die Bilanz der Säuberung. Obwohl sich die Bevölkerung »gefaßt« zeigte, und die Männer »ohne erhebliche Widersetzlichkeiten«[40] zusammengetrieben werden konnten, erschossen die eingesetzten Kompanien im Zuge der Aktion 75 Männer aus Šabac, 5 weitere wurden als verstorben gemeldet[41].

---
[34] Ebd., RH 26—342/11, General Böhmes Befehl zur Räumung von Šabac, 23.9.1941.
[35] Ebd., RH 26—342/8, KTB Ia der 342. ID, 24.9.1941.
[36] Ebd., RH 26—342/11, Fernschreiben Ia der 342. ID an Bev.Kdr. General in Serbien, 24.9.1941.
[37] Ebd.
[38] Ebd., RH 26—342/8, Betr.: Gefangenenabschub, 25.9.1941.
[39] Ebd., KTB-Eintragung, 27.9.1941.
[40] Ebd., RH 26—342/11, Tagesmeldung Ia der 342. ID an XVIII. AK, 25.9.1941.
[41] Ebd., Anlagen zum KTB. Die Zahl der bei der »Säuberung« von Šabac erschossenen Männer ergibt sich aus der Zusammenstellung der Tagesmeldungen zwischen dem 24. und 27.9.1941.

3. Der »Kladovo-Transport«

Unter den von Wehrmachteinheiten in Šabac zusammengetriebenen Männern befanden sich auch etwa 450 Juden. Aber nur wenige unter ihnen stammten aus Šabac selbst. Die übrigen waren Juden aus Österreich, aus Berlin, Danzig und der Tschechoslowakei — Mitglieder des »Kladovo-Transportes«, der sich aus etwa 800 österreichischen, 200 Berliner und Danziger sowie etwa 100 tschechischen Juden zusammensetzte. Sie hatten schon im November 1939 Wien verlassen, um in Schiffen donauabwärts und über das Schwarze Meer illegal, d.h. ohne Einreisezertifikate der britischen Mandatsregierung, nach Palästina zu gelangen. Doch bereits zu Weihnachten 1939 blieben die Schiffe im jugoslawischen Donauhafen Kladovo stecken. Die rumänischen Behörden hatten ihnen die Weiterfahrt über die Donau bis zum Schwarzen Meer verweigert. Ab diesem Zeitpunkt erhielt die Flüchtlingsgruppe den Namen »Kladovo-Transport«[42]. Bis September 1940 lebten die Flüchtlinge — teils auf Schiffen, teils an Land — in Kladovo, ehe sie nach Šabac verlegt wurden. Nach den tristen und hoffnungslosen Lebensbedingungen in Kladovo, brachte die Übersiedlung in die etwa 15000 Bewohner zählende Industriestadt Šabac eine entscheidende Verbesserung ihrer Lebenssituation. Die Gruppe, die mittlerweile um etwa 200 jüdische Flüchtlinge angewachsen war, wurde in einer mehrstöckigen ehemaligen Mühle, in einer stillgelegten chemischen Fabrik, in adaptierten Getreidemagazinen und in Privatquartieren untergebracht und von der jüdischen Gemeinde in Belgrad mit dem Allernotwendigsten versorgt. Mehrere Male versuchte der für den Flüchtlingstransport verantwortliche Mossad[43], Schiffe für die Weiterfahrt nach Palästina aufzutreiben. Doch vergeblich. Der Jewish Agency gelang es bis März 1941 etwa 250 legale Einreisezertifikate zu organisieren. Mit diesen Zertifikaten konnten Ende März 1941, wenige Tage vor dem deutschen Überfall auf Jugoslawien, noch mehr als 200 meist jugendliche Mitglieder des Transportes nach Palästina entkommen. Die über 1000 Zurückgebliebenen wurden wenige Tage später durch den Überfall auf Jugoslawien von den Nazis eingeholt.

Bis August 1941 waren die deutschen Besatzer in der Stadt nur durch Wehrmachtorgane vertreten[44]. Am 20. Juli 1941[45] wurden die Kladovo-Flüchtlinge von Soldaten aus ihren Unterkünften abgeholt und in einem Internierungslager etwas außerhalb von Šabac am Saveufer zusammengelegt. In Gruppen wurden sie zur Arbeit im Krankenhaus, in der Feldkommandantur, in den Kasernen, aber auch in den Privatunterkünften der deutschen Offiziere gezwungen[46]. Bereits wenige Wochen später wurden die Flüchtlinge Tatzeugen bei den ersten Judenmorden in Šabac. Unmittelbar nach der Unterstellung der Partisanenbekämpfung unter die Ägide der Wehrmacht wurden Teile der 3. Kompanie

---

[42] Die Geschichte dieses Transportes wird behandelt bei Anderl/Manoschek, Gescheiterte Flucht. Der jüdische »Kladovo-Transport« auf dem Weg nach Palästina 1939—42.

[43] Der Mossad war eine Organisation, die innerhalb der Haganah (des militärischen Arms des zionistischen Establishments in Palästina) in den Jahren 1938/39 für die Organisierung der illegalen Einwanderung nach Palästina gegründet wurde.

[44] Die Verwaltung der Stadt oblag der Ortskommandantur 847.

[45] Glisić, The Concentration Camps in Serbia (1941—1944), S. 711.

[46] Jovanovic, »Wir packen, wir auspacken ...«, S. 257.

des Pol. Res. Bat. 64 nach Šabac verlegt, um die dort stationierten Kompanien der 718. ID bei der offensiven Partisanenbekämpfung zu unterstützen. Als am 18. August 1941 ein Jagdkommando aus Angehörigen der 718. ID bei seinem ersten »Jagdausflug« etwa 20 km westlich von Šabac in ein Feuergefecht mit Partisanen verwickelt wurde, kam ihnen die Polizeitruppe zu Hilfe. Bei den Kämpfen wurden etwa 30 Partisanen erschossen, drei Soldaten und ein Polizist fielen, 10 Soldaten wurden verwundet[47]. In der Nacht vom 20. auf den 21. August führten die Besatzer eine »Sühneaktion« für die Gefallenen durch. In der Dunkelheit wurde etwa ein Dutzend Juden aus Šabac aus ihren Wohnungen geholt und auf offener Straße erschossen[48]. Am nächsten Morgen wurden die Leichen am Stadtplatz gesammelt und die jüdische Flüchtlinge des Kladovo-Transportes aus dem Internierungslager geholt und zum Stadtplatz geführt. Die Flüchtlinge mußten die Ermordeten demonstrativ durch die ganze Stadt tragen und sie anschließend zur öffentlichen Abschreckung inmitten der Stadt an elektrischen Leitungsmasten aufhängen[49].
63 Mitglieder der Šabacer Judengemeinde[50], die vor dieser Nacht 89 Seelen gezählt hatte[51], wurden daraufhin in das Internierungslager im Norden der Stadt getrieben, in dem bisher nur die Kladovo-Flüchtlinge untergebracht waren. Einige wenige vermögende Šabacer Juden konnten sich von der Internierung freikaufen. Auf Anordnung des Kreiskommandanten von Šabac wurde »von den in Šabac wohnenden Juden, die eine Wohnung innehatten, als Entschädigung dafür, daß diese vorläufig nicht im Lager untergebracht wurden, ein Betrag von Dinar 520000,- eingehoben[52].« Auch diese hohe Erpressungssumme (sie entsprach etwa 25000 Reichsmark) konnte die wohlhabenden Juden weder vor der späteren Internierung noch vor ihrer Ermordung retten; denn in einem Schreiben vom Dezember 1941, in dem es um die weitere Veranlassung des als »Judengeld« bezeichneten Betrags geht, heißt es weiter unten zynisch:

»Soweit der Einheit bekannt geworden ist, weilen die männlichen Juden der Stadt Šabac infolge der gewesenen Unruhen nicht mehr unter den Lebenden[53].«

4. Der »Blutmarsch«

Hinghofers 342. ID hatte im Zuge der Aktion in Šabac auch die männlichen Juden aus dem Internierungslager geholt und sie zu den anderen gefangenen Männern der Stadt ge-

---

[47] BA-MA, RW 40/5 Bericht über den Einsatz der 3. Kompanie des Pol. Res. Bat. 64, 19.8.1941.
[48] Jovanovic, »Wir packen, wir auspacken ...«, S. 259. Die Tagesmeldung des AOK 12 an das OKW vom 22.8.1941 berichtet nur, daß Strafmaßnahmen eingeleitet worden sind. Die Meldung erwähnt aber weder die Zahl der Ermordeten, noch die durchführende Einheit (NOKW-Dokument 1660, Tagesmeldung AOK 12 Ic/AO, 22.8.1941).
[49] The Crimes of the Fascist Occupants and Their Collaborators Against Jews in Yugoslavia, S. 40 f.
[50] Ebd., S. 40.
[51] Gilbert, Endlösung, S. 62.
[52] BA, R 26 VI/682, Verwaltungsstab des Bevollmächtigten Komm. Generals in Serbien an den Generalbevollmächtigten für die Wirtschaft in Serbien, 27.12.1941.
[53] Ebd.

trieben. Bei der Zusammenstellung des Transportes kam es abermals zu einem Massaker, bei dem wiederum 80 Gefangene wegen »Widersetzlichkeit« erschossen wurden[54]. Doch damit hatte das Martyrium dieser Menschen erst begonnen. Nun begannen Teile der Divisionsreserve der 342. ID mit dem Abtransport der Gefangenen. Eine Kompanie von Panzerjägern und die Radfahrerschwadron der 342. ID übernahmen am 26. September 1941 die Bewachung des Transportes der rund 5000 gefangenen Männer in das nördlich von Šabac eingerichtete KZ Jarak[55]. Damit begann der in der jugoslawischen Literatur als »Blutmarsch« bezeichnete Leidensweg der Gefangenen. Mehrere Gruppen wurden jeweils in einer langen Kolonne im Laufschritt in Marsch gesetzt und ohne Aufenthalt oder Rast vorerst bis in den Ort Klenak getrieben. Dort blieben sie zwei Tage und zwei Nächte ohne Nahrung. In Klenak hatten sich den deutschen Bewachern kroatische Heeresangehörige angeschlossen. Von Gewehrkolbenschlägen angetrieben, wurden die Gefangenen im Laufschritt in das etwa 20 km entfernte KZ Jarak getrieben:

»Wer nicht Schritt halten konnte und unterwegs zurückblieb, wurde mitleidlos an Ort und Stelle erschossen. Da viele alte und schwache Leute dabei waren, war die Zahl der Opfer sehr groß[56].«

Im KZ Jarak sollten die Gefangenen nicht lange bleiben. Am 27. September 1941 hatte der für Gefangenenwesen zuständige Quartiermeister General Böhmes das KZ besichtigt. Der Ausbau durch die Pionierabteilung der 342. ID war nahezu beendet, sogar ein Entlausungswagen war schon aufgestellt. Doch entschied die Quartiermeisterabteilung, daß das KZ wegen seiner militärisch ungünstigen Lage nicht mit den Gefangenen belegt werden sollte[57]. Statt dessen begann man mit der Einrichtung eines provisorischen KZ in Šabac selbst[58].

Als die Männer im KZ Jarak völlig erschöpft eintrafen, wurden sie auf der Stelle wieder in die umgekehrte Richtung nach Šabac zurückgetrieben. Diesmal übernahm die 1. Kompanie des Pol. Res. Bat. 64 die Transportbewachung. Diese Kompanie war als Bewachungsmannschaft für das KZ Jarak vorgesehen gewesen[59]. Nach der Entscheidung gegen die Inbetriebnahme des KZ Jarak wurde die Kompanie mitsamt den Gefangenen nach Šabac zurückdirigiert:

»Etwa Sept. 41 mußte unsere Kompanie in Jarak einen Gefangenentransport von der Wehrmacht übernehmen. Es handelte sich um etwa tausend Männer im Alter von 16—65 Jahren, die aus dem Raum Šabac stammten und die wir nach Šabac zurückbringen mußten, damit sie dort in einem Lager überprüft werden konnten. Auf dem Fußmarsch nach Šabac, es waren etwa 30 km, hörte ich von Gefangenen, daß beim ersten Transport bereits Männer von der Wehrmacht erschossen worden seien[60].«

Die Gefangenen wurden nicht als geschlossener Transport, sondern in Gruppen nach Šabac zurückgebracht, denn »auf dem Rückweg begegneten sie (die Gefangenen — W. M.)

---

[54] BA-MA, RH 26—342/11, Tagesmeldung Ia, 342. ID vom 26./27.9.1941 an XVIII. AK.
[55] Ebd.
[56] International Military Tribunal, Trial of the War Criminals, Bd 6, S. 609.
[57] BA-MA, RH 24—18/212, KTB-Eintragung der Quart. Abt. XVIII. AK, 26.9.1941.
[58] Ebd., RH 26—342/104, besondere Anordnungen für die Versorgung, Quart.Abt. 342. ID, 30.9.1941.
[59] »Das Konzentrationslager Jarak ist durch 342. Div. an Pol. Res. Bat. 64 zu übergeben, welches unmittelbar Verbindung aufgenommen hat« (ebd., RH 26—342/11, KTB Ia der 342. ID, 27.9.1941).
[60] ZStl, 503 AR 12/62, Bd 2, Vernehmung Michael Th.

einer anderen Gruppe von 800 Bauern, die denselben Weg zurücklegen mußten, aber noch grausamer behandelt wurden. Sie wurden gezwungen, mit hocherhobenen Händen zu gehen und zu laufen, wobei sie unterwegs systematisch umgebracht wurden[61].«
Einige Angehörige der mit dem Rücktransport der Gefangenen beauftragten Polizeikompanie konnten sich nach dem Krieg noch gut an die »Kladovo-Flüchtlinge« erinnern:

»Ende September rückte unsere Kompanie (1. Kompanie des Pol. Res. Bat. 64 — W. M.) von Belgrad nach Klenak aus. Hier übernahmen wir ca. 400 jüdische Männer, vorwiegend deutsche Juden, von einer deutschen Heereseinheit. Ihre genaue Bezeichnung war mir nicht bekannt. Unsere Kompanie brachte diese Juden im Fußmarsch bis zu dem etwa 25 km entfernt gelegenen Šabac. Diese Juden bildeten den Grundstock zu einem Sammellager. Sie verblieben jedoch nur kurze Zeit in Šabac[62].«

Auch einem anderen Polizeikompanieangehörigen hatten sich die jüdischen Flüchtlinge ins Gedächtnis eingeprägt:

»Als Sammelpunkt war das Lager Šabac bestimmt worden, das schon vorher als Lager gedient hatte. Mir ist damals erzählt worden, daß in diesem Lager schon Juden und Serben verwahrt worden waren. Bei den Juden handelte es sich, soweit ich mich entsinne, zum Teil um jüdische Flüchtlinge aus Deutschland und Österreich. Wie ich damals nun erfahren habe, ist mit diesen Leuten ein Gewaltmarsch von Klenak nördlich Šabac, nach Šabac gemacht worden.[...] Auf diesem Marsche wurden alle, die nicht mehr weiter konnten, oder überhaupt für den Marsch zu schwach waren, von dem begleitenden Wehrmachtskommando an Ort und Stelle erschossen. Über die Zahl der Opfer kann ich heute nichts mehr sagen. Auf jeden Fall war es so, daß bei unserem Eintreffen in Šabac etwa 400 Juden noch im Lager waren, die in vier Hundertschaften zusammengefaßt waren[63].«

Anna Hecht, eine Teilnehmerin des »Kladovo-Transportes«[64], mußte zusehen, wie ihr Mann Siegfried zum »Blutmarsch« abgeholt wurde:

»Im September 1941 hat man alle Häftlinge des Lagers auf eine große Wiese geführt und Männer und Frauen wurden getrennt aufgestellt. Die Männer wurden weggeführt und kamen erst 14 Tage später wieder zu uns zurück, wobei 21 Männer fehlten, die — wie wir später erfuhren — inzwischen gestorben waren. Was die Männer in der Zwischenzeit gemacht haben und wo sie waren, weiß ich nicht, weil mein Mann mir nur sehr wenig erzählte, was er machte und ich auch mit anderen Leuten nur sehr wenig Kontakt hatte. Ich erfuhr nur, daß die Männer weit in eine Kaserne geführt wurden und dann wieder ins Lager zurückkamen[65].«

Neben dem Judenlager an der Save war mittlerweile in Šabac ein zweites KZ in und vor den Baracken der ehemaligen Kaserne eingerichtet worden, in dem neben den von der 342. ID gefangenen Zivilisten für einige Tage auch die männlichen Juden des »Kladovo-Transportes« gefangengehalten wurden, ehe sie am 4. Oktober 1941 wieder zu den zurückgebliebenen Transportteilnehmern in die Pionierbaracken an der Save rücküber-

---

[61] International Military Tribunal, Trial of the War Criminals, Bd 6, S. 609.
[62] ZStL, 503 AR 12/62, Beiakte zu Bd 4, Aussage von Willy H.
[63] Ebd., Bd 3, Vernehmung Bruno W. Nach jugoslawischen Schätzungen wurden auf dem »Blutmarsch« insgesamt etwa 150 Menschen ermordet (Savpštenja, Belgrad, 1945, Nr. 34—53, S. 403—416, zit. nach: Glisić, Der Terror und die Verbrechen des faschistischen Deutschland in Serbien von 1941 bis 1944, S. 73).
[64] Anna Hecht hatte sich als Christin mit ihrem jüdischen Ehemann dem Transport angeschlossen. Als Christin überlebte sie den Holocaust in Serbien.
[65] Yad Vashem Archives, 017/80 (im folgenden: YVA), Interview mit Anna Hecht, (Wien, Dezember 1955).

stellt wurden[66]. In der Kaserne selbst war die 1. Polizeikompanie, welche die mittlerweile nach Belgrad abgerückte 3. Kompanie abgelöst hatte, untergebracht[67]. Sie war für die Bewachung, Verwaltung und Verpflegung der Gefangenen zuständig[68]. Es war geplant, daß diese Baracken bis zur Errichtung eines größeren KZ als provisorisches Gefangenenlager dienen sollten.

Als nächstes Gefangenenkontingent wurden vom II. Bataillon des 750. IR aus Sremska Mitrovica 2250 Männer nach Šabac in Bewegung gesetzt[69]. Auf dem Weg dorthin unternahm eine Gefangenengruppe einen Fluchtversuch:

»Um 13.00 Uhr wurde der Abt. Ib durch einen Angehörigen der Volksdeutschen Bewegung gemeldet, daß aus einem Gefangenen-Transport, der von Mitrovica nach Jarak geführt und von kroatischen militärischen Einheiten und nur wenigen Wehrmachtsangehörigen begleitet wurde, auf der Straße Mitrovica–Jarak etwa 150 Gefangene geflohen seien. Etwa 90 der Geflohenen lägen erschossen an der Straße Mitrovica–Jarak, der Rest sei in den Maisfeldern in nördlicher Richtung entkommen. Eine sofort unter Führung von Oblt. Brunn eingeleitete Absperr- und Suchaktion bis etwa 17.00 Uhr erfolglos. Von kroatischem Militär usw. wurde im Laufe der Nacht der größere Teil der Flüchtlinge wieder aufgebracht«[70]

und von der Radfahrschwadron der 342. ID nach Šabac eskortiert[71]. Die etwa 6000– 7000 Gefangenen aus Šabac und Sremska Mitrovica bildeten den Grundstock des KZ Šabac. Das KZ wurde dem Militärverwaltungschef Turner unterstellt, der sofort einen SD-Trupp zur 342. ID nach Šabac entsandte, um die internierte Bevölkerung auf Grundlage der beim SD vorliegenden Unterlagen über Kommunisten zu überprüfen[72].

5. Das geplante Konzentrationslager in Zasavica

Das KZ Šabac war von Anfang an nur als Zwischenlösung gedacht. Das chaotische Improvisieren war notwendig geworden, da für die Gefangennahme von tausenden Zivilisten weder die organisatorischen noch die infrastrukturellen Voraussetzungen vorhanden waren. In fieberhafter Eile begann abermals die Suche nach einem geeigneten Standort für ein zentrales KZ in Serbien. Aus Sicherheitsgründen sollte es möglichst von der Außenwelt abgeschirmt sein. Somit würde ein kleines Kontingent Wachmannschaften für die Lagerbewachung genügen. Schon am 6. Oktober 1941 war die Entscheidung gefallen. Als günstigstes Gelände wurde die Gegend um das Dorf Zasavica angesehen. Um die Gefangenen des KZ Šabac innerhalb von zwei Wochen in das neue KZ Zasavica überführen zu können, sollte das Lager im Eiltempo unter freiem Himmel errichtet werden. Das Bauwerkzeug stellte die Quartiermeisterabteilung Böhmes zur Verfügung; das Bau-

---

[66] Glisić, Der Terror und die Verbrechen des faschistischen Deutschland in Serbien von 1941 bis 1944, S. 112.
[67] ZStZ, 503 AR 12/62, Beiakte zu Bd 4, Aussage von Hermann K.
[68] ZStL, 503 AR 12/62, Beiakte zu Bd 3, Aussage des Chefs der 1. Kompanie, Adolf G.
[69] BA-MA, RH 26–342/104, Fernspruch II./750 an 342. ID, 1.10.1941.
[70] Ebd., RH 26–342/104, Tagesmeldung 342. ID, Abt. Ib an Abt. Ia, 1.10.1941.
[71] Ebd., RH 26–342/11, KTB Ia, Betrifft: Gefangenenabschub, 30.9.1941.
[72] Ebd., RH 24–18/165, Anlagen zum KTB Ia des XVIII. AK, 28.9.1941.

5. Das geplante Konzentrationslager in Zasavica

holz wurde an Ort und Stelle geschlagen, nicht zuletzt um die Übersichtlichkeit des Geländes zu verbessern. Es war vorgesehen, daß die Adaptierung des Lagers für zunächst etwa 30 000 Gefangene schon am 20. Oktober 1941 abgeschlossen sein sollte. Erst in einem weiteren Schritt sollte die Ortschaft Zasavica als Winterquartier in das eigentliche Lager mit einbezogen werden[73]. Wie aus einer SD-Meldung hervorgeht, plante man, das KZ Zasavica letzendlich zu einem gigantischen KZ für ganz Serbien auszubauen:

»Für die bei der Säuberungsaktion der Wehrmacht festgenommenen Personen und auch für die sonstigen festgenommenen Personen durch die deutsche Wehrmacht im Savebogen bei Mitrovica wird Sammellager errichtet. Dieses Lager wird durch die OT (Organisation Todt – W.M.) gebaut. Es wird zunächst ein Fassungsvermögen für 50 000 Personen haben, das bis auf 500 000 erhöht werden kann. Das Lager wird nach dem Muster der deutschen Konzentrationslager gebaut[74].«

Die Auswahl des Standortes wurde primär aus strategischen Gründen getroffen. Wegen der geringen Zahl verfügbarer Wachorgane stand im Vordergrund das Ziel, mit möglichst wenigen Kräften eine maximale Anzahl von Gefangenen bewachen zu können. Dafür schien Zasavica am geeignetsten. Zasavica liegt im nördlichsten Teil des Save-Drina-Bogens und war damals der nördlichste Punkt des serbischen Besatzungsgebietes. Das vorgesehene Lagergelände hatte mit einer Länge von mehr als 12 km und einer Breite von 3,5 km riesige Ausmaße. Nach Norden, Osten und Westen war es von der Save – dem serbisch-kroatischen Grenzfluß – bogenförmig begrenzt, während im Süden das Sumpfgebiet des Flusses Zasavica eine natürliche Grenze bildete. Das Gelände war nur von Norden aus über die auf der kroatischen Seite der Save liegende Stadt Sremska Mitrovica zu erreichen. Vom Westrand der Stadt aus spannte sich eine alte, baufällige Schiffsbrücke über die Save ins serbische Zasavica. Nur auf serbischer Seite, wo das Gelände von der Save, der Zasavica und dem Sumpfgebiet natürlich eingegrenzt war, gab es im Südwesten einen etwa 600 Meter breiten Landstreifen, der aus Sicherheitsgründen mit Stacheldraht abgezäunt werden mußte[75].

Die 342. ID wurde beauftragt, sofort mit der Evakuierung der gesamten Bevölkerung des betroffenen Gebietes zu beginnen und sie in andere Ortschaften umzusiedeln[76]. Bereits am nächsten Tag hatte ein Feldgendarmerietrupp der 342. ID die Bevölkerung des Gebietes vertrieben[77]. Nunmehr konnte mit dem Aufbau des Lagers begonnen werden. Am Morgen des 8. Oktober 1941 übernahm die Radfahrschwadron der 342. ID vom SD-Lagerleiter des KZ Šabac, Sturmbannführer Paul, 400 Gefangene und eskortierte sie nach Sremska Mitrovica. Es handelte sich um eine Gruppe ausgesuchter Handwerker (Zimmerleute, Tischler, Schmiede), die zum Bau des KZ Zasavica eingesetzt werden sollte[78]. Noch an diesem Abend übergab die Radfahrschwadron die überführten Gefange-

---

[73] Ebd., RH 26–342/105, Abt. Ib des Bev. Kdr. Generals in Serbien an Abt. Ib der 342. ID, 6.10.1941.
[74] NO-Dokument 3156, Chef der Sicherheitspolizei und des SD, Ereignismeldung UdSSR Nr. 108, 9.10.1941.
[75] BA-MA, RH 24–18/213, Bericht des Sanitätsoffiziers des Dulag 183 über die Errichtung eines Gefangenenlagers in Zasavica-Gorna, 27.10.1941.
[76] Ebd.
[77] Ebd., RH 26–342/102, KTB-Eintragung Abt. Ib der 342. ID, 7.10.1941.
[78] Ebd., RH 26–342/11, Befehl der Abt. Ia der 342. ID an die Radfahrschwadron der 342. ID, 7.10.1941.

nen einer Einheit des II. Bataillons des 750. IR der 718. ID in Sremska Mitrovica und kehrte wieder nach Šabac zurück[79]. Das II. Bataillon, welches nach dem Abschluß der »Säuberungsaktion« durch die 342. ID in Šabac und Sremska Mitrovica stationiert geblieben war, um die Sicherung diese Gebietes zu übernehmen, war auch für die Bewachung dieser Gefangenen zuständig. Die Einheiten der 718. ID, so auch das II. Bataillon, waren eigentlich für Sicherungsaufgaben in Kroatien vorgesehen und unterstanden demnach formal dem Deutschen General in Agram, Glaise von Horstenau. Dieser hatte das II. Bataillon im August »leihweise« dem Kommandierenden General in Serbien überlassen, forderte aber nunmehr von General Böhme das Bataillon zurück:

»Die durch Kommunisten und Tschetnici hervorgerufene Spannung in Kroatien ist so groß, daß ich kraft der mir durch Führerauftrag zukommenden Verantwortung eine Verwendung der 718. ID außerhalb des Landes (deutsches Besetzungsgebiet) nicht befürworten könnte[80].«

Die sich auf die Autorität des Führerauftrags berufende und im Konjunktiv vorgetragene Rückforderung seiner Einheiten beeindruckte Böhme wenig. Ein nochmaliges Insistieren Glaises um Rückstellung des II. Bataillons beantwortete Böhme am 13. Oktober 1941 abschlägig:

»Austausch der in Mitrovica und Šabac liegenden Teile der 718. Inf. Div. z. Z. nicht tragbar, da 1 L.(andes) S.(chützen) Batl. für Sicherung der Mačva zu schwach und nicht geeignet[81].«

Böhme brauchte das II. Bataillon in Sremska Mitrovica zur Bewachung der Gefangenen beim Bau des KZ in Zasavica. Doch die Errichtung des Lagers stieß von Beginn an auf größte Schwierigkeiten. Es kam zu Auseinandersetzungen zwischen der Lagerverwaltung Dulag 183 und dem II. Bataillon. Um den Aufbau des Lagers schnell voranzutreiben, forderte die Lagerverwaltung die Zuführung weiterer 2 000 Häftlinge als Arbeitskräfte:

»Der Versuch, zunächst wenigstens 500 Mann einzusetzen und eine Umzäunung für weitere 2 000 Mann mit Beschleunigung durchzuführen, scheiterte an den Einwänden des Regiments 750. Es erklärte die Wachen für unzureichend und nicht in der Lage zu sein, weitere Wachmannschaften für längere Zeit zu stellen. Auf den Einwand, daß ein eventuelles Entweichen einzelner Gefangener keine Rolle spiele, die Hauptsache das Vorantreiben der Arbeit mit größerem Einsatz sei, wurden taktische Gründe entgegengehalten. Ein mögliches Entweichen einer größeren Zahl gefährdet die Umgegend, für deren Sicherheit das Regiment die Verantwortung trage[82].«

Von den 400 von Šabac nach Sremska Mitrovica gebrachten Gefangenen wurden unter Bewachung des II. Bataillons wechselweise nur jeweils 150 Mann zum KZ-Bau eingesetzt[83]. Doch schon nach kurzer Zeit erwies sich auch dieses Gelände als völlig ungeeignet für die geplante Unterbringung zehntausender Gefangener. Nachdem starke Niederschläge eingesetzt hatten, verwandelte sich der schwere, stark lehmhaltige und damit völlig wasserundurchlässige Boden innerhalb kürzester Zeit in einen 25 cm tiefen Morast, wodurch ein Befahren des Geländes mittels LKW unmöglich wurde. Durch den hohen

---

[79] Ebd., RH 24–18/213, Meldung Abt. Ib der 342. ID an die Abt. Ib des XVIII. AK, 8.10.1941.
[80] Ebd., RW 40/20, Brief Glaises von Horstenau an Böhme, 4.10.1941.
[81] Ebd., RH 24–18/87, Ia des XVIII. AK an Deutschen General in Agram, 13.10.1941.
[82] Ebd., RH 24–18/213, Bericht Dulag Ia an Ib-Abteilung des Bev. Kdr. Generals in Serbien, 27.10.1941.
[83] Ebd.

Grundwasserspiegel waren bald sämtliche Brunnen verseucht. Die Verpflegung des Lagers wäre nur über Šabac möglich gewesen, was einen Transportweg von rund 100 km bedeutet hätte. Die Errichtung eines Freilagers im Oktober unter den unzulänglichen baulichen und hygienischen Bedingungen hätte mit Sicherheit zu Diphterie-, Typhus- und Fleckfieberepidemien und damit unweigerlich zum Tod der meisten Insassen geführt. Die Lagerleitung des Dulag 183 erklärte sich unter diesen Bedingungen außerstande, ein KZ in Zasavica einzurichten[84].

Am 29. Oktober 1941 wurde von der Quartiermeisterabteilung Böhmes »mit sofortiger Wirkung [...] der Ausbau des Konz.Lagers Zasavica eingestellt«; die Lagermannschaft des Dulag 183 wurde angewiesen, »die in Zasavica z. Zt. eingesetzten Häftlinge nach Šabac zurückzuführen«[85].

Zwischenzeitlich hatten sich die deutschen Besatzungsorgane in Serbien auf ein neues Gelände für ein KZ geeinigt. In Semlin, heute eine Vorstadt Belgrads, auf der damals kroatischen Seite der Save, sollte auf einem ehemaligen Messegelände das zentrale KZ Serbien errichtet werden. Zu diesem Zweck überführte das Dulag 183 den für das KZ Zasavica angelieferten Stacheldraht sofort in das ehemalige Messegelände von Sajmište und übergab ihn dort der Organisation Todt[86]. Nach dem Ausbau »eines KZ Semlin ist Überführung der z. Zt. in Šabac untergebrachten Häftlinge dorthin beabsichtigt (nicht vor 1.12.41)[87].« Doch die Verlegung von serbischen Gefangenen aus Šabac nach dem KZ Sajmište erfolgte erst im Frühjahr 1942. Vorher sollte das von der Quartiermeisterabteilung Böhmes in Auftrag gegebene und Anfang Dezember 1941 fertiggestellte KZ Sajmište noch einem anderen Zweck dienen.

6. General Hinghofers Aktion im Save-Drina-Dreieck

Während die von General Glaise von Horstenau nach Serbien abgestellten Einheiten der 718. ID mit der Sicherung des Save-Drina-Dreiecks und mit der Bewachung des Bautrupps für das KZ Zasavica beschäftigt waren, begann General Hinghofers Kampfdivision Ende September 1941 mit der eigentlichen »Säuberung« des Gebietes. In den nächsten drei Wochen sollte die 342. ID in dem etwa 300 km² großen Gelände zwischen Šabac, Sremska Mitrovica und dem Cer-Gebirge eine blutige Spur in der Zivilbevölkerung hinterlassen, die den Greueltaten der SS im Osten um nichts nachstand. Die von General Hinghofer erlassenen Kampfanweisungen orientierten sich dabei fast wörtlich am Befehl Böhmes vom 22. September 1941[88]. Die Gegnergruppe wurde von Hinghofer allerdings noch um serbische Beamte und um die serbische Exekutive erweitert:

---

[84] Ebd., RH 24—18/213, Bericht der Gruppe Verwaltung Dulag 183, ebenso Bericht des Sanitätsoffiziers des Dulag 183 und des Kommandanten des Dulag 183, 27.10.1941.
[85] Ebd., Qu. Abt. des Bev. Kdr. Generals in Serbien, betr.: Konz. Lager Zasavica, 29.10.1941.
[86] Ebd.
[87] Ebd.
[88] Ebd., RH 24—18/87, Befehl Böhmes zur Säuberung des Save-Bogens, 22.9.1941.

II. Die Wehrmacht und die Ermordung der männlichen Juden in Serbien

»Alle Personen, die sich in irgendeiner Form am Kampf beteiligen, sind als Freischärler anzusehen und als solche zu behandeln. [...] Serbische Beamte, Polizei und Gendarmerie sind zu entwaffnen, gesondert festzunehmen und zu erschießen.[...]
Die gesamte männliche Bevölkerung von 14 bis 70 Jahren ist festzunehmen und in die von der Division eingerichteten Gefangenen-Sammelstellen über Mitrovica bzw. Šabac sofort abzuführen. Volksdeutsche oder Angehörige verbündeter oder neutraler Nationen dürfen bei der Aktion nicht zu Schaden kommen[89].«

Praktisch bedeutete dieser Divisionsbefehl nichts anderes als die Aufforderung zur Ermordung bzw. Inhaftierung aller serbischen Männer, die im Aktionsgebiet angetroffen wurden. Vorsorglich wurde wegen der Gefahr von Seuchen auch gleich angeordnet, daß »für die Beerdigung von erschossenen Zivilisten [...] die Truppe Sorge zu tragen«[90] habe. Noch am 27. September 1941 hatte Böhme Ministerpräsident Nedić über das geplante Unternehmen, welches »mit den schärfsten Mitteln durchgeführt« werden würde, unterrichtet. Böhme bot Nedić an, zu demissionieren, doch dieser lehnte ab[91]. Offensichtlich war sich Böhme über die politischen Konsequenzen seines militärischen Vorgehens in Serbien im klaren, doch war er nicht bereit, auf mögliche politische Auswirkungen irgendwelche Rücksichten zu nehmen. Durch den politischen Rückhalt von Nedić zusätzlich abgesichert, fuhr Böhme am nächsten Tag zum Stab der 342. ID, um auf dem Divisionsgefechtsstand in der Ortsmitte von Šabac mit General Hinghofer die Lage zu besprechen. Hinghofer berichtete ihm:

»Aufständische und Bewohner haben überall Dörfer verlassen, die Straßen sind leer[92].«

Böhme ließ sich davon nicht beirren. Vielmehr machte er Hinghofer »besonders auf die Gefahr während der Nacht aufmerksam, wo das Gesindel vermutlich aus seinen Verstecken herauskommen wird. Alle herumstreifenden Männer sind rücksichtslos zu erschießen[93].«

Von dieser Aufforderung sollte die 342. ID in den nächsten Wochen ausführlich Gebrauch machen. Noch am selben Tag begann die Division mit dem Angriff im Save-Drina-Bogen. Durch einen Vorstoß von Norden über Sremska Mitrovica und von Süden her über Šabac sollte das Gebiet eingekesselt und »restlos von Aufständischen« gesäubert werden[94]. Als Vorwand für das blutige Vorgehen gegen die Zivilbevölkerung, wurde einfach apodiktisch behauptet, daß »die gesamte Bevölkerung [...] an dem Aufstand beteiligt«[95] sei. Mit welcher Mordlust die Division die Aktion begann, verdeutlicht ein Fernschreiben der Abteilung Ic des XVIII. AK an die 342. ID, in dem gebeten wird, »Vorkehrungen zu treffen, daß zumindest einzelne Bandenmitglieder, von denen zu erwarten ist, daß sie über Gliederung, Bewaffnung, Absichten usw. Kenntnisse besitzen, lebend eingebracht und vernommen werden«[96].

---

[89] Ebd., RH 26—342/11, Divisionsbefehl General Hinghofers vom 27.9.1941.
[90] Ebd., RH 24—342/104, Abt. Ib, Besondere Anordnungen für die Versorgung, 30.9.1941.
[91] Ebd., RH 24—30/270, Bericht Böhmes an den Wehrmachtbefehlshaber Südost über die Besprechung mit Ministerpräsident Nedić, 28.9.1941.
[92] Ebd., RH 24—18/87, KTB-Eintragung vom 28.9.1941.
[93] Ebd.
[94] Ebd., RH 26—342/8, KTB Ia der 342. ID, 27.9.1941.
[95] Ebd., RH 26—342/11, KTB Ia, 27.9.1941.
[96] Ebd., KTB Ia, Fernschreiben vom 27.9.1941.

6. General Hinghofers Aktion im Save-Drina-Dreieck

Bereits am ersten Tag des Angriffs wurden vier Orte niedergebrannt. Die Partisanen und Četniks hatten offensichtlich den Angriff erwartet und sich zurückgezogen. Es kam zu keinen Kämpfen. Auch wurden außer einem 10-cm-Geschütz keine Waffen gefunden. Die männlichen Einwohner hatten ihre Dörfer meist rechtzeitig verlassen. Trotzdem erschoß die 342. ID an diesem Tag 70 Männer und brachte 440 Gefangene ins KZ Šabac[97]. Auch am nächsten Tag traf die Division auf keinen Feindwiderstand und konstatierte, daß der bewaffnete Gegner »im wesentlichen das Gebiet geräumt« habe, und auch in den nächsten Tagen »mit größerer Feindtätigkeit nicht zu rechnen« sei. Die Bevölkerung erschien der Truppe jedoch »im wesentlichen terrorisiert durch Kommunisten und Četnik-Verbände«, — die Truppe erschoß allein an diesem Tag 310 Männer und deportierte 1630 weitere ins KZ Šabac[98]. Tags darauf hatte die 342. ID ihre ersten Verluste: während der Nacht fielen zwei Soldaten — allerdings durch eigenes Feuer.
Die Partisanen und die Četnik-Verbände waren schon längst in Richtung Cer-Gebirge abgezogen. Dementsprechend gering waren auch die Waffenfunde: ein MG und ein paar Gewehre mit Munition waren die spärliche Ausbeute. Um so erfolgreicher war der Kampf gegen die zurückgeblieben Bevölkerung:

»Truppe meldet 1870 Gefangene. [...] 84 Mann erschossen.[...] Aus den Gefangenen konnten durch Vernehmungen 190 Mann ausgesondert werden, die eine kommunistische Gruppe des Ortes Uzveze darstellen. Die Leute werden heute erschossen[99].«

In einem Bericht an General Böhme beschrieb Generalleutnant Hinghofer die Leistungen seiner Division seit ihrer einwöchigen Anwesenheit in Serbien:

»Auf der Gegenseite wurden 830 Mann erschossen und 8400 Festgenommene abgeführt. Die Waffenbeute bestand nur aus einem Geschütz, 2 MG, einigen Gewehren mit wenig Munition, einem Troßfahrzeug und einem Motorboot. [...] Gesundheitszustand und Stimmung der Truppe recht gut[100].«

Am 9. Oktober 1941 beendete die 342. ID die Aktion im Save-Drina-Dreieck und legte ihre Erfolgsbilanz vor. In den zwei Wochen ihrer Stationierung in Serbien hatte die Divison 1127 Zivilisten erschossen, 21440 festgenommen und ins KZ Šabac gebracht — im Kampf selbst waren 88 Gegner gefallen[101]. Die Division hatte bei dem Unternehmen durch Feindeinwirkung einen einzigen Gefallenen zu verzeichnen[102]!
Trotz dieser Bilanz war das Unternehmen militärisch gescheitert. Die bewaffneten Widerstandsverbände konnten von der Division nicht eingeschlossen werden. Sie waren rechtzeitig nach Westen ins Cer-Gebirge ausgewichen.
Doch damit hatte das Morden, Plündern und Brandschatzen noch kein Ende. Nachdem der Save-Drina-Bogen entvölkert worden war, gruppierte Hinghofer die Division zu einem Angriff gegen das Cer-Gebirge. Zu diesem Einsatz zog Hinghofer sämtliche Truppenteile der 342. ID heran. Zur Sicherung verblieben nur einige Kompanien des II. Bataillons

---

[97] Ebd., Tagesmeldung 342. ID an XVIII. AK, 27./28.9.1941.
[98] Ebd., Tagesmeldung vom 29.9.1941.
[99] Ebd., Tagesmeldung vom 29./30.9.1941.
[100] Ebd., 10—Tagesbericht vom 30.9.1941.
[101] Ebd., Ia-Meldung vom 15.10.1941.
[102] Ebd., RH 26—342/107, Tätigkeitsbericht des Divisionsarztes, 7.10.1941.

des 750. IR in den Städten Šabac und Sremska Mitrovica. Die gesamte 342. ID sammelte sich zu einer Aktion mit dem Ziel, den Feind im Cer- und Javorak-Gebirge überraschend anzugreifen und zu vernichten. Des weiteren befahl Hinghofer, alle im Einsatzraum liegenden Orte »restlos niederzubrennen und von der Bevölkerung zu räumen. Jeglicher Lebensunterhalt ist zu vernichten, Vieh ist nach Šabac abzuführen[103].«

Schon am ersten Angriffstag zeigte sich, daß auch dieser Einsatz im Cer-Gebirge ein militärischer Mißerfolg zu werden drohte. Der erhoffte Überraschungseffekt war ausgeblieben:

»Feind hat anscheinend das Cer-Gebirge unter Zurücklassung kampfkräftiger Teile namentlich am Ost- und Westflügel mit Hauptkräften in letzten Tagen geräumt. Auch Zivilbevölkerung erscheint im westlichen Teil vorzeitig abgezogen zu sein[104].«

Die Bevölkerung wußte mittlerweile, was sie beim Eintreffen der Wehrmacht zu erwarten hatte und war vor Hinghofers Truppe geflüchtet. Als das Unternehmen im Cer-Gebirge am 15. Oktober 1941 beendet wurde, stand der militärische Fehlschlag fest:

»Das Endergebnis der Räumung des Cer-Gebirges wird keine erheblichen Gefangenen- und Beuteziffern bringen. Starke Teile des Feindes sind frühzeitig ausgewichen. Andere Teile befinden sich zweifellos unter den noch lebenden Festgenommenen und den bereits Erschossenen[105].«

Beim Unternehmen im Cer-Gebirge waren 15 Divisionsangehörige gefallen und 76 verwundet worden. Die Feindverluste wurden mit 546 Gefallenen beziffert. 1081 Zivilisten waren von der Division erschossen, 4295 Männer festgenommen und ins KZ Šabac gebracht worden[106].

Danach drang die 342. ID weiter nach Süden in Richtung der Stadt Krupanj vor. In seinem Einsatzbefehl für die »Aktion Krupanj« vom 13. Oktober 1941 wies General Hinghofer seine Truppe an, alle Soldaten und Zivilisten, die unterwegs angetroffen werden, zu erschießen[107].

An diesem Tag traf bei der Division ein Befehl General Böhmes ein, der die Mordaktionen der 342. ID mit einer kriegsrechtlichen Begründung versah und genaue Richtlinien über die Zahl der zu Exekutierenden enthielt: Zur »Sühne« für jeden in Serbien getöteten deutschen Soldaten ordnete General Böhme die Erschießung von 100, und für jeden Verwundeten die Erschießung von 50 Geiseln an[108]. Erst ab diesem Zeitpunkt wurden von der 342. ID die täglichen Erschießungen von Zivilisten mit »Sühnemaßnahmen für deutsche Verluste« begründet. Sofort nach dem Eintreffen von Böhmes »Sühnebefehl« erließ der Divisionsstab einen Funkspruch an die Kampfeinheiten, der die neue Begründung für die Massenmorde an der Zivilbevölkerung enthielt:

»Zivilgefangene erschießen als Sühne für deutsche Verluste unter Bekanntgabe des Grundes[109].«

---

[103] Ebd., RH 26—342/11, Divisionsbefehl Hinghofers für den Angriff auf den Feind im Cer-Gebirge, 8.10.1941.
[104] Ebd., Abendmeldung Ia der 342. ID an Bev. Kdr. General in Serbien, 10.10.1941.
[105] Ebd., Tagesmeldung Abt. Ia der 342. ID vom 14./15.10.1941.
[106] Ebd., RH 26—342/14, Zehntagesbericht Hinghofers an Böhme, 20.10.1941.
[107] Ebd., RH 26—342/11, Divisionsbefehl Hinghofers für Unternehmen auf Krupanj, 13.10.1941.
[108] Ebd., RH 26—104/14, Befehl Böhmes vom 10.10.1941.
[109] Ebd., RH 26—342/11, Funkspruch Ia der 342. ID an JR. 698, 13.10.1941.

6. General Hinghofers Aktion im Save-Drina-Dreieck

Am Vormittag des 15. Oktober 1941 ergingen weitere Funksprüche an die Divisionsregimenter mit konkreten Erschießungsbefehlen. So erhielt etwa das JR. 699 den Befehl:

»Alle in der Kirche Prnjavor Festgenommenen sind zu erschießen unter vorheriger Bekanntgabe des Aufrufes. Nach Möglichkeit übrige Bevölkerung bei der Aktion hinzuziehen[110].«

In der am selben Abend erstellten Tagesmeldung der 342. ID hieß es dann unter dem neuen Punkt »Sühne«:

»Für die aus den eigenen Verlusten sich ergebenden Erschießungen wurden heute 400 durchgeführt. Es verbleiben noch 1900. Bei den 400 Erschossenen handelt es sich um Leute, die im Kampfgebiet um Draginac festgenommen wurden. Der Rest der heute gemeldeten Festgenommenen hat sich freiwillig unter den Schutz der deutschen Wehrmacht zum Abtransport ins Konzentrationslager gestellt[111].«

Im wehrmachtinternen Bericht des Heeresarchivars des Oberbefehlshabers Südost über Hinghofers »Aktion Krupanj« heißt es:

»Am 20. Oktober trat die 342. ID auf Krupanj an und besetzte noch am gleichen Tage gegen geringen Feindwiderstand diesen Ort. Die Aufständischen hatten gegenüber der 342. ID nach Brechung des Widerstandes südlich des Jadar überhaupt keinen erheblichen Widerstand mehr geleistet und waren mit ihrer Masse auch aus der Gegend von Krupanj nach Süden und Südwesten ausgewichen.
Ein Geschütz und zwei M.G. wurden bei diesen Unternehmungen erbeutet. Die Verluste der 342. ID betrugen 10 Tote und 44 Verwundete. Als Verlust der Serben wurde die große Zahl von 1800 (Erschossenen) angegeben[112].«

Offensichtlich erschien sogar dem keineswegs zart besaiteten Archivar in Anbetracht des geringen Feindwiderstands die Zahl der von der Division Erschossenen ungewöhnlich hoch.

Jene Männer, welche nicht sofort ermordet wurden, überstellte man ins KZ Šabac. Entgegen der Meldung Hinghofers erfolgte der Abtransport dorthin keineswegs freiwillig. Hinghofer hatte in jeder Ortschaft verlautbaren lassen, daß sich alle Männer zwischen 15 und 60 Jahren bei den Bürgermeistern ihrer Ortschaften sammeln und der Division zur Verfügung stellen mußten. In dieser Bekanntmachung erwähnte Hinghofer wohlweislich nicht, daß ihr weiteres Schicksal die Einweisung ins KZ Šabac sein sollte:

»Bei Nichtbefolgung dieser Anordnungen werden schärfste Vergeltungsmaßnahmen ergriffen. Ortschaften, in denen sich die Bevölkerung oder Teile derselben der Deutschen Wehrmacht widersetzen oder die Aufständischen durch Nachrichtenübermittlung, Abgabe von Lebensmitteln, Verstecken von Bandenmitgliedern, Anlegen von Sperren, Zerstören von Brücken usw. unterstützen, werden ohne weitere Ankündigung durch Bombenabwürfe der Stuka zerstört[113].«

Insgesamt hatte Hinghofers Division in den ersten vier Wochen ihres Einsatzes in Serbien mindestens 4408 Zivilisten erschossen und 25735 ins KZ Šabac eingeliefert. Die Verluste der Division betrugen 26 Tote und 120 Verwundete[114].

---

[110] Ebd., Funkspruch Ia der 342. ID an JR. 699, 15.10.1941.
[111] Ebd., Tagesmeldung vom 14./15.10.1941.
[112] Ebd., RH 19 XI/81, Die Bekämpfung der Aufstandsbewegung im Südostraum, T. 1, S. 56.
[113] Ebd., RW 40/20, Bekanntmachung Hinghofers, ohne Datum.
[114] Die Zahlen ergeben sich aus der Zusammenstellung der Berichte über die Einsätze der 342. ID im Save-Drina-Dreieck, im Cer-Gebirge und bei der »Aktion Krupanji«. Wie immer wird auf die Zahlenangaben von deutscher Seite Bezug genommen. Die Zahlen der getöteten Zivilisten sind dem-

Neben der Entvölkerung ganzer Landstriche durch die Ermordung, Vertreibung und Gefangennahme der Bewohner, veranlaßte General Böhme auch die wirtschaftliche Ausplünderung dieses Raumes. Schon zu Beginn der Strafaktion befahl er die gezielte und umfassende wirtschaftliche Ausbeutung des Gebietes:

»Die Versorgung der Heimat und der Besatzungstruppe gebietet planmäßige Erfassung der Wirtschaftsgüter des Gebietes im Save-Drinabogen als einem der reichsten Landstriche Serbiens. Es muß daher jede unsinnige Vernichtung von Vieh, Pferden, Getreide- und Futtervorräten sowie sonstiger Wirtschaftsgüter unterbleiben[115].«

Auf Befehl der Kompaniechefs durfte die Truppe während der Aktion das zur Erhaltung der Kampfkraft Erforderliche requirieren[116]. Was dann an Wirtschaftsgütern noch übrig blieb, sollte unter Anleitung der Militärverwaltung von Volksdeutschen abtransportiert werden:

»a) Einrücken Volksdeutscher — durch besondere Armbinden gekennzeichnet — zur Pflege des Viehs und der Pferde.
b) Abschub des Zuchtviehs und der Getreidevorräte. Erfassung kriegsverwendungsfähiger Pferde durch die Wehrmacht.
c) Einbringen und Abtransport der Maisernte, Bergung des Futters, Abschub von Schlachtvieh.
d) Herbstbestellung, Räumung restlicher Wirtschaftsgüter und Abschub der Zugtiere[117].«

Aus dem kroatischen Landstrich Syrmien trafen etwa 1000 Volksdeutsche ein, die der 342. ID rechtlich und disziplinär unterstellt wurden. General Hinghofer wies die volksdeutschen Arbeitskommandos unmißverständlich auf ihre Aufgabe im Rahmen der Deutschen Wehrmacht hin:

»Ich erwarte, daß die Angehörigen der Arbeitskommandos sich der Ehre bewußt sind, der siegreichen Wehrmacht des Großdeutschen Reiches, der größten und besten Wehrmacht der Welt, wertvolle Dienste leisten zu dürfen, und daß diese Volksdeutschen im Bewußtsein dessen voll und ganz ihre Pflicht tun und sich davor hüten, strafbare Handlungen oder auch nur disziplinäre Übertretungen zu begehen[118].«

Unschwer läßt sich aus der Anweisung des österreichischen Militärs Hinghofer an die Volksdeutschen sein eigener Stolz, nunmehr selbst Teil der »größten und besten Wehrmacht« zu sein, herauslesen — eine Ehre, der Hinghofer durch besonderen Einsatz gerecht zu werden trachtete.

---

nach Mindestangaben, die in Wahrheit mit größter Wahrscheinlichkeit höher lagen. Die in der offiziellen jugoslawischen Quellensammlung über die Geschichte des jugoslawischen Volksbefreiungskrieges (Zbornik dokumenata i podataka o Narodno-oslobodilackom ratu jugoslovenskih naroda) angegebene Zahl von 3590 (für die von der 342. ID bis Mitte November 1941 erschossenen Geiseln und Widerstandskämpfer) bzw. 21875 (für die ins KZ Šabac Eingelieferten) ist mit Sicherheit zu niedrig (Zbornik I, Bd 1, S. 596).

[115] BA-MA, RH 24—342/104, Abt. Ib der 342. ID, Merkblatt für die wirtschaftliche Nutzung des Gebietes zwischen Save und Drina, 29.9.1941.
[116] Ebd.
[117] Ebd. Dieser Befehl wurde am 2.10.1941 insofern abgewandelt, als nunmehr die nicht wehrfähige Bevölkerung im Aktionsgebiet verbleiben sollte, um unter dem Kommando von Einheiten des 750. IR und etwa 1000 aus dem Banat herbeigebrachten Volksdeutschen die Erfassung und den Abtransport der Wirtschaftsgüter durchzuführen (ebd., RH 26—342/105, Abt. Ib der 342. ID, 2.10.1941).
[118] Ebd., RH 26—342/11, Rechtliche Stellung der Angehörigen der volksdeutschen Arbeitskommandos aus Kroatien, 14.10.1941.

Des weiteren wurden unter der Leitung und Aufsicht des 750. IR die weibliche Bevölkerung und Teile der sich im KZ Šabac befindlichen Häftlinge zur landwirtschaftlichen Zwangsarbeit eingesetzt:

»Diese Häftlinge sind in kleinen Gruppen (zu etwa 10 Mann und 2 Mann Bewachung) so einzusetzen, daß eine Fühlungnahme mit der Bevölkerung vermieden und eine Flucht leicht verhindert werden kann. Bei Fluchtversuchen ist ohne Anruf von der Schußwaffe Gebrauch zu machen[119].«

Die Frauen und Häftlinge wurden gezwungen, ihr eigenes Vieh sicherzustellen, ihre Ernte einzubringen und dann zuzusehen, wie ihr Hab und Gut von der Wehrmacht weggeschafft wurde. Nach Beendigung der Ernte wurden »Vieh und Vorräte mit Transporten (bespannte Kolonnen der Divison und zuzuführende K[raft]w[agen]-Kolonnen) unter Ausnutzung der wieder betriebsfähig zu machenden Eisenbahnlinie Šabac-Lošnica weggeführt[120].«

Bei den Unternehmen im Save-Drina-Bogen und im Cer-Gebirge requirierte die 342. ID 1505 Rinder, 2521 Schafe, 1402 Schweine und 600 Zentner Weizen, und transportierte den Großteil nach Belgrad[121]. Darüber hinaus schlug das Höh. Kdo. LXV General Böhme vor, der Bevölkerung im Winter die Rodung von 600 Meter breiten Streifen zu beiden Seiten aller Fahrstraßen und Eisenbahnen aufzuerlegen und ihr zudem zu verbieten, im Frühjahr auf den gerodeten Flächen etwas anzubauen[122]. Damit sollten Angriffe auf die Truppe und auf Fahrzeuge auf den Straßen und Eisenbahnen erschwert werden.

7. Das Konzentrationslager in Šabac

Durch rechtzeitige Flucht der Bevölkerung waren der Division bei dem Unternehmen im Cer-Gebirge wesentlich weniger Zivilisten in die Hände gefallen, die ins KZ Šabac abgeführt werden konnten, als bei der Aktion im Save-Drina-Bogen. Trotzdem drohte das provisorische Lager überzuquellen. Im Oktober 1941 war es mit 15 000 bis 20 000 Menschen weit überbelegt.

Nachdem die 342. ID das KZ Šabac eingerichtet hatte, wurde es der Militärverwaltung übergeben. Die Bewachung der Gefangenen besorgte die 1. Kompanie des Pol. Res. Bat. 64 und die 4. und 6. Kompanie des 750. IR der 718. ID[123].

Die Gefangenen wurden von einem Sonderkommando des SD verhört[124], das in einer der Kasernenbaracken untergebracht war[125]. In derselben Baracke waren auch jene Ge-

---

[119] Ebd., RH 26—342/105, Qu. abt. des Bev. Kdr. Generals in Serbien, betr.: Wirtschaftliche Nutzung des Save-Drina-Bogens, 2.10.1941.
[120] Ebd., Qu. Abt. der 342. ID, 2.10.1941.
[121] Zusammenstellung der Zahlen aus ebd., RH 24—18/213, Zehntagemeldung der Qu. Abt. der 342. ID, 9.10.1941 und RH 26—342/14, Zehntagesbericht Hinghofers vom 20.10.1941 .
[122] Ebd., RH 24—30/274, Schreiben Höh. Kdo. z.b.V. LXV an den Bev. Kdr. General in Serbien, 17.10.1941.
[123] Ebd., RH 26—342/102, KTB Qu. Abt. der 342. ID, 4.10.1941.
[124] NO-Dokument Ereignismeldung UdSSR Nr. 119, Chef Sipo und SD, 20.10.1941.
[125] Glisić, Concentration Camps in Serbia (1941–1944), S. 709.

fangenen in Gefängniszellen gepfercht, die als besonders partisanenverdächtig galten. Zu Dutzenden wurden sie in die kleinen Räume gezwängt, so daß nicht genügend Platz zum Sitzen und schon gar nicht zum Liegen bestand[126]. Wegen des Platzmangels konnten nicht alle Gefangenen in den Militärbaracken der Kaserne untergebracht werden. Der Großteil der Häftlinge wurde auf einem mit Stacheldraht eingezäunten Platz im Freien belassen und nach ihren Heimatorten zusammengestellt[127]. Die Gefangenen erhielten täglich nur 200 g Brot und einmal pro Woche 200 g Fleisch[128].

Durchschnittlich wurden bis Mitte Oktober 1941 von der 342. ID täglich etwa 1000 Zivilisten ins KZ Šabac überführt. Die Überbelegung der Kaserne und die dadurch notwendige Unterbringung der meisten Gefangenen im Freien stellte auf Dauer ein Sicherheitsrisiko dar, da eine sichere Bewachung durch die beiden Kompanien der 718. ID und einer Polizeikompanie unter diesen Bedingungen nicht gewährleistet war.

Tatsächlich griff bereits in der Nacht auf den 2. Oktober 1941 eine Gruppe von etwa 100 Partisanen die Kaserne an. Sowohl aus der Stadt als auch aus dem nahegelegenen Wald wurde das Feuer auf die Kaserne eröffnet. Der Angriff wurde unter der Führung des österreichischen Bataillonskommandeurs des 750. IR, Major Faninger, zurückgeschlagen. Nach diesem Feuergefecht schlug Faninger eine baldige Räumung des Lagers vor:

»Es erweckt eindeutig den Anschein, daß die Kommune (es) auf das Gefangenen-Lager abgesehen hat. Die Kommune wollen (sic!) nichts anderes als im Gefangenenlager einen Wirbel hervorrufen und hierdurch Gefangene befreien. Die Gefangenen sind aus Šabac und deren (sic!) nächsten Umgebung. Es ist daher notwendig, daß das Gefangenenlager ehestens geräumt wird. Früher ist in Šabac keine Ruhe und werden sich die Angriffe bestimmt wiederholen, wenn eine Räumung nicht stattfindet[129].«

Diese Auffassung wurde auch von General Böhme geteilt. Schon am nächsten Tag beantragte Böhme beim Wehrmachtbefehlshaber Südost den Abschub der festgenommenen Zivilpersonen als Kriegsgefangene nach Deutschland[130]. Als Böhme nicht sofort Antwort erhielt, richtete er zwei Tage später einen Funkspruch an Wehrmachtbefehlshaber List persönlich:

»Auf Grund meiner Erfahrungen beantrage ich erneut Abschiebung Gefangener in das Reich oder in sonst zu errichtende Gefangenen-Lager, so lange nicht genügend Besatzungstruppen in Serbien zur Verfügung stehen, um im Rücken der operierenden Divisionen Ruhe zu halten[131].«

Doch das Ansuchen Böhmes wurde von List abgelehnt[132]. Böhme wurde dadurch mit den unangenehmen Konsequenzen seiner »Säuberungsaktionen« konfrontiert. Die einzige Garantie für die Wahrung der Ruhe in den entvölkerten Gebieten bestand darin, die gefangene Zivilbevölkerung nicht wieder in ihre Heimatorte zurückkehren zu lassen. Der ins Gefangenenlager entsandte SD-Trupp hatte die Aufgabe, die Häftlinge zu verhören, mit dem Ziel, als Partisanen ausgeforschte Männer zu erschießen und die »partisa-

---

[126] Ebd.
[127] BA-MA, RH 24—18/213, Qu. Abt. beim Bev. Kdr. General in Serbien, 29.10.1941.
[128] Ebd., RH 26—342/8, Qu. Abt. beim Bev. Kdr. General in Serbien, 27.9.1941.
[129] Ebd., RH 26—342/26, Morgenmeldung vom 2.10.1941.
[130] Ebd., RH 24—18/87, KTB Ia des XVIII. AK, 3.10.1941.
[131] Ebd., Funkspruch vom 5.10.1941.
[132] Ebd., RH 26—342/8, KTB Eintragung, 7.10.1941.

nenverdächtigen Elemente« weiter zu internieren. Die übrigen, als »friedliebend« eingestuften Gefangenen, sollten nach Feststellung der Personalien wieder entlassen werden. Bedenkt man, daß Böhme davon ausging, daß die gesamte Bevölkerung am Aufstand beteiligt war, ist diese Vorgangsweise an sich schon widersprüchlich. Hinzu kam, daß die Besatzungsmacht in diesem Raum weder über eine ausreichende Anzahl von V-Leuten, noch über zuverlässige lokale serbische Kollaborationsorgane verfügte, was für ein solches Vorgehen unabdingbare Voraussetzung gewesen wäre: denn die im Säuberungsgebiet angetroffenen serbischen Beamten und Vertreter der Exekutive waren auf Hinghofers Befehl hin sofort erschossen worden. Die SD-Mannschaft und die Polizeikompanie waren mit der Aufgabe, mehr als 20 000 Menschen zu verhören und sie auf »Partisanenverdacht« hin zu prüfen, völlig überfordert. Bis zum 20. Oktober 1941 waren durch den SD von den 22 658 Häftlingen im KZ Šabac 5 004 wieder entlassen worden[133]. In einem Schreiben an Böhme kritisierte Hinghofer die Entlassungen scharf. Er sah sich dadurch um die Früchte seiner Arbeit gebracht:

»Bei der Säuberung der Mačva (Save-Drina-Dreieck — W.M.) von Aufständischen — hauptsächlich kommunistischen Banden — durch die Division wurde befehlsmäßig die männliche Bevölkerung zwischen 14 und 70 Jahren in ein Konzentrationslager abgeführt. Durch diese Maßnahme wurde der vorgehenden Truppe der Rücken frei gehalten und dadurch ihr Vorgehen wesentlich erleichtert. [...] Daß tatsächlich viele Aufständische bei der Bevölkerung zurückgeblieben waren, beweist der Umstand, daß gleich in den ersten Tagen der Säuberungsaktion aus dem Konzentrationslager in Šabac 233 Kommunisten herausgeholt werden konnten, die von den Mitfestgenommenen als solche und als Teilnehmer an den Bandenkämpfen genannt wurden; sie wurden erschossen. [...] Durch die Freilassung eines großen Teiles der im Konzentrationslager festgehaltenen Bevölkerung wurde die Säuberung des Cer-Gebirges zum Teil unwirksam, weil sich herausgedrückte Aufständische in den in der Nähe des nördlichen Gebirgsflusses gelegenen Ortschaften leicht unerkannt unter die Bevölkerung mischen konnten. [...] Tatsächlich hat sich, wie aus vielen Angaben hervorgeht, eine noch nicht bestimmte aber sicherlich größere Zahl von Bandenmitgliedern teils bewaffnet wieder in ihre Ortschaften in der Mačva zurückbegeben. [...] Es ist mit Sicherheit anzunehmen, daß die Aufstandsbewegung in der Mačva durch die Freilassung vieler Leute aus dem Konzentrationslager wesentlich erleichtert, nach Abrücken der Division in ein anderes Verwendungsgebiet wieder aufleben wird[134].«

Weniger Sorgen als über die Entlassungen machte sich Hinghofer über die Ermordung der ins KZ Šabac überstellten Zivilisten. Die von Hinghofer mit Stolz gemeldete Exekution von 233 angeblichen Partisanen aus dem KZ Šabac schon in den ersten Tagen stellte nur den Beginn regelmäßiger Erschießungsaktionen an den Lagerinsassen dar. Wie der Militärverwaltungschef Turner dem Kommandierenden General Böhme berichtete, waren bis zum 20. Oktober 1941 bereits etwa 1 000 KZ-Insassen erschossen worden[135]. Die Exekutionen wurden nicht von der Wehrmacht, sondern von den für die Verwaltung und Bewachung des Lagers zuständigen Angehörigen der 1. Kompanie des Pol. Res. Bat. 64 durchgeführt. Der Polizei-Kompanieangehörige Albert N. gab bei einem Ermitt-

---

[133] Ebd., RH 24—18/87, Zehntagemeldung Böhmes an Wehrmachtbefehlshaber Südost, 20.10.1941. Über die Entlassungen aus dem KZ Šabac entschied der SD (ebd., RH 24—342/11, Fernschreiben Bev. Kdr. General in Serbien, Qu. abt., 7.10.1941).

[134] Ebd., RW 40/20, Hinghofer an Böhme, 15.10.1941.

[135] Ebd., RH 24—18/213, Bericht Turner über den Lagerstand in Šabac, 20.10.1941.

lungsverfahren gegen Angehörige seines Bataillons ein anschauliches Bild über die Lagersituation in Šabac:

»Etwa Ende September 41 kam ich mit der 1. Kompanie nach Šabac. Hier befand sich ein großes Auffanglager, welches von unserer Kompanie bewacht wurde. Meiner Schätzung nach befanden sich durchschnittlich ca. 20000 Männer in diesem Lager. [...] Diese Menschen hielten sich im Freien auf, während unsere Kompanie in einem kasernenähnlichen Gebäude untergebracht war. Außer uns befand sich noch serbischer und deutscher SD im Lager. Soweit mir noch bekannt ist, haben sich die Lagerinsassen gegenseitig denunziert, Partisan zu sein. Diese so denunzierten Personen wurden vom SD verhört und unter Bewachung in einem Gebäude untergebracht. [...] In den Zimmern des Hauses, die normale Größe besaßen, waren teilweise bis zu 100 Personen eingesperrt. Meiner Erinnerung nach handelte es sich um 3 Räume, so daß die Menschen entsprechend der jeweiligen Belastung getrennt waren. In einem Raum befanden sich jeweils die Todeskandidaten[136].«

Aus mehreren Zeugenaussagen von Kompanieangehörigen geht hervor, wie diese ›freiwilligen Denunziationen‹ zustande kamen:

»Das ganze Lager bestand aus vielen Gruppen, die jeweils eine Dorfgemeinschaft darstellten. Über Lautsprecher wurden die Insassen dann jeweils von dem serbischen Sprecher aufgefordert, sich vor der Kommandantur einzufinden. Nun beobachtete ich, wie jeweils der Bürgermeister der Gruppe ins Haus trat. Dieser stand dann hinter der Gardine des geschlossenen Fensters und seine Dorfgemeinschaft mußte dann einzeln vortreten und die Kopfbedeckung abnehmen. Durch Klopfzeichen an die Fensterscheibe entschied dann der Bürgermeister, ob der Betreffende nach rechts oder nach links abtreten konnte. Die so getroffene Auswahl wurde dann bezüglich der negativ beurteilten Personengruppe vom serbischen SD verhört. Diese Leute wurden dann später, jeweils etwa nach 8 Tagen, erschossen[137].«

Der Zugführer Bruno St. schilderte die Verhörmethoden des SD:

»Es war nun so, daß jeweils ein Zug der Kompanie ausschließlich zum Wachdienst eingesetzt wurde und wir Zugführer, d.h. U., M. und ich im Wechsel die Wachvorgesetzten waren. Vom Kompanietroß wurde die eigentliche Verwaltung des Lagers in die Hand genommen. Einige Tage nach unserem Eintreffen kam dann ein SS-Obersturmbannführer aus Belgrad, der uns erklärte, er sei für die politische Leitung des Lagers verantwortlich. Etwa zur gleichen Zeit traf SD und serbische Geheimpolizei ein, die das Lager durchprüfen sollten, wer Partisan oder Gegner der Deutschen Wehrmacht war. [...] Diese begannen unmittelbar nach ihrem Eintreffen mit einer Überprüfung der Bewohner und holten sich die nach ihrer Meinung verdächtigen Personen aus dem Lager heraus in besondere Baracken, wo sie ›behandelt‹ wurden. Hieran waren sowohl die Serben als auch der SD, der sich in weitgehendem Maße aus Volksdeutschen zusammensetzte, beteiligt. [...] Diese Leute gingen nun in tierischer Form gegen die Festgenommenen vor, indem sie sie schlugen und blutig mißhandelten. [...] Ich selbst wollte aus eigener Wissenschaft (sic!) erfahren, was sich dort abspielte. Ich habe darum an einem Tag mir die Vernehmungsmethoden angesehen. So weiß ich, daß mit Ochsenziemern auf die Leute, auf Hände und andere Gliedmaßen eingeschlagen wurde, oder aber auch mit kleinen Stöcken laufend auf den Kopf getrommelt wurde, damit sie Aussagen machten, die sie einer Straftat überführten. Aber nicht nur diese Formen der Methoden wurden angewandt, sondern es wurden die Leute auch gefesselt und dann blutig geschlagen. Wer bei diesen Schlägereien nicht mehr vernehmungsfähig war, und aus vielen Wunden blutete, wurde einfach vor die Tür geworfen, wo irgendeiner der Vernehmungspersonen, sei es ein Serbe, sei es ein volksdeutscher SD-Mann, einen Fangschuß auf die Schwerverletzten abgab«[138].

---

[136] ZStL, 503 AR 12/62, Beiakte, Vernehmung Albert N.
[137] Ebd., Beiakte zu Bd 4, Vernehmung Hermann K.
[138] Ebd., Beiakte zu Bd 3, Vernehmung Bruno W.

Diejenigen Gefangenen, welche die Verhöre überlebten, wurden wenig später von Exekutionskommandos der 1. Kompanie erschossen:

»Die Todeskandidaten wurden auf LKW's verladen, da die Erschießungen nicht im Lager stattfanden. Bei den jeweiligen Erschießungen mußten zwei Züge der Kompanie mitfahren, während ein Zug als Wache im Lager zurückblieb. Soweit ich mich noch erinnern kann, fanden solche Erschießungen etwa 2—3 mal im Monat statt. Die Zahl der zu erschießenden Personen schwankte zwischen 20 und 50[139]. Der Abtransport erfolgte auf fremden Fahrzeugen. Das Erschießungskommando fuhr getrennt ab. [...] Die Erschießungen fanden in der Form statt, daß die Delinquenten mit dem Rücken zum Erschießungskommando standen. Es mußten jeweils zwei Schützen auf einen Todeskandidaten schießen. Ein Arzt war anwesend, der den Tod feststellte. Unsere Zugführer hatten die Aufgabe, den Erschossenen zusätzlich Fangschüsse ins Genick zu geben. Von Zivilisten[140] wurden die Erschossenen dann in die vorher ausgehobenen Gruben geschafft. Ich selbst habe mehrfach an solchen Erschießungen teilgenommen, wie oft insgesamt, kann ich heute nicht mehr sagen. Die Teilnahme erfolgte nicht freiwillig, sondern geschah jeweils im Kompanieverband auf Befehl des Kompanie-Chefs. Für uns waren die Delinquenten Partisanen, die nach geltendem Kriegsrecht erschossen wurden[141].«

Von der 1. Kompanie des Pol. Res. Bat. 64 wurden im KZ Šabac etwa 1 000 Menschen erschossen. Im selben Zeitraum brachte es Hinghofers Division bei ihren »Säuberungsunternehmen« auf über 2 200 Zivilisten, die nicht im Kampf, sondern von Exekutionskommandos der Divison erschossen wurden[142].

8. Der Partisanenüberfall bei Topola

Als General Böhme Mitte September 1941 in Belgrad eingetroffen war, hatten das Polizei-Reserve-Bataillon 64 und der SD bereits hunderte männliche Juden umgebracht. Bis dahin war die Ermordung der Juden mit Wissen und Zustimmung der Wehrmachtbefehlshaber Schröder und Danckelmann erfolgt. Die Auswahl der zu Erschießenden hatten der Chef der Militärverwaltung, Turner, und die Einsatzgruppe Fuchs vorgenommen, die auch die Erschießungskommandos aus Polizei-und SD-Angehörigen zusammengestellt hatte. Die Wehrmachttruppen waren bis dahin an Judentötungen nicht aktiv beteiligt gewesen.

Die von Böhme sofort eingeleitete Strafexpedition konnte die militärische Schlagkraft des serbischen Widerstands nicht brechen. Ende September war Böhme gezwungen, die

---

[139] Die Angaben sowohl über die Anzahl der Exekutionen als auch über die Zahl der jeweils Erschossenen schwanken erheblich. Andere Kompanieangehörige sprechen von wöchentlichen Exekutionen mit jeweils 60—80 Opfern.
[140] Nach Aussage des Kompanieangehörigen Willy H. wurden die Erschossenen von Zigeunern aus dem Lager Šabac in die ausgehobenen Gruben geworfen und verscharrt (ZStL, 503 AR 12/62, Beiakte zu Bd 4, Vernehmung Willy H.).
[141] Ebd., Beiakte zu Bd 4, Vernehmung Albert N.
[142] Die Zahl der im Zeitraum 21.9.—15.11.1941 von der 342. ID erschossenen »Sühneopfer« betrug 2685. Bei eigenen Verlusten von 32 Toten und 127 Verwundeten bedeutete dies, daß nach Böhmes »1:100-Schlüssel« noch 5960 Erschießungen ausstanden, die nicht durchgeführt werden konnten, da die Geiseln schon an das KZ Šabac abgeführt worden waren (BA-MA, RH 26—342/16, Ia, Meldung nach dem Stand vom 15.11.1941 einschl. über Erschießungen, Festnahmen von Geiseln und über Sühnemaßnahmen in der Zeit vom 21.9.—15.11.1941).

Städte Užice und Čačak von deutschen Truppen zu räumen; damit hatten sich die Partisanen und Četniks den Zugang zu den Waffenfabriken in den beiden Städten erkämpft. Die Kampfhandlungen erreichten unmittelbar nach der Ankunft Böhmes in Serbien einen neuen Höhepunkt: Zwischen dem 4. und 17. Oktober 1941 wurden 13 Angriffe auf deutsche Truppen registriert, wobei die deutschen Verluste insgesamt 70 Tote und 107 Verwundete betrugen[143]. Das für die Wehrmacht verlustreichste Gefecht mit Partisanen ereignete sich am 2. Oktober 1941, etwa 20 Kilometer südlich von Topola.

Am Morgen des 1. Oktober 1941 erhielt Oberleutnant Lehr, Kompaniechef der 4. Kompanie der in Belgrad stationierten II. Abteilung des Armeenachrichtenregiments 521 (ANR 521), den Auftrag, einen starken Geleitzug aus Angehörigen der 3. und 4. Kompanie zusammenzustellen. Diese Truppen sollten am nächsten Tag von Belgrad aus in Richtung Topola aufbrechen, um die in dieser Gegend eingesetzten Nachrichtentrupps der Kompanie wie üblich mit Lebensmitteln und Materialnachschub zu versorgen und gleichzeitig bei der 717. ID Erkundungen einholen, ob der in der Gegend verschwundene Störtrupp aus Angehörigen der 5. Kompanie schon wieder aufgetaucht sei[144].

Im Sommer 1941 war die II. Abteilung des aus insgesamt drei Abteilungen zusammengesetzten Regiments, bestehend aus der 3., 4., 5. und 6. Kompanie, von Griechenland nach Serbien verlegt worden, um die von der Widerstandsbewegung in Serbien systematisch zerstörten Nachrichtenverbindungen wiederherzustellen. Das Stammregiment kam ursprünglich aus Westfalen, wurde aber seit 1939 mit Rekruten aus dem Wehrkreis XVII (Ost-Österreich) aufgefüllt; die Nachrichtenersatzabteilung des Regiments befand sich in der Wiener Breitenseerkaserne. Nach Einsätzen bei der Besetzung des Sudetenlandes, im Frankreich- und Polenfeldzug, machte das Regiment den Überfall auf Griechenland und den Kampf um Kreta mit. Die Mannschaften des ANR 521 setzten sich zu diesem Zeitpunkt zumindest zur Hälfte aus Österreichern zusammen[145].

Am Morgen des 2. Oktober 1941 brachen 44 Mann (10 Mann aus der 3. und 34 Mann aus der 4. Kompanie) mit zwei PKW und drei LKW aus Belgrad in Richtung Topola auf. Sie waren für einen Geleitzug ungewöhnlich schwer bewaffnet. Neben Karabinern führten sie 8 Maschinenpistolen, 4 Maschinengewehre, ca. zehntausend Schuß Munition und 100 Handgranaten mit sich[146]. Am frühen Nachmittag wurde die Fahrzeugkolonne zwischen Topola und Kragujevac vom I. Bataillon der 1. schumadischen »Odred«-Partisanenabteilung angegriffen. Die kampfunerfahrenen Soldaten waren auf ein Gefecht

---

[143] NO-Dokument 3404, Chef Sipo und SD, Ereignismeldung UdSSR Nr. 119, 20.10.1941.

[144] Am 28.9.1941 waren sechs Mann eines Störtrupps der 5. Kompanie/ANR 521 bei Ušće in ein Gefecht mit Partisanen verwickelt worden. Sie blieben unverletzt und wurden von den Partisanen gefangengenommen. Ein Suchtrupp der 717. ID fand nur mehr die beiden Fahrzeuge. Zwei bei den Fahrzeugen befindliche Zivilisten wurden vom Suchtrupp sofort erschossen (BA-MA, RH 24–18/166, Bericht des Abteilungskommandeurs der II./ANR 521 Major Duvigneau betreffend Überfälle kommunistischer Banden auf Angehörige der Abteilung, 6.10.1941).

[145] Die beiden Angehörigen der 4. Kompanie, Johann Kerbler und Robert Kaliwoda sprechen von ca. 50% (Kerbler) bzw. 60% (Kaliwoda) Österreichern (Interview mit Johann Kerbler, 11.7.1988, Interview mit Robert Kaliwoda, 18.7.1988).

[146] BA-MA, RH 20/293, Bericht der II. Abteilung/ANR 521 über den »Überfall auf den Geleitzug Oberleutnant Lehr bei Stragari südlich Topola«, 6.10.1941.

8. Der Partisanenüberfall bei Topola

mit der aus etwa 150 Mann bestehenden Partisaneneinheit nicht vorbereitet[147]. So waren die mitgeführten Handgranaten in plombierten Kisten verstaut. In dem folgenden Kampf fielen mehrere Wehrmachtangehörige, zwei blieben schwer verletzt bei den brennenden Fahrzeugen liegen. Ein Teil der Mannschaft stellte das Feuer ein, ergab sich oder wurde überwältigt. Trotz der Aufforderung des Truppführers, Oberleutnant Lehr, das Feuer einzustellen, kämpfte der Rest der Einheit weiter. 10 Mann des Begleittrupps konnten flüchten und sich in Maisfeldern verstecken. Die übrigen Soldaten, auch die Verwundeten, wurden von den Partisanen gefangengenommen und von der Straße über eine Böschung weggeführt. Dann wurden ihnen Uniform und Stiefel abgenommen. 6 Mann, darunter der serbokroatisch sprechende österreichische Obergefreite Herbert Kaliwoda, wurden ausgesucht, um das von den Partisanen erbeutete Material und die Waffen abzutransportieren. Dann bauten die Partisanen zwei der erbeuteten MG vor den Gefangenen auf. Oberleutnant Lehr versuchte mit den Partisanen über einen Gefangenenaustausch zu verhandeln:

»Lehr antwortete auf die Frage des Bandenführers, was er möchte, dahingehend, daß für sie (die gefangenen Wehrmachtsoldaten — W. M.) in Belgrad gefangen gehaltene Kommunisten freigegeben werden würden. Die beiden MG-Schützen, die kein Deutsch verstanden, ließen sich von dem gut Deutsch sprechenden Anführer diesen Vorschlag von Oberleutnant Lehr übersetzen. Mit einem höhnischen Gelächter dieser beiden Schützen und dem Wort ›Nix!‹ sowie einer Andeutung, die meines Erachtens besagte, die Serben würden in Belgrad aufgehängt, wies man dieses Ansuchen von Oberleutnant Lehr zurück[148].«

---

[147] Wie aus der Vernehmung zweier später gefangengenommener Partisanen der 3. Kompanie des I. Batl. der ersten schumadischen »Odred«-Partisanenabteilung hervorgeht, war beim Überfall auf das ANR 521 das gesamte Bataillon, bestehend aus drei Kompanien zu je 40—60 Mann, eingesetzt (ebd., RH 24—18/168, Vernehmung des Dragoslav Jovanović und des Radislav Sokolović durch die Ic-Abteilung der 714. ID, 3.11.1941).

[148] Ebd., H 20/293, Vernehmung Obergefreiter Johann Kerbler, 8.10.1941. Die Partisanen wußten, daß sich die höheren Wehrmachtstellen in Serbien weigerten, sie als Kombattanten anzuerkennen und Gefangenen den Status von Kriegsgefangenen zu gewähren. Hingegen hatten sich die Partisanen und Četniks hinsichtlich der Behandlung von Kriegsgefangenen bis zu diesem Zeitpunkt an die Kriegsgesetze gehalten. Wie aus zahlreichen Berichten aus der Gefangenschaft geflüchteter oder von den Partisanen und Četniks freigelassener Wehrmachtangehöriger hervorgeht, wurden sie auch noch während der »Strafexpedition« General Böhmes als Kriegsgefangene behandelt. Obwohl die Verbände der Partisanen und Četniks ständig mobil waren, wurden Gefangene mitgenommen und Verwundete in Lazaretten behandelt. »In Loznica festgehaltene gefangene bzw. verwundete deutsche Soldaten wurden von den Četnici gut behandelt«, (ebd., RH 26—18/166, Betr.: Lage im Raum Šabac, Bev. Kom. General in Serbien, Ic, 24.9.1941). Ebenso: »Im Laufe der bisherigen Aktionen konnten etwa 30 deutsche Gefangene befreit werden. [...] In Krupanj befanden sich etwa 200—300 Gefangene, die nach neuen Nachrichten weiter nach Süden fortgeführt worden sind. Die Behandlung soll nach wie vor gut sein. In einem Fall wird indessen von Prügelstrafe berichtet« (ebd., RH 24—18/167, Betr. Feindnachrichten, 342. ID, Ic, 17.10.1941). Die 342. ID erstellte diesen Bericht über die deutschen Gefangenen in Krupanj 5 Tage nachdem zwei Bataillone der 342. ID mit folgendem Befehl in die Stadt marschiert waren: »Krupanj ist einzuschließen, was dort getroffen wird zu erschießen, der Ort niederzubrennen« (ebd., RW 40/20, Bev. Kom. General in Serbien, Ia an 342. ID, 12.10.1941). Die Wehrmacht hingegen machte keine Gefangenen, sondern erschoß prinzipiell jeden, der im Kampf gefangen oder auch nur mit der Waffe in der Hand angetroffen wurde. Ebenso wurden Zivilisten, die als »partisanenverdächtig« galten, von der Wehrmacht erschossen.

Dann traf ein Kurier der Partisanen ein und meldete, daß 18 Wehrmacht-LKW im Anmarsch wären[149]. Daraufhin erschossen die Partisanen vierzehn der gefangenen Soldaten, darunter auch zwei Verwundete[150]. Die sechs Mann der Gruppe Kaliwoda wurden als Gefangene mitgenommen. Sie konnten einige Wochen später fliehen und zur Truppe zurückkehren[151]. Einzig Johann Kerbler überlebte schwer verwundet die Erschießung, indem er sich tot stellte.

Der Nachrichtentrupp hatte über Funk den Überfall gemeldet. Sofort wurde ein Suchkommando von 155 Mann zum Kampfplatz geschickt. Der Kommandant berichtete über den Ort des Geschehens:

»Die Leichen waren zum Teil verstümmelt, Schädeldecken eingeschlagen, Füße zerschnitten, Gesicht zerschnitten. [...] Die Leichen wurden durch die auf meinen Befehl festgenommenen Serben (zufällig vorbeigekommene Bauern — W. M.) zu unseren Wagen gebracht. Die Serben waren festgenommen als Geiseln. Beim Anhalten der Kolonne waren plötzlich 19 Bauernfahrzeuge hinter unserer Kolonne. Als Sicherung und Schutz vor Überraschung mußten die Fahrer festgenommen werden. Nach dem Einziehen der Posten und Sicherungen ließ ich sämtliche Serben bis auf 3 Minderjährige erschießen«[152] — insgesamt 26 Menschen[153].

Der Wehrmachttrupp hatte 22 Tote (20 von der 4. und 2 von der 3. Kompanie) und 3 Verletzte aus der 4. Kompanie zu verzeichnen; 10 Soldaten wurden vermißt, 10 Angehörige des Kommandos waren unverletzt geblieben[154]. Zumindest drei der Toten und zwei der Verwundeten waren Österreicher[155].

Nach der Überstellung der Leichen nach Belgrad wurde am 4. Oktober 1941 eine gerichtsmedizinische Untersuchung durchgeführt. Über das Ergebnis der Obduktion wurden schon am nächsten Tag die höheren Kommandostäbe in Serbien und das AOK 12 in Griechenland informiert:

»An Verteiler.
Aufgrund einer telefonischen Meldung der 714. Div. und schriftlichen Meldungen der 4./ANR 521 [...] über Verstümmelungen von Gefallenen hat die Abteilung eine ärztliche Untersuchung in Gegen-

---

[149] Ebd., RH 24—18/169; Vernehmungsniederschrift Kaliwoda, Geppert und Kodras, 21.11.1941.

[150] Ebd., RH 26—104/14, Bericht des Suchkommandos des 724. IR der 704. ID, 3.10.1941. Es war das erste Mal, daß gefangene Wehrmachtangehörige von Partisanen erschossen wurden. Es scheint plausibel, daß die Erschießung eine Reaktion auf die seit zwei Wochen laufende »Strafaktion« General Böhmes war. Kaliwoda meint, um sich vor der anrückenden Wehrmachteinheit rechtzeitig in Sicherheit zu bringen, hätten die Partisanen nur die Möglichkeit gehabt, die Soldaten freizulassen oder zu erschießen. Die Mitnahme der Verwundeten hätte zu viel Zeit gekostet (Interview mit Robert Kaliwoda, 18.7.1988).

[151] BA-MA, RH 24—18/169, Vernehmungsniederschrift Kaliwoda, Geppert und Kodras, 21.11.1941. Alle drei waren Österreicher.

[152] Ebd., RH 26—104/14, Bericht des Suchkommandos des 724. IR der 704. ID, 3.10.1941.

[153] Ebd., RH 26—104/15, Bericht 724. Regiment an 704. und 717. ID, 16.10.1941 und RH 26—117/3, Auswertung der Einsätze der 717. ID, Meldung vom 3.10.1941. Kerbler spricht in seiner Vernehmung am 8.10.1941 von 14 erschossenen serbischen Zivilisten (ebd., RH 24—18/166). Im Interview darauf angesprochen, konnte sich Kerbler an die Erschießung der Zivilisten nicht mehr erinnern.

[154] Die Daten sind nach den Angaben des Berichts II./ANR 521 vom 6.10.1941 berechnet (ebd., H 20/293).

[155] Angaben von Johann Kerbler, Interview vom 18.7.1988.

8. Der Partisanenüberfall bei Topola

wart von Lt. Lockemann durch den Abteilungsarzt befohlen. Ferner wurde hinzugezogen ein Fotograf der Propaganda-Abteilung Serbien, um den Zustand der Leichen und Verwundeten bildlich festzuhalten. Nach Feststellung des Abteilungsarztes sind nachweislich keine Verstümmelungen oder Mißhandlungen vorgenommen. Beiliegend überreicht die Abteilung den Befund der Untersuchung der 22 Gefallenen. [...] Bilder wurden vom AOK 12, Ic 714. ID, Militärbefehlshaber in Serbien unmittelbar angefordert und dem Bevollmächtigten Kommandierenden General (Böhme) bereits vorgelegt. Verteiler: AOK 12, Befehlshaber Serbien, Höheres Kommando LXV, Bevollmächtigter Kommandierender General XVIII AK, Ic 714. ID, ANR 521[156].«

Obwohl die Stabsstellen also wußten, daß die Partisanen an den getöteten Soldaten keine Verstümmelungen vorgenommen hatten, wurden die Mannschaften bewußt nicht über diese Tatsache aufgeklärt. Die angeblichen Verstümmelungen kamen General Böhme sehr gelegen. In derselben Woche hatten sich zwei Wehrmachttrupps zahlenmäßig überlegenen Partisanen- und Četnikeinheiten ergeben und waren von diesen gefangengenommen worden. Böhme war über diese »unsoldatische« Handlungsweise, die seine Vorstellung über eine Strafexpedition ad absurdum führte, erzürnt. In einem Befehl, der in kürzester Zeit allen Truppenteilen zur Kenntnis zu bringen war, verbot er jegliche Verhandlungen über eine Kapitulation; Kapitulationsverhandlungen würden zu einem »für einen deutschen Soldaten unwürdigen Ausgang« führen:

»Es wurde auf eigener Seite der schwerwiegende Fehler gemacht, daß man mit den Aufständischen verhandelte. Die Truppe ließ sich durch das Versprechen eines »ehrenvollen Abzugs« überlisten, anstatt sich bis zur letzten Patrone zu verteidigen. Aufgrund dieser Vorfälle befehle ich:
1.) Mit Aufständischen sind keinerlei Verhandlungen zu pflegen.
2.) Parlamentäre der Aufständischen genießen nicht den Schutz, der Parlamentären einer regulären Truppe zugebilligt werden muß. Erscheinen Unterhändler vor Eröffnung einer Kampfhandlung, sind sie festzunehmen und standgerichtlich als Freischärler abzuurteilen. Erscheinen Unterhändler während oder nach einem Feuergefecht, ist sofort das Feuer auf sie zu eröffnen[157].«

Dieser Befehl Böhmes hatte zur Folge, daß Wehrmachtsoldaten, die aus der Gefangenschaft flüchteten oder befreit wurden, wegen »Feigheit vor dem Feind« ein Kriegsgerichtsverfahren drohte[158].

Vor dem Hintergrund dieses, für die Soldaten letztlich selbstmörderischen Befehls, wird die psychologische Bedeutung der »Verstümmelungslegende« verständlich. Böhme konnte sicher sein, daß er durch das Operieren mit Männerängsten sein Ziel erreichen würde: Schließlich war es ehrenvoller, mit der letzten Patrone zu sterben, als nach der Kapitulation geschlechtlich verstümmelt zu werden.

---

[156] BA-MA, H 20/293, II./ANR 521 Major Duvigneau, 5.10.1941.
[157] Ebd., RH 26—104/15, Befehl Böhmes betreffend Verhandlungen mit Aufständischen, 8.10.1941.
[158] Johann Kerbler, der mit mehreren Schußwunden schwerverletzt im Lazarett lag, wurde am Tag nach seiner Einlieferung von Stabsoffizieren einvernommen. Sie wollten herausfinden, ob aufgrund des Tatherganges ein Kriegsgerichtsverfahren gegen ihn einzuleiten wäre. Die Propagandakompanie »S« versuchte Kerbler — der weder bei seinen Vernehmungen 1941 noch beim Interview im Jahre 1988 von Verstümmelungen beim Kampf bei Topola gesprochen hatte — als »Greuelpropagandaerzähler« für die Truppe anzuwerben. Kerbler lehnte dieses Angebot ab (Interview mit Johann Kerbler, 11.7.1988). Ebenso berichtet der aus der Gefangenschaft flüchtete Robert Kaliwoda, daß er befürchtete hätte, vor ein Kriegsgericht gestellt zu werden (Interview mit Robert Kaliwoda, 18.7.1988).

Noch am 4. Oktober 1941 erließ Böhme einen Befehl, der die Liquidierung der männlichen Juden und Zigeuner in Serbien in Form von Massenexekutionen durch die Wehrmacht einleitete:

»Am 2.10. wurden bei einem Überfall auf Einheiten des Armeenachrichtenregiments zwischen Belgrad und Obrenovac 21 Soldaten[159] von kommunistischen Banden auf bestialische Weise zu Tode gequält. Als Repressalie und Sühne sind sofort für jeden ermordeten deutschen Soldaten 100 serbische Häftlinge zu erschießen. Chef der Militärverwaltung wird gebeten, 2100 Häftlinge in den Konzentrationslagern Šabac und Belgrad (vorwiegend Juden und Kommunisten) zu bestimmen und Ort, Zeit sowie Beerdigungsplätze festzulegen.
Die Erschießungskommandos sind von 342. Division (für KZ Šabac) und Korpsnachrichtenabteilung 449 (für KZ Belgrad) zu stellen. Sie sind vom Chef der Militärverwaltung über Bevollmächtigten Kommandierenden General in Serbien anzufordern. Chef der Militärverwaltung wird gebeten, die Lagerleitung anzuweisen, den Häftlingen den Grund der Erschießung zu eröffnen[160].«

Mit diesem Befehl leitete Böhme in mehrfacher Hinsicht eine neue Phase seiner Strafexpedition ein. Allein bei dieser »Geiselerschießungsaktion« sollten von den Besatzern mehr Menschen umgebracht werden als von April bis September 1941 in ganz Serbien.
Um die Erschießung von 2100 Menschen durchzuführen, reichte die personelle Kapazität der bisher mit »Geiselexekutionen« betrauten SD-Einsatzgruppe und der Polizei nicht aus. Deshalb mußte Böhme die Erschießungen effizienter und arbeitsteiliger organisieren: Die Erschießungen sollten von nun an von jenen Wehrmachteinheiten durchgeführt werden, die selbst Verluste erlitten hatten.
Böhme bat über seinen Quartiermeister Faulmüller am 4. Oktober 1941 den Chef der Militärverwaltung, Turner, 2100 Geiseln aus dem KZ Šabac und dem KZ Belgrad für eine »Geiselerschießungsaktion« als »Sühne« für die deutschen Verluste bei Topola bereitzustellen[161]. Gleichzeitig wies Böhme seinen Quartiermeister an, in seinem Namen den Befehl an die 342. ID und an die Korpsnachrichtenabteilung 449 weiterzuleiten, 2100 Personen, vornehmlich Juden und Kommunisten, aus dem KZ in Belgrad und dem KZ in Šabac zu erschießen[162]. Der KZ-Lagerleitung der Einsatzgruppe Fuchs blieb nur mehr die Aufgabe, die zum Erschießen bestimmten Personen zusammenzustellen und den Erschießungskommandos der Wehrmacht zu übergeben.
Böhme ließ Turner freie Hand bei der Bestimmung des Zeitpunktes und des Ortes der Exekutionen — nicht aber bei der Auswahl der »Geiselgruppen«: Er befahl, »vorwiegend Juden und Kommunisten« zu erschießen.
Damit übernahm General Böhme die Initiative bei der Vernichtung der männlichen Juden in Serbien. Wenige Tage nachdem er die »Geiselerschießungen« durch die Wehrmacht als »Sühne« für die Verluste bei Topola angeordnet hatte, erließ Böhme einen Befehl an alle Wehrmachttruppen in Serbien, der die formelle Grundlage für die darauf folgenden Massaker der Wehrmacht an Juden, Zigeunern und Serben bildete:

---

[159] Ein schwerverletzter Soldat war mittlerweile noch verstorben, so daß die Verluste auf 22 Tote angestiegen waren. In der späteren »Sühnequote« wurde von der endgültigen Todeszahl ausgegangen.
[160] BA-MA, RH 24—18/213, fernmündlicher Befehl General Böhmes an Quartiermeisterabteilung, 4.10.1941.
[161] NOKW-Dokument 192.
[162] NOKW-Dokument 1665.

»1.) In Serbien ist es auf Grund der ›Balkanmentalität‹ und der großen Ausdehnung kommunistischer und national getarnter Aufstandsbewegungen notwendig, die Befehle des OKW in der schärfsten Form durchzuführen. Rasche und rücksichtslose Niederwerfung des serbischen Aufstandes ist ein nicht zu unterschätzender Beitrag zum deutschen Endsieg.
2.) In allen Standorten in Serbien sind durch schlagartige Aktionen umgehend alle Kommunisten, als solche verdächtige männliche Einwohner, sämtliche Juden, eine bestimmte Anzahl nationalistischer und demokratisch gesinnter Einwohner als Geiseln festzunehmen. Diesen Geiseln und der Bevölkerung ist zu eröffnen, daß bei Angriffen auf deutsche Soldaten oder auf Volksdeutsche die Geiseln erschossen werden. [...]
3.) Treten Verluste an deutschen Soldaten oder Volksdeutschen ein, so haben die territorial zuständigen Kommandeure bis zum Regimentskommandeur abwärts, umgehend die Erschießung von Festgenommenen in folgenden Sätzen anzuordnen:
a) Für jeden getöteten oder ermordeten deutschen Soldaten oder Volksdeutschen (Männer, Frauen oder Kinder) 100 Gefangene oder Geiseln.
b) Für jeden verwundeten deutschen Soldaten oder Volksdeutschen 50 Gefangene oder Geiseln. Die Erschießungen sind durch die Truppe vorzunehmen. Nach Möglichkeit ist der durch den Verlust betroffene Truppenteil zur Exekution heranzuziehen. (...)
5.) Die bei Kampfhandlungen von der Truppe gefangenen Kommunisten sind grundsätzlich am Tatort als abschreckendes Beispiel zu erhängen oder zu erschießen.
6.) Ortschaften, die im Kampf genommen werden müssen, sind niederzubrennen, desgleichen Gehöfte, aus denen auf die Truppe geschossen wird[163].«

Dieser Befehl Böhmes war nicht, wie er selber schrieb, die »schärfste« Interpretation der Befehle seiner übergeordneten Dienststellen (OKH, OKW, Wehrmachtbefehlshaber Südost), sondern ging in zwei zentralen, im Hinblick auf das Kriegsrecht relevanten Aspekten, darüber hinaus. Keitels Befehl zur Bekämpfung der »kommunistischen Aufstandsbewegung in den besetzten Gebieten«, der am Tag von Böhmes Ernennung zum Befehlshaber in Serbien, am 16. September 1941, erlassen worden war, legte als Richtlinien fest:

»Als Sühne für ein deutsches Soldatenleben muß in diesen Fällen im allgemeinen die Todesstrafe für 50—100 Kommunisten als angemessen gelten. Die Art der Vollstreckung muß die abschreckende Wirkung noch erhöhen[164].«

Am 28. September 1941 hatte Keitel den Befehl noch ergänzt und die für Geiselerschießungen in Frage kommenden politischen Gruppen um nationalistische und demokratisch-bürgerliche Kreise erweitert[165]. Der Wehrmachtbefehlshaber Südost wiederum hatte angeordnet, daß die in Konzentrationslagern vorhandenen Geiseln zu erschießen seien, »für den Fall, daß in dem gesäuberten Gebiet oder in ihren Heimatortschaften Banden auftreten oder irgendetwas gegen die Wehrmacht unternommen wird[166].«

In Böhmes Befehl hingegen mußten die zu tötenden Zivilisten weder in einem politischen noch in einem geographischen Zusammenhang mit dem Anlaßfall stehen. Böhme ging es offensichtlich um die kollektive Bestrafung aller männlichen Serben. Zusätzlich nahm Böhme von sich aus — ohne ausdrücklichen Befehl von oben — die Juden, unab-

---

[163] BA-MA, RH 26—104/14, Befehl Komm. General in Serbien, 10.10.1941.
[164] Ebd., Chef des OKW, Keitel, 16.9.1941. Dieser Befehl war mit ausschlaggebend dafür, daß Keitel im Nürnberger Prozeß zum Tode verurteilt und hingerichtet wurde (International Military Tribunal, Trial of the Major War Criminals, Bd 2, S. 554).
[165] Ebd., RH 24—18/213, Keitel an OKH/Gen. Quart. und Wbfh. SO, 28.9.1941.
[166] Ebd., RH 24—18/27, List an Böhme, 4.10.1941.

hängig von ihrer politischen Zuordnung, als eigene »Geiselgruppe« auf. Von Juden war weder bei Keitel noch bei List die Rede gewesen.

Berichte und Korrespondenzen verschiedener Wehrmachteinheiten, von Böhmes Stabsabteilungen, vom Militärverwalter Turner und von der Einsatzgruppe Fuchs (Sipo und SD Serbien) zeigen ganz klar, daß in den 14 Tagen nach Böhmes Befehl vom 10. Oktober 1941 sowohl die Übersicht über die Zahl der bereits Erschossenen und noch zu Erschießenden, als auch über die herangezogenen »Geiselgruppen« verlorengegangen war. Dies erscheint nicht weiter verwunderlich, bedenkt man, daß allein in diesen beiden Wochen von Wehrmachteinheiten insgesamt mehr als 9000 Juden, Zigeuner und andere Zivilisten exekutiert worden sind! Die Anzahl der Exekutionen und die Zahl der Opfer wurden zu einem rechnerischen Problem. Die verwaltungsmäßige Verarbeitung geriet ins Stocken, die bürokratische Bearbeitung begann den tatsächlich durchgeführten Massenmorden nachzuhinken. Um die »Bürokratie der Massenmorde« wieder besser in den Griff zu bekommen, wurden von der Quartiermeisterabteilung Böhmes ab Mitte Oktober 1941 gedruckte Formblätter für Geiselerschießungen herausgegeben, in die maschinschriftlich nur mehr das Datum, der zu »sühnende« Vorfall, die Zahl der zu Exekutierenden und die Exekutionseinheit eingesetzt werden mußten.

9. »Legt an — übt Rache!«

Schon am 9. Oktober 1941 wurden das OKH und das OKW in einer Tagesmeldung vom Wehrmachtbefehlshaber Südost informiert, daß als »Sühne« für die 22 Gefallenen bei Topola 2200 Kommunisten und Juden erschossen werden sollten[167]. Noch am selben Tag begann die Wehrmachttruppe mit der Durchführung. Böhmes Befehl erfolgte erst tags darauf und sanktionierte rückwirkend die Aktion.

Aus den vorhandenen Dokumenten und den Zeugenaussagen im Ermittlungsverfahren gegen den Leiter des Exekutionskommandos, den Chef der 3. Kompanie des ANR 521, den ehemaligen Oberleutnant Walter L.[168], läßt sich der Hergang des Geschehens rekonstruieren.

Der Abteilungskommandant des ANR 521, Major D., hatte von seiner übergeordneten Stelle, der Korpsnachrichtenabteilung 449 des XVIII. Armeekorps Böhmes, den Auftrag erhalten, ein Erschießungskommando aus Angehörigen des ANR 521 zusammenzustellen, um die bei Topola Gefallenen durch die Erschießung von 2200[169] »Geiseln« zu

---

[167] NOKW-Dokument 1660, Tagesmeldung AOK Ic/AO, 9.10.1941.
[168] ZStL, 503 AR-Z 2/1966, Ermittlungsverfahren gegen Walter L. Die Rekonstruktion des Tatgeschehens basiert, wenn nicht anders angegeben, auf Zeugenaussagen von Angehörigen der 3. Kompanie des Erschießungskommandos. Es wurden nur jene Passagen aus den Zeugenaussagen zitiert, die in einem plausiblen Kontext mit den schriftlichen Quellen stehen. Aus dem Verfasser unbekannten und unerklärlichen Gründen wurden weder von bundesdeutschen noch von österreichischen Behörden Angehörige der 4. Kompanie — die ebenfalls Soldaten für das Exekutionskommando bereitgestellt hatten — vernommen. Aus datenschutzrechtlichen Gründen werden nur die Initialen der Zeugen angegeben.
[169] Nachdem schon am 2.10.1941 der Tod von 22 Soldaten feststand, wurde bis zum 8.10.1941 auch die Zahl der zu Erschießenden (im Verhältnis 1:100), von 2100 auf 2200 erhöht.

»rächen«. Am 8. Oktober 1941 gab Major D. den Befehl an Oberleutnant L. weiter und beauftragte ihn, ein Exekutionskommando aus Angehörigen der 3. und 4. Kompanie zusammenzustellen. Im Abstand von einigen Tagen sollten die in Belgrad stationierten Mannschaften der 3. und 4. Kompanie drei Erschießungsaktionen durchführen. L. teilte den Soldaten der beiden Kompanien mit, daß er Freiwillige für ein Erschießungskommando benötige. Nach seiner Aussage meldeten sich dafür mehr Soldaten, als notwendig waren, insgesamt ca. 30 bis 40 Mann. Ihre Namen sind unbekannt. Die Aussage des österreichischen Zeugen Wilhelm D., es hätten sich unter ihnen keine Österreicher befunden, ist aufgrund der landsmannschaftlichen Zusammensetzung der Kompanien nur als patriotische Schutzbehauptung zu werten. Denn allein von den insgesamt 14 vernommenen Österreichern aus der 3. Kompanie gaben fünf Personen zu, an den Exekutionen — allerdings nur als Absperrposten — teilgenommen zu haben.

Alle anderen Kompanieangehörigen, die sich zu diesem Zeitpunkt in Belgrad befunden hatten[170], wurden — ebenso wie die Exekutionsschützen selbst — mit Gewehr, Munition und Stahlhelmen ausgerüstet. Gemeinsam fuhren sie am 9. Oktober 1941 in mehreren LKW von Belgrad aus in die Nähe der 30 km entfernt liegenden Banater Stadt Pančevo. An zwei aufeinander folgenden Tagen wurden die Exekutionen auf dem Übungsschießplatz Avala, am Stadtrand von Belgrad, fortgeführt.

Nachdem die Mannschaft abgesessen war, fuhren die LKW mit dem Erschießungskommando in die Hauptstadt zurück, um die »Geiseln« aus dem KZ Belgrad abzuholen. Die übrigen Soldaten sicherten inzwischen das Gelände und postierten sich als Absperrposten. Nach einiger Zeit wurden die Opfer mit den LKW zum Erschießungsgelände gebracht und dort abgeladen. Spätestens zu diesem Zeitpunkt wußten die Kompanieangehörigen, daß ein Großteil der Geiseln Juden waren: Der österreichische Kompanieangehörige Alfred A. erinnerte sich, »daß nur Männer aller Altersstufen, etwa zwischen 20 und 70 Jahren, gebracht wurden und viele von ihnen den Judenstern trugen«[171]. Bei den beiden nächsten Erschießungsaktionen war es den Soldaten klar, daß es sich bei den Delinquenten mehrheitlich um Juden handelte. Als der österreichische Kompanieangehörige Franz H. von seinem Urlaub nach Belgrad zurückkehrte, waren die Erschießungen gerade im Gange. Bei der Kompanie eingetroffen, wurde er mit den Worten begrüßt: »Gehst' mit Juden erschießen[172]?«

In Intervallen von ca. 15 Minuten wurden jeweils 10 Delinquenten abgeholt und zum eigentlichen Erschießungsort, der außer Hörweite der LKW lag, eskortiert und dort erschossen. Die nächsten 10 Opfer mußten die zuvor Erschossenen in etwa 40 Meter lange und 3 Meter breite Gruben werfen und sich anschließend selbst, mit dem Gesicht zur Grube gewandt, davor aufstellen. Dann gab Oberleutnant Liepe den Schützen den Befehl: »Legt an — übt Rache[173]!« — und die nächsten 10 Männer wurden erschossen. Jene, die

---

[170] Von den insgesamt etwa 120 Soldaten der beiden Kompanien, dürfte sich nach Erinnerung eines beteiligten Kompanieangehörigen etwa die Hälfte in Belgrad befunden haben. Der andere Teil war als Entstörtrupp im Landesinneren eingesetzt (Interview mit A.A., 22.2.1990).
[171] Interview mit A.A., 28.8.1989.
[172] ZStL, 503 AR-Z 2/1966, Zeugenaussage Franz H., 11.5.1965.
[173] Drei an den Exekutionen beteiligte Angehörige des ANR 521 gaben bei ihrer gerichtlichen Verneh-

noch Lebenszeichen von sich gaben, wurden von Ernst K. mit einem Kopfschuß getötet. Ernst K. war auch mit dem Einsammeln von Pretiosen beschäftigt. In einem Fall schnitt er einem Toten den Finger ab, um den darauf befindlichen Ring zu bekommen. Die eingesammelten Wertgegenstände der Erschossenen wurden in einer Schüssel gesammelt. Nach der Zeugenaussage des österreichischen Absperrpostens Johann St., soll Kompaniechef L., Wochen nach der Erschießungsaktion, vor versammelter Kompanie seine Soldaten aufgefordert haben, sich zu melden, falls sie für ihre Frau oder Braut etwas von den eingesammelten Pretiosen benötigen sollten[174].

Am 15. Oktober 1941 legte die II. Abteilung des ANR 521 einen Bericht über durchgeführte Erschießungen von Juden vor. Er wurde u. a. an den Bevollmächtigten Kommandierenden General in Serbien, den Befehlshaber Serbien (den durch Böhmes Eintreffen seiner Funktionen de facto beraubten General Danckelmann), an das Höhere Kommando LXV und sogar an die höchste Wehrmachtdienststelle im Südosten, das AOK 12 in Griechenland, verteilt[175]. Der große Verteilerkreis läßt darauf schließen, daß der Bericht offensichtlich als Erfolgsmeldung gewertet wurde. Der von Oberleutnant Liepe verfaßte, ungeschminkte Bericht gibt neben dem Ablauf der Erschießungsaktion einen tiefen Einblick in die Stimmung und Atmosphäre, in der Wehrmachteinheiten in Serbien ein Stück des Holocaust an den Juden vollzogen:

»Liepe, Oberleutnant und Kompaniechef 13.10.1941
Feldpostnummer 26 557
Bericht
über die Erschießung von Juden am 9. und 11.10.1941.

1. *Auftrag:*
Am 8.10.41 wurde die Erschießung von 2200 Juden, die sich im Lager von Belgrad befinden, befohlen.
2. *Leitung und Teilnahme:*
Oberleutnant Liepe und Kameraden der Feldeinheiten 26 557 (3. Kompanie, II. Abteilung/ANR 521 — W.M.) und 06 175 (4. Kompanie, II. Abteilung/ANR 521 — W.M.) von denen 2 Offiziere und 20 Mannschaften gefallen und 16 vermißt und 3 verwundet sind.
3. *Ärztliche Betreuung und Aufsicht:*
Oberarzt Dr. Gasser, Feldeinheit 39 107 und Sanitätsunteroffizier Bente der Einheit 26 557.
4. *Transport und Fahrzeuge:*
Transport und Bewachung der Gefangenen erfolgte durch die beteiligten Einheiten. Fahrzeuge wurden von der Fahrbereitschaft der Feldkommandantur Belgrad zur Verfügung gestellt. Der Transport der beteiligten Soldaten erfolgte mit Heeresfahrzeugen.
5. *Ort der Handlung:*
Am 9.10.41 — Wald etwa 12 km nordostwärts Kovin (Umgebung von Pančevo — W.M.). Am 11.10.41 — Umgebung Schießstand Belgrad an der Straße nach Nisch (Truppenschießstand Avala — W.M.).
6. *Sicherheit und Verschleierung:*
Erfolgte im engsten Einvernehmen mit der Sicherheitspolizei in Belgrad und Pančevo.
7. *Film und Aufnahme:*
Propaganda-Kompanie »S«[176].

---

mung zu Protokoll, daß der Feuerbefehl nicht wie üblich: »Legt an — Feuer frei!«, sondern »Legt an — übt Rache!« gelautet hatte (ebd., Zeugenaussage Alfred A., Anton Sch. und Karl Z.).
[174] Ebd., Zeugenaussage Johann St., 23.3.1965.
[175] BA-MA, RH 24—18/213, 15.10.1941.
[176] Die Exekutionen wurden von der Propagandakompanie »S« gefilmt und fotografiert. Offensichtlich hatten aber auch die Soldaten selbst voll Stolz ihre »soldatischen Heldentaten« bildlich festge-

8. *Aufsicht:*
Oberleutnant Liepe, Leutnant Viebrans, Leutnant Lüstraeten, SS-Oberscharführer Enge, Sicherheitspolizei Belgrad.
9. *Ausführung:*
Nach gründlicher Erkundung des Platzes und Vorbereitung erfolgte die erste Erschießung am 9.10.1941. Die Gefangenen wurden mit ihrem Notgepäck von dem Lager in Belgrad um 05.30 Uhr abgeholt. Durch Ausgabe von Spaten und sonstigem Arbeitsgerät wurde ein Arbeitseinsatz vorgetäuscht. Jedes Fahrzeug wurde nur mit 3 Mann bewacht, damit aus der Stärke der Bewachung keine Vermutungen über die wahre Handlung aufkommen sollten.
Der Transport erfolgte ohne jegliche Schwierigkeiten. Die Stimmung der Gefangenen während des Transportes und der Vorbereitung war gut. Sie freuten sich über die Entfernung vom Lager, da angeblich ihre Unterbringung dort nicht wunschgemäß wäre. Die Gefangenen wurden 8 km von der Erschießungsstelle beschäftigt und später nach Gebrauch zugeführt. Der Platz wurde ausreichend bei der Vorbereitung sowie Erschießung gesichert. Die Erschießung erfolgte mit Gewehr auf eine Entfernung von 12 Meter. Für jeden Gefangenen wurden 5 Schützen zum Erschießen befohlen. Außerdem standen dem Arzt 2 Schützen zur Verfügung, die nach Anweisung des Arztes den Tod durch Kopfschüsse herbeiführen mußten. Die Wertgegenstände und überflüssigen Sachen wurden unter Aufsicht abgenommen und später der NSV bzw. der Sicherheitspolizei zugeführt.
Die Haltung der Gefangenen beim Erschießen war gefaßt. Zwei Leute versuchten die Flucht zu ergreifen und wurden dabei sofort erschossen. Einige brachten ihre Gesinnung dadurch zum Ausdruck, daß sie noch ein Hoch auf Stalin und Rußland ausbrachten. Es wurden am 9.10.41 — 180 Mann erschossen. Die Erschießung war um 18.30 Uhr beendet. Besondere Vorkommnisse waren nicht zu verzeichnen. Die Einheiten rückten befriedigt in ihre Quartiere ab.
Die zweite Erschießung konnte wegen Bauarbeiten an der Donaufähre erst am 11.10.41 stattfinden. Infolge der Bauarbeiten mußte die nächste Erschießung in der Umgebung von Belgrad stattfinden. Dazu war die Erkundung eines neuen Platzes erforderlich und eine doppelte Vorsicht geboten. Die nächste Erschießung erfolgte am 11.10.41 in der Umgebung des Schießstandes. Sie verlief planmäßig. Es wurden 269 Mann erschossen. Bei beiden Erschießungen ist kein Gefangener entwischt und die Truppe hatte keine besonderen Ereignisse und Zwischenfälle zu verzeichnen. Zur Verstärkung der Sicherheit war noch ein Zug von der Einheit Major Pongruber unter Führung von Leutnant Hau eingesetzt. Im ganzen wurden am 9. und 11.10.41 449 Mann von den genannten Einheiten erschossen. Leider mußte aus Einsatzgründen eine weitere Erschießung von den genannten Einheiten eingestellt werden und eine Übergabe des Auftrages an die Einheit Major Pongruber erfolgen.

Liepe (handschriftlich).
Oberleutnant und Kompanie-Chef[177].«

halten. Stabschef Pemsel sah sich gezwungen, einen scharfen Befehl an die Kompanien wegen »Verstößen gegen die Wahrung des Dienstgeheimnisses im Briefverkehr« herauszugeben: »Aus den Berichten der Feldpoststelle geht wiederholt hervor, daß die Angehörigen der in Serbien untergebrachten Einheiten immer wieder ausführlich den Einsatz in Serbien — teils auch mit Angabe der eigenen Verluste — und die deutschen Vergeltungsmaßnahmen (Massenhinrichtungen) in der in die Heimat abgehenden Post besprechen. Mehrfach sind den Briefen sogar fotografische Aufnahmen von Hinrichtungsszenen beigefügt. Dieses Vorgehen stellt nicht nur einen Verstoß gegen die Wahrung des Dienstgeheimnisses (Paragraph 25 des Wehrgesetzes) dar, sondern muß im gegenständlichen Falle als fahrlässiger Landesverrat nach Paragraph 90d bzw. 90e des Reichsstrafgesetzbuches gewertet werden. Zur Kenntnis des Gegners gelangt, bieten derartige Nachrichten einen willkommenen Angriffspunkt für propagandistische Zwecke. Darüber hinaus tragen solche Schilderungen eine unerwünschte Beunruhigung in die Heimat. Die in Serbien eingesetzten Einheiten und Dienststellen sind eindringlich und wiederholt über diese Verstöße und deren Folgen durch die Einheitsführer und Dienststellenleiter zu belehren. Die Truppe ist darauf hinzuweisen, daß in Hinkunft mit allen zu Gebote stehenden Mitteln gegen derartige Verstöße eingeschritten wird« (ebd., RH 24—18/169, 25.11.1941).

[177] Ebd., RH 24—18/213.

Liepe erwähnt in diesem Bericht nur zwei Judenerschießungsaktionen, bei denen von Angehörigen der 3. und 4. Kompanie des ANR 521 insgesamt 449 Juden und Zigeuner erschossen wurden. Nach übereinstimmenden Aussagen von Beteiligten und nach Liepes eigenen Angaben führte das Erschießungskommando zumindest noch eine dritte Exekution von Juden auf dem Belgrader Schießplatz Avala durch. Eine indirekte Bestätigung dafür findet sich im Schreiben der Quartiermeisterabteilung des XVIII. AK (mit der Unterschrift des Stabschefs Pemsel und einem handschriftlichen Zusatz des Quartiermeisters Faulmüller) an den Höheren Nachrichtenführer (Gebirgskorps-Nachrichtenabteilung 449) vom 20. Oktober 1941, in dem in bezug auf den Bericht Liepes vom 13. Oktober 1941 gebeten wird, nunmehr eine abschließende Meldung über die Durchführung der Sühnemaßnahmen vorzulegen[178]. Eine solche abschließende Meldung findet sich in den Akten nicht. Allerdings ist im Kriegstagebuch des Quartiermeisters vom 23. Oktober 1941 verzeichnet:

»Meldung II./ANR 521 über Durchführung von Erschießungen«[179]. Aber auch nach der mit großer Wahrscheinlichkeit von Liepes Kompanien durchgeführten dritten Juden- und Zigeunererschießung war das Soll von 2 200 Opfern noch nicht erreicht. In der Ereignismeldung UdSSR Nr. 119 des Chef der Sipo und des SD in Berlin vom 20. Oktober 1941 heißt es noch:

»Als Vergeltungsmaßnahme für 21 gefallene deutsche Soldaten der Wehrmacht 2 100 Juden aus Judenlager zur Exekution. Auf Anordnung Generalkommando XVIII zur Verfügung gestellt. Exekution wird durch Wehrmacht durchgeführt[180].«

Doch zu diesem Zeitpunkt dürfte bereits eine andere Einheit Liepes Erschießungskommando ersetzt haben. Höchstwahrscheinlich die in Liepes Bericht vom 13. Oktober 1941 erwähnte »Einheit Major Pongruber«. Diese Annahme wird in einem Bericht von Liepes Vorgesetztem, dem Chef der II. Abteilung/ANR 521, Major Duvigneau, vom 15. Oktober 1941 bestätigt:

»Die weiteren Erschießungen konnten von der Abteilung (unter dem Kommando Liepes — W. M.) nicht durchgeführt werden, da wegen des Einsatzes zur Wiederherstellung der Fernsprechleitungen Šabac-Lošnica eine Gestellung von Mannschaften unmöglich wurde. Durch Herrn Oberst Wurster wurde die Korps-Nachr.Abt. Pongruber mit der Durchführung weiterer Exekutionen beauftragt[181].«

Mit der »Korps-Nachr. Abt. Pongruber« war die Gebirgskorps-Nachrichtenabteilung (GKNA) 449 gemeint, jene Einheit, die Böhme direkt unterstand und die ursprünglich den Befehl Böhmes für die »Geiselerschießungsaktion« Topola erhalten und ihn über Major Duvigneau (ANR 521) an Liepe zur Durchführung weitergeleitet hatte. Die Einheit Major Pongruber hatte ja bereits Erfahrung mit Judenerschießungen gesammelt. Wie Liepe in seinem Bericht erwähnt, war »zur Verstärkung der Sicherheit [...] noch ein Zug von der Einheit Major Pongruber unter Führung von Lt. Hau eingesetzt«. Nach der Verlegung von Liepes Einheiten ging die »Einheit Major Pongruber« nun selbständig an die Arbeit.

---

[178] Ebd., 20.10.1941.
[179] Ebd., 23.10.1941.
[180] NO-Dokument 3404.
[181] BA-MA, RH 24—18/213, Major Duvigneau an AOK 12, Bev. Komm. Gen.in Serbien, Befehlshaber Serbien, Höh. Komm. LXV, Höh. Nachr. Führer, ANR 521 (zweimal), 15.10.1941.

Über Major Ignaz Pongruber läßt sich nur eruieren, daß er Stabsoffizier der Korps-Nachrichtenabteilung 449 war, geboren 1892 in Seekirchen am Wallersee, Salzburg. Pongrubers Vorgesetzter, Oberst (und später Generalleutnant) Wurster, der Kommandeur der 449. GKNA, wurde vom jugoslawischen Militärgericht zum Tode verurteilt und am 20. Dezember 1948 hingerichtet[182].

Wie die »Ereignismeldung UdSSR Nr. 120« vom 21. Oktober 1941 zeigt, dürfte die Einheit Major Pongruber sehr effizient zu Werke gegangen sein. In dieser Meldung werden die Exekutionen bereits als vollstreckt gemeldet und die Zahl der Erschossenen korrigiert:

»Für einen Überfall auf den Geleitzug bei Topola, bei dem 22 Wehrmachtsangehörige ums Leben kamen, 2200 Serben und Juden erschossen[183].«

Doch nur ein Teil der angeführten 2200 Juden und Serben (es waren in Wirklichkeit wahrscheinlich großteils Zigeuner), die von den Kompanien des ANR 521 und der Einheit Major Pongrubers erschossen wurden, stammten aus dem KZ Topovske Šupe in Belgrad. Mehr als ein Drittel der Opfer wurden dem Judenlager in Šabac entnommen, in dem fast ausschließlich die mehr als 1000 Flüchtlinge des »Kladovo-Transportes« interniert waren.

10. Die Ermordung der männlichen Juden des »Kladovo-Transportes«

Zwei Tage vor dem Beschluß zur Errichtung eines KZ in Zasavica hatte am 4. Oktober 1941 die Quartiermeisterabteilung des XVIII. AK auf mündlichen Befehl Böhmes als »Sühne« für die bei Topola gefallenen Soldaten des ANR 521 die Erschießung von 2100 Häftlingen (vorwiegend Juden und Kommunisten) aus den Lagern in Belgrad und Šabac angeordnet. Der Befehl wurde dem Chef der Militärverwaltung und jenen Einheiten zugesandt, welche die Erschießungen durchführen sollten:

»Die Erschießungskommandos sind von 342. Div. (für Konz.Lager Šabac) und Kps. Nachr. Abt. 449 (für Konz.Lager Belgrad) zu stellen[184].«

Dieser Befehl präzisierte noch nicht, wieviele Opfer die beiden Einheiten jeweils erschießen sollten. Erst fünf Tage später, am 9. Oktober 1941, gab der SD dem Ortskommandanten in Šabac die exakte Zahl der Männer bekannt, die von der 342. ID erschossen werden sollten[185]. In derselben Ereignismeldung des SD vom 9. Oktober 1941, in der die Errichtung des KZ Zasavica angekündigt wurde, findet sich auch die Zahl der Opfer aus Šabac, die zur »Sühne« für den Überfall bei Topola ermordet werden sollten:

»805 Juden und Zigeuner werden aus dem Lager Šabac, der Rest aus dem jüdischen Durchgangslager Belgrad entnommen[186].«

---

[182] Böhme, Die deutschen Kriegsgefangenen in Jugoslawien 1941–1949, Bd 1/2, S. 22.
[183] NO-Dokument 3402, 21.10.1941.
[184] NOKW-Dokument 192.
[185] Romano, Jevreji Jugoslavije 1941–1945. Zrtve Genocida i Ucesnici Narodnooslobidilackog Rata, (Die Opfer des Genozids und die Phasen des Volksbefreiungskampfes), S. 77.
[186] NO-Dokument 3156, 9.10.1941. Nachdem der Chef der Militärverwaltung für die Auswahl der

II. Die Wehrmacht und die Ermordung der männlichen Juden in Serbien

Offensichtlich hatte der SD alle männlichen Juden und Zigeuner zusammengezählt, die sich im KZ Šabac bzw. im Judenlager von Šabac befanden.

Außer der Handvoll Juden aus Šabac selbst befanden sich im Judenlager von Šabac ausschließlich die österreichischen, deutschen und tschechischen Flüchtlinge des »Kladovo-Transportes«. Etwa 400 von ihnen dürften Männer und Jugendliche im Alter zwischen 14 und 70 Jahren gewesen und als Opfer für die »Sühneaktion« ausgewählt worden sein.

Anna Hecht konnte sich sogar an das genaue Datum erinnern, an dem ihr Mann und die anderen jüdischen Flüchtlinge aus dem Lager abgeführt worden sind:

»Am 11. Oktober 1941 kamen um sechs Uhr abends SS-Leute ins Lager, und alle Männer mußten sich in der alphabetischen Reihenfolge aufstellen. Mein Mann war damals gerade bei einer Arbeit außerhalb des Lagers; er wurde geholt und mußte sich auch dazustellen. Dann wurde das Kommando gegeben: ›rechts um!‹ und man hat sie nie mehr gesehen[187].«

Auch der Zugführer der 1. Kompanie des Pol. Res. Bat. 64, Bruno W., war bei der Übergabe der Kladovo-Flüchtlinge dabei:

»Die im Lager verwahrten 400 Juden wurden wahrscheinlich auf Befehl des SS-Obersturmbannführers eines Tages aus dem Lager herausgeholt und einer Wehrmachteinheit übergeben. [...] Welche Wehrmachteinheit es gewesen ist, ist mir nicht in Erinnerung[188].«

Aus den Dokumenten und den spärlichen Aussagen läßt sich nicht mehr eindeutig rekonstruieren, welche Wehrmachteinheit die jüdischen Erschießungsopfer aus dem Lager Šabac abgeholt hat. Wir sind dabei auf mehr oder weniger plausible Vermutungen angewiesen. Mit größter Wahrscheinlichkeit scheidet die ursprünglich für die Erschießungen vorgesehene 342. ID aus, da die gesamte Division zu diesem Zeitpunkt bei der Säuberungsaktion im Cer-Gebirge eingesetzt war. Viel eher kommt eine Kompanie des in Šabac stationierten II. Bataillons des 750. IR in Frage, die seit der Verlegung der 342. ID ins Cer-Gebirge für die Sicherheit des Gebietes zwischen Šabac und Sremska Mitrovica verantwortlich war. Als weitere Möglichkeit kommen zwei Züge der 2. Kompanie der Gebirgskorps-Nachrichtenabteilung 449 in Frage, deren 108 Mann seit dem 6. Oktober 1941 der 342. ID unterstellt waren[189].

Für diese Annahme spricht, daß wegen des gleichen Anlaßfalles (die »Sühne« für die gefallenen deutschen Soldaten bei Topola) eine Einheit dieser Abteilung zum selben Zeitpunkt die Ermordung von Juden aus dem Judenlager in Belgrad durchführte. Eine sichere Klärung, welche Wehrmachteinheit die Juden des »Kladovo-Transportes« in Šabac übernommen hat, wäre nur durch die Aussage von Wehrmachtangehörigen selbst möglich. Doch diese schweigen. Mein Versuch, dieses Ereignis beim »Eichenlaub-Treffen« der 750. ID im Juni 1989 in Innsbruck zweifelsfrei zu klären, scheiterte an den vorgeschützten Gedächtnislücken der alten Kameraden ...

---

zu erschießenden Personen zuständig war, hatte er Böhmes Befehl, vorwiegend Juden und Kommunisten zu erschießen, in einem Punkt abgewandelt: Neben Juden sollten an Stelle von Kommunisten Zigeuner erschossen werden.

[187] YVA, O 17/80, Interview mit Anna Hecht.
[188] ZStL, 503 AR 12/60, Beiakte zu Bd 3, Vernehmung Bruno W.
[189] BA-MA, RH 26—342/104, Abt. Ib der 342. ID, Besondere Anordnungen für die Versorgung, 6. 10. 1941.

10. Die Ermordung der männlichen Juden des »Kladovo-Transportes«

Wahrscheinlich unter Vorspiegelung der falschen Tatsache, sie würden als Arbeitskräfte zum Aufbau des KZ in Zasavica gebraucht, wurden die Juden und Zigeuner von Šabac nach Zasavica gebracht. Seit zwei Tagen gingen in diesem Gebiet sintflutartige Regenfälle nieder. Es muß ein trauriger Anblick gewesen sein, als die Gruppe nach dem »Blutmarsch« im September nunmehr ein zweites Mal innerhalb von zwei Wochen den Weg Richtung Norden einschlug. Sie wußten noch nicht, daß es dieses Mal ihr Todesmarsch sein würde. Miloral Mica Jelešić ist der Einzige, der ein Zeugnis ihres Todes hinterlassen hat. Jelešić, ein Landarbeiter aus dieser Gegend, hatte sich im Zuge der Säuberungsaktion im Save-Drina-Dreieck der 342. ID gestellt und war ins KZ Šabac verschleppt worden. Dort hatte er sich zur Gruppe der 400 Männer gemeldet, die zum Bau des KZ Zasavica ausgesucht worden waren:

»Vor dem Michaelstag meldete ich mich zur Arbeit, denn man frug, wer will, nur damit ich aus dem Lager herauskomme. Und so wurde eine Gruppe von ca. 400 Menschen nach Klenak überführt und von dort aus mittels Zug nach Sremska Mitrovica. In Sremska Mitrovica waren wir 3 Tage in den Waggons ohne Nahrung, in denen wir hergebracht wurden und während des Tages auf einem Felde. Am vierten Tag begannen sie (eine Wacheinheit des II. Bataillons der 750. ID — W. M.) einzelne Partien für Arbeit auszuscheiden, und wenn diese am Abend zurückkehrten, erlaubten sie ihnen nicht, mit uns zusammenzukommen. Am Michaelstag selbst führten sie mich auch mit einer Gruppe von 40 Menschen weg und überführten mich nach Mačvanska Mitrovica (einem Vorort von Sremska Mitrovica — W. M.) und von dort nach Zasavica. Unterwegs glaubten wir, daß wir erschossen werden sollen, und unsere Furcht wurde noch größer, als wir zu einem Graben getrieben wurden, der 200 Meter lang, 2,5 Meter breit und 2,5 Meter tief war. Später erfuhr ich, daß diesen Graben Leute aus meiner Partie gegraben hatten, die in den vorhergehenden Tagen aus den Waggons geführt wurden.
Man trieb uns bis zur Save, ca. 250 bis 300 Meter weit, und zwang uns, uns niederzusetzen. Der Boden war unterwässert und tümpelig, und wir baten sie, uns nicht zu quälen, sondern uns gleich zu töten. Ein Deutscher, der serbisch sprach, sagte, daß sie uns nicht töten werden, sondern daß wir Arbeiter sind. Da sah ich, daß die Deutschen 3—4 Meter vom Graben 50 bis 70 Pfosten in die Erde trieben, ca. 10 cm dick und ca. 50 cm hoch. Dann führten sie uns näher zum Graben, ca. 50—60 Meter, und in diesem Moment kam eine deutsche Truppe von ca. 150 Mann (Soldaten). Hier wurde den Deutschen das Mittagessen gebracht und alle aßen zu Mittag.
Nach dem Mittagessen wurde hinter einem Maisfeld in der Richtung Mitrovica zum Graben eine Gruppe von ca. 50 Menschen in Bürgerkleidung herangeführt und ich sah, daß es Juden waren. Jeder von diesen Herangeführten mußte zu jenen eingetriebenen Pfosten herantreten, die in einem Abstand von 1—2 Metern in die Erde getrieben waren und so standen, daß der Pfosten zwischen ihren Beinen war. Alle waren mit dem Gesicht zum Graben gewendet. Als dies fertig war, wurde jene Truppe hinter ihnen so verteilt, daß auf jeden Juden zwei Soldaten zielten. Die Soldaten waren von den Juden höchstens 10 Meter entfernt, und wir waren höchstens 50 Meter weit hinter den Juden. Hernach trugen 4 deutsche Soldaten eine ausgebreitete Decke und traten an jeden Juden heran, und diese warfen etwas in die Decke, wahrscheinlich Geld und einige Wertsachen. Als auch das fertig war, gab ein Offizier das Kommando und die Deutschen zielten aus den Gewehren auf das Genick — je zwei auf einen Juden.
Wir sind gleich im Laufschritt an den Graben herangetreten und warfen die Getöteten in den Graben und dann ordneten uns die Deutschen an, ihnen (den erschossenen Juden — W. M.) die Säcke zu durchsuchen und alle Wertsachen herauszunehmen, wie Uhren, Geld und außerdem ihnen von den Händen die Ringe abzunehmen. Da man die Ringe von vielen nicht abnehmen konnte, gaben mir die Deutschen eine Zange und mit dieser schnitt ich die Ringe herab und gab sie ihnen. Noch bevor sie in das Grab geworfen wurden, sah ich, wie die Deutschen von den Getöteten die goldenen Gebisse herausnahmen und wenn sie sie bei einem nicht herausnehmen konnten, schlugen sie sie mit den Stiefelabsätzen heraus.
Als die erste Partie der Erschossenen fertig war, mußten wir uns wieder im Laufschritt aus der Schußreihe entfernen, und hinter dem Maisfeld wurde die zweite Partie herangeführt, mit der man auf die

gleiche Weise verfuhr. Wie viele Partien an diesem Tage erschossen wurden, kann ich nicht wissen, aber meistens waren alle Pfosten besetzt. Erst am Abend führte man uns zurück nach Sremska Mitrovica und wir alle 40 wurden in einen Waggon eingesperrt. Am nächsten Morgen wurde die ganze Partie von 40 Mann neuerlich auf dieselbe Stelle nach Zasavica geführt, und es begann das Niederschießen wie am vorangehenden Tage. Während am ersten Tag nur Juden erschossen wurden, gab es am zweiten Tag mehr unserer Zigeuner als Juden.
Während der ganzen Zeit des Erschießens nahmen mehrere Deutsche etliche Aufnahmen auf, wie: die Opfer vor dem Erschießen; das Umschreiten der Pfosten; die Leichen bei den Pfosten; wir, die wir die Leichen in das Grab tragen; die aufgestellte Mannschaft und andere Momente.
Mit Rücksicht auf die Anzahl der erschossenen Partien, auf die Größe des Grabes von 200 Metern, das fast ganz gefüllt wurde, außer auf einem Ende ca. 5 Meter; mit Rücksicht darauf, daß die Stelle, wo man die Taschen und andere Sachen hinwarf, die ca. 1,5 Meter hoch war, glaube ich, daß in diesen zwei Partien mindestens 1200 Bürger erschossen wurden.
Den ersten Abend ließen wir das Grab mit den an diesem Tage Erschossenen offen und als wir am nächsten Tage kamen, fanden wir mehrere Hunde, die die Getöteten fraßen und einzelne Leichenteile umherschleppten. Ein Deutscher tötete den Hund und sagte: ›Auch diese sind Hunde‹ — und wobei er auf den erschossenen Hund wies[190].«

Bei diesem Massaker waren auf Befehl des österreichischen Generals Franz Böhme die überwiegend aus Österreich stammenden männlichen Juden des »Kladovo-Transportes« als »Sühne« für einen Partisanenüberfall auf eine zum großen Teil aus Österreichern bestehende Wehrmachteinheit erschossen worden.

Der Abtransport und die Ermordung der männlichen Juden des »Kladovo-Transportes« am 12. und 13. Oktober 1941 blieb unter der Bevölkerung in Šabac kein Geheimnis. Jakob U., ein Volksdeutscher, der damals in Šabac lebte, erklärte dazu:

»Ich kann nicht sagen, wer den Abtransport vorgenommen hat. Ich selbst habe es nicht persönlich gesehen, sondern nur gehört. Ich kann nicht sagen, von wem ich das gehört habe. Aber ich kann sagen, daß es in Šabac ein allgemeines Gespräch war[191].«

Einem anderen Volksdeutschen aus Šabac, Josef F., blieb hingegen genau in Erinnerung, wer die jüdischen Flüchtlinge aus Šabac weggebracht hat: Eines Nachts wurden die »vertriebenen Juden aus Österreich ausgehoben — von der Wehrmacht, nicht von der SS — und fortgeschafft. [...] Die Juden aus Wien hat man am Saveufer erschossen, was mit den Juden aus Šabac geschehen ist, kann ich nicht sagen[192].«

Eine psychologisch interessante Version der »Säuberungsunternehmen« und der Ermordung der »Kladovo-Flüchtlinge« findet sich in den kurz nach dem Krieg nur für private Zwecke erstellten Aufzeichnungen des ehemaligen Regimentsadjutanten der 342. ID und späteren Oberstleutnants der Bundeswehr, Bernd P. Als Regimentsadjutant hielt er sich zum fraglichen Zeitpunkt in Šabac auf, »während die Abteilungen mit der Infanterie die Gegend säubern. Durch Ustascha (kroatische Miliz) und serbische Neditsch-Polizei werden verdächtige Männer aus den Dörfern und alle Männer eines Judenlagers haufenweise erschossen. (Es waren Wiener Juden, die die Serben dort festgehalten und ausgeplündert hatten)[193].«

---

[190] YVA, O 10/12, Zeugenaussage Miloral Mica Jelešić, aufgenommen am 20.2.1945 im Kreiskommissariat der Landeskommission Serbiens für Kriegsverbrecher in Šabac.
[191] ZStL, 503 AR 2670/67, Vernehmung Jakob U.
[192] Ebd., Vernehmung Josef F.
[193] Zit. nach: ebd., 503 AR 1756/69, beigelegte photokopierte Aufzeichnungen von Bernd P. Gegen

10. Die Ermordung der männlichen Juden des »Kladovo-Transportes« 95

»Nun waren wir Frauen und Kinder allein. Es waren so 750—800«, schrieb Dorothea Fink nach dem Ende des Krieges dem Bruder ihres ermordeten Mannes. Sie berichtete, wie die Frauen in völliger Ungewißheit über das Schicksal der abgeführten Männer von den Wachmannschaften der Polizeikompanie seelisch grausam gequält worden waren:

»Die SS kam immer mit einer anderen Nachricht für uns ins Lager. Mal hieß es, die Männer machen Straßenarbeiten, und dann, die Männer sind alle erschossen. Sie weideten sich dann an den Schreien der Frauen und Kinder und sagten uns dann, wir kämen auch dran, wenn wir nicht aufhörten zu jammern. Es war uns schon alles egal[194].«

Anna Hecht, eine weitere Überlebende des Transportes, bestätigt unabhängig von Dorothea Fink das sadistische Verhalten des Wachpersonals:

»In den nächsten Tagen fragten einige Frauen die SS-Männer, was mit den Männern geschehen sei und einer sagte, sie seien erschossen worden. Dann sagte wieder ein anderer, das sei nicht wahr. Daß unsere Männer ermordet wurden, habe ich eigentlich erst nach dem Krieg in Wien erfahren[195].«

In der Ereignismeldung des SD vom 20. Oktober 1941 sind die von der Wehrmacht zur »Sühne« für die Gefallenen von Topola erschossenen KZ-Insassen von Šabac zumindest indirekt ausgewiesen. Über das KZ Šabac heißt es dort:

»Gesamt-Gefangenenzahl ca. 22000, bisher überprüft etwa 8000, liquidiert bisher 910 durch die Wehrmacht[196].«

Die im Lager zurückgebliebenen Frauen und Kinder des Transportes klammerten sich an die Hoffnung, daß die Männer doch noch am Leben seien. Auf unerklärliche Weise war es der Lagerinsassin Hansi Hahn im Dezember 1941 gelungen, eine Rot-Kreuz-Karte nach Palästina abzuschicken, die den Empfänger auch erreichte. Hansi Hahn verfaßte die Karte am 27. Dezember 1941. Wir wissen nicht, wie es ihr möglich war, diese Karte aus dem Lager zu bringen. Vielleicht befand sich jemand aus dem Lagerpersonal in Weihnachtsstimmung und hat die Karte in einem Anfall von Menschlichkeit an das Rote Kreuz weitergegeben, vielleicht wurde sie auch aus dem Lager geschmuggelt. Die wenigen Zei-

---

Bernd P. wurde 1966 ein Ermittlungsverfahren wegen Mordes eingeleitet. Er hatte bei einer »Säuberungsaktion« zwei partisanenverdächtige Männer festgenommen und — wie aus seinem Bericht vom 16.10.1941 zweifelsfrei hervorgeht — an Ort und Stelle erschossen. Im Verfahren behauptete der nunmehrige Oberstleutnant der Bundeswehr, daß die beiden Männer auf der Flucht erschossen worden seien. Das Ermittlungsverfahren wurde eingestellt.

[194] YVA, 0 10/12, Brief von Dorothea Fink an ihren Schwager Henry Fink, 22.8.1945.
[195] Ebd., 0 17/80, Interview mit Anna Hecht.
[196] Chef der Sicherheitspolizei und des SD, Ereignismeldung UdSSR Nr. 119, 20.10.1941. Die Differenz zwischen der am 9.10.1941 angeordneten Erschießung von 805 Juden und Zigeunern aus dem KZ Šabac und der Zahl der tatsächlich durch die Wehrmacht Erschossenen von 910 läßt sich nicht restlos klären. Möglicherweise wurden am 12. und 13.10.1941 von der Wehrmacht gleich alle Juden und Zigeuner des Lagers liquidiert, was eine Erklärung für die höhere Zahl wäre. Wahrscheinlicher hingegen ist eine andere Annahme: Inzwischen war ein weiterer Soldat, der beim »Topola-Überfall« verletzt worden war, verstorben. Damit erhöhte sich die Zahl der gefallenen Soldaten auf 22, was nach der »1:100-Quote« Böhmes bedeutete, daß an Stelle von 2100 nunmehr 2200 Geiseln erschossen werden sollten. Die Annahme ist plausibel, daß 100 Häftlinge mehr als ursprünglich vorgesehen aus dem KZ Šabac erschossen worden sind. Allerdings bleibt auch dann noch eine Differenz von 5 Erschossenen, die nicht geklärt werden kann.

len sind an Leo Klein in Haifa gerichtet, den Vater des damals 28jährigen Wiener Transportteilnehmers Walter Klein. In wenigen Worten drückt Hansi Hahn ihre Hoffnung als Gewißheit aus:

»Walter in Arbeits-Außendienst. Denken an Euch, werde alles übermitteln. Abs.: Hansi Hahn, Jüdisches Auswanderer Lager Šabac, Serbien[197].«

Die Karte war viele Monate nach Palästina unterwegs. Am 2. August 1942 beantwortete Leo Klein das Lebenszeichen aus Šabac:

»Deine Mitteilungen [...] erfreuten uns sehr. Was arbeitet Walter? Bekommt er Geld? Ist illeg. Korrespondenz unmöglich? Wir drei weiterhin gesund und beschäftigt. Innigste Wünsche allseits[198]!«

Die Wünsche erreichten Hansi Hahn und Walter Klein nicht mehr. Denn im August 1942 lebte keiner der in Šabac internierten Juden des »Kladovo-Transportes« mehr. In diesem Monat informierte Militärverwaltungschef Turner den neuen Militärbefehlshaber Südost, Generaloberst Löhr, daß die Judenfrage in Serbien bereits gelöst sei[199].

11. 2200 Juden und Zigeuner für Valjevo

Noch während die als »Sühne« für Topola durchgeführten Judenerschießungen im Gang waren, ereignete sich ein Vorfall, der Anlaß für das nächste Massaker an Juden bot. Nachdem General Böhme Ende September 1941 unter dem militärischem Druck der Partisanen- und Četnikabteilungen bereits die wichtigen Städte Čačak und Užice von den Einheiten der 717. ID hatte räumen lassen und sie nach Kragujevac verlegte, unterbreitete ihm das Höhere Kommando LXV den Vorschlag, die in der Stadt Valjevo stationierten Truppen rasch abzuziehen. Es schien aus militärstrategischen und infrastrukturellen Gründen nicht mehr vertretbar, den Raum um die Stadt Valjevo weiter zu verteidigen[200].

Doch General Böhme war nicht bereit, dem Rückzug von Einheiten der 704. ID (deren Austausch er gegen eine »andere Division gleicher Welle, die in der Ausbildung weiter fortgeschritten ist«[201], noch zwei Tage zuvor beim AOK 12 beantragt hatte) zuzustimmen. Wie vom Höheren Kommando LXV befürchtet, wurden wenige Tage später Einheiten der 704. ID von Partisanen- und Četniktruppen im Raum Valjevo eingeschlossen. Bei den Kämpfen fanden 10 Wehrmachtsoldaten den Tod, 24 wurden verwundet.

---

[197] YVA, O 1/309, Rot-Kreuz-Brief von Hansi Hahn an Leo Klein, 27.12.1941.
[198] Ebd., Brief Leo Klein an Hansi Hahn, 2.8.1942.
[199] NOKW-Dokument 1486, Vortrag des Chefs der Militärverwaltung, SS-Gruppenführer Harald Turner, beim Wehrmachtbefehlshaber Südost, General Löhr, 29.8.1942.
[200] »Voraussetzung für die Umgruppierung in der vorgeschlagenen Weise ist die Aufgabe von Valjevo (704. ID). [...] Nachdem Užice geräumt und die Antimonwerke von Krupanj verloren sind, hat die Beibehaltung von Valjevo nur noch Prestigewert. Es ist zu bedenken, daß die Versorgung von Valjevo durch Zerstörung der beiden nach Valjevo führenden Bahnstrecken und Sprengung von Brücken an den nach Valjevo führenden Straßen täglich größere Schwierigkeiten mit sich bringt« (BA-MA, RH 24—30/277, Höheres Kommando LXV an Bev. Komm. General in Serbien, 28.9.1941).
[201] Ebd., RH 24—18/87, Aktenvermerk über Orientierung des Chefs AOK 12 (Oberst Förtsch) über allgemeine Lage durch Komm. General Serbien, Stabschef Pemsel, 26.9.1941.

11. 2200 Juden und Zigeuner für Valjevo

Sein Versagen bei der operativen Planung kompensierte Böhme auf bereits bewährte Art: Er befahl die Erschießung von »Geiseln«. Seinen »1:100-Befehl« vom 10. Oktober 1941 hatte er inzwischen noch um den Aspekt der Sippenhaftung erweitert. Am 14. Oktober 1941 hatte er angeordnet, »daß zur Unterbindung der Nachrichtenübermittlung der Aufständischen besonders die Angehörigen der Aufständischen zu erfassen sind, und zwar sowohl die männlichen Anverwandten als auch die Ehefrauen der Aufständischen. Für Erschießungen kommen jedoch nur die männlichen Angehörigen in Frage[202].« Mittlerweile hatte sich die organisatorische Vorbereitung von Geiselerschießungen bereits eingespielt. Bei der »Topola-Aktion« hatte Böhme noch den Militärverwaltungschef Turner gebeten, entsprechende Opfer zur Verfügung zu stellen. Im Falle von Valjevo wurde Turner bereits selbst aktiv. Im Kriegstagebuch des Quartiermeisters beim Höheren Kommando LXV findet sich mit Datum vom 16. Oktober 1941 folgende Eintragung:

»Chef Mil. Verw. schlägt Erschießung von 2200 Serben als Sühnemaßnahme für den Tod von 10 und die Verwundung von 24 deutschen Soldaten der in Valjevo eingeschlossenen Truppenteile vor und erbittet Erschießungskommando für 1600 (durch Pol. Res. Bat. 64 werden 600 erschossen)[203].«

Am 19. Oktober 1941 wurde der Vorschlag Turners vom Stabschef Böhmes in einen Befehl an das 734. IR, das sogenannte »Wachregiment Belgrad«, umgesetzt:

»In Durchführung des im Bezug genannten Befehls (›1:100 Befehl‹ Böhmes — W.M.) werden für 10 gefallene und 24 verwundete deutsche Soldaten (Angehörige des in Valjevo eingeschlossenen Truppenteils) 2200 festgenommene Serben erschossen. Die Exekution ist an 1600 Festgenommenen durch Wachregiment Belgrad zu vollstrecken[204].«

Tags darauf übermittelte das »Wachregiment Belgrad« dem III. Bataillon des 433. IR den Befehl zur Zusammenstellung eines Erschießungskommandos. Dieses Bataillon, das aus rund 850 Mann der 9., 10., 11. und 12. Kompanie bestand, war wegen der zunehmenden Partisanentätigkeit Anfang September 1941 zur Unterstützung des 734. IR bei Bewachungs- und Sicherungsaufgaben nach Belgrad verlegt worden[205]. Die landsmannschaftliche Zusammensetzung dieses Bataillons war klar gewichtet:

»Der Stamm des III. Bataillons setzte sich personell aus Wienern zusammen[206].«

---

[202] Ebd., RH 24—18/213, Quartiermeisterabteilung beim Bev. Komm. General in Serbien an Wehrmachtbefehlshaber Südost (AOK 12), 19.10.1941.
[203] Ebd., RH 24—18/212, 16.10.1941.
[204] Ebd., RH 24—18/23, Pemsel an Höheres Kommando LXV zur Weiterleitung an Wachregiment Belgrad, 19.10.1941.
[205] Ebd., RH 24—18/87, Truppenunterkünfte in Serbien, Oktober 1941; Landesgericht Wien (im folgenden: LG Wien), AZ 27b/8508/62, Vorerhebungen gegen Otto K., Karl G. und Robert H. wegen Verdacht des Mordes, Zeugenaussage Adolf K., der dem Gericht die Durchschrift des Bataillonsbefehls über die Versetzung nach Belgrad vom 8.9.1941 vorlegte.
[206] Vorerhebungen gegen Otto K. et al., Zeugenaussage Friedrich G.; ebenso Otto K. und Leopold St. Die Ursache für die Dominanz der Österreicher im III. Bataillon lag darin, daß im Frankreichfeldzug das Feldersatzbataillon 44 der 40. ostmärkischen ID als III. Bataillon in das neue IR 433 der 164. ID eingegliedert worden war; siehe Zeugenaussage Konstantin M., Chef der 10. Kompanie des III. Bataillons.

II. Die Wehrmacht und die Ermordung der männlichen Juden in Serbien

Bei einer Offiziersbesprechung informierte der stellvertretende Bataillonskommandeur, der aus Wien stammende Hauptmann Otto K.[207], das Offizierkorps über den vom »Wachregiment Belgrad« erhaltenen Exekutionsbefehl und beauftragte den Chef seiner 9. Kompanie, Oberleutnant Hans-Dieter W.[208], mit der Zusammenstellung des Erschießungskommandos.

Hans-Dieter W. erinnerte sich bei seiner gerichtlichen Vernehmung im Jahre 1962, daß bei dieser Besprechung »seitens der anwesenden Offiziere ein Widerspruch gegen die angeordnete Maßnahme, bzw. den Befehl nicht laut« wurde, und er selbst »eine gewisse Berechtigung in einer solchen Aktion (sah), da unter uns Soldaten eine starke Erbitterung gegen die Partisanen herrschte[209].«

Etwa eine Woche später erhielt Oberleutnant W. von Hauptmann K. den mündlichen Befehl, mit ca. 40 Freiwilligen der 9. Kompanie in ein Belgrader Geisellager zu fahren, wo er weitere Anweisungen von der Einsatzgruppe erhalten würde. Oberleutnant W. ließ daraufhin seine Kompanie antreten, informierte sie über den Auftrag, 1 600 Menschen zu erschießen und fragte nach 40 Freiwilligen (Kompaniezugstärke) für die »Aktion«:

»Es waren mehr als die benötigten 40 Mann, die sich für das Unternehmen freiwillig meldeten[210].«

Im Morgengrauen des 27. Oktober 1941 fuhr der von Oberleutnant W. und zwei Regimentsärzten begleitete Kompaniezug mit sechs LKW zum Belgrader Gefängnis Topovske Šupe.

Den weiteren Ablauf der Erschießungsaktion schilderte W. vor einem bundesdeutschen Gericht:

»Am Lagereingang fragte ich den Posten nach dem Lagerführer und wurde daraufhin in eine Wachstube, bzw. sein Dienstzimmer geführt. Dem dort anwesenden SS-Führer stellte ich mich vor und teilte

---

[207] Hauptmann Otto K., geboren 1897 in Wien, war Berufsoffizier in der k. u. k. Armee und bis 1922 auch in der 1. Republik. Er war seit 1935 illegales NSDAP-Mitglied (Zeugenvernehmung Otto K. aus Voruntersuchung gegen Hans-Dieter W.). Gegen Hauptmann Otto K. wurde in Österreich ein Strafverfahren u. a. wegen Mordes eingeleitet. Obwohl eindeutig erwiesen war, daß Otto K. den Exekutionsbefehl an Hans-Dieter W. weitergegeben hatte, bestritt er jeglichen Zusammenhang mit der Erschießungsaktion. Dessen ungeachtet wurde das Verfahren gegen Otto K. in Österreich eingestellt, da die Verfolgung wegen Mordes »auf jeden Fall durch Verjährung erloschen« sei und darüber hinaus die Schuldfrage zu verneinen sei, da Otto K. »aufgrund eines militärischen Befehls gehandelt (habe), welchen er in Hinblick auf die Aufruhrtätigkeit als militärische Notwendigkeit angesehen habe« (StA Wien, 15 St 27 412/62—11, Einstellungsverfügung).

[208] Hans-Dieter W. war schon in der Weimarer Republik Berufssoldat. 1959 trat er wieder als Berufssoldat im Range eines Majors in die Bundeswehr ein.

[209] Die folgenden Angaben stammen — soweit keine andere Quelle angegeben ist — von Zeugenaussagen aus der Voruntersuchung gegen den ehemaligen Oberleutnant der 9. Kompanie, III. Bataillon, IR 433, Hans-Dieter W., (Landgericht Konstanz, AR 146/63) bzw. aus Zeugenaussagen aus der Voruntersuchung gegen Otto K. et al. (LG Wien, 27b Vr 8508/62).

[210] Es ist schwer zu beurteilen, ob diese Aussage W.'s als Schutzbehauptung zu werten ist. Einige Gründe sprechen allerdings für die Richtigkeit der Aussage: W. gab bei seiner Vernehmung unumwunden zu, daß er selbst »eine gewisse Berechtigung in einer solchen Aktion sah« — warum also nicht auch die Soldaten seiner Kompanie? Auch in der Untersuchung wegen der »Topola-Sühneaktion« gab die Mehrzahl der vernommenen Zeugen an, daß sich das Exekutionskommando aus Freiwilligen zusammengesetzt hatte.

meinen Auftrag mit. [...] Der SS-Führer sagte mir nun, daß die notwendigen Anordnungen getroffen würden. Ich blieb nun einige Zeit dort im Büro, und als ich dieses verließ waren meine LKW bereits beladen. Der SS-Führer gab mir nun im Büro noch Erläuterungen über die Art der Durchführungen der Exekutionen. Er benannte mir auch den Ort, fügte jedoch hinzu, daß wir hingeführt würden. Ebenfalls wurden Schaufeln und Pickel durch die SS gestellt und in einem Fahrzeug von dort mitgenommen. Soweit ich mich erinnere, fuhren dann ca. 10 SS-Leute mit uns an den Erschießungsort. Die Zahl der zu erschießenden Personen wurde von dem SS-Führer aufnotiert und er teilte mir diese auch mit. Beim besten Willen kann ich mich heute nicht mehr an die genaue Zahl erinnern. Nach meiner Erinnerung und Schätzung waren es ca. 200 Personen, ausschließlich männlichen Geschlechts. Es wurde dann ein SS-Führer damit beauftragt, uns zu begleiten und einzuweisen. Wir kamen auch noch bei Dunkelheit aus der Stadt heraus. Ich kann mich nicht mehr daran erinnern, wie das Ziel unserer Fahrt hieß. [...] Die Fahrtzeit betrug etwa eine Stunde und so dürften wir etwa ca. 30 km von Belgrad entfernt gewesen sein[211]. Die SS fuhr mit ihrem Fahrzeug vorne weg und wies der Kolonne den Weg. Am Exekutionsort angelangt, wurde ich von dem uns begleitenden SS-Führer eingewiesen. Im Gelände benannte er einige Markierungspunkte, sodaß ungefähre Grenzen des Exekutionsortes damit gekennzeichnet waren. [...]

Die Gefangenen mußten nun die Transportfahrzeuge verlassen und in Reihe etwa 200 bis 300 Meter in das Gelände marschieren. Von den SS-Leuten wurde das mitgebrachte Werkzeug (Spaten, Pickel, Schaufeln etc.) an den Exekutionsort gebracht. Die Gefangenen mußten das Werkzeug aufnehmen und wurden in zwei Gruppen aufgeteilt. Jede Gruppe mußte für sich dann einen Graben ausheben, und zwar in einer Länge von etwa 50 bis 100 Metern, in einer Breite von etwa 150 cm und etwa 2 bis 2,5 Meter Tiefe. Die Erdarbeiten nahmen etwa 3 Stunden in Anspruch. Das ausgehobene Erdreich wurde jeweils auf eine Seite der Grube geworfen. Ich glaube, daß wir um die Mittagszeit mit dem Ausheben der Gruben fertig waren.

Die äußere Sicherung wurde durch meine Soldaten übernommen. Die Soldaten waren nur mit einem Karabiner ausgerüstet. Insbesondere hatten wir darauf aufzupassen, daß von außen her niemand an den Exekutionsort gelangen konnte, und ferner, daß die Gefangenen nicht flüchten konnten. Weitere Soldaten hielten sich in unmittelbarer Nähe der beschäftigten Gefangenen auf. Zu Fluchtversuchen ist es aber nicht gekommen. [...]

Nachdem die Gruben ausgehoben waren, mußten sich die Gefangenen in der Nähe aufhalten. Die Soldaten — außer der Außensicherung — mußten antreten. Sie wurden nun zur eigentlichen Exekution eingeteilt. Ich habe so bestimmt, daß je drei Soldaten auf einen Gefangenen zu schießen hatten. Die Gefangenen mußten sich dicht an der Grube in Reihe, Berichtigung: in Linie aufstellen. Die Blickrichtung war vom Schützen weg. Die Soldaten standen ebenfalls in Linie in einer Entfernung von etwa 12 Metern. Wie ich schon sagte, waren für einen Häftling drei Schützen bestimmt. Wenn ich also 30 Schützen zur Verfügung hatte, mußten sich 10 Häftlinge jeweils zur Exekution an der Grube aufstellen. Die Soldaten waren mit Karabinern ausgerüstet. Die drei Soldaten, die auf einen bestimmten Gefangenen zu schießen hatten, hatten ihre Schüsse auch an ganz bestimmten Stellen anzubringen. Ich habe so bestimmt, daß zwei Soldaten auf das Genick und ein Soldat auf das Herz zu zielen hatten. Dadurch glaubte ich, den Gefangenen einen möglichst schmerzlosen Tod bereiten zu können.

Die Gefangenen wurden von irgendeinem Unteroffizier zur Exekution eingeteilt[212]. [...] Ich selbst habe mich nur bei meinen Soldaten aufgehalten. Nachdem eine Gefangenengruppe jeweils an der Grube Aufstellung genommen hatte, habe ich diesen weisungsgemäß eröffnet, daß sie auf Befehl des Führers

---

[211] Der Exekutionsort lag — wie schon bei einer der »Topola-Erschießungsaktionen«, auf dem Erschießungsgelände zwischen Pančevo und Jabuka, ca. 30 km nördlich von Belgrad (siehe Skizze des Erschießungsgeländes der »Valjevo-Exekutionen« durch die 9. Kompanie, 433. IR, NOKW-Dokument 905). Offensichtlich war die zerstörte Donaubrücke, deretwegen die weiteren Erschießungsaktionen der 3. und 4. Kompanie/ANR 521 Mitte Oktober 1941 von dieser Stätte auf den Schießplatz Avala in Belgrad verlegt worden waren, bereits wieder instandgesetzt.

[212] Nach Aussage des Schützen Josef B. nahm der österreichische Unteroffizier Karl G. die Auswahl der Schützen vor. Karl G. gab den noch nicht tödlich Getroffenen auch den Gnadenschuß.

Adolf Hitler wegen Partisanentätigkeit zum Tode verurteilt seien. Ich habe mich dabei der deutschen Sprache bedient. Ob ich von den Gefangenen verstanden worden bin, entzieht sich meiner Kenntnis. Nach dieser Erklärung gegenüber den Gefangenen gab ich meinen Soldaten den Feuerbefehl. Diese standen mit geladenen und gesicherten Karabinern in Linie. Auf meinen Befehl: ›Legt an‹ wurde der Karabiner in Anschlag genommen und entsichert. Auf den Befehl: ›Gebt Feuer!‹ wurde geschossen. Nach Abgabe des Schusses wurde durchgeladen, gesichert und das Gewehr abgenommen. Der Arzt und ich kontrollierten nun die erschossenen Häftlinge, ob der Tod eingetreten sei. Der Arzt ging an der Linie vorbei. Wenn sich kein Gefangener mehr bewegte, erklärte er den Tod für eingetreten. Soweit ich mich erinnere, fielen die Erschossenen immer gleich in die Grube. So wurde Gruppe für Gruppe erschossen.

Die Grube wurde jeweils nur einschichtig belegt, ich möchte also sagen, daß eine Schicht nicht mit Erdreich überschüttet und dann mit einer erneuten Schicht überdeckt worden ist. Wenn eine Grube mit Toten belegt war, wurde diese von den noch lebenden Gefangenen zugeschüttet und danach erfolgte die weitere Exekution an der anderen Grube.

Die Gefangenen mußten sich vor der Exekution nicht entkleiden. So wie die Gefangenen an die Richtstätte gebracht worden sind, wurden sie auch erschossen. Die SS-Leute blieben am Ort bis die Exekution beendet worden war und haben dann die Werkzeuge wieder mitgenommen. Meiner Erinnerung nach war die erste Exekution am späten Nachmittag beendet. Als wir in die Kaserne einrückten, war es bereits dunkel. [...]

Alles spielte sich genau so ab, wie bei der ersten Exekution. Es waren auch in diesem Fall wieder etwa 200 Gefangene. [...] Diese zweite Exekution fand auch am selben Ort wie die erste statt. Dabei wurden die Gruben lediglich so gelegt, daß mit den anderen Gruben keine Berührung zustande kam. [...]

Die dritte von mir geleitete Exekution fand etwa eine Woche nach der zweiten statt. Auch hierbei sind wieder etwa 200 Menschen erschossen worden. Während bisher nur Männer erschossen wurden, war bei dieser Exekution auch eine jüngere Frau dabei. Sie war etwa 20 bis 30 Jahre alt. [...]

Bei sämtlichen Exekutionen war ein SS-Kommando dabei. Offenbar haben diese die Gefangenen, die zur Erschießung kamen, irgendwie registriert. Irgendeine Tätigkeit am Exekutionsort übten sie nicht aus. Sie brachten lediglich das Werkzeug und nahmen es nachher wieder mit. Möglicherweise haben sich diese SS-Leute auch an der Bewachung während des Transports beteiligt. Sonst war das die Aufgabe meiner Soldaten. [...]

Bei meiner Einheit hat es geheißen, die Polizei werde mit den Erschießungen nicht fertig, obwohl sie täglich Erschießßungn durchführen würde. [...]

Zum Zeitpunkt der Durchführung der Exekutionen war meiner Erinnerung nach der Bataillonskommandeur, Hauptmann E., nicht anwesend. Den Befehl zur Durchführung dieser Exekutionen habe ich jeweils nur von Hauptmann (Otto) K. erhalten.«

Hans-Dieter W. läßt in seiner, wegen ihrer Emotionslosigkeit und ihres Detailreichtums besonders grauenhaften Schilderung des Exekutionsvorganges allerdings einen Punkt ausgeklammert. Er erzählte dem Gericht nicht, wer diese etwa 600 Menschen eigentlich waren, die an drei Tagen im Oktober/November 1941 auf sein Kommando hin von seinen Kompaniekameraden erschossen worden sind. Mit keinem Wort erwähnt er einen Bericht, den er nach der Erschießungsaktion zu Allerheiligen 1941 eigenhändig verfaßt hatte:

»Geheim
Oberleutnant Walther O.U., den 1.11.1941 Chef 9./I.R. 433.

Bericht über die Erschießung von Juden und Zigeunern

Nach Vereinbarung mit der Dienststelle der SS holte ich die ausgesuchten Juden bzw. Zigeuner vom Gefangenenlager Belgrad ab. Die LKW der Feldkommandantur 599, die mir hierzu zur Verfügung standen, erwiesen sich als unzweckmäßig aus zwei Gründen:

11. 2200 Juden und Zigeuner für Valjevo

1. Werden sie von Zivilisten gefahren. Die Geheimhaltung ist dadurch nicht sichergestellt.
2. Waren sie alle ohne Verdeck oder Plane, so daß die Bevölkerung der Stadt sah, wen wir auf den Fahrzeugen hatten und wohin wir dann fuhren. Vor dem Lager waren Frauen der Juden versammelt, die heulten und schrien, als wir abfuhren.
Der Platz, an dem die Erschießung vollzogen wurde, ist sehr günstig. Er liegt nördlich von Pančevo unmittelbar an der Straße Pančevo-Jabuka, an der sich eine Böschung befindet, die so hoch ist, daß ein Mann nur mit Mühe hinauf kann. Dieser Böschung gegenüber ist Sumpfgelände, dahinter ein Fluß. Bei Hochwasser, (wie am 29. 10.) reicht das Wasser fast an die Böschung. Ein Entkommen der Gefangenen ist daher mit wenig Mannschaften zu verhindern. Ebenfalls günstig ist der Sandboden dort, der das Graben der Gruben erleichtert und somit auch die Arbeitszeit verkürzt.
Nach Ankunft etwa 1,5—2 km vor dem ausgesuchten Platz stiegen die Gefangenen aus, erreichten im Fußmarsch diesen, während die LKW mit den Zivilfahrern sofort zurückgeschickt wurden, um ihnen möglichst wenig Anhaltspunkte zu einem Verdacht zu geben. Dann ließ ich die Straße für sämtlichen Verkehr sperren aus Sicherheits- und Geheimhaltungsgründen.
Die Richtstätte wurde durch 3 l. M.G. und 12 Schützen gesichert:
1. Gegen Fluchtversuche der Gefangenen.
2. Zum Selbstschutz gegen etwaige Überfälle von serbischen Banden.
Das Ausheben der Gruben nimmt den größten Teil der Zeit in Anspruch, während das Erschießen selbst sehr schnell geht (100 Mann 40 Minuten).
Gepäckstücke und Wertsachen wurden vorher eingesammelt und in meinem LKW mitgenommen, um sie dann der NSV zu übergeben.
Das Erschießen der Juden ist einfacher als das der Zigeuner. Man muß zugeben, daß die Juden sehr gefaßt in den Tod gehen — sie stehen sehr ruhig, während die Zigeuner heulen, schreien und sich dauernd bewegen, wenn sie schon auf dem Erschießungsplatz stehen. Einige sprangen sogar vor der Salve in die Grube und versuchten sich tot zu stellen.
Anfangs waren meine Soldaten nicht beeindruckt. Am 2. Tage machte sich schon bemerkbar, daß der eine oder andere nicht die Nerven besitzt, auf längere Zeit eine Erschießung durchzuführen. Mein persönlicher Eindruck ist, daß man während der Erschießung keine seelischen Hemmungen bekommt. Diese stellen sich jedoch ein, wenn man nach Tagen abends in Ruhe darüber nachdenkt.
Walther, Oberleutnant[213].«

Oberleutnant W. wußte genau, wen er erschießen ließ. Er registrierte sogar die unterschiedliche Reaktion von Juden und Zigeunern angesichts ihrer bevorstehenden Erschießung. Der Bericht zeigt, daß die Tarnung der Aktion wenig sorgfältig, ja geradezu dilettantisch durchgeführt wurde. Um vom Belgrader Lager Topovske Šupe nach Pančevo zu gelangen, wurden die Juden und Zigeuner auf offenen LKW durch Belgrad gefahren und konnten von jedermann gesehen werden. Es deutet einiges in W.s Bericht darauf hin, daß die Opfer (ähnlich wie bei den vorhergegangenen »Topola-Erschießungen«) erst am Exekutionsort von ihrer bevorstehenden Erschießung erfahren haben. Die 40 Mann des Wehrmacht-Exekutionskommandos wußten zweifellos genau darüber Bescheid, wer die insgesamt etwa 600 Menschen waren, die sie zu erschießen hatten. Auch unter der Annahme, vor der Durchführung des Massakers sei allgemein nur von einer »Geiselerschießung« gesprochen worden, kann es ab dem Zeitpunkt der Ankunft im KZ Belgrad für die Soldaten des Kommandos keinen Zweifel mehr gegeben haben, um welche Opfergruppe es sich handelte. Die vernommenen Angehörigen des Erschießungskommandos leugneten, gewußt zu haben, daß es sich bei den Opfern um Juden und Zigeuner handelte. Eine Vielzahl von Zeugen aus der 9. Kompanie dagegen, die von sich behaupteten,

---
[213] BA-MA, RH 26—104/15, Tätigkeitsbericht der 704. ID.

nicht dem Exekutionskommando angehört zu haben, gaben bei ihrer Vernehmung unumwunden zu, es sei bei der Einheit bekannt gewesen, daß die Exekutierten Juden und Zigeuner waren. Spätestens am Erschießungsplatz sahen die Soldaten, welche Opfer sie vor sich hatten: Die Männer, Frauen und Jugendlichen waren mit einem gelben Armband, der auf dem Balkan gebräuchlichen Variante des »Judensterns«, gekennzeichnet.

Die Erklärung und Rechtfertigung von Hans-Dieter W. kann — in ihrer ganzen absurden Logik — als durchaus typisch für die damalige Stimmung unter den Besatzungssoldaten angesehen werden. Mit seinem Bericht vom November 1941 konfrontiert, gab der nunmehrige Major der Bundeswehr im Jahre 1962 zu Protokoll:

»Mir war damals schon klar, daß es sich bei den Delinquenten um Juden und Zigeuner gehandelt hat, die aber erschossen werden mußten, um der Partisanentätigkeit entgegenzuwirken. Die Maßnahme sollte einerseits abschreckend wirken und andererseits eine Sühne für schon geschehene Verbrechen durch Partisanen sein. [...] Über all die Geschehnisse möchte ich abschließend folgendes erklären: Ich bin mir damals nicht bewußt gewesen, daß ich in der Ausführung dieses Befehles etwas Unmenschliches oder Unrechtes tun würde. Ich wurde erzogen, Befehle auszuführen und (hatte) nach der damaligen Auffassung nicht das Recht, diese Befehle zu verweigern.«

Bei den drei Exekutionen wurden insgesamt ca. 600 Juden und Zigeuner erschossen[214].

Da sich diese Einheit großteils aus Österreichern rekrutierte, kann man dies auch vom Exekutionskommando annehmen. Schriftliche Aufzeichnungen darüber gibt es nicht. Im Zuge der Vorerhebungen gegen Hans-Dietrich W. und Otto K. wurden nur zwei weitere österreichische Teilnehmer vernommen: der Unteroffizier Karl G., ehemaliges illegales SA-Mitglied im Range eines Sturmführers, war als Zugführer der 9. Kompanie für die Auswahl der Schützen am Exekutionsort zuständig und »erledigte« die nicht tödlich Getroffenen durch einen Schuß aus kürzester Distanz. Der Wiener Robert H. war als Schütze eingesetzt.

Sowohl in der BRD als auch in Österreich wurden die wegen Mordverdachts eingeleiteten Vorerhebungen gegen sämtliche Beteiligten eingestellt.

12. »Eichmann schlägt Erschießen vor«

So notierte Rademacher den Inhalt eines am 13. September 1941 mit Eichmann geführten Telefongespräches, bei dem der Legationsrat des Auswärtigen Amtes gefragt hatte, ob eine Deportation von 8 000 Juden aus Serbien nach dem Osten möglich wäre[215].

Das Auswärtige Amt hatte sich schon im Mai 1941 durch Rademacher, den Leiter der Abteilung D III (Judenfragen), in die »serbische Judenfrage« eingeschaltet, als es darum gegangen war, das Vorgehen der Besatzungsorgane bei den »Arisierungen« und bei der Ausschaltung der Juden aus dem öffentlichen Leben zu inspizieren und nötigenfalls mit Ratschlägen unterstützend einzugreifen[216]. Im Spätsommer 1941 wurde das Auswärtige

---

[214] Zumindest 101 Juden und Zigeuner wurden vom 734. IR der 704. ID erschossen (NOKW 1017). Ob die restlichen rund 1 500 vorgesehenen »Sühneopfer« von dem im Erschießungsbefehl erwähnten Pol. Res. Bat. 64 erschossen worden sind, ist ungeklärt.
[215] NG-Dokument 3354.
[216] Siehe Kapitel I.

12. »Eichmann schlägt Erschießen vor«

Amt wiederum aktiv, als der Gesandte in Serbien, Benzler, die Deportation der Juden Serbiens nach Rumänien oder nach dem Osten forderte. Ab Mitte August hatten Benzler und der ihm nunmehr zur Seite gestellte Judenexperte des Auswärtigen Amtes, Edmund Veesenmayer[217], in mehreren Telegrammen den Abschub der Juden aus Serbien nachdrücklich gefordert:

»Nachweislich haben sich bei zahlreichen Sabotage- und Aufruhrakten Juden als Mittäter herausgestellt. Es ist daher dringend geboten, beschleunigt für Sicherstellung und Entfernung zum mindesten aller männlichen Juden zu sorgen. Die hierfür in Frage kommende Zahl dürfte etwa 8000 betragen. Es befindet sich zur Zeit ein Konzentrationslager im Bau, doch erscheint es im Hinblick auf die zukünftige Entwicklung ratsam, diese Juden so rasch als möglich außer Landes zu bringen, d.h. mit Leerfrachtkähnen die Donau abwärts, um sie auf rumänischem Gebiet (Insel im Donaudelta) abzusetzen[218]. [...] Rasche und drakonische Erledigung serbischer Judenfrage ist dringendstes und zweckmäßigstes Gebot. Erbitte vom Herrn RAM (Reichsaußenminister Ribbentrop – W.M.) entsprechende Weisung, um beim Militärbefehlshaber Serbien mit äußerstem Nachdruck wirken zu können[219].«

Den Vorschlag des Auswärtigen Amtes, die Juden in Arbeitslagern zu internieren und zur Zwangsarbeit einzusetzen[220], lehnte Benzler mit der zynischen Begründung ab, sie seien »Unruhestifter« und »Gerüchtemacher«:

»Unterbringung in Arbeitslagern bei jetzigen inneren Zuständen nicht möglich, da Sicherung nicht gewährleistet. Judenlager behindern und gefährden sogar unsere Truppen. [...] Andererseits tragen Juden nachweislich zur Unruhe im Lande wesentlich bei. Im Banat hat, seit dort Juden entfernt worden sind, hier in Serbien besonders schädliche Gerüchtemacherei sofort aufgehört. Abschiebung zunächst männlicher Juden ist wesentliche Voraussetzung für Wiederherstellung ordnungsgemäßer Zustände. Wiederhole daher dringend meine Bitte (Judenabschub nach Rumänien – W.M.). Falls sie erneut abgelehnt wird, bleibt nur noch sofortige Abschiebung etwa nach Generalgouvernement oder Rußland, was aber erhebliche Transportschwierigkeiten machen dürfte. Anderenfalls muß Judenaktion vorläufig zurückgestellt werden, was gegen die von Herrn RAM erteilten Weisungen«[221].

Aufgrund dieses Telegramms telephonierte Rademacher mit Eichmann. Rademacher notierte handschriftlich die Antwort Eichmanns:

»Nach Auskunft Sturmbannführer Eichmann RSHA IV D VI (IV B 4 – W.M.) Aufnahme in Rußland und Generalgouvernement unmöglich, nicht einmal die Juden aus Deutschland können dort untergebracht werden[222].«

Der Vorschlag Eichmanns schlug sich indirekt in der Aufzeichnung Rademachers nieder, die er noch am selben Tag für seinen Vorgesetzten, Unterstaatssekretär Luther, verfaßte:

---

[217] PA-AA, Büro des Staatssekretärs, Jugoslawien, Bd 3, Telegramm Benzlers an Staatssekretär Weizäcker, 23.7.1941. SS-Brigadeführer Veesenmayer wurde im Frühjahr 1944 als Generalbevollmächtigter des Auswärtigen Amtes nach Ungarn entsandt, um die ungarischen Behörden zur Zusammenarbeit mit der deutschen Polizei bei der Liquidierung der ungarischen Juden zu bewegen. Veesenmayer wurde im »Wilhelmstraße-Prozeß« zu 20 Jahren Haft verurteilt und 2 Jahre später aus dem Gefängnis Landsberg entlassen (zur Karriere Veesenmayers siehe, Wistrich, Wer war wer im Dritten Reich?, S. 364 f.).
[218] PA-AA, Inland IIg, Telegramm Veesenmayers und Benzlers an AA, 8.9.1941.
[219] Ebd., Telegramm Veesenmayer und Benzlers an AA, 10.9.1941.
[220] Ebd., Fernschreiben Unterstaatssekretär Luthers an Benzler, 9.9.1941.
[221] Ebd., Telegramm Benzlers an AA, 12.9.1941.
[222] NG-Dokument 3354, handschriftliche Notiz Rademachers vom 13.9.1941 auf dem Telegramm Benzlers vom 12.9.1941.

»M.E. müßte es bei der nötigen Härte und Entschlossenheit möglich sein, die Juden auch in Serbien in Lagern zu halten. Wenn die Juden dort nach wie vor Unruhen schüren, muß gegen sie mit verschärftem Standrecht vorgegangen werden. Ich kann mir nicht vorstellen, daß die Juden weiter konspirieren, wenn erst eine größere Anzahl von Geiseln erschossen ist[223].«

Schon sichtlich gereizt durch die Hartnäckigkeit, mit der Benzler die — seitens des Auswärtigen Amtes kaum durchführbare — Judendeportation aus Serbien forderte, nahm Luther den radikaleren Vorschlag seines Judenexperten Rademacher auf und telegraphierte am 16. September 1941 an Benzler:

»Es muß bei hartem und unnachgiebigem Vorgehen möglich sein, den Juden den Appetit daran zu nehmen, im Lande Unruhen zu verbreiten. Die in Lagern zusammengefaßten Juden müssen eben als Geiseln für das Wohlverhalten ihrer Rassegenossen dienen[224].«

Am selben Tag ernannte Hitler General Böhme zum Bevollmächtigten Kommandierenden General in Serbien. Es ist anzunehmen, daß Böhme sofort nach seinem Eintreffen in Belgrad (18. September 1941) von Benzler über die Schwierigkeiten, die der »raschen und drakonischen Erledigung der serbischen Judenfrage« im Wege standen, ebenso informiert wurde wie über die Vorschläge des Auswärtigen Amtes, die Juden als Geiseln zu internieren. Der Militärverwalter Turner jedenfalls unterbreitete in seinem ersten Lagebericht an Böhme konkrete Vorschläge für das weitere Vorgehen:

»Ebenso wäre die schon eingeleitete Inhaftierung sämtlicher Juden in verschärfter Form durchzuführen und zugleich die Inhaftierung der Zigeuner[225].«

Eine möglicherweise monatelange Internierung von Juden stand den Plänen Böhmes allerdings diametral entgegen. Für seine geplante Strafaktion, die eine Erschießung bzw. Internierung von zehntausenden Serben vorsah, war die Kapazität der serbischen Konzentrationslager ohnehin viel zu gering, so daß Böhme sofort den Bau weiterer und den Ausbau bestehender Konzentrationslager in Angriff nahm. Eine längerfristige Internierung von rund 20 000 Juden hätte die zur Verfügung stehende Lagerkapazität bei weitem überschritten.

Durch die Interessengleichheit mit Böhme in seiner Position gestärkt, richtete Benzler sofort nach dem Beginn der Strafaktion ein persönliches Telegramm an Ribbentrop; darin beklagte er sich über die bisherige Zurückweisung seiner mehrmaligen Forderungen nach Unterstützung der Deportation serbischer Juden:

»Sofortige Lösung der Judenfrage ist im Augenblick hier politisch wichtigste Aufgabe und Voraussetzung für Inangriffnahme der Beseitigung von Freimaurern und uns feindlicher Intelligenz. Im Gange befindliche militärische Aktion zur Aufstandsbekämpfung schafft jetzt geeigneten Zeitpunkt für Beginn der Aktion. Zudem hat mich General Böhme ebenso wie Militärbefehlshaber (Danckelmann) erneut nachdrücklichst gebeten, auch in ihrem Namen möglichst sofortige Abschiebung Juden außer Landes zu erwirken. Es handelt sich um zunächst 8 000 männliche Juden, deren Unterbringung in eigenen Lagern unmöglich, da diese für Unterbringung von rund 20 000 Serben aus Aufstandsgebieten in Anspruch genommen werden müssen. Unterbringung in neuen Lagern und außerhalb Belgrads infolge Aufstandslage ebenfalls unmöglich. Mit restlichen, etwa 20 000 Juden und Familienangehörigen[226], werden wir hier

---

[223] Ebd., Memorandum Rademachers für Luther, 13.9.1941.
[224] Ebd., Luther an Benzler, 16.9.1941.
[225] NOKW-Dokument 892, 21.9.1941.
[226] Die Zahl war bei weitem überhöht.

fertig werden müssen. Abschiebung auf Insel im Donaudelta erscheint transportmäßig die einfachste Lösung, da Leerfrachtkähne sofort bereit stehen. [...] Erbitte zusammen mit Veesenmayer in dieser Frage, die erste Voraussetzung für angestrebte Dauerbefriedung, dringendst Ihre Unterstützung[227].«

Daß die »Judenfrage« Ende September 1941 in Serbien die »im Augenblick hier politisch wichtigste Aufgabe« gewesen sei, klingt nur aufs erste gänzlich absurd. Zu diesem Zeitpunkt war die Abwehr von Angriffen der Partisanen- und Četnik-Truppen das einzige politisch und militärisch relevante Problem. Das wußte natürlich auch Benzler. Indirekt spielte jedoch die beabsichtigte Entfernung der Juden bei militärischen Überlegungen insofern eine Rolle, als die zusätzliche Internierung von Juden in serbischen Lagern der bereits angelaufenen Strafaktion Böhmes im Wege gestanden wäre.
Die Annahme, Benzler habe das zukünftige Schicksal der Juden in Serbien erahnt und sie mittels Deportation in Sicherheit bringen wollen, würde seine Intentionen verkennen. Vielmehr waren Benzler und sein Kompagnon Veesenmayer offensichtlich bestrebt, mit der Deportation von bereits etwa 8 000 in Konzentrationslagern internierten Juden den ersten Beitrag zu leisten, um Serbien »judenfrei« zu machen und damit wichtige Pluspunkte für die eigene Karriere zu sammeln. In dieser Periode gab es unter den nationalsozialistischen Funktionsträgern geradezu einen Konkurrenzkampf um den Triumph, den jeweiligen Machtsektor am schnellsten von Juden zu »säubern«.
Aufgrund des Benzler-Telegrammes war am 4. Oktober 1941 in Berlin zwischen Unterstaatssekretär Luther und dem Chef der Sipo und des SD, Heydrich, vereinbart worden, den »Sturmbannführer Eichmann im Laufe nächster Woche in Begleitung von Legationsrat Rademacher nach Belgrad«[228] zu schicken; dadurch sollte für das weitere Vorgehen in der »serbischen Judenfrage« an Ort und Stelle Klarheit geschaffen werden.
General Böhme hatte mittlerweile, ohne auf Befehle aus Berlin zu warten, selbst die »Lösung der Judenfrage« in Angriff genommen. Er wußte nichts von Eichmanns drastischem Vorschlag, zog jedoch die gleichen Schlüsse. Als Luther mit Heydrich noch über die nächsten Schritte konferierte, hatte Böhme bereits angeordnet, vorerst 2 200 Juden und Zigeuner als »Sühne« für die deutschen Verluste bei Topola durch die Wehrmacht erschießen zu lassen.
General Böhme erledigte damit gleich mehrere Anliegen auf einen Schlag. Sein Befehl zeugt durchaus von herrschaftstechnischer Zweckrationalität:
1. Ca. 8 000 männliche Juden waren bereits in KZ und standen somit für Erschießungen »auf Abruf« zur Verfügung.
2. Seitens der serbischen Quisling-Regierung Nedić war mit keinerlei politischen Schwierigkeiten zu rechnen. Auch von der Bevölkerung war bei Judenerschießungen kein massiver Protest zu erwarten[229]. In einem Gespräch mit Benzler hatte Nedić das »schärfste sofortige Vorgehen gegen Juden« als eine der Hauptaufgaben bezeichnet[230].

---

[227] PA-AA, Inland IIg, Telegramm Benzlers an Ribbentrop, 28.9.1941.
[228] Ebd., Fernschreiben Luthers an Benzler, 8.10.1941.
[229] »Seitens serbischer Regierung und Bevölkerung ist keinerlei Widerstand (bei Maßnahmen gegen Juden — W.M.) zu erwarten, um so weniger, als bisherige Teilmaßnahmen sich bestens bewährt haben« (Ebd., Telegramm Benzlers an Auswärtiges Amt, 10.9.1941).
[230] PA-AA, Inland IIg, Telegramm Benzlers an Auswärtiges Amt, 2.9.1941.

II. Die Wehrmacht und die Ermordung der männlichen Juden in Serbien

3. Die aus rassischen Gründen internierten Juden waren für die deutschen Besatzer politisch-militärisch weit weniger gefährlich als Personen, die in sogenannten »Aufstandsgebieten« lebten und den infrastrukturellen und versorgungsmäßigen Rückhalt für die Guerilla darstellten. Um aber diese, vom Standpunkt der Besatzer aus gesehen, wesentlich gefährlicheren Personen internieren zu können, mußten zuerst die Juden aus den Lagern entfernt werden.

4. Dem Bevollmächtigten General in Serbien waren zwar alle Besatzungsinstanzen — also Wehrmacht, Militärverwaltung, SD, Gesandter und Wirtschaftsbevollmächtigter — unterstellt, doch war er aufgrund der prekären militärischen Lage und der geringen Truppenpräsenz auf eine möglichst gut abgestimmte und konfliktfreie Kooperation mit den übrigen Dienststellen bedacht. Böhmes Entscheidung, vorrangig Juden und Zigeuner als sogenannte »Geiseln« erschießen zu lassen, verschaffte ihm Respekt und Zustimmung bei der SD-Einsatzgruppe und beim Militärverwaltungschef, SS-Gruppenführer Turner. Mit Genugtuung meldete die Einsatzgruppe Fuchs nach Berlin:

»Nachdem bis zur Einsetzung des Bevollmächtigten Kommandierenden Generals in Serbien ein rücksichtsloses Durchgreifen der Truppe an dem Nichtvorhandensein entsprechender eindeutiger Befehle scheitern mußte, ist durch den Befehl des Generals Böhme, lt. welchem für jeden erschossenen Soldaten 100 und für jeden verwundeten Soldaten 50 Serben exekutiert werden, eine vollkommene klare Linie geschaffen worden[231].«

Böhme mußte auch keine Widerstände von seinen übergeordneten Dienststellen, also dem AOK 12 in Saloniki und dem OKW in Berlin, befürchten. Er meldete im Laufe des Oktober und November 1941 ständig die erfolgten Judenerschießungen an das AOK 12, ohne daß seitens dieser Stelle irgendein Ansatz von Protest oder auch nur die Frage aufgetaucht wäre, in welchem — wie immer gearteten — Kausalzusammenhang die Erschießung von Juden und Zigeunern zum »Partisanenaufstand« stünde[232].

Am 18. Oktober 1941 trafen Rademacher und die beiden RSHA-Vertreter, Sturmbannführer Regierungsrat Suhr und Untersturmführer Stuschka — in Vertretung des verhinderten Eichmann — in Belgrad ein, um an »Ort und Stelle zu prüfen, ob nicht das Problem der 8000 jüdischen Hetzer, deren Abschiebung von der Gesandtschaft gefordert wurde, an Ort und Stelle erledigt werden könne«[233].

Sie stellten zu ihrer Verblüffung fest, daß General Böhme in der Zwischenzeit bereits selbst die »Lösung des Problems« in Angriff genommen hatte und nur mehr die Frage zur Diskussion stand, was mit den jüdischen Frauen und Kindern geschehen sollte. Nach Berlin zurückgekehrt, berichtete Rademacher:

---

[231] NO-Dokument 3402, SD-Ereignismeldung UdSSR Nr. 120, 21.10.1941.

[232] Als Beispiel sei hier nur die Tagesmeldung des Befehlshabers Serbien vom 9.10.1941 erwähnt, in der es heißt: »Als Sühne für 22 Ermordete des A.N.Rgt. 521 werden 2000 Kommunisten und Juden erschossen.« Diese Meldung erhielten die Abt. Ic/AO des Wehrmachtbefehlshabers Südost, das OKW (Wehrmachtführungsstab), das OKH (Fremde Heere Ost, Amt Zeppelin, Balkan, Vorderer Orient), das OKH (Generalstab des Heeres, Operationsabteilung), das OKL (Luftwaffenführungsstab, Abt. Ic) und der Befehlshaber Saloniki-Ägäis (Siehe NOKW-Dokumente 251 und 1660).

[233] PA-AA, Inland IIg, Aufzeichnung Rademachers über das Ergebnis seiner Dienstreise nach Belgrad, 7.11.1941.

»Ins Einzelne gehende Verhandlungen mit den Sachbearbeitern der Judenfrage, Sturmbannführer Weimann von der Dienststelle Turner, dem Leiter der Staatspolizeistelle, Standartenführer Fuchs und dessen Judenbearbeitern ergaben:
1. Die männlichen Juden sind bis Ende dieser Woche erschossen, damit ist das in dem Bericht der Gesandtschaft angeschnittene Problem erledigt.
2. Der Rest von etwa 20000 Juden (Frauen, Kinder und alte Leute) sowie rund 1500 Zigeuner, von denen die Männer ebenfalls noch erschossen werden, sollte im sogenannten Zigeunerviertel der Stadt Belgrad als Ghetto zusammengefaßt werden. Die Ernährung für den Winter könnte notdürftig sichergestellt werden[234].«

Auch Militärverwaltungschef Turner konnte noch während der Anwesenheit seiner Gesprächspartner aus dem Auswärtigen Amt und dem RSHA am 20. Oktober 1941 nach Berlin melden:

»Erfassung aller männlichen Juden in Belgrad im Lager durchgeführt. Vorarbeiten für Juden-Ghetto in Belgrad beendet. Nach bereits durch Befehlshaber Serbien befohlenen Liquidierung der restlichen männlichen Juden wird das Ghetto etwa 10000 Judenweiber und -kinder umfassen[235].«

500 jüdische Männer sollten von der Wehrmacht am Leben gelassen werden und als Gesundheits- und Ordnungsdienst im Judenlager eingesetzt werden[236].
Drei Tage zuvor hatte Turner einen persönlichen Brief an seinen Freund, SS-Gruppenführer Richard Hildebrandt, geschrieben. Als Einziger unter all denen, die an den Erschießungen von Juden und Zigeunern zur »Sühne« von Partisanenangriffen beteiligt oder davon informiert waren, zeigte der SS-Gruppenführer zumindest Ansätze ambivalenter Gefühle. In eitler Überhöhung seiner eigenen Rolle, schrieb er:

»Habe ich dann in den letzten 8 Tagen 2000 Juden und 200 Zigeuner erschießen lassen nach der Quote 1:100 für bestialisch hingemordete deutsche Soldaten (die Gefallenen bei Topola – W. M.) und weitere 2200, ebenfalls fast nur Juden, werden in den nächsten 8 Tagen erschossen (für die Gefallenen in Valjevo – W. H.). Eine schöne Arbeit ist das nicht! Aber immerhin muß es sein, um einmal den Leuten klar zu machen, was es heißt, einen deutschen Soldaten überhaupt nur anzugreifen, und zum anderen löst sich die Judenfrage auf diese Weise am schnellsten. Es ist ja eigentlich falsch, wenn man es genau nimmt, daß für ermordete Deutsche, bei denen ja das Verhältnis 1:100 zu Lasten der Serben gehen müßte, nun 100 Juden erschossen werden, aber die haben wir nun mal im Lager gehabt- schließlich sind es auch serbische Staatsangehörige, und sie müssen ja auch verschwinden[237].«

Zwischen Juni und November 1941 war der Großteil der in Serbien lebenden männlichen Juden und Teile der Zigeuner im Alter zwischen 14 und 70 Jahren von den Besatzern getötet worden. Dabei war die Initiative zur Ermordung der Juden und Zigeuner nicht von den Zentralstellen des nationalsozialistischen Vernichtungsapparate in Berlin, sondern von den regionalen Besatzungsbehörden – SD, Militärverwaltung, Gesandtschaft und Wehrmachtbefehlshaber – in Serbien selbst ausgegangen. Berlin wurde nur dann zu Rate gezogen, wenn bei der »Judenfrage« Probleme auftauchten, deren Lösung die Einschaltung hierarchisch übergeordneter Instanzen erforderte.

---

[234] Ebd.
[235] NO-Dokument 3404.
[236] PA-AA, Inland IIg, Aufzeichnung Rademachers über das Ergebnis seiner Dienstreise nach Belgrad, 7.11.1941.
[237] NO-Dokument 5810.

Doch mit der Liquidierung der Juden und Zigeuner und dem blutigen Vorgehen gegen die übrige Bevölkerung war der Widerstand im Land noch nicht gebrochen. Im Gegenteil erreichte die Kampfkraft der Partisanen- und Četnikverbände im Oktober 1941 ihren Höhepunkt. General Böhme erkannte, daß mit den ihm zur Verfügung stehenden Truppenkontingenten eine Kontrolle ganz Serbiens nicht zu erreichen war und ordnete den taktischen Rückzug auf einige strategisch wichtige Gebiete an. Nach dem partiellen Zusammengehen der kommunistischen Partisanen und königstreuen, großserbischen Mihailović-Četniks erkannte Böhme die Notwendigkeit, dieses im Herbst 1941 zwischen den beiden Widerstandsbewegungen geschlossene labile militärische Zweckbündnis zu brechen, um die Hegemonie der Besatzer im Lande herzustellen.

Bis zum Sommer 1941 hatten sich die Okkupanten nur wenig um die politische Zusammensetzung ihrer Gegner gekümmert. Sie gingen von der Annahme aus, daß die Unruhe im Land das Ausmaß unkoordinierter lokaler Aufstandsversuche nicht überschreiten werde. Doch die unerwartete Stärke der Widerstandsbewegung zwang die Besatzungsmacht im Herbst 1941, sich intensiv mit der politischen und militärischen Struktur der Gegnergruppen auseinanderzusetzen.

III. Widerstand und Kollaboration in Serbien 1941

Über die Frage von Kollaboration und Widerstand in Serbien im Jahre 1941 wird eine zum Teil extrem kontroverse Diskussion geführt, wobei die Positionen stark vom politisch-ideologischen Hintergrund ihrer Verfechter geprägt sind. Die Kollaboration der »Zbor«-Bewegung unter Dimitrije Ljotić und des Četnik-Führers Kosta Pećanac mit der deutschen Besatzung und der Regierung Nedić wird im allgemeinen als unumstrittene Tatsache anerkannt. Dagegen gehen die Einschätzungen über die Rolle der Četniks unter der Führung von Draža Mihailović — sowohl in der wissenschaftlichen als auch in der Memoirenliteratur — teilweise diametral auseinander. Von nichtkommunistischer Seite, insbesondere von serbischen Exil-Četniks, aber auch von einigen internationalen Historikern[1], wird der Četnik-Führer Mihailović als Führer des serbischen Widerstandes eingeschätzt, von jugoslawischen Historikern dagegen ausschließlich als Kollaborateur und Verräter[2].

Zu diesem Fragenkomplex liegt eine umfangreiche Literatur vor, die zum größten Teil von Jugoslawen und Exil-Jugoslawen sowie von ehemaligen Angehörigen der britischen Abwehr beziehungsweise von Mitgliedern der beim Stab von Tito oder Mihailović zu dieser Zeit eingesetzten britischen Militärmissionen verfaßt worden ist. Aus der Fülle der Arbeiten ragen einige hervor, in denen der ernsthafte Versuch unternommen wird, auf der Grundlage umfangreicher Quellenuntersuchungen über eine politisch-ideologische Behandlung dieses konfliktreichen Themas hinauszugehen[3].

Da die entscheidenden Konflikte, die zur unerbittlichen Gegnerschaft zwischen den Partisanen und den Mihailović-Četniks führten, bereits wenige Monate nach Beginn der Besetzung zum Ausbruch kamen, sollen im folgenden die militärischen Konzeptionen, die Widerstandsaktivitäten, die politischen Ausrichtungen, das Verhältnis zu den Alliierten und die Konflikte zwischen den beiden Widerstandsbewegungen im Jahre 1941 in Serbien etwas genauer skizziert werden. Abgesehen von der forschungstheoretischen Überlegung, die Ereignisse von 1941 in Serbien nicht ausschließlich aus der Sicht der

---

[1] Hier sei auf die einzige bisher in Österreich erschienene Arbeit zu diesem Thema verwiesen (Rausch, Die jugoslawischen Exilregierungen und Jugoslawien 1941 bis Sommer 1943 unter besonderer Berücksichtigung der Bewegung Draža Mihailovićs, phil. Diss.). Rausch kommt in seiner wenig reflektierenden — ebenso wortreichen, wie argumentationsschwachen — Dissertation zu dem Schluß, daß zumindest bis Ende 1943 (also bis zum Zeitpunkt der offenen Kooperationsabkommen der Mihailović-Četniks mit den deutschen Besatzern) der Widerstand in Serbien auf das Konto der Četniks unter Draža Mihailović zu buchen ist (siehe dazu auch Rausch, Zur nationalserbischen Variante des bewaffneten Widerstandes im besetzten Serbien 1941–1943, S. 312).
[2] The Collaboration of D. Mihailovic's Chetniks with the Enemy Forces of Occupation (1941–1944).
[3] Milazzo, The Chetnik Movement and the Jugoslav Resistance; Tomasevich, War and Revolution in Yugoslavia, 1941–1945; Knoll, Jugoslawien in Strategie und Politik der Alliierten 1940–1943; Brandes, Großbritannien und seine osteuropäischen Alliierten 1939–1943; Wheeler, Britain and the War for Yugoslavia, 1940–1943.

Besatzer und Unterdrücker, sondern zumindest ansatzweise auch aus der Perspektive der bewaffneten Widerstandsgruppen zu beleuchten, berühren die verschiedenen Konzeptionen und Aktionen der beiden Widerstandsbewegungen auch direkt das Thema dieser Arbeit. Den unmittelbaren Anlaß für die Massaker an der serbischen Zivilbevölkerung und die Vernichtung der männlichen Juden und Teile der Zigeuner in Serbien durch die Wehrmacht im Herbst 1941 bildete der seit Sommer des Jahres rasch um sich greifende bewaffnete Aufstand, der von der kommunistischen Partisanenbewegung unter der Leitung Titos initiiert und im wesentlichen auch getragen wurde.

1. Die Četniks des Kosta Pećanac

Unmittelbar nach dem Überfall der Achsenmächte auf Jugoslawien begann Kosta Pećanac mit der Aufstellung einer bewaffneten Četnik-Gruppierung. Als Organisator des serbischen Aufstandes von 1917 gegen die Besatzungstruppen und als Präsident der Četnik-Organisation — eines streng national-serbischen, ultra-konservativen Veteranenvereins, der sich in den 20er Jahren zum Hauptagitator gegen die Kommunistische Partei entwickelt hatte — rekrutierte er seine Mannschaft aus diesem ideologischen Umfeld. Bis zum Sommer 1941 stellte Pećanac im südlichen Serbien eine Gruppe von etwa 3000 Mann auf, die bis zum Winter 1941/42 auf 5255 anwuchs und unter deutscher Befehlsgewalt stand[4]. Daß Antikommunismus sein primäres Handlungsmotiv war, trat zutage, als Pećanac nach dem Überfall auf die Sowjetunion öffentlich verkünden ließ, seine Organisation werde keinen Widerstand gegen die deutschen Besatzer leisten[5]. Ende Juni 1941 verbot er seinen Untergebenen, deutsche und italienische Truppen anzugreifen, wenn sich diese gegenüber der serbischen Zivilbevölkerung korrekt verhielten. Ein Angebot von Mihailović vom August 1941 zur Aufteilung der Einflußsphären der Četnik-Gruppierungen (wobei Mihailović vorschlug, daß die Četnik-Gruppe Pećanac die Zuführung deutscher Verstärkungen aus Bulgarien und Griechenland verhindern sollte) ließ Pećanac unbeantwortet[6]. Zu diesem Zeitpunkt hatte sich Pećanac schon für die Kollaboration mit den Besatzern entschieden. Einige Tage später rief er seine Unterführer auf, Pläne für eine Operation zur Niederschlagung des Aufstands der kommunistischen Partisanen in Serbien zu entwerfen[7]. Gleichzeitig arrangierte er ein Treffen mit Vertretern der Wehrmachtsführung und stellte ihnen seine Leute für die Bekämpfung der Partisanen zur Verfü-

---

[4] BA-MA, RW 40/190, 8. Lagebericht des Verwaltungsstabes beim Befehlshaber in Serbien, 6.1.1942.
[5] In Turners Verwaltungsbericht vom Oktober 1941 heißt es dazu: »Vor Bildung der Regierung (Nedić, August 1941 — W.M.) ist es gelungen, daß sich die großen Verbände der Četnikis unter Führung des Vojvoden Pećanac bereit erklärten, sich nicht nur von den Kommunisten abzusondern, sondern am Kampf gegen den Kommunismus teilzunehmen. Pećanac, der — wie bereits erwähnt — in weiten Kreisen der Bevölkerung größtes Vertrauen genießt, hat durch öffentlichen Anschlag den Kampf gegen den Kommunismus angesagt« (ebd., RW 40/187, 5. Lagebericht des Verwaltungsstabes beim Befehlshaber Serbien, 6.10.1941).
[6] Milazzo, The Chetnik Movement and the Yugoslav Resistance, S. 19.
[7] Ebd.

gung[8]. Die bewaffneten Aktionen der Pećanac-Četniks blieben aber im wesentlichen auf Scharmützel mit albanischen Moslems im Südwesten Serbiens beschränkt[9].

2. Dimitrije Ljotić und die »Zbor«-Bewegung

Die am italienischen Faschismus orientierte »Zbor«-Bewegung unter Ljotić existierte schon vor dem Überfall auf Jugoslawien. Wegen der weitgehenden ideologischen Verwandtschaft mit dem Nationalsozialismus stellte sich Ljotić von Anfang an auf die Seite der Okkupanten. In der kommissarischen Regierung Aćimović war die »Zbor«-Bewegung mit zwei Ministern vertreten[10]. Die »Zbor«-Bewegung war die einzige Gruppierung, die von den deutschen Besatzern uneingeschränkt als verläßlicher Bündnispartner eingestuft wurde. Aus diesem Grund erhielt sie nach dem Ausbruch des bewaffneten Aufstandes im August 1941 von den Deutschen das Recht zur Aufstellung bewaffneter Formationen zum Kampf gegen die kommunistischen Partisanen. Auf dem Höhepunkt des bewaffneten Aufstandes in Serbien im September 1941 waren die Ljotić-Verbände in 5 Bataillonen des sogenannten »Serbischen Freiwilligenkorps« (SDK) militärisch organisiert[11]. Der übrige Teil der »Zbor«-Bewegung wurde in die bewaffneten Formationen der Regierung Nedić eingegliedert[12].

3. Die Četniks des Draža Mihailović

Beim Überfall auf Jugoslawien befehligte Oberst Draža Mihailović als Stabschef eine motorisierte Division in Ostbosnien. Als er von der Kapitulation der jugoslawischen Streitkräfte erfuhr, schlug er sich mit einem kleinen Teil seiner Truppe in die bosnischen Wälder. Nach einem mehrwöchigen Marsch in Richtung Serbien erreichte er Mitte Mai 1941 mit 7 Offizieren und 27 Soldaten sein künftiges Hauptquartier in der Ravna Gora in

---

[8] Der nach Serbien entsandte Ordonanzoffizier des Chefs des AOK 12 berichtete in einem Brief an seinen Vorgesetzten vom 9.9.1941: »Oberst Pećanac hat durch Mittelsleute angeboten, mit seinen Kräften die Kommunisten zu bekämpfen. Die angeknüpften Verhandlungen zwischen dem Befehlshaber (Serbien), der neuen serbischen Regierung und den Četniki führten zu einem Abkommen, wonach der Befehlshaber die Četniki anerkennt, und ihnen damit das Recht gibt, sich zu rekrutieren, offen und bewaffnet aufzutreten. Die Četniki haben sich ihrerseits verpflichtet, die Kommunisten zu bekämpfen« (BA-MA, RH 19 XI/81, Die Bekämpfung der Aufstandsbewegung im Südostraum, T. 1, S. 35).
[9] Milazzo, The Chetnik Movement and the Yugoslav Resistance, S. 19. Allerdings boten die Pećanac-Četniks am 2.11.1941 Hinghofers 342. ID einen gemeinsamen Kampf beim Vormarsch der Division gegen die kommunistischen Stützpunkte im Gebiet um Valjevo an (BA-MA, RH 26—342/16, 10-Tagemeldung der Abt. Ia der 342. ID vom 31.10.—10.11.1941).
[10] Marjanovic, The German Occupation System in Serbia in 1941, S. 284.
[11] Matl, Jugoslawien im Zweiten Weltkrieg, S. 110. Die Bataillone bestanden aus insgesamt 3021 Soldaten und 63 Offizieren (BA-MA, RW 40/190, 8. Lagebericht des Verwaltungsstabes beim Befehlshaber in Serbien, 6.1.1942).
[12] Marjanovic, The German Occupation System in Serbia in 1941, S. 288.

Westserbien. Innerhalb kurzer Zeit gelang es ihm, seine Mannschaft mit Bauern aus der Umgebung und seinen Offiziersstab mit demobilisierten Militärangehörigen der ehemaligen jugoslawischen Armee und Gendarmen aus der Umgebung aufzufüllen[13].

Im Jahre 1893 in der Nähe seines nunmehrigen Hauptquartiers unweit der serbischen Stadt Čačak geboren, schlug Mihailović die militärische Laufbahn ein. Von der serbischen Militärakademie zog er in den Balkankrieg von 1912/13 und war im Ersten Weltkrieg mit den serbischen Truppen in Albanien und später an der Saloniki-Front stationiert. Nach dem Krieg schloß er seine Ausbildung an der Militärakademie ab und wurde verschiedenen Stabsabteilungen zugeteilt, ehe er zwischen 1935 und 1937 als Militärattaché in Sofia und Prag tätig war. Danach absolvierte er seinen Dienst bis zum Überfall auf Jugoslawien in einer Reihe von Stabsstellen und unterrichtete u.a. an der Militärakademie das Fach »Infanterietaktik«. Ab 1939 verlagerte sich sein militärisches Interesse von der Infanterie zur Guerillakriegführung, einer Kriegsstrategie, die in den vom Ottomanischen Reich besetzten Teilen Jugoslawiens (Serbien, Montenegro, Mazedonien, Herzegowina, Bosnien) Tradition hatte. Auf Anordnung des damaligen jugoslawischen Kriegsministers, General Nedić, arbeitete Mihailović einen Bericht zur Reorganisation des jugoslawischen Heeres aus, in dem er sich für das Prinzip von miltärisch homogenen nationalen Einheiten aussprach, die nach Nationalitäten getrennt sein sollten[14]. Außerdem schlug er ein Verteidigungskonzept vor, das sich unter Aufgabe des nur schwer zu verteidigenden nördlichen Flachlandes auf die gebirgigen Landesteile konzentrierte[15]. Sein Vorschlag wurde von Nedić abgelehnt, dennoch blieb Mihailović als Chef der Operationsabteilung im Generalstab für Fragen der Guerillakriegführung zuständig.

Mihailović wurde 1940 vom britischen Geheimdienst in Belgrad als Informant über die Haltung der jugoslawischen Armee bei einem etwaigen Putsch gegen den König kontaktiert[16]. Am coup d'etat im März 1941 war er aber ebensowenig wie der britische Geheimdienst aktiv beteiligt. Erst zur Zeit der deutschen Besatzung wurde Mihailović zu einer zentralen Figur der jugoslawischen Geschichte. Als Četnik-Führer ging er ab Frühjahr 1941 daran, seine im jugoslawischen Generalstab erlangten Kenntnisse in der Guerillakriegführung in die Praxis umzusetzen.

a) Die Geschichte der Četnik-Bewegung

Seit der Ausdehnung des Osmanischen Reiches auf den Balkan im 14. Jahrhundert hatten sich in den verschiedenen Ländern des Balkans Gruppen gebildet, die auf spezifische

---

[13] Tomasevich, War and Revolution in Yugoslavia, 1941—1945, S. 122 ff.
[14] Ebd., S. 131.
[15] General Mihailovich. The World's Verdict, S. 9.
[16] Julian Amery, der im Jahre 1940 als Angehöriger eines Zweiges des britischen Geheimdienstes (Section D) in Belgrad tätig war, erwähnt in seinen Memoiren Zusammenkünfte mit Mihailović im Frühjahr 1940, die aber über die erwähnten Stimmungsberichte nicht hinausgingen. Amery meint retrospektiv, er wäre aufgrund dieser Treffen mit Mihailović »far from guessing the role he was destined to play« gewesen (Amery, Approach March, S. 180).

Weise gegen die türkischen Machthaber kämpften. In Ungarn nannten sich diese Gruppen »Heiduken«, in Bulgarien »Komitaje« und in Serbien »Četniks«[17]. Wohl am ehesten vergleichbar mit den Banden Robin Hoods, verließen die Bauern nach dem Winter ihre Dörfer, um sich in den Wäldern zu verstecken[18]. Von dort aus überfielen sie türkische Verwaltungseinrichtungen in den Dörfern, zerstörten die Steuerregister, raubten türkische Transporte aus und verteilten die Beute an die Bauern. Diese Art der Widerstandstätigkeit hatte nicht zum Ziel, die Türkenherrschaft militärisch zu besiegen, sondern war eher militanter Ausdruck der Opposition des Volkes gegen die übermächtigen Besatzer. Die Aktionen gegen die türkische Fremdherrschaft waren gleichzeitig wohl das wichtigste Element für die Herausbildung einer nationalen Identität und fanden ihren Niederschlag in der Glorifizierung von Četnik-Führern in Volksmythen und in der Volkskunst. Die beiden serbischen Revolutionen gegen die Türken zu Beginn des 19. Jahrhunderts, die faktisch zur Lostrennung Serbiens vom Osmanischen Reich führten[19], nahmen ihren Ausgang von den Četniks. Bei der Erhebung Mazedoniens gegen die Türken in den Jahren 1904 bis 1912 und in den beiden Balkankriegen, führten die Četniks meist hinter den feindlichen Linien unter dem Kommando regulärer Truppen verschiedene militärische Spezialaufgaben aus. Im Ersten Weltkrieg zogen sich die Četniks im Jahre 1915 gemeinsam mit der serbischen Armee vor den österreichisch-ungarischen Truppen über Korfu nach Saloniki zurück. Als das bulgarische Besatzungsregime in Südserbien immer grausamere Formen annahm, kehrte eine Četnik-Gruppierung unter Kosta Pećanac Ende 1916 mit dem Auftrag in dieses Gebiet zurück, einen Massenaufstand der Bevölkerung solange zu verzögern, bis die serbische Armee den Kampf unterstützen könnte. Doch der Volksaufstand gegen die Bulgaren konnte von Pećanac nicht länger verhindert werden. So stellte er sich im Februar 1917 an die Spitze des sogenannten »Toplica-Aufstandes«. Nach anfänglichen Erfolgen der Aufständischen wurden sie von den bulgarischen Truppen vernichtend geschlagen. Der Niederlage folgten blutige Repressionsmaßnahmen der bulgarischen Besatzer gegen die Zivilbevölkerung. Kurz vor Kriegsende wurden die Četnik-Verbände aufgelöst und Teile der Mannschaft in die reguläre jugoslawische Armee übernommen. Obwohl im neuen jugoslawischen Staat nur mehr in der Form eines — politisch allerdings einflußreichen — Veteranenvereins präsent, galten die Četniks bei der Bevölkerung Serbiens, Mazedoniens und Montenegros als Nationalhelden. Ab 1932 leitete Kosta Pećanac die Organisation, die — nach dem Vereinsbericht von 1938 — über etwa 1000 Sektionen mit insgesamt 500 000 Mitgliedern verfügte[20]. Die Četniks, die am stärksten im ländlichen Kleinbürgertum und bei den Bauern verankert waren, verstanden sich als Schutztruppe gegen innere und äußere Feinde des Serbentums im jugoslawischen Staat. Ihre prononciert antidemokratische, antiliberale und antikom-

---

[17] Der Begriff »Četniks« leitet sich von »ceta« (»bewaffnete Banden«) ab.
[18] Die »Kampfperiode« dauerte in der Regel von der Schneeschmelze Ende April bis zum Wintereinbruch Mitte November. Danach kehrten die Bandenmitglieder für die Wintermonate wieder in ihre Dörfer zurück.
[19] Ab 1833 hatte Serbien einen autonomen Status innerhalb des Osmanischen Reiches, ehe es beim Berliner Kongreß 1878 auch formal unabhängig wurde.
[20] Tomasevich, War and Revolution in Yugoslavia, 1941–1945, S. 119.

munistische Haltung verbanden sie mit großserbischen Zielsetzungen. Sie anerkannten nur die Slowenen, Kroaten und Serben als eigene Volksgruppen, die im jugoslawischen Staat zentralistisch durch eine serbische Führung regiert werden sollten.

Die jugoslawische Heeresführung hielt wenig von einer Landesverteidigung durch Guerillaverbände und unternahm keine ernsthaften Anstrengungen in dieser Richtung. Wohl stellte die Regierung im April 1940 sechs Freiwilligenbataillone aus Četniks auf und wies jedes einer Armee zu, doch kam nur eines davon im Balkankrieg auch tatsächlich zum Einsatz. Nach der Kapitulation der jugoslawischen Armee wurden sie wie alle anderen Heereseinheiten aufgelöst und traten als organisierte Kraft nicht mehr in Erscheinung[21].

b) Die politischen Ziele der Mihailović-Četniks

Als Mihailović seine Widerstandsgruppe im Mai 1941 in Serbien zu organisieren begann, handelte er nicht im Auftrag der jugoslawischen Exilregierung oder des Königs. Diese beiden staatstragenden Institutionen hatten sich kurz vor der militärischen Kapitulation Jugoslawiens Hals über Kopf nach Palästina abgesetzt, ohne zuvor die geringsten Vorkehrungen für eine Widerstandstätigkeit in Form von ›post occupational work‹ (geheime Funkverbindungen zu den Alliierten, illegale politische Netze, Informationsbeschaffung, etc.) getroffen zu haben. Ebenso hatte es die Regierung verabsäumt, eine genügende Anzahl Militärgeräte und Angehörige der Streitkräfte außer Landes zu bringen, um damit den Grundstock für eine ernstzunehmende Exilarmee aufzubauen[22].

Zu Beginn der ersten Sabotageaktionen von Mihailović-Četniks im Frühsommer 1941 hatte Mihailović noch keine Verbindungen zur Exilregierung und zu alliierten Nachrichtenstellen. Seine Entscheidung zum Widerstand erfolgte autonom. Dennoch deckten sich seine politischen Ziele mit denen der fast ausschließlich aus Serben zusammengesetzten jugoslawischen Exilregierung und des Königs. Nach der Niederlage der Achsenmächte, an der Mihailović niemals zweifelte, wollten die Četniks ein großserbisches Reich errichten, welches neben »Altserbien« auch Bosnien, Dalmatien, Herzegowina, Montenegro, die Batschka, den Banat, den Sandžak, etwa die Hälfte Kroatiens und einige rumänische und bulgarische Grenzgebiete umfassen sollte[23]. Mit dem übriggebliebenen Rest Jugoslawiens wollten die Četniks eine Föderation eingehen. Den Führungsanspruch Großserbiens im Nachkriegsjugoslawien leiteten die Četniks aus dem historischen Kampf der Serben gegen die türkische Fremdherrschaft und aus dem aktuellen Widerstand der Četniks gegen die deutschen Okkupanten ab. Großserbien sollte »serbisiert« werden: die Četniks planten nach dem Krieg mehr als 2,6 Millionen Jugoslawen anderer Nationalitäten aus Großserbien auszusiedeln und 1,3 Millionen Serben aus nichtserbi-

---

[21] Die Angaben über die Geschichte der Četnik-Bewegung stammen großteils aus: ebd., S. 115 ff.

[22] Die jugoslawischen »Exilverbände« bestanden aus 240 Mann der Luftwaffe, 100 Marineangehörigen und 300 Angehörigen der Landstreitkräfte (Knoll, Jugoslawien in Strategie und Politik der Alliierten 1940—1943, S. 327 f.).

[23] Memorandum des Mitglieds des Nationalen Četnik-Kommitees, Stefan Moljević, vom Juni 1941 (zit. nach: Tomasevich, War and Revolution in Yugoslavia, 1941—1945, S. 166 ff.).

schen Teilen Jugoslawiens nach Serbien rückzusiedeln, so daß Großserbien etwa zwei Drittel der Bevölkerung und des Territoriums von Jugoslawien ausgemacht hätte[24].
Das sozio-ökonomische Konzept der Četniks erschöpfte sich in einem Konglomerat unausgegorener Ideen, das am ehesten als »monarchistischer Wohlfahrtsstaat unter national-serbischer Dominanz« umschrieben werden könnte. Die großserbische und gleichzeitig anti-kroatische Einstellung der Mihailović-Četniks wurde durch die schon im Frühjahr 1941 einsetzenden Massenmorde der Ustascha an den in Kroatien lebenden Serben noch zusätzlich verstärkt. Im Gegensatz zu den Partisanen differenzierten die Četniks aufgrund ihrer nationalistischen Ideologie nicht zwischen der Ustascha und dem kroatischen Volk. Nach Kriegsende wollte Mihailović mit dem kroatischen Volk blutig abrechnen.
Im Kern liefen die politischen Ziele auf die Restauration des status quo ante, die Wiedereinsetzung des im englischen Exil lebenden Prinzregenten Paul aus der serbischen Königsdynastie der Karadjordjević und die Etablierung eines föderativen jugoslawischen Staates unter großserbischer Hegemonie hinaus. Mihailović fühlte sich gewissermaßen als »Platzhalter« des Königs und der Exilregierung. So lautete die gemeinsame Kampfparole der Mihailović-Četniks auch: »Für den König und das Vaterland[25].«

c) Das Widerstandskonzept der Četniks

Das Widerstandskonzept von Mihailović war durch die nationalistische Ideologie, die politischen Perspektiven und die Tradition der Četnik-Kriegführung determiniert. Der explizit serbische Nationalismus der Četniks beschränkte den Aktionsradius ihrer Widerstandstätigkeit auf Serbien und auf Gebiete, in denen vornehmlich Serben lebten (Montenegro und Teile Kroatiens); als Kämpfer und Sympathisanten wurden nur Serben geduldet. Zu Beginn des Widerstandskampfes setzten sich die Četnikverbände einerseits aus Teilen der ländlichen Bevölkerung Serbiens zusammen, andererseits zum weitaus größeren Teil aus Serben, die vor dem Genozid in Kroatien nach Serbien fliehen konnten, und schließlich aus serbischen Militärangehörigen, die der deutschen Kriegsgefangenschaft dadurch entgingen, daß sie in die Wälder flüchteten und sich dort den Četniks anschlossen. Das geringere Rekrutierungspotential der Četniks gegenüber den Partisanen, deren militärische Widerstandsorganisation und politische Nachkriegskonzeption multiethnisch angelegt war, machte sich 1941 in Serbien naturgemäß noch wenig bemerkbar. Als sich im Laufe der weiteren Kriegsjahre die Widerstandstätigkeit von Serbien in die anderen Gebiete Jugoslawiens verlagerte, kam diesem Faktor allerdings entscheidende Bedeutung zu.
Beim Aufbau von Widerstandsstrukturen griff Mihailović auf Četnik-Traditionen zurück. Schon das martialische Äußere — lange Bärte, hohe Fellmützen und um den Körper geschlungene Munitionsgurte — sollte historische Kontinuität ausdrücken. Die ersten Četnik-Abteilungen bestanden aus 50 bis 200 Mann. Sie wurden jeweils von einem Kom-

---

[24] Ebd., S. 169 f.
[25] Ebd., S. 178.

mandanten befehligt, der den generellen Direktiven von Mihailović unterstand, in seinem lokalen Einsatzgebiet aber über einen großen autonomen Handlungsspielraum verfügte. Die Militärorganisation der Četniks bestand aus drei nach dem Alter der Mannschaften gegliederten Teilen:
— mobilen Operationsabteilungen von Kämpfern im Alter zwischen 20 und 30 Jahren;
— Abteilungen aus Männern zwischen 30 und 40 Jahren, die für Sabotageaktionen herangezogen wurden;
— lokalen Gruppen aus Männern zwischen 40 und 50 Jahren, deren Aufgabe in der Verteidigung ihrer Ortschaften bestand.
Von diesen Abteilungen war aber nur ein geringer Teil mobilisiert. Der Großteil war nur als Četniks registriert und sollte erst gegen Ende der Besatzungszeit eingesetzt werden. Im September 1941 umfaßten die bewaffneten operativen Einheiten der Četniks in Serbien etwa 3000—4000 Mann, von denen aber nur ein Teil tatsächlich im Kampfeinsatz gegen die deutschen Besatzer stand[26].
Im ersten Jahr war die Bewaffnung der Četniks ebenso schlecht wie die der Partisanen. Während die Partisanen ihre Anschläge auf die Besatzer und die Quisling-Organe vorrangig auch zur Erbeutung von Waffen und Munition benützten, ließ die Inaktivität der Četniks eine solche Requirierung nicht zu. Erst ab 1942 verfügten sie durch die Kollaboration mit den Italienern, den Nedić-Formationen und ab 1943 auch mit den deutschen Besatzern über eine ausreichende Menge an Waffen und Munition, die sie aber nicht gegen die Achsenmächte, sondern gegen die Partisanen einsetzten.
Die Generallinie im Widerstandskonzept von Mihailović lief darauf hinaus, die gesamte Résistance unter seinem Oberbefehl zu organisieren, dabei aber im Untergrund zu verharren und jede Provozierung des Gegners bis zu dem Zeitpunkt zu vermeiden, wo Deutschland infolge militärischer Niederlagen auf den anderen europäischen Kriegsschau-

---

[26] Milazzo, The Chetnik Movement and the Yugoslav Resistance, S. 18. Wheeler schätzt die Zahl der Mihailović direkt unterstehenden Četniks im September 1941 auf etwa 1200 Mann und gibt die Gesamtstärke der unter dem Kommando von Mihailović stehenden Četniks mit unter 5000 an (Wheeler, Britain and the War for Yugoslavia, 1940—1943, S. 83 f.). Die Zahlenangaben über die Stärke der Mihailović-Četniks in dem hier relevanten Zeitraum Sommer/Herbst 1941 divergieren erheblich. Ende Juli 1941 hieß es in einem Bericht des Militärbefehlshabers in Serbien, General Danckelmann, daß von »serbischer fachmännischer Seite« die Gesamtzahl der Aufständischen (sowohl Mihailović-Četniks als auch Partisanen) in Serbien auf etwa 30 000 Mann geschätzt wird (BA-MA, RW 40/v.43, KTB Ia Komm. Gen. Serbien, Juli 1941, Bericht Danckelmann an List, 23.7.1941). Im Dezember 1941 behauptete Mihailović, daß über 300 000 Mann unter seinem Kommando stünden (Tomasevich, War and Revolution in Yugoslavia, 1941—1945, S. 181). Aufgrund ihrer Organisationsstruktur ist eine genauere Schätzung der numerischen Stärke der Četniks generell schwierig. Ein Beispiel soll illustrieren, zu welch absurden Behauptungen die Nichtberücksichtigung des organisatorischen Aufbaus der Četniks führen kann: Obwohl die Mihailović-Četniks in Serbien ab 1942 ausschließlich gegen die Partisanen und nicht gegen die Besatzer und die Quisling-Organe kämpften und ab November 1943 Kollaborationsabkommen mit den deutschen Besatzern schlossen, kommt Rausch zum Schluß, »daß Serbien bis ins Jahr 1944 hinein überwiegend im Zeichen Mihailović' gestanden hat. [...] Seine Verbände, die weite Landstriche kontrollierten, übertrafen hier um vieles die lokalen Partisanen« (Rausch, Zur nationalserbischen Variante des bewaffneten Widerstandes im besetzten Serbien 1941—1943, S. 312).

plätzen seine Besatzungstruppen aus Jugoslawien abziehen würde oder aber die Alliierten mit der Landung ihrer Truppen in Südosteuropa das Signal für den allgemeinen Aufstand geben würden. Mitbestimmend für die Entscheidung zum passiven Widerstand war auch die Erinnerung an den mißglückten Aufstandsversuch von Pećanac gegen die bulgarische Besatzungsmacht im Ersten Weltkrieg und die auf ihn folgenden blutigen Repressionsmaßnahmen gegen die Zivilbevölkerung[27]. Mihailović zweifelte mit Recht daran, daß das militärische Widerstandspotential seiner Četniks in Serbien stark genug sei, um 1941 ohne militärische Intervention der alliierten Truppen einen erfolgreichen Aufstandsversuch gegen die deutschen Truppen durchführen zu können.

d) Die Haltung der Briten gegenüber Mihailović

Die Widerstandsstrategie von Mihailović deckte sich im Prinzip mit dem britischen Konzept bezüglich der Subversions- und Widerstandsaktivitäten in den von den Deutschen besetzten Gebieten. Mitte Juni 1941, also noch bevor die Briten von der Existenz einer Četnik-Widerstandsorganisation in Serbien wußten, präsentierte der britische Joint Planning Staff seine Vorstellungen:

»Solche Rebellionen können nur einmal geschehen. Sie dürfen solange nicht stattfinden, bis der Schauplatz dafür hergerichtet ist, alle Vorbereitungen getroffen sind und die Situation reif ist. Die bewaffneten Streitkräfte, die den Patrioten zur Verfügung stehen, müssen stark genug sein, um lokal stationierte deutsche Truppen auszuschalten[28].«

Auch der Kriegseintritt der Sowjetunion und die ersten eintreffenden Informationen über Widerstandsaktionen in Serbien änderten nichts an der ablehnenden Haltung der Briten gegenüber einer offensiv operierenden Guerilla in Serbien[29]. Nachdem der Aufstand der kommunistischen Partisanen in Serbien nun einmal begonnen hatte und die Briten wegen ihrer fehlenden Verbindungen zu den Partisanen keine Möglichkeiten sahen, ihn von außen einzudämmen, entschlossen sie sich, die Četniks zu unterstützen. Churchill wies in seiner Funktion als Vorsitzender der Chiefs of Staff das War Office im November 1941 an, alles zu tun, um den Aufstand in Serbien mit Hilfsgütern an die Četniks voranzutreiben (»to keep the rebellion going«)[30]. Das geschah einerseits aus kriegspropagandistischen Gründen (Churchill wollte damit der Bevölkerung in den übrigen besetzten Ländern signalisieren, daß sie bei Widerstandsaktionen mit der Unterstützung der Briten rechnen konnte), zum anderen auch aufgrund militärstrategischer Erwägungen, da zu diesem Zeitpunkt die Wehrmacht vor den Toren Moskaus stand und der Aufstand

---

[27] Knoll, Jugoslawien in Strategie und Politik der Alliierten 1940–1943, S. 433f.
[28] Studie des Joint Planning Staff vom 14.6.1941 (zit. nach: ebd., S. 302).
[29] In einer Empfehlung des Joint Planing Staff an die Chiefs of Staff vom 9.8.1941 heißt es, daß »geheime Armeen nur dann wirksam operieren können, wenn sie von voll ausgestatteten [regulären] Truppen unterstützt werden; ihre Organisation sollte deshalb auf jene Gebiete beschränkt bleiben [und auch nur dort mit Vorrang beim Aufbau unterstützt werden], wo [...] eine britische Offensive möglich ist«, nämlich in Nordfrankreich, Belgien, Holland und Norwegen (zit. nach: ebd., S. 302).
[30] Ebd., S. 428.

in Serbien einige Divisionen in Serbien binden konnte[31]. Hinzu kamen politisch-ideologische Überlegungen: von den britischen Militärspitzen wurde der Aufstand nur für eine »Episode« (incident) gehalten[32].

Mihailović erhielt im November 1941 erstmals britische Hilfsgüter[33], wurde aber gleichzeitig aufgefordert, sich gegenüber den Deutschen eher passiv zu verhalten und vorerst abzuwarten. Von britischer Seite rechnete man damit, daß die Partisanen im Aufstand gegen die deutschen Besatzer von diesen vernichtet werden würden. Verhielten sich die Četniks bei diesem Aufstand passiv und könnten somit die deutsche Offensive unbeschadet überstehen, so wären sie — so die Überlegungen der Briten — nach der Vernichtung der kommunistischen Partisanen die einzige Widerstandsbewegung in Serbien[34]. Dann wäre es Mihailović wieder möglich, seine bisherige, durch die Dynamik des Partisanenaufstandes obsolet gewordene Strategie des Abwartens mit den britischen Widerstandskonzepten zu koordinieren[35]. Die Briten versicherten Mihailović im Herbst 1941, daß sie seine passive Widerstandsstrategie, d.h. die Beschränkung auf Sabotageunternehmen, voll unterstützten[36] und bemüht seien, alle Vorkehrungen zu treffen, damit britische Hilfsgüter für die Četniks nicht in die Hände der Partisanen fielen[37]. Als die Briten erfuhren, daß es zwischen den Četniks und den Partisanen im November 1941 zu

---

[31] Auf diese beiden Aspekte wies insbesondere das Foreign Office hin (ebd., S. 427f.).

[32] In dieser Hinsicht äußerten sich mehrmals die Chiefs of Staff im Oktober 1941 (Brandes, Großbritannien und seine osteuropäischen Alliierten 1939—1943, S. 207).

[33] Mihailović wurde am 9.11.1941 mit 20 MG, 10 000 Magazinen Munition und 600 Handgranaten versorgt, die aus der Luft abgeworfen wurden (Wheeler, Britain and the War for Yugoslavia, 1940—1943, S. 90).

[34] Brandes, Großbritannien und seine osteuropäischen Alliierten 1939—1943, S. 220.

[35] Die Äußerungen von Premierminister Churchill auf der ersten Kriegskonferenz der westlichen Alliierten in Washington im Dezember 1941 — zu einem Zeitpunkt als der Aufstand gegen die deutschen Besatzer in Serbien gerade auf seinem Höhepunkt war — verdeutlichen, daß die Briten bereits von der Niederschlagung des Partisanenaufstandes in Serbien überzeugt waren und auch für die Zukunft an ihrer Widerstandskonzeption festhielten: »Wir müssen uns [...] darauf einrichten, die unterworfenen Länder West- und Südosteuropas zu befreien, indem wir an geeigneten Punkten — nacheinander oder gleichzeitig — britische und amerikanische Armeen an Land setzen, die stark genug sind, um den unterworfenen Völkern den Aufstand zu ermöglichen. Aus sich selbst heraus sind sie dazu nie in der Lage, weil sie die grausamsten Gegenmaßnahmen zu gewärtigen hätten« (zit. nach: Knoll, Jugoslawien in Strategie und Politik der Alliierten 1940—1943, S. 241).

[36] Der eben bei Mihailović eingetroffene britische Missionsangehörige Captain Duane Hudson wurde von seiner vorgesetzten Dienststelle in Kairo auf dem Höhepunkt der militärischen Kämpfe in Serbien im Oktober 1941 angewiesen, auf Mihailović im folgenden Sinne einzuwirken: »12. Oktober. Wir und die jugoslawische Regierung schlagen Ihnen folgenden Plan vor, wenn Sie damit einverstanden sind. Sofort weniger Sabotage ausführen, beschränkt auf Bahnlinien und Lokomotiven, ohne Benutzung von Sprengstoff wie auch ohne Gegenmaßnahmen gegen die lokale Bevölkerung. Der weitere Plan wäre, alles für die gemeinsame Durchführung des Aufstandes für einen späteren Zeitpunkt vorzubereiten. [...] Wir bitten Sie, Mihailović zu verständigen«. Und um keinen Zweifel darüber aufkommen zu lassen, daß die britische Regierung einzig gewillt war, Mihailović zu unterstützen, wurde eine weitere Depesche an Hudson gesandt: »12. Oktober. [...] Zu Ihrer persönlichen Information: wir sind nicht bereit, einen Guerillaführer zu unterstützen, der nicht das Vertrauen der jugoslawischen Regierung hat« (zit. nach: ebd., S. 408).

[37] Brief von Glenconner, Chef der Balkansektion der Special Operations Executive (SOE) in London, an das Foreign Office, 15.11.1941 (zit. nach: ebd., S. 414).

bewaffneten Auseinandersetzungen gekommen war, stellten sie die Waffenlieferungen vorläufig ein. Von britischer Seite wurde nicht allzusehr bedauert, wenn kommunistische Partisanen von den Deutschen vernichtet wurden. Doch ging es ihnen entschieden zu weit, daß die von ihnen mit Waffen und Geld unterstützten, von der BBC-Propaganda als »jugoslawische Patriotenstreitkräfte« bezeichneten Četniks, die angeblich in Serbien »organisierte militärische Operationen« durchführten, diese Operationen nun nicht gegen die deutschen Besatzer, sondern gegen die Partisanen richteten. Sie forderten Mihailović auf, unverzüglich einen Waffenstillstand mit den Partisanen zu schließen. Dies sollte der erste Schritt auf dem Weg zur Etablierung von Mihailović als uneingeschränkter Führer des Widerstandes in Serbien werden[38]. Gleichzeitig versuchten die Briten über Kontakte mit Moskau die Partisanen zur Unterordnung unter Mihailović zu bewegen[39]. Mit der Niederschlagung des Aufstandes im Dezember 1941 und der Vertreibung sowohl der Partisanen als auch der Četniks aus Serbien war die Möglichkeit eines gemeinsamen oder zumindest abgestimmten Vorgehens von Četniks und Partisanen gegen die Achsenmächte endgültig zerstört. Obwohl die Briten von der 1942 einsetzenden Kollaboration der Četniks mit den Italienern wußten und sich auch darüber im klaren waren, daß die Partisanen die militärisch wesentlich effizientere Widerstandsbewegung waren, hielten sie bis Anfang 1943 an der ausschließlichen Unterstützung der Mihailović-Četniks fest. Erst als durch den britischen Sieg in Nordafrika ihre militärstrategischen Zielsetzungen auf dem Balkan gegenüber den politischen in den Vordergrund traten[40], begannen sie, auch die Partisanen zu unterstützen. Ende 1943 ließen sie ihren mittlerweile zum General und Kriegsminister aufgestiegenen Bündnispartner Mihailović endgültig fallen. Der Frontwechsel der Briten zu den Partisanen bewirkte, daß die wegen ihrer Zusammenarbeit mit den Italienern im Kampf gegen die Partisanen schon schwer kompromittierten Četniks nun ihrerseits zu den Deutschen überliefen und ab 1944 mit deutschen Waffen und unter deutschem Kommando gegen die Partisanen kämpften[41].

e) Die jugoslawische Exilregierung und die Četniks

Im Vergleich etwa zu den tschechischen und polnischen Exilregierungen in London besaß die jugoslawische Regierung nur wenig politische Autorität gegenüber den britischen

---

[38] Ebd., S. 444.
[39] Brandes, Großbritannien und seine osteuropäischen Alliierten 1939–1943, S. 212.
[40] Der englische Leiter der ersten alliierten Mission, bestehend aus Briten und Amerikanern beim Stab Titos (September 1943), Fitzroy Maclean, definierte seine Aufgabe mit britischer Trockenheit: »My task was simply to help find out who was killing the most Germans and suggest means by which we could help them to kill more. Politics must be a secondary consideration« (zit. nach: Haberl, Die Emanzipation der KP Jugoslawiens von der Kontrolle der Komintern/KPdSU 1941–1945, S. 59).
[41] Zur Geschichte der Mihailović-Četniks nach 1941 siehe insbesondere Tomasevich, War and Revolution in Yugoslavia, 1941–1945, S. 196 ff. Aus der Vielzahl von Memoirenwerken britischer Missionsangehöriger im Stabe von Mihailović seien hier nur erwähnt: Rootham, Miss-Fire: The Chronicle of a British Mission to Mihailovich, 1943–1944; Lawrence, Irregular Adventure; British Policy Towards Wartime Resistance in Yugoslavia and Greece, S. 91 ff; Bailey, British Policy Towards General Draža Mihailović, S. 59 ff.

Stellen und geringen Einfluß auf die Entwicklungen in ihrem Heimatland[42]. Mit Ausnahme des Führers der kroatischen Bauernpartei, Maček (er blieb in Kroatien), war die erste Exilregierung personengleich mit der Putschregierung vom 26. März 1941. Sie bestand aus 8 Serben, 2 Kroaten und einem Slowenen[43]. Das ungelöste Nationalitätenproblem im Vorkriegsjugoslawien, das sich auch in der auffallenden Überrepräsentanz der Serben im Kabinett niederschlug, und die Tatsache, daß alle Regierungsmitglieder entweder regionalen Honoratiorenparteien entstammten oder Parteilose und Militärs mit wenig politischer Erfahrung waren, trugen nicht gerade dazu bei, ihr Prestige zu erhöhen. Persönliche Querelen, Intrigen und schlichte politische Unfähigkeit prägten das Bild der Regierung, die der englische Außenminister Eden gar nicht »gentlemanlike« als eine »unfähige Ministerbande« bezeichnete[44]. Schon im Herbst 1941 kristallisierte sich für das Foreign Office heraus, daß es diesen jugoslawischen Exilpolitikern niemals gelingen würde, Akzente in Richtung einer jugoslawischen Einheit zu setzen, und die Regierung mit Sicherheit das Kriegsende nicht überdauern würde[45].

Was die Haltung der Exilregierung zum Widerstand in Serbien betraf, so kam sie schon vor dem Beginn von Widerstandsaktionen in Serbien und unabhängig von den Konzeptionen der Alliierten zum gleichen Schluß wie die Briten. Die Exilregierung sah zeitlich, räumlich und militärisch koordinierte Operationen der landenden alliierten Truppen mit den bis dahin gleichsam in Reserve gehaltenen jugoslawischen Aufständischen vor. Die Mobilisierung und Organisation der Résistance sollte nicht vor einer Invasion abgeschlossen werden. Aufstände vor diesem Zeitpunkt erschienen als nutzlos, da sie nur unnötige Menschenopfer fordern würden[46].

Der jugoslawische Regierungschef Simović erhielt Mitte August 1941 erstmals Kenntnis über die Existenz und die Aktivitäten der Widerstandsorganisationen der Partisanen und Četniks. Während er die defensive taktische Grundlinie von Mihailović guthieß (Vorbereitung von Aktionen, aber keine Provokation gegenüber den deutschen Besatzern und kein Angriff auf die deutsche Wehrmacht), verurteilte er die Offensivstrategie der Partisanen in einer Rundfunkansprache im August 1941 aufs Schärfste. Er bezeichnete die Partisanen als eine Handvoll gewissenloser Leute, die durch ihre verfrühte Aktion dem Land schwere Leiden zufügten und rief die Bevölkerung zu geduldigem Ausharren unter der Besatzung auf, bis die Exilregierung das Zeichen zur Erhebung geben würde[47]. Simović wußte von der in Serbien gerade einsetzenden Repressionswelle gegen die Zivilbevöl-

---

[42] Zum Vergleich der Politik der drei in London amtierenden Exilregierungen und ihres Einflusses auf die Widerstandsaktivitäten in den jeweiligen Heimatländern siehe die detailreiche Studie von Brandes, Großbritannien und seine osteuropäischen Alliierten 1939–1943.
[43] Knoll, Jugoslawien in Strategie und Politik der Alliierten 1940–1943, S. 314.
[44] Brandes, Großbritannien und seine osteuropäischen Alliierten 1939–1943, S. 180.
[45] So etwa meinte der Sekretär des Southern Departement im Foreign Office, Rose, im November 1941: »Wir müssen selbstverständlich im Augenblick alles tun, um die erschreckenden Risse (in der Exilregierung — W. M.) zu überkleistern, aber nichts wird den Einsturz des Gebäudes nach dem Krieg verhindern können« (zit. nach: Knoll, Jugoslawien in Strategie und Politik der Alliierten 1940–1943, S. 354).
[46] Ebd., S. 363f.
[47] Ebd., S. 372f.

kerung und machte dafür die Partisanen öffentlich verantwortlich. Gleichzeitig betrieb die Exilregierung ein demagogisches Doppelspiel. Nachdem Meldungen über den Aufstand in Serbien im Laufe des Sommers 1941 — zum Zeitpunkt der größten militärischen Machtentfaltung des Dritten Reiches — an die Weltöffentlichkeit gedrungen waren und von dieser enthusiastisch aufgenommen und mythisch überhöht wurden, setzte die Exilregierung alles daran, diese Reaktion propagandistisch für sich und ihren militärischen Vertreter Mihailović auszuschlachten. Obwohl Regierungschef Simović im Herbst 1941 mit Bestimmtheit über das passive Verhalten von Mihailović gegenüber den deutschen Besatzern Bescheid wußte (und umgekehrt von deutscher Seite bis zu diesem Zeitpunkt auch keine militärischen Aktionen gegen die Mihailović-Četniks unternommen worden waren[48]), tat die Exilregierung alles, um durch Pressemitteilungen in der Öffentlichkeit den Eindruck zu erwecken, daß nicht die Partisanen, sondern die Četniks den bewaffneten Kampf gegen die deutschen Besatzer führten. Die Exilregierung unternahm sogar den Versuch, die BBC zu einem Dementi der in ihren Rundfunksendungen verlautbarten, in diesem Fall wahrheitsgetreuen deutschen Meldungen über den kommunistischen Aufstand in Serbien zu bewegen. Um Mihailović aufzuwerten, sollte die BBC von einem Aufstand der »patriotischen Heimatkräfte« sprechen[49].

In Wirklichkeit forderte Simović Ende Oktober 1941 Mihailović noch selbst auf, »Geduld und Zurückhaltung vor einer übereilten Aktion zu üben, damit Verluste vermieden« würden. Die Botschaft endete mit dem ausdrücklichen Befehl, die deutschen Besatzer »ohne äußerste Not« nicht herauszufordern, bis das Signal zu einer gemeinsamen Aktion mit britischen Truppen gegeben werde[50]. Mihailović war sich der politischen Unterstützung durch die Exilregierung und die Briten so sicher, daß er in einer Depesche an Simović im November 1941 unverblümt zugab, was er mit den zukünftigen britischen Waffenlieferungen plante: mit diesem Rüstungsmaterial »werde er die Kommunisten sofort liquidieren können«[51].

Wenige Tage später wurde Mihailović von der Exilregierung zum General befördert und im Januar 1942 in einem propagandistisch klugen Schachzug zu deren Kriegsminister ernannt.

---

[48] Die prominente proitalienische serbische Familie Bajloni war Ende Oktober 1941 aus Serbien in Lissabon eingetroffen und überbrachte den britischen Stellen und der Exilregierung einen Bericht über die aktuelle Situation in Serbien in dem es u. a. hieß: »Up until now the Germans have not pursued the followers of Mihailović (exept for one insignifcant bombing of the headquarters of Ravna Gora)« (zit. nach: Wheeler, Britain and the War for Yugoslavia, 1940–1943, S. 102 f.).

[49] Knoll, Jugoslawien in Strategie und Politik der Alliierten 1940–43, S. 390 f. In Kriegszeiten, in denen die Verifizierung von Meldungen nahezu unmöglich war, hatte Mihailović mit seiner Propagandaoffensive großen Erfolg. In den Jahren 1941–1943 wurden er und seine Četniks von den Medien zu exotischen Helden aufgebläht, die als einzige Widerstandsgruppe im deutschbesetzten Europa den Nazis Paroli bieten würden (siehe z. B. die hagiographische Schrift des Engländers Brown, Mihailovich and Yugoslav Resistance, in der er Mihailović als »a genius« bezeichnet [S. 80] und versucht, dem englischen Durchschnittsleser die Četniks durch Vergleiche aus der englischen Geschichte näherzubringen. Die Zeitschrift »Time« widmete Mihailović am 25.5.1942 sogar eine Cover-Story).

[50] Zit. nach: Knoll, Jugoslawien in Strategie und Politik der Alliierten 1940–1943, S. 425.

[51] Zit. nach: Ebd., S. 442.

4. Die Partisanen

Die kommunistischen Partisanen in Jugoslawien bildeten die erste Widerstandsorganisation in den vom Dritten Reich überfallenen Ländern Europas, die den bewaffneten militärischen Kampf gegen die deutschen Besatzer aufnahmen. Fast unbeachtet von der Weltöffentlichkeit[52], die gänzlich auf die Mihailović-Četniks fixiert war, versetzte der Kampf der Partisanen auf dem Nebenkriegsschauplatz Serbien der scheinbar unbesiegbaren Militärmaschinerie Nazideutschlands zu einem Zeitpunkt einen Schlag, als ein Sieg der Wehrmacht auch bei ihrem Angriff auf die Sowjetunion kaum abwendbar erschien.
Die Widerstandsorganisation der Partisanen wurde von der Kommunistischen Partei Jugoslawiens (KPJ) gegründet. Die KPJ war seit Beginn der 20er Jahre illegal. Ihre Kader waren besonders in der Zeit der Königsdiktatur schweren politischen Verfolgungen ausgesetzt[53]. Die schwersten Schläge erlitt die KPJ aber zweifellos durch die stalinistischen Säuberungen in den 30er Jahren, durch die ihre Kader — ebenso wie die der meisten kommunistischen Parteien der Balkanländer — faktisch liquidiert wurden[54]. Nachdem der Parteisekretär des Zentralkomitees der KPJ, Milan Gorkić, im November 1937 in Moskau vom NKWD ermordet worden war, wurde Josip Broz Tito provisorisch mit der Leitung der in Paris befindlichen Parteizentrale betraut und auf der 5. Landeskonferenz im Oktober 1940 definitiv zum Generalsekretär der KPJ ernannt[55]. Es steht außer Zweifel, daß die neu eingesetzte KPJ-Führung vor dem Jugoslawienfeldzug überzeugt stalinistisch und moskautreu war[56].
Mit ihren etwa 8000 Mitgliedern[57] besaß die KPJ vor dem April 1941 in Jugoslawien wenig politischen Einfluß. Eine bedeutende Anhängerschaft hingegen hatte die KPJ unter

---

[52] Roberts faßt die Situation im Jahre 1941 treffend zusammen: »What little news appeared in the western press mentioned only the exploits of Mihailović. The Partisans were unknown to the world at large, and among the Allies, only the Yugoslav, British and Soviet Governments were aware of them« (Roberts, Tito, Mihailović and the Allies 1941–1945, S. 50).

[53] Zur Vorkriegsgeschichte der KPJ siehe Dedijer, Tito; Djilas, Der junge Revolutionär; ders., Der Krieg der Partisanen.

[54] Die bis dato noch immer interessanteste Darstellung zu diesem Thema findet sich in dem autobiographischen Roman von Sperber, Wie eine Träne im Ozean.

[55] Strugar, Der jugoslawische Volksbefreiungskrieg 1941–1945, S. 13.

[56] In einem — in seinen Gesammelten Werken nicht veröffentlichten — Telegramm Titos an Stalin von der 5. Landeskonferenz der KPJ im Oktober 1940 sagte Tito u.a., daß die »Delegierten der Konferenz in dir, Genosse Stalin, unserem großen Lehrer, die glorreiche und unbezwingbare Bolschewikenpartei begrüßen, die unter deiner und Lenins Führung auf einem Sechstel des Erdballs die Ketten des Kapitalismus in Stücke schlug. [...] (Sie grüßen) in dir, Genosse Stalin, die freien und glücklichen Völker der UdSSR, die unter deiner Führung die herrlichsten Träume der größten Geister der Menschheitsgeschichte ins Leben rufen« (zit. nach: Simić, Dokumente widerlegen Tito, S. 58). Das Huldigungsschreiben an Stalin illustriert, daß sich die KPJ vor dem Balkankrieg in ihrer stalinistischen Hörigkeit durch nichts von den übrigen kommunistischen Parteien unterschied. Milo Dor, der bis zu seiner Verhaftung im Februar 1942 in Belgrad in der KP-Jugend aktiv war, schreibt über rigorose Maßnahmen der KPJ gegen sogenannte »trotzkistische Abweichler« (Dor, Tote auf Urlaub, S. 52).

[57] Haberl, Die Emanzipation der KP Jugoslawiens von der Kontrolle der Komintern/KPdSU 1941–1945, S. 16.

den Jugendlichen, insbesondere unter den Studenten. Im Sommer 1941 umfaßte die Kommunistische Jugend etwa 15000 Mitglieder[58]. Seit 20 Jahren an Illegalität und Verfolgung gewöhnt, blieb die Organisationsstruktur der KPJ auch nach dem deutschen Einmarsch weitgehend intakt. Wegen des »Hitler-Stalin-Paktes« ließen die deutschen Okkupanten die Kommunisten in Serbien bis zum Überfall auf die Sowjetunion auch relativ unbehelligt. Schon unmittelbar nach Beginn der Besatzung traf die Partei organisatorische Vorarbeiten für einen bewaffneten Kampf zu einem späteren Zeitpunkt. Gleichzeitig verzichtete aber die KPJ wegen des »Hitler-Stalin-Paktes« auf eine offensive Kriegspropaganda[59]. Doch es gibt keinen Beleg dafür, daß die KPJ die sowjetische Doktrin von einem »Krieg zwischen den imperialistischen Staaten« in ihre Propaganda übernommen hätte. Während führende KP-Funktionäre aus anderen besetzten Ländern im Moskauer Exil lebten, befand sich die gesamte KPJ-Führung in Jugoslawien. Zwischen Jugoslawien und der Komintern in Moskau bestand lediglich eine Funkverbindung. Dieser unpersönliche Kontakt hatte eine — wenn damals auch noch ungewollte — relative Autonomie von Moskau zur Folge, ein Faktum, das für die weitere Entwicklung der KPJ historische Bedeutung erlangen sollte.

Das Zentralkomitee der KPJ hatte noch im Frühjahr 1941 seinen Sitz nach Belgrad verlegt. Am 4. Juli 1941 beschloß das ZK der KPJ in Belgrad den Beginn des bewaffneten Aufstandes. Milovan Djilas wurde in das italienisch besetzte Montenegro gesandt, Vukmanović-Tempo nach Bosnien beordert, während Tito selbst die Aktionen in dem von deutschen Truppen besetzten Serbien leitete[60].

a) Politische Ziele, Widerstandskonzept und soziale Struktur der Kommunistischen Partei Jugoslawiens

Im Gegensatz zu allen anderen Widerstandsgruppen in Jugoslawien vertraten die kommunistischen Partisanen weder ethnische noch nationalistische oder religiöse Partikularinteressen. Sie waren die einzige politische Kraft, die im ganzen Land verankert war und für territoriale Integrität und nationale Gleichberechtigung aller Völker Jugoslawiens eintrat. Das Ziel ihres Widerstandskampfes war der militärische Sieg über die Okkupanten und gleichzeitig die Zerschlagung der alten Vorkriegsordnung, die insbesondere ihre infrastrukturellen Einrichtungen — wie die lokale Administration, Polizei, Gendarmerie und das Schulwesen — in die Okkupationsphase hinübergerettet hatte. Auch auf personeller Ebene bestand eine gewisse Kontinuität der alten Ordnung weiter: in Mihailović als militärischem und im ehemaligen Kriegsminister und nunmehrigen Regierungschef Milan Nedić als — wenn auch schwer diskreditierten — politischem Verwalter. Von Anfang an ließen die Partisanen keinen Zweifel darüber aufkommen, daß ihr Kampf langfristig nicht nur auf die Befreiung des Landes von der Besatzung ausgerichtet war, sondern vor allem auch auf die Schaffung einer revolutionären politischen, wirtschaftli-

---

[58] Djilas, Der Krieg der Partisanen, S. 10.
[59] Borkenau, Der europäische Kommunismus, S. 327 ff.
[60] Djilas, Der Krieg der Partisanen, S. 11.

chen und sozialen Neuordnung des Landes. Als die Partisanen im September 1941 die von den Deutschen besetzte serbische Stadt Užice einnahmen, erklärten sie das Gebiet zur ersten freien Republik in Jugoslawien und begannen sofort mit der Einrichtung einer alternativen Verwaltung in Form sogenannter nationaler Befreiungsräte, die das Fundament einer neuen Selbstverwaltung bilden sollten. In ihren langfristigen politischen Zielen standen die Partisanen somit in diametralem Gegensatz zu den Mihailović-Četniks, die für die Restauration des jugoslawischen Vorkriegsregimes unter großserbischer Führung mit der Königsdynastie an der Spitze kämpften.

Das strategische Konzept des Widerstandskampfes der Partisanen war durch ihre politischen Ziele bestimmt. War die Strategie von Mihailović primär darauf ausgerichtet, die deutsche Besatzung möglichst schadlos zu überstehen, um nach deren Abzug über ein militärisches Potential zur Restaurierung der Vorkriegsordnung zu verfügen, so war für die Partisanen der militärische Kampf gegen die Okkupanten untrennbar mit einer sozialen Revolution verbunden. Als die KPJ im Juli 1941 die ersten Partisanenformationen bildete, verfolgte sie zum einen das Ziel, die insbesondere im italienisch besetzten Montenegro bereits ausgebrochenen spontanen Volksaufstände in einen organisierten Kampf umzuwandeln[61], und zum anderen einen Aufstand in Serbien systematisch anzufachen.

Mit mobilen Abteilungen begannen die Partisanen zwischen Juli und Mitte August 1941 vorerst den bewaffneten Kampf auf niederer Ebene in Form zahlreicher Anschläge und Sabotageakte auf Verwaltungseinrichtungen der serbischen Quisling-Organe, auf Eisenbahnzüge und Kommunikationseinrichtungen und mit der Ermordung serbischer Kollaborateure. Die Aktionen konzentrierten sich zu Beginn auf die ländlichen Gebiete Serbiens, um die hier schwache militärische Präsenz der Wehrmacht auszunützen; zudem konnten die Partisanen in dieser Region aus dem Haß der Bauern auf die städtische Zentralgewalt und ihrer traditionell agrarbolschewistischen Einstellung politisches Kapital schlagen. Außerdem sollten die für eine erfolgreiche Guerilla unabdingbare Verankerung innerhalb der Bevölkerung aufgebaut und Freiwillige für den Partisanenkampf rekrutiert werden.

Am 7. Juli 1941 kam es in einem Dorf bei Krupanj zur ersten bewaffneten Widerstandshandlung der Partisanen. Zwei Quisling-Gendarmen wurden erschossen, als sie versuchten, eine öffentliche Versammlung aufzulösen[62]. Bereits nach einem Monat gingen die Partisanen zu militärischen Aktionen gegen die deutschen Besatzer über. Erfolgreiche Überfälle auf kleinere Wehrmachtkontingente sollten der Bevölkerung Mut machen und das Prestige der Partisanen erhöhen. Gleichzeitig dienten diese Guerillaktionen dazu, dringend benötigte Waffen zu erbeuten. Denn zu Beginn des Kampfes standen den Partisanen nur etwa 20 000 veraltete Gewehre, etwa 500 automatische Waffen und 5 Artilleriegeschütze aus den Restbeständen der ehemaligen jugoslawischen Armee zur Verfügung. Erst durch die Eroberung der Stadt Užice mit ihrer Waffenfabrik im September

---

[61] Zum Kampf der Partisanen in Montenegro zwischen Juli und Oktober 1941 siehe insbesondere die Memoiren des von Tito mit dem Partisanenkampf in Montenegro beauftragten Partisanenführers Milovan Djilas (ebd., S. 10 ff.).
[62] Tomasevich, War and Revolution in Yugoslavia, 1941–1945, S. 134.

1941 konnte der Bestand an Waffen und Munition einigermaßen gedeckt werden — bis die Fabrik am 21. November 1941 explodierte[63].
Die Stärke der serbischen Partisanen betrug im Sommer/Herbst 1941 zwischen 4000 und 8000 Mann[64]. Ein Manko gegenüber den Četniks bestand darin, daß die Partisanen nur über wenige erfahrene Militärexperten verfügten. Die meisten Angehörigen der ehemaligen jugoslawischen Armee schlossen sich Mihailović an. Unter den Partisanen besaßen meist nur die nach Jugoslawien zurückgekehrten Spanienkämpfer ausreichende Erfahrung im bewaffneten Kampf. Aus diesem Grund ordnete Militärverwaltungschef Turner noch am Abend vor dem Überfall auf die Sowjetunion vorbeugend die Verhaftung aller Spanienkämpfer in Serbien an. Die daraufhin erfolgte Razzia blieb erfolglos. Erst im September 1941 gelang es der serbischen Spezialpolizei 49 Kommunisten des Ortskomitees Belgrad und des Kommunistischen Jugendverbandes zu verhaften und damit die beiden Organisationen kurzfristig auszuschalten.
Die KPJ begann im Sommer 1941 den bewaffneten Kampf als kleine, straff organisierte Kaderpartei mit etwa 8000 Mitgliedern, hauptsächlich Arbeitern und Intellektuellen. Zu Kriegsende war die Zahl der Mitglieder auf 141 066 angewachsen[65]. Um den kriegsbedingten Ausfall vieler geschulter Kader zu ersetzen und die Befreiungsbewegung zu stärken, mußte die KPJ ihren Mitgliederbestand laufend erneuern bzw. erweitern und griff dabei in erster Linie auf die Bauern zurück. Die KPJ stellte damit die ideologische Bedeutung des Proletariats bewußt hintan, was Djilas wie folgt rechtfertigte:
»Ich hob besonders die revolutionäre Rolle der Bauernschaft hervor; praktisch reduzierte ich die Erhebung in Jugoslawien auf eine Verbindung zwischen einem Bauernaufstand und der kommunistischen Avantgarde[66].«
Als Folge dieser Politik bildeten nach Beendigung des Krieges Bauern das Gros der Parteimitgliedschaft, und selbst zur Zeit des Kominform-Konflikts 1948 betrug der Anteil der Bauern noch 49%[67]. Damit hatte aber die KPJ zweierlei bewiesen: daß die Bauern sehr wohl eine zentrale Funktion im revolutionären Kampf haben konnten und gerade die Strategie, sich auf die Bauernmassen zu stützen, der KPJ zum Sieg verholfen hatte. In den benachbarten Ländern dagegen war die Machtergreifung durch die kommunistischen Parteien erst nach dem Einmarsch der Roten Armee und mit Hilfe der Sowjetunion vollzogen worden.

---

[63] Die Ursache für die Explosion wurde nie geklärt. In der jugoslawischen Historiographie wird meist angenommen, daß es sich dabei um einen Sabotageakt gehandelt hat (z. B. Glisić, Der Terror und die Verbrechen des faschistischen Deutschland in Serbien von 1941 bis 1944, S. 88). Djilas — der sich zum Zeitpunkt der Explosion in Užice aufgehalten hat und den Hergang der Explosion genau beschrieb — ist der Meinung, die Explosion in den für die Waffenproduktion nur provisorisch eingerichteten ehemaligen Bergwerkstollen hätte auch durch Unvorsichtigkeit ausgelöst worden sein können (Djilas, Der Krieg der Partisanen, S. 128 ff.).
[64] Wheeler beziffert die Stärke der Partisanen in Serbien im August 1941 mit 21 Abteilungen aus insgesamt 8000 Mann (Wheeler, Britain and the War for Yugoslavia, 1940—1943, S. 79). Djilas spricht davon, daß die Partisanen im Herbst 1941 mit etwa 4100 Kämpfern in Serbien aktiv waren (Djilas, Der Krieg der Partisanen, S. 128).
[65] Haberl, Die Emanzipation der KP Jugoslawiens von der Kontrolle der Komintern/KPdSU 1941—1945, S. 16.
[66] Zit. nach: ebd.
[67] Ebd. S. 16 f.

b) Die Sowjetunion und die Partisanen 1941

In den drei Monaten zwischen dem Zusammenbruch Jugoslawiens und dem deutschen Überfall auf die Sowjetunion befolgte die KPJ einerseits die Weisungen Moskaus (»keine Kriegspropaganda«)[68], bereitete sich aber andererseits bereits selbständig auf den bewaffneten Ernstfall vor.

Anders als für die übrigen kommunistischen Parteien Europas kam für die KPJ der Überfall auf die Sowjetunion weder überraschend noch traf er sie unvorbereitet. Bereits im Frühjahr 1941 hatte die KPJ in allen regionalen Parteiführungen des Landes Militärkomitees gebildet[69].

Am 22. Juni 1941 sandte die Zentrale der Komintern an das Zentralkomitee der KPJ eine Funkdepesche mit dem Aufruf zum Beginn von Sabotage- und Partisanenaktionen, um dadurch die Rote Armee militärisch zu entlasten[70]. Noch am selben Nachmittag trat das ZK der KPJ unter dem Vorsitz Titos in Belgrad zusammen und beschloß eine Proklamation, die den Beginn des bewaffneten Kampfes für die nächste Zukunft in Aussicht stellte. Gleichzeitig wurde ein »Hauptstab der Partisanenabteilungen der Volksbefreiung Jugoslawiens« gebildet[71].

Am 1. Juli 1941 forderte die Komintern die KPJ auf, sofort mit Widerstandsaktionen zu beginnen[72]. Das ZK der KPJ fällte drei Tage später eine gleichlautende Entscheidung[73] und schuf gleichzeitig regionale Führungsstäbe[74]. Obwohl kein Zweifel darüber besteht, daß der Entschluß zur Aufnahme des bewaffneten Kampfes den Intentionen der KPJ entsprach[75], erfolgte er dennoch auf Weisung Moskaus und im primären Interesse der Sowjetunion bzw. der Roten Armee. Zu diesem Zeitpunkt agierte die KPJ unbestreitbar als der verlängerte Arm Moskaus.

---

[68] Über einen in Zagreb lebenden Komintern-Agenten stand die KPJ mit dem Generalsekretär der Komintern in Moskau, Georgi Dimitrov, in ständiger Funkverbindung (Brandes, Großbritannien und seine osteuropäischen Alliierten 1939–1943, S. 203).

[69] Haberl, Die Emanzipation der KP Jugoslawiens von der Kontrolle der Komintern/KPdSU 1941–1945, S. 20.

[70] Knoll, Jugoslawien in Strategie und Politik der Alliierten 1940–1943, S. 371.

[71] Haberl, Die Emanzipation der KP Jugoslawiens von der Kontrolle der Komintern/KPdSU 1941–1945, S. 22.

[72] Roberts, Tito, Mihailović and the Allies 1941–1945, S. 24.

[73] Zur Entschlußbildung bemerkt der bei der ZK-Konferenz anwesende Djilas folgendes: »Wir hatten schon seit geraumer Zeit über eine Funkverbindung zur Komintern, also zu Moskau, verfügt und hätten derart verantwortungsvolle und schicksalhafte Unternehmungen, wie es bewaffneter Kampf und ein Aufstand nun einmal sind, ohne ›allerhöchste Zustimmung‹ gar nicht beginnen dürfen« (Djilas, Der Kampf der Partisanen, S. 9).

[74] Haberl, Die Emanzipation der KP Jugoslawiens von der Kontrolle der Komintern/KPdSU 1941–1945, S. 22.

[75] Djilas meint dazu: »Über diesen Beschluß gab es keine Diskussion: die Weisung der Komintern war uns bekannt, sie entsprach völlig unseren ideologischen, internationalistischen Verpflichtungen sowie unserer Liebe zur UdSSR — die für uns ›Bollwerk des Weltkommunismus‹ und das ›erste Land des Sozialismus‹ war — und ebenso unserer Situation und unseren Bestrebungen« (Djilas, Der Kampf der Partisanen, S. 11).

4. Die Partisanen

Doch schon die erste Komintern-Depesche vom 22. Juni 1941 enthielt eine Bestimmung über die politische Zielsetzung des Partisanenkampfes, die im Laufe der folgenden Entwicklung das Verhältnis der KPJ zu Moskau immer stärker trüben sollte. So eindringlich die Komintern als Sprachrohr Stalins nach dem deutschen Angriff auf die Sowjetunion die jugoslawischen Völker und die KPJ zum bewaffneten Kampf aufrief, so sehr legte sie von Anfang an Wert auf die Feststellung, daß es in Jugoslawien in der gegenwärtigen Etappe um die Befreiung von der faschistischen Unterjochung, und nicht um eine sozialistische Revolution gehe[76].

Tito hingegen kündigte in einer an die Komintern gerichteten Depesche bereits am 23. August 1941 die Bildung von »Nationalen Befreiungskomitees« als einer Art zentraler Volksregierung an, die sich aus Kommunisten und Vertretern verschiedener demokratischer Strömungen zusammensetzen werde[77].

Die geplanten »Nationalen Befreiungskomitees« waren somit politisch-administrative Organisationen, die ein konstituierendes Element der intendierten sozialen Revolution darstellen sollten[78]. In dieselbe Richtung wies die von Tito im Dezember 1941 aufgestellte »1. Proletarische Stoßbrigade«, deren Bildung von der Komintern heftig kritisiert wurde[79].

Durch die Zielstrebigkeit, mit der die KPJ-Führung schon nach sehr kurzer Zeit ihre revolutionären Ziele in die Tat umzusetzen begann, »vollzog Tito einen totalen Bruch mit der offiziellen Politik der UdSSR, die seit sieben Jahren sorgfältig jeden Anschein des Versuchs vermieden hatte, im Ausland ein kommunistisches Regime zu errichten[80].«

Doch im ersten kritischen Stadium der Résistance (Herbst 1941), als die Wehrmacht militärisch massiv gegen die Partisanen vorging und die Beziehungen zwischen Partisanen und Mihailović-Četniks extrem angespannt waren, hoffte Tito nach wie vor fest auf baldige sowjetische Unterstützung und zeigte sich an Kontakten mit den Briten nicht interessiert[81]. Dies, obgleich die Illusionen der KPJ hinsichtlich einer baldigen Niederlage Deutschlands im Krieg gegen die Sowjetunion bereits verflogen waren. Durch die regelmäßigen Funkdepeschen Titos an die Komintern war man in Moskau schon im Som-

---

[76] Zit. nach:Dedijer, Tito, S. 295.
[77] Zit. nach: Yugoslavia and the Soviet Union 1939–1973, S. 60. Die Funktion der Nationalen Befreiungskomitees wurde von der KPJ folgendermaßen definiert: »Sie sind heute *wirkliche* Träger der Macht, freilich *vorläufige* Träger. Denn ihre Aufgabe ist es, diese Funktion im Interesse des Volksbefreiungskampfes bis zu unserer Befreiung, bis zu dem Zeitpunkt auszuüben, an dem man nach der Vertreibung des Okkupators aus unserem Land an die Bildung staatlicher Verwaltungsorgane gehen kann« (zit. bei Haberl, Die Emanzipation der KP Jugoslawiens von der Kontrolle der Komintern/KPdSU 1941–1945, S. 25).
[78] Strugar, Der jugoslawische Volksbefreiungskrieg 1941–1945, S. 61f.
[79] Pijade, Das Märchen von der sowjetischen Hilfe, S. 11.
[80] Borkenau, Der europäische Kommunismus, S. 334f.
[81] Bei seinem Besuch im Hauptquartier der Partisanen in Užice im Oktober 1941, hatte Captain Hudson Tito die technischen Daten (Wellenlänge, Zeiten und Code) für eine Funkverbindung mit britischen Stellen im Nahen Osten angeboten und ihm ein Funkgerät zur Verfügung gestellt. Aus Rücksicht auf die Sowjetunion und aus ideologischen Gründen hatte Tito dieses Angebot aber abgelehnt (Deakin, The Embattled Mountain, S. 135).

III. Widerstand und Kollaboration in Serbien 1941

mer 1941 verhältnismäßig gut über den Kampf gegen die deutschen Okkupanten und über die Konflikte zwischen Partisanen und Mihailović-Četniks unterrichtet[82]. Sicherlich hat Tito die Komintern auch über seine Bemühungen um ein Kooperationsabkommen mit Mihailović im Juli und August 1941 — also unmittelbar nach dem Beginn der Kampfaktionen der Partisanen — im Sinne einer von Moskau gewünschten Volksfront unterrichtet. Der Erfolg erschöpfte sich allerdings in der Unterzeichnung eines Nichtangriffspaktes[83]. Schon zu diesem Zeitpunkt dürfte es Tito klar gewesen sein, daß die diametral entgegengesetzten politischen Zielsetzungen der beiden Widerstandsgruppen keine dauerhafte militärische Kooperation, geschweige denn eine Art Volksfrontbündnis zulassen würden. Obwohl Moskau über die Tatsache informiert war, daß der bewaffnete Widerstand gegen die deutschen Besatzer in Serbien ausschließlich von den Partisanen getragen wurde, hielt es weiterhin an der Vorstellung eines Volksfrontbündnisses fest. Für diese Haltung dürften u. a. globale militärische Überlegungen verantwortlich gewesen sein. Die Rote Armee sah sich im Sommer/Herbst 1941 in die totale Defensive gedrängt. Die deutschen Truppen standen bereits vor den Toren Moskaus. Am 4. September 1941 forderte Stalin Churchill nachdrücklich auf, eine zweite Front zu eröffnen:

»Der einzige Ausweg ist nach meiner Meinung, noch in diesem Jahr eine zweite Front irgendwo auf dem Balkan oder in Frankreich zu errichten, die 30—40 deutsche Divisionen von der Ostfront abziehen würde«[84].

Stalin wußte, daß die Briten Mihailović unterstützten und war nicht bereit, sich eindeutig auf die Seite der Partisanen zu stellen und damit die mögliche Schaffung einer — von der Roten Armee so dringend benötigten — Balkanfront durch die Briten, seine einzigen Verbündeten, aufs Spiel zu setzen. Die Partisanen konnten durch ihren Kampf in Serbien bestenfalls ein halbes Dutzend, ein etwaiges Eingreifen der Briten auf dem Balkan hingegen einige Dutzend deutscher Divisionen binden[85]. Als nach Mihailović' Angriff

---

[82] Obwohl die Depeschen Titos an die Komintern zum Großteil nicht zugänglich bzw. nicht erhalten geblieben sind, besteht kein Zweifel daran, daß Moskau durch die bestehende Funkverbindung zu Tito über die Ereignisse in Serbien gut informiert wurde. Die erste Depesche, die Tito Ende Mai/Anfang Juni 1941 abfaßte, traf einige Tage nach dem Überfall auf die Sowjetunion in Moskau ein. Allein in der Zeit zwischen dem Überfall auf Jugoslawien und dem 2. August 1941 wurden zwischen der KPJ und der Komintern 94 Depeschen gewechselt (Haberl, Die Emanzipation der KP Jugoslawiens von der Kontrolle der Komintern/KPdSU 1941—1945, S. 11). Vom Zeitpunkt des Überfalls auf die Sowjetunion bis zur Übersiedlung Titos von Belgrad nach Užice Mitte September 1941 hatte Tito sechs Depeschen an die Komintern gesandt (Roberts, Tito, Mihailović and the Allies 1941—1945, S. 40). Bei Gesprächen mit sowjetischen Vertretern in Moskau im November 1941 erhielt der britische Botschafter Cripps den sicheren Eindruck, daß die sowjetischen Stellen über den Widerstandskampf in Serbien weit besser (und wahrheitsgetreuer) informiert waren als das Foreign Office und die Vertreter der jugoslawischen Exilregierung (Knoll, Jugoslawien in Strategie und Politik der Alliierten 1940—1943, S. 449).

[83] Dazu Näheres bei Tomasevich, War and Revolution in Yugoslavia, 1941—1945, S. 140f.

[84] Die unheilige Allianz, S. 58.

[85] Beim Bruch Titos mit Stalin spielte die Frage der (Nicht-) Unterstützung der Partisanen durch Moskau eine wesentliche Rolle. Moscha Pijade, ZK-Mitglied der KPJ und enger Vertrauter Titos im Partisanenkampf, brachte die Haltung Moskaus im Jahre 1941 auf den Punkt: »Während dieser kritischen Phase des Kampfes der Roten Armee, vom Juli bis Dezember 1941, als an allen übrigen Fron-

4. Die Partisanen

auf die Partisanen Anfang November 1941 das britische Foreign Office die sowjetischen Stellen um Vermittlung in diesem Konflikt ersuchte, stieß es auf positive Resonanz[86]. Obwohl Moskau über die vorangegangenen Angriffe der Mihailović-Četniks auf die Partisanen ebenso informiert war wie über Mihailović' Verhandlungsversuche mit Nedić und den deutschen Besatzern (zwecks Zerschlagung des Partisanenwiderstandes in Serbien), akzeptierte die Sowjetunion die Aufforderung der Briten, auf Tito hinsichtlich eines militärischen Volksfrontbündnisses unter der Führung von Mihailović einzuwirken. Unmittelbar nach der britischen Intervention in Moskau begann »Radio Moskau« ab Mitte November 1941 mit einer Propagandaoffensive für Mihailović, in der dieser als Führer aller Widerstandskräfte in Jugoslawien bezeichnet wurde[87]. Dabei wurde die absurde Behauptung aufgestellt, eine komplette Partisanenarmee, bestehend aus fünf voll ausgebildeten Divisionen in Jugoslawien würde unter dem Kommando Mihailović' operieren[88]. Nach diesem Vorgehen Moskaus war das blinde Vertrauen Titos und der KPJ-Führer zu Stalin erstmals erschüttert. In gereiztem Ton wies Tito seinen Kominternagenten in Zagreb an, ein Telegramm nach Moskau zu senden:

»Sende sofort dieses Telegramm, denn Radio Moskau verbreitet schreckliches Unsinn über D. Mihailović, mit dem wir über einen Monat lang einen blutigen Kampf führen. Er ist Kommandant der Četniki. [...] Er hat uns am 2.11. überfallen und versucht, uns zu entwaffnen, aber wir haben ihn völlig zerschlagen, so daß ihm nur noch 500 Mann übriggeblieben sind. [...] Nur London zuliebe haben wir davon Abstand genommen, Draža Mihailović vollständig zu liquidieren, aber wir werden unsere Partisanen kaum zurückhalten können, dies nicht zu tun. Erkläre ihnen, daß sie aufhören sollen, schlimmeren Unsinn zu verbreiten, als ihn Radio London verbreitet[89].«

Neben der propagandistischen Unterstützung für Mihailović — aus bündnispolitischen Rücksichten auf die Briten und die jugoslawische Exilregierung[90] — kam von Moskau

---

ten Ruhe herrschte, kann einzig von der moralischen Hilfe die Rede sein, die die Jugoslawen durch ihren Kampf der Sowjetunion und ihrer Armee geleistet haben. Wenn die Kommunistische Partei Jugoslawiens den jugoslawischen Völkern nicht allein den Willen zum Kampf für die eigene Befreiung, sondern auch das Bewußtsein eingepflanzt hatte, daß sie durch ihren Kampf der Roten Armee die größtmögliche Hilfe leisten sollen, indem sie möglichst viele deutsche Divisionen in Jugoslawien binden, so wäre wahrlich die Lage an der Ostfront zu jener Zeit nicht gerade ein Ansporn für sie gewesen, den Kampf aufzunehmen und den Aufstand ›gegen jene Macht‹ zu erheben. Eine solche moralische Kraft können jedoch weder Gottwald noch Anna Pauker verstehen, die über die Befreiung ihrer Länder in ihren Wohnungen in Moskau an den Radioempfängern zuhörten« (Pijade, Das Märchen von der sowjetischen Hilfe, S. 12).

[86] Der sowjetische Botschafter in London, Majskij, hatte bei der Vermittlung seine Dienste angeboten (Knoll, Jugoslawien in Strategie und Politik der Alliierten 1940–1943, S. 465).
[87] Brandes, Großbritannien und seine osteuropäischen Alliierten 1939–1943, S. 212.
[88] Vom britischen Geheimdienst bzw. von exiljugoslawischen Abhörorganen im Nahen Osten abgehörte Sendungen von Radio Moskau (zit. nach: Knoll, Jugoslawien in Strategie und Politik der Alliierten 1940–1943, S. 464).
[89] Depesche vom 25.11.1941 (zit. nach: ebd. S. 465).
[90] Nach dem Überfall Deutschlands auf die Sowjetunion hatte Moskau die im Mai 1941 abgebrochenen diplomatischen Beziehungen zur jugoslawischen Exilregierung in London im Juli 1941 wieder aufgenommen. Erst nach der Anerkennung der Nationalen Befreiungskomitees im Dezember 1943 brach die Sowjetunion die diplomatischen Beziehungen zur jugoslawischen Exilregierung in London wieder ab (Matl, Jugoslawien im Zweiten Weltkrieg, S. 102).

auch scharfe Kritik an Titos Politik. Die Führung der Komintern warf Tito politische Borniertheit und die Unfähigkeit vor, in koalitionären Dimensionen zu denken[91]. Tito schlug den sowjetischen Stellen erfolglos vor, nicht ständig auf ein Volksfrontbündnis mit Mihailović zu insistieren, sondern besser eine sowjetische Militärmission — analog der britischen Mission bei Mihailović — zu den Partisanen zu entsenden, die sich dann an Ort und Stelle ein Bild über die Situation in Jugoslawien machen könnte[92]. Nachdem schon die von Tito im Sommer 1941 erbetene Waffenhilfe nicht eingetroffen war[93], wurde von der Sowjetunion auch die Entsendung einer Militärmission abgelehnt[94]. Anstelle der dringend benötigten Waffen und Hilfsgüter hatte Stalin den Partisanen nichts anderes als Zurechtweisungen, politischen Verrat und »Ratschläge« zu bieten. Die einzige materielle Unterstützung, die die Partisanen bis 1944 von Moskau erhielten, war die Stationierung des Radiosenders »Slobodna Jugoslavija« in Tiflis (Tbilissi), der ab November 1941 seine Programme nach Jugoslawien ausstrahlte[95]. Aufgrund der vollkommen realitätsfernen, politisch undurchführbaren Vorschläge Moskaus begannen Tito und die KPJ ab Sommer 1941 sich langsam aus der bis dahin starken politischen Hörigkeit gegenüber Stalin zu befreien. Eine weitere Unterwerfung unter den »Genossen Stalin, unseren großen Lehrer«[96], hätte die Aufgabe, wenn nicht sogar die blutige Liquidierung des Partisanenkampfes in Jugoslawien bedeutet. Die Dynamik des Partisanenaufstandes hat-

---

[91] Anfang März 1942 sandte die Komintern folgendes Telegramm an Tito: »Die Niederlage der faschistischen Banditen und die Befreiung von den Okkupatoren ist die Hauptaufgabe, die Aufgabe, die über allen anderen Aufgaben steht. Berücksichtigen Sie, daß sich die Sowjetunion im Bündnisverhältnis mit dem jugoslawischen König und der Regierung befindet, und daß ein offenes Auftreten gegen diese neue Schwierigkeiten in den gemeinsamen Kriegsanstrengungen und den Beziehungen zwischen der Sowjetunion einerseits, und England und Amerika andererseits schaffen würde. Die Frage Ihres Kampfes betrachten Sie nicht allein von Ihrem nationalen Standpunkt, sondern auch vom internationalen Standpunkt der englisch-sowjetisch-amerikanischen Koalition aus. Indem Sie ihre Position im Volksbefreiungskampf allseitig festigen, zeigen Sie gleichzeitig mehr Elastizität und Manövrierungsfähigkeit« (zit. nach: Pijade, Das Märchen von der sowjetischen Hilfe, S. 17).

[92] Am 5.3.1942 hatte die Komintern wieder ein Telegramm an Tito geschickt, in dem sie die »Sowjetisierungspolitik« Titos scharf kritisierte: »Bei der Durchsicht Ihrer gesamten Information bekommt man den Eindruck, daß mit einer gewissen (Rechtfertigung) die Anhänger Englands und der jugoslawischen Regierung den Verdacht hegen, daß die Partisanenbewegung einen kommunistischen Charakter bekomme und daß sie sich auf die Sowjetisierung Jugoslawiens richte. Weshalb hatten Sie es, zum Beispiel, nötig, eine spezielle Proletarierbrigade zu bilden? Jetzt besteht doch die hauptsächliche und unmittelbare Aufgabe darin, daß alle antihitlerischen Elemente vereinigt, die Okkupatoren zerschlagen und die nationale Befreiung erkämpft werde« (zit. nach: ebd., S. 15).

[93] Knoll, Jugoslawien in Strategie und Politik der Alliierten 1940—1943, S. 448.

[94] Im Februar 1942 hatte Tito mehrmals um die Entsendung einer sowjetischen Militärmission gebeten (siehe die Telegramme vom 17. und 22.2.1942, zit. in: Pijade, Das Märchen von der sowjetischen Hilfe, S. 12f). Die erste sowjetische Militärmission wurde erst im Februar 1944 zum Stabe Titos gesandt (Djilas, Der Krieg der Partisanen, S. 481 ff).

[95] Der Sender wurde von Veljko Vlahović geleitet. Vlahović war gleichzeitig Sekretär der Kommunistischen Jugendinternationale und Vertreter der KPJ bei der Komintern. Allein bis zum Jahresende 1941 wurden 51 Sendungen ausgestrahlt, (Haberl, Die Emanzipation der KP Jugoslawiens von der Kontrolle der Komintern/KPdSU 1941—1945, S. 12f., 31).

[96] Mit dieser Anrede titulierte Tito in seinem Grußtelegramm von der jugoslawischen Parteikonferenz im Oktober 1940 den Generalsekretär der KPdSU (Simic, Dokumente widerlegen Tito, S. 60).

te trotz der schweren Rückschläge in Serbien zur Jahreswende 1941/42 den Führern der KPJ soviel politisches Selbstvertrauen gegeben, daß sie auch ohne politische und materielle Unterstützung Stalins an der von ihnen eingeschlagenen Politik festhielten. Ein Brief an Moscha Pijade verdeutlicht, in welchem Grad Tito sich schon im März 1942 von Stalin emanzipiert hatte. In einem Ton, der für andere KP-Führer undenkbar gewesen wäre, schreibt Tito:

»Vor einigen Tagen erhielt ich einen kilometerlangen Brief von ihm (Stalin — W. M.), in dem er mir mitteilte, daß er aus unserem Material den Eindruck gewinne, daß unsere Partisanenbewegung immer mehr in kommunistische Gewässer gehe, denn wie wäre es möglich, daß die Anhänger Londons Tschetniks gegen uns organisieren. [...] Er verlangt, daß wir unsere Politik revidieren und eine breite Volksbefreiungsfront schaffen. Ich habe ihm darauf kurz und bündig geantwortet, daß er auf Grund unserer Briefe falsche Schlüsse gezogen habe, daß wir eine breite Volksbefreiungsfront haben, jedoch nicht mit der fünften Kolonne, sondern mit der riesigen Mehrheit der wahren Patrioten[97].«

Der ehrfurchtslose Ton soll aber nicht darüber hinwegtäuschen, daß Tito und die Partisanen nach wie vor davon überzeugt waren, prinzipiell im Sinne Stalins zu handeln. Die entstandenen Spannungen wurden von Tito auf taktische Überlegungen Moskaus zurückgeführt und als nur temporär eingeschätzt[98]. Im Gegensatz zu anderen kommunistischen Parteien Europas, die erst durch den Einmarsch der Roten Armee in ihren Ländern an die Macht gelangten, hatte sich die KPJ durch ihren Entschluß zum bewaffneten Kampf schon 1941 eine breite Massenbasis geschaffen. Die aktive Realpolitik der KPJ in Form des Partisanenkampfes hatte Tito veranlaßt, eigene Entscheidungen zu treffen und nicht als Marionette Stalins zu agieren. Diese relative Autonomie mußte auf lange Sicht zwangsweise zu einem tiefen Konflikt zwischen der KPJ und dem mit Allmachtansprüchen ausgestatteten Führer der KPdSU führen; einem Konflikt, der in den Bruch der KPJ mit Moskau im Jahre 1948 einmünden sollte.

5. Der Kampf der Partisanen und Četniks im Jahre 1941

Die Aktionen der Partisanen in Serbien hatten schon kurze Zeit nach der Proklamation des bewaffneten Aufstandes solche Ausmaße angenommen, daß sich die deutschen Besatzer gezwungen sahen, Anfang August 1941 beim OKW — allerdings erfolglos — um Verstärkung durch zwei Polizeibataillone und mindestens 200 SD-Leute anzusuchen. Als Reaktion auf die Ablehnung aus Berlin wurde auf einem Gipfeltreffen der Wehrmachtspitzen auf dem Balkan Mitte August 1941 in Athen beschlossen, von nun an die Wehrmacht zur Partisanenbekämpfung in Serbien einzusetzen[99].
Im Juli 1941 waren sich die Deutschen weder über die Urheber noch über den Charakter der Résistance im klaren. Die Propagandaabteilung bezeichnete die Akteure des Widerstandes als »serbische Banden« und maß ihnen keine »übermäßig gefährliche Bedeutung

---
[97] Zit. nach: Pijade, Das Märchen von der sowjetischen Hilfe, S. 16.
[98] Haberl, Die Emanzipation der KP Jugoslawiens von der Kontrolle der Komintern/KPdSU 1941–1945, S. 11.
[99] Siehe Kapitel I.

zu, weil es sich dabei um eine fast normal zu nennende balkanische Erscheinung handelt[100].« Auch das Höhere Kommando LXV konnte nur feststellen, daß es sich bei den drei im Monat Juli auf die Truppe verübten Anschlägen »meist um Einzelaktionen kleiner Gruppen handelte, wenn auch ziemlich gleichzeitiges Aufflackern der Bandenunruhen an verschiedenen Stellen zu erkennen war [...] Eine einheitliche Führung (war) bisher nicht zu erkennen[101].«

Anfang August 1941 waren die deutschen Stellen bei der Feindaufklärung noch nicht viel weitergekommen. Reichlich undifferenziert wurde nunmehr behauptet: »Banden bestehen aus Kommunisten und Nationalserben[102].« Im Laufe des Monats gelang es der deutschen Abwehr endlich, die Akteure des sich mittlerweile immer stärker ausdehnenden bewaffneten Widerstands zu eruieren:

»Versteifung in Richtung eines bewaffneten kommunistischen Aufstandes. [...] Unverkennbar erhalten Kommunisten Weisungen durch Radio. (Geschickte Schilderungen angeblicher Überfälle an russischer Front). Beteiligung von Četniki an Überfällen nicht feststellbar[103].«

Erst zu diesem Zeitpunkt kristallisierte sich für die deutschen Besatzer die Struktur der Feindgruppen heraus. Die Träger und Aktivisten des Aufstandes in Serbien waren die »kommunistischen Banden«, während sich die »nationalen Banden« der Četniks bisher nicht am Kampf gegen die Besatzungsorgane beteiligt hatten. Doch befürchtete man auf deutscher Seite, daß sich bei einer weiteren Ausbreitung des Aufstandes auch die Četniks dem bewaffneten Kampf anschließen könnten. Am 12. September 1941 berichtet der Gesandte Benzler dem Auswärtigen Amt, daß erstmals einige Četnik-Abteilungen Position gegen die Wehrmacht bezogen hätten, ohne sich aber aktiv an den Kämpfen zu beteiligen[104].

Es steht unzweifelhaft fest, daß die Mihailović-Četniks bis September 1941 nicht gegen die deutschen Okkupanten gekämpft haben. Die Aktionen im Sommer 1941, bei denen allein im August 242 Attentate verübt, 22 Wehrmachtsoldaten getötet und 17 verwundet wurden[105], waren allein von den Partisanen durchgeführt worden. Die Mihailović-Čet-

---

[100] BA-MA, RW 4/v. 231, Lage- und Tätigkeitsbericht der Propagandaabteilung »S« in der Zeit vom 26.6. bis 25.7.1941.
[101] Ebd., RH 24–30/276, Höh. Kd. LXV, Abt. Ia, 25.7.1941.
[102] Ebd., RW 40/5, KTB Befehlshaber Serbien, 9.8.1941.
[103] Ebd., Anlage zum KTB Befehlshaber Serbien, Lagebericht über den Zeitraum 21.–31.8.1941.
[104] »Under the influence of nationalistically camouflaged communist slogans, individual Chetnik groups are now also taking positions against the German occupation troops, although so far there has been no fighting involving them« (Schreiben Benzlers an AA, 12.9.1941, in englischer Übersetzung, zit. nach: Tomasevich, War and Revolution in Yugoslavia, 1941–1945, S. 135).
[105] BA-MA, RH 19 XI/81, Die Bekämpfung der Aufstandsbewegung im Südostraum, T. 1, S. 18. Clissold zitiert eine typische Tagebucheintragung des bei der Partisanen-Abteilung in Valjevo eingesetzten Politkommissars Dragojlo Dudić über die Tagesoperation vom 1.8.1941:
»1. Send out patrols.
2. Warn Presidents of Parish Councils to stop all local administration work as it only helps the enemy. In case of refusal, take hostages.
3. Distribute Communist Youth leaflets.
4. Rest of the company to help in harvesting and spread propaganda amongst the peasantry.
5. Prepare attack on Mionica gendarmerie station« (Clissold, Whirlwind, S. 37 f.).

5. Der Kampf der Partisanen und Četniks im Jahre 1941

niks hielten noch strikt an der Taktik des defensiven Abwartens fest und gaben keinen einzigen Schuß auf die deutschen Okkupationsorgane ab[106].
Eine gänzlich andere Darstellung des Widerstandes in Serbien vermitteln hingegen die Berichte, die im Laufe des Sommers durch Kuriere der Četniks bei den britischen Stellen und bei der jugoslawischen Exilregierung eintrafen. Schon am 7. Juli 1941 erhielt die britische »Special Operations Executive« (SOE) in Kairo einen Bericht, in dem behauptet wurde, daß in Serbien nationale Gruppen in einer Stärke von 100 000 Mann im Kampf stünden. Die gleichen phantastischen Zahlen kolportierte sechs Wochen später das britische »Balkan Press Reading Bureau« in Istanbul, das diese Information von zwei militanten Panserben und glühenden Mihailović-Anhängern erhalten hatte[107]. Die detaillierteste, aber ebenfalls unrichtige Schilderung erhielt Ende Juli oder Anfang August 1941 ein Mitglied des britischen »Secret Intelligence Service« (SIS) in Kairo von einem aus Serbien kommenden Kurier, der ebenfalls berichtete, in Serbien stünden fast 100 000 Mann unter Waffen. Als Führer dieser nationalistischen Gruppen wurde erstmals Generaloberst Draža Mihailović erwähnt.
Wahrscheinlich aufgrund dieses Berichtes entschlossen sich die britischen Stellen zur Entsendung einer Militärmission nach Serbien[108]. Als erste Hilfsmaßnahme übermittelten die Briten 20 000 Pfund an Mihailović[109].
Anfang September 1941 weitete sich der Widerstand in Serbien immer mehr zu einem Aufstand aus. Die Kampfstärke ließ die Deutschen zu dem Schluß kommen, daß sich nunmehr auch die Četniks an den Kämpfen beteiligten. Sie hatten sogar — zu Unrecht — die Četniks des Kosta Pećanac in Verdacht, am Aufstand mitzuwirken. In einem Brief an Feldmarschall List berichtete dessen nach Belgrad entsandter Ordonnanzoffizier Anfang September 1941:

»General Bader und Oberst Kewisch [...] trauen den Četniki nicht. Es sind auch jetzt noch Befehle gefunden, die das Zusammengehen der Četniki und Kommunisten beweisen[110].«

Die deutschen Besatzer hofften, durch die Einsetzung von Nedić als Regierungschef ein Zusammengehen der Mihailović-Četniks mit den Partisanen zu verhindern[111]. Unmittelbar nach seinem Amtsantritt Ende August 1941 unternahm Nedić — der sich selbst als »serbischer Petain« fühlte[112] — den Versuch, Mihailović zu bewegen, mit seinen Čet-

---

[106] Daß die Einschätzung der deutschen Abwehr über die militärische Passivität der Četniks bis zum September 1941 richtig war, wird durch Dokumente der Četniks und Četnik-Sympathisanten aus dieser Zeit bestätigt (siehe dazu Tomasevich, War and Revolution in Yugoslavia, 1941—1945, S. 135 ff.).
[107] Knoll, Jugoslawien in Strategie und Politik der Alliierten 1940—1943, S. 376.
[108] Ebd., S. 377.
[109] Deakin, The Embattled Mountain, S. 126.
[110] BA-MA, RH 19 XI/81, Die Bekämpfung der Aufstandsbewegung im Südostraum, T. 1, S. 35.
[111] Im Lagebericht des Befehlshabers Serbien von Ende August 1941 heißt es dazu: »Es wird erhofft, daß neue Regierung in gewisser Verbindung mit Četniki (des Kosta Pećanac — W. M.) zur Wiederherstellung von Ruhe und Ordnung wesentlich beitragen und die national gesonnenen Serben zumindest veranlassen wird, mit Kommunisten nicht gemeinsame Sache zu machen« (BA-MA, RW 40/5, Lagebericht an das AOK 12 über den Zeitraum 21.—31.8.1941).
[112] So jedenfalls zitierte ihn General Böhme (ebd., RW 40/24, Bericht Böhme an Wehrmachtbefehlshaber Südost, 15.11.1941).

niks nach Bosnien und Herzegowina zu gehen, um dort die serbische Bevölkerung gegen die Ustascha zu unterstützen. Dafür bot ihm Nedić über Mittelsmänner jegliche Unterstützung, auch in Form von Waffen, an. Mihailović reagierte nicht auf das Angebot. Wenige Tage später wurde ein zweiter Vorschlag von Nedić, in dem er Mihailović aufforderte, seine Četniks von den Partisanen abzuziehen, von den Partisanen abgefangen. Nedić' Bemühungen um die Isolierung der Mihailović-Četniks von den Partisanen blieben damit vorerst erfolglos[113].

Innerhalb der Wehrmachtführung in Serbien war man zu diesem Zeitpunkt über eine mögliche Zusammenarbeit mit Mihailović geteilter Meinung. Während der Befehlshaber Danckelmann wegen der militärischen Schwäche seiner Truppen für eine Kooperation mit den Četniks zur Niederwerfung des Partisanenaufstandes eintrat, warnte General Bader vor einem solchen Zusammengehen[114].

Die Erfolge der Partisanen drängten Mihailović zunehmend ins Abseits. Er versuchte im September 1941, sich einer Entscheidung für eine der beiden Optionen — Zusammengehen mit den Partisanen gegen die Okkupanten oder Kooperation mit der Wehrmacht und den Nedić-Formationen gegen die Partisanen — zu entziehen. Keine der beiden Möglichkeiten entsprach seinen Zielen. Doch nicht Mihailović, sondern die Partisanen und die Deutschen diktierten das Geschehen. Mihailović suchte nach einer Taktik, die ihm einen Ausweg aus dieser Zwickmühle ermöglichen würde.

a) Die partielle militärische Kooperation Partisanen — Četniks im Herbst 1941

Durch die Ausweitung des Partisanenwiderstandes im August 1941 war die Position von Mihailović als potentieller Résistanceführer ins Wanken geraten. Im Sommer 1941 hatte er sich und seine Četniks den Briten und der Exilregierung fälschlicherweise, doch erfolgreich als alleiniger Träger des Widerstands in Serbien präsentiert und gehofft, auf diese Weise umgehend materielle und politische Unterstützung zu bekommen[115]. Die begrün-

---

[113] Tomasevich, War and Revolution in Yugoslavia, 1941—1945, S. 197f.
[114] »Beim Höh. Kdo. LXV ist man der Auffassung, der Entschluß des Befehlshabers Serbien, sich der serbischen Regierung und der Četniki zur Bekämpfung der Kommunistenbanden zu bedienen, könne zwei große Gefahren mit sich bringen: Die Četniki verbinden sich mit den Kommunisten und treten gemeinsam, binnen kurzem neu geordnet und organisiert, gegen die deutschen Besatzungstruppen auf. Zum zweiten: Die serbische Regierung stellt mit den Četniki die Ruhe im Lande wieder her, organisiert gleichzeitig geradezu ein stehendes Heer, so daß die deutsche Besatzung stets mit einem gefährlichen Aufstand rechnen muß, ohne einem solchen rechtzeitig entgegentreten zu können, da die Regierung und Četniki für sich in Anspruch nehmen werden, die Ruhe im Lande hergestellt zu haben, nachdem die Deutschen hierzu nicht in der Lage gewesen wären« (Brief des Ordonnanzoffiziers Lists, Rittmeister Campe, an List, 9.9.1941, zit. nach: BA-MA, RH 19 XI/81, Die Aufstandsbewegung im Südostraum, T. 1, S. 35f.).
[115] Die Briten wußten zu diesem Zeitpunkt noch nichts über die Existenz der Partisanen und deren Aktivitäten. Tito war dem britischen Secret Service und der jugoslawischen Exilregierung gänzlich unbekannt, und selbst Mihailović war bei seinem ersten Treffen mit Tito im September 1941 überzeugt, daß dieser wegen seiner »eigenartigen« Aussprache (Tito war Kroate) ein sowjetischer Agent sei. Erst Anfang November 1941 erwähnt Mihailović in einem Funktelegramm an die Briten erstmals den »Communist leader in Serbia, under the false name ›Tito‹« (zit. bei Roberts, Tito, Mihailović

5. Der Kampf der Partisanen und Četniks im Jahre 1941

dete Angst, sein Prestige bei den britischen Alliierten und der serbischen Bevölkerung einzubüßen, zwang ihn nun zum Handeln.

Da die direkten Kontroll- und Disziplinierungsmöglichkeiten des Četnik-Führers gegenüber seinen Kommandanten recht bescheiden waren, bestand auch zunehmend die Gefahr, Mihailović' passive Haltung könnte seine Unterführer mit ihren Mannschaften dazu bewegen, zu den Partisanen überzulaufen, um an deren Seite gegen die Deutschen zu kämpfen. Ende August/Anfang September 1941 hatten bereits ein halbes Dutzend Četnik-Unterführer ohne Zustimmung von Mihailović begonnen, mit den Partisanen militärisch zu kooperieren[116]. Als ersten militärischen Erfolg konnte dieses Kampfbündnis Anfang September 1941 die Einnahme der Stadt Krupanj[117] und der wichtigen Bergwerkstadt Lošnica verbuchen[118]. Um nicht vollständig die Kontrolle über den Widerstand in Serbien an die Partisanen zu verlieren, genehmigte Mihailović widerstrebend einigen seiner Offiziere, mit ihren Verbänden an den militärischen Operationen der Partisanen teilzunehmen; gleichzeitig aber nahm er geheime Verhandlungen mit Ministerpräsident Nedić auf[119].

---

and the Allies 1941–1945, S. 39f.). Als die Briten im Herbst 1941 von kommunistischen Widerstandsaktivitäten erfuhren, glaubten sie zunächst, der ehemalige sowjetische Gesandtschaftsrat in Belgrad sei der Führer der Partisanen. Erst Ende Oktober 1941 meldete der britische Missionsangehörige Hudson den Namen und die Funktion Titos an seine Vorgesetzten in Kairo (Knoll, Jugoslawien in Strategie und Politik der Alliierten 1940–1943, S. 441).

[116] Einer davon, der orthodoxe Geistliche Vlada Zečević, schloß sich bald darauf den Partisanen an und bekleidete eine hohe Kommandofunktion (Roberts, Tito, Mihailović and the Allies 1941–1945, S. 27). Zur Charakterisierung dieser »autonomen Kollaborationisten« siehe Milazzo, The Chetnik Movement and the Yugoslav Resistance, S. 21 ff.).

[117] Krupanj wurde am 6.9.1941 von den Widerstandskämpfern eingenommen (BA-MA, RH 19 XI/81, Die Aufstandsbewegung im Südostraum, T. 1, S. 40). Dabei wurde eine große Anzahl deutscher Soldaten gefangengenommen. Nach der Einnahme von Krupanj verlegte Tito sein Hauptquartier von Belgrad kurzfristig in die befreite Stadt (Armstrong, Tito and Goliath, S. 34).

[118] Clissold, Whirlwind, S. 60. Zu diesem Zeitpunkt hatte die Wehrmacht sowohl über die Aufstandsführung, als auch über die Stärke der Feindgruppen nur vage Vermutungen: »Von einem kroat. Oberst, der sich an einem örtlichen Unternehmen in der Gegend Lošnica freiwillig beteiligt hatte, wird die Führung der Aufstandsbewegung in Almhütten am Cer pl.(aniza), 25 km südwestlich Šabac (das Hauptquartier von Mihailović – W.M.) vermutet. Die Unzugänglichkeit dieses Geländes und dessen Lage in der Mitte zwischen 2 Hauptaufstandsgebieten, lassen diese Vermutung für sehr wahrscheinlich erscheinen. [...] Die Ansichten über die Stärke des Feindes im Savebogen westlich Šabac schwanken zwischen 2000 und 10000 Mann. Nach Aussage des Staatsrates Turner sollen sich dort etwa 2000 Aufständische mit mindestens 50 M.G. befinden« (BA-MA, RW 40/11, Beurteilung der militärischen Lage in Serbien durch den Verbindungsoffizier des Wehrmachtbefehlshabers Südost beim Höheren Kommando LXV, Major Jais, 12.9.1941).

[119] In einer Vernehmung durch die jugoslawische Kriegsverbrecherkommission gab der ehemalige serbische Ministerpräsident Milan Nedić im Jahre 1946 zu Protokoll: »Gleich nach der Ernennung meiner Regierung anfangs September 1941, meldete sich bei mir eine Delegation des Draža Mihailović, welche aus dem Oberstleutnant der Infanterie Djurić, Major Alexander Nikić und Generalstabsmajor Djurić bestand. Sie kamen mit originalen Vollmachten Draža Mihailović', um mit mir zu verhandeln. Die Bedingungen, die Draža im allgemeinen stellte, waren folgende:
1) Daß in Serbien Ruhe und Ordnung hergestellt wird.
2) Daß der Kampf gegen die Partisanenabteilungen ... gemeinsam geführt wird.
3) Daß ich die Verbindung mit Draža herstelle und ihn bei den Deutschen legitimiere.

Während am 20. September 1941 ausschließlich Partisanenverbände den Rückzug der deutschen Truppen aus der Stadt Užice erzwangen, anschließend die Stadt besetzten und die »freie Republik Užice« ausriefen[120], hatten sich seit Anfang September einzelne Četnikeinheiten mit den Partisanen in Westserbien und im Save-Drina-Dreieck zu einer gemeinsamen Kampffront gegen die Wehrmacht zusammengeschlossen. Einen Tag nach seiner Ankunft in Westserbien traf Tito am 19. September 1941 mit Mihailović zusammen, um über ein zentrales Kampfbündnis zwischen Partisanen- und Četnikverbänden zu verhandeln. Tito bot Mihailović die Position des Stabschefs in einem gemeinsamen Hauptquartier an. Da man sich jedoch über die Kernfrage — das Verhalten gegenüber der Besatzung — nicht einigen konnte, verliefen die Verhandlungen ergebnislos[121]. Das änderte aber nichts daran, daß Tito weitere Schritte unternahm, um den militärischen Kampf auf einer organisatorisch höheren Stufe fortzusetzen.

Ende September 1941 wandelte Tito das bisherige Partisanenkommando in ein militärisches Oberkommando unter seiner Führung um, das den Befreiungskampf über die regionalen Kommandos zentral zu koordinieren hatte. Vor allem schuf aber die gleichzeitige Bildung lokaler »Nationaler Befreiungsräte« (in den von Partisanen kontrollierten Gebieten), die als Fundament einer neuen Selbstverwaltung gedacht waren, Veränderungen von größter Tragweite, die Mihailović zusätzlich beunruhigt haben dürften. Immer deutlicher zeichnete sich ab, daß die Partisanen für seine politischen Ziele langfristig eine ungleich größere Gefahr darstellen würden als die deutsche Besatzung und die Quislingregierung, deren Herrschaft mit dem ihm unzweifelhaft erscheinenden Sieg der Alliierten einmal ein Ende haben würde. Mit dem Eintreffen General Böhmes, der politisch-ideologischen und militärischen Offensivstrategie der Partisanen und der damit verbun-

---

 4) Daß ihm eine gewisse Geldsumme zur Auszahlung der Sölde für seine Offiziere und Unteroffiziere zur Verfügung gestellt wird.
 5) Daß nach der Befriedung Serbiens eine bewaffnete Aktion zur Befriedung Bosniens unternommen wird.
 6) Daß zur Befriedung Montenegros Gjukanović Blazo zu unterstützen ist. Ich habe meinerseits all diese Vorschläge und Bedingungen angenommen. Draža bekam Geld und die Deutschen haben dies genehmigt. Ende Oktober 1941 habe ich erfahren, daß Draža im Dorf Livci mit den deutschen Abgesandten eine Zusammenkunft hatte und daß bei dieser Zusammenkunft von Seiten der Deutschen Dr. Kie(s)sel, Kraus von der Gestapo und ein Universitätsprofessor der Slavistik aus Graz, dessen Namen ich mich nicht mehr erinnere (Hauptmann Josef Matl — W.M.), teilgenommen haben« (ZStL, 503 AR-Z 36/76, Bd 1, Vernehmungsprotokoll Milan Nedić, 9. 1. 1946).
 Auch bei einer quellenkritischen Betrachtung der Aussage von Nedić weisen die überprüfbaren historischen Details eindeutig darauf hin, daß bereits im August/September 1941 Verhandlungen zwischen Nedić und Mihailović-Četniks stattfanden. Offen bleibt lediglich, wer von beiden die Initiative dazu ergriffen hat und ob die Übereinkunft von den deutschen Stellen tatsächlich abgesegnet worden war.
[120] Am 18. 9. 1941 schlug der Kommandant des Höh. Kdo. LXV, General Bader, vor, das in Užice stationierte 1. Bataillon/724. IR und die Kreiskommandantur aus der Stadt abzuziehen, da sie von Partisaneneinheiten eingekreist und von sämtlichen Versorgungs- und Nachschubwegen abgeschnitten waren (BA-MA, RH 24–30/274, Bader an Befehlshaber Serbien, 18. 9. 1941). Am 20. 9. 1941 ordnete Böhme den Rückzug des Bataillons — nach vorheriger Vernichtung der Beutewaffen und Munition — an (ebd., RW 40/5, KTB-Eintragung vom 20. 9. 1941).
[121] Knoll, Jugoslawien in Strategie und Politik der Alliierten 1940–1943, S. 436.

5. Der Kampf der Partisanen und Četniks im Jahre 1941 137

denen Zurückdrängung der Mihailović-Četniks entstand Mitte September 1941 eine Konstellation, deren Dynamik schon einen Monat später voll zum Tragen kommen sollte. Doch vorerst verstärkte sich auf regionaler Ebene noch die partielle militärische Kooperation der beiden Widerstandsorganisationen. Nach der Befreiung der westserbischen Städte Krupanj und Lošnica formierten sich Mitte September im Save-Drina-Dreieck Partisanenabteilungen und eine Četnik-Einheit unter der Führung von Hauptmann Račić, um gemeinsam die Stadt Šabac anzugreifen[122]. Auf deutscher Seite war man über das Zu-

---

[122] Einen Einblick in das in dieser Phase verwirrende Schwanken einzelner Unterführer von Mihailović zwischen Kooperation mit den Partisanen und Kollaboration mit der deutschen Besatzung gibt ein Brief des in Lošnica stationierten Kommandanten der Prodiner Četnik-Abteilung an den stellvertretenden Kommandanten der deutschen Truppen in Šabac, Oberleutnant Dr. Behne, eine Woche vor dem Eintreffen der 342. ID General Hinghofers in der Stadt. Aus ihm wird ersichtlich, daß die Wehrmacht vor der Ankunft General Böhmes zumindest regionale Übereinkommen mit den Četniks über einen Gefangenenaustausch getroffen hatte. Während die Abteilung des Četnik-Führers Dragoslav Račić gemeinsam mit den Partisanen die Befreiung der Stadt vorbereitete, forderte der namentlich nicht genannte Prodiner Četnik-Führer den deutschen Kommandanten auf, die Partisanen gefangenzunehmen und nach deutschem Gesetz zu bestrafen. Er schlug dem deutschen Kommandanten von Šabac vor, die Stadt seiner Četnik-Abteilung zu übergeben und die Wehrmacht abzuziehen. Wegen des exemplarischen Charakters sei dieses Dokument — samt orthographischen und grammatikalischen Fehlern — hier ausführlich zitiert:
»In Verbindung mit dem Übereinkommen zwischen Ihnen und dem Kommandanten der Cer-Abteilung senden wir Ihnen heute Ihre Soldaten, welche bei den Operationen gefangen genommen sind — und gelegentlich des Bombardements der Bomben, die Stuka abgeworfen haben, verwundet sind — wie auch die, welche in den Kämpfen bei Lošnica, Banja Koviljaca und anderen Orten verwundet sind.
Es wurden nur die Schwerverwundeten zurückbehalten, welche nach der ärztlichen Meinung nicht transportfähig sind — bei selbe ist die ärztliche Behandlung fortgesetzt. [...]
Schon mehrmals haben wir es angeführt und bestätigt — und wiederholen selbes jetzt wieder, daß wir nichts gegen den deutschen Soldaten und gegen das deutsche Reich haben — wir schätzen den deutschen Soldaten als einen Kämpfer — seine Korrektheit als Sieger — aber wir, vollkommen gleich dem deutschen Soldaten, können und wollen wir nicht erlauben, daß die unschuldigen Einwohner umkommen und daß man das Töten der Serben im besetzten Gebiet wahllos durchführt. Wir können nicht die Rechtfertigung annehmen, daß man ruhige Bürger tötet, wegen gewisser Unheil machenden Elementen — welche auch vorher von unseren Behörden verfolgt wurden — und auch heute verfolgt werden, was Ihnen sehr gut bekannt ist, da Sie (sie) selber auch verfolgen. Und wir selbst haben auch nichts dagegen, sogar wir begutachten Ihr Vorgehen, weil das nötig ist, damit zwischen der deutschen Wehrmacht und uns keine grössere Spannung entsteht, da Sie auch selbst mehrmals sich geäussert haben, daß Sie nichts gegen die Serben haben und ihre Mitarbeit wünschen.
Wir wünschen, daß Sie die Anstifter der Unruhen gefangen nehmen und verurteilen nach Ihrem Gesetz — aber es kann keinesfalls die Ursache des Konfliktes zwischen Ihnen und den unheilmachenden Elementen sein, daß Sie ein massenhaftes Töten der unschuldigen Einwohner durchführen — umsomehr, daß diese Einwohner ebenfalls von den Unheil machenden Elementen leiden, geplündert und vergewaltigt werden. [...]
Wir Četniker von der regulären Wehrmacht als vollkommene Nationalisten — sind bereit entgegen der deutschen Wehrmacht — ganz loyal zu sein — aber nur im Fall, wenn die sich korrekt benimmt dem ruhigen Einwohner entgegen. Die Wahrheit unserer Angaben werden die verwundeten deutschen Soldaten am besten bestätigen, wie man mit denen umgegangen ist und mit wieviel Symphatien wir selbst den deutschen Soldaten als Kämpfer pflegen, insofern er korrekt dem serbischen Volke entgegen ist.

sammengehen der beiden Organisationen in diesem Raum genau informiert[123]. Unklarheit herrschte bei der obersten Wehrmachtstelle allerdings darüber, wer der eigentliche Führer des Aufstandes war. Während Böhme — offensichtlich wegen der ausgezeichneten militärischen Leitung der Feindkräfte — den falschen Schluß zog, »die Führung liegt in den Händen serb. Offiziere«[124], kam seine Führungsabteilung wenige Tage später zum richtigen Schluß, daß Mihailović nicht der Anführer des Aufstandes sei[125].

Šabac ist umzingelt. Das ist Ihnen ohne Zweifel bekannt und es besteht die Gefahr, daß es zu einem Zusammenstoß kommt. Sie sollen aber gutmütig sein, daß man das verhindert. In der Umgebung von Šabac gibt es reichlich kommunistische Einheiten welche Šabac angreifen wollen und wir werden nicht in der Lage sein, dies zu verhindern. Und jetzt entsteht die Hauptfrage, daß es nicht zu einem Zusammenstoß zwischen der deutschen Wehrmacht und diesen Einheiten bei Šabac kommt, was wieder die Folge wäre, daß das ruhige Volk in Šabac es ausbaden muß und wir ohne zu wollen, in eine Aktion gezwungen werden.
Ich glaube, daß es die einzig mögliche Regelung wäre, daß man durch Besprechung dieser Frage für beide Seiten zum Guten wendet, wenn sich die deutsche Wehrmacht zurückziehen möchte in Ruhe und Ordnung und Šabac den serbischen nationalen Četniker Abteilungen übergibt — welche in diesem Falle in der Lage wären, durch ihre eigenen Interventionen Ordnung und Sicherheit zu garantieren bei dem Rückzug der deutschen Soldaten. [...]« (BA-MA, RH 26—342/8, KTB Ia der 342. ID, Brief des Kommandanten der Prodiner Četnik-Abt. Loznica, 16. 9. 1941).
Auch nachdem Hinghofers Einheit die Partisanen- und Četnikverbände aus Šabac erfolgreich zurückgeschlagen und das Morden an der Zivilbevölkerung eingesetzt hatte, drängte der Kommandant der Prodiner Četnik-Abteilung weiterhin auf Verhandlungen:
»Četniken aus Lošnica bieten, anscheinend durch unsere strengen Maßnahmen beeindruckt, Verhandlungen an. Diese werden gemäß dortigem Befehl fortgesetzt [durchgestrichen und handschriftlich durch ›geführt werden‹ ersetzt]« (ebd., RH 26—342/11, Tagesmeldung Ia der 342. ID vom 3./4. 10. 1941).

[123] Im KTB des Befehlshabers Serbien ist am 18. 9. 1941 festgehalten: »Haltung der Četniks nach wie vor unklar. Im Drina-Gebiet und im Raum Guća Zusammengehen mit Kommunisten« (ebd., RW 40/11). Ende September hatte die Wehrmacht über die jeweilige Führung der Widerstandsverbände in den verschiedenen Gebieten Serbiens genaue Kenntnis (siehe ebd., RH 24—18/87, Bericht über die Aufstandsbewegung in Serbien in der Zeit vom 21.—30. 9. 1941).

[124] In einem Schreiben an den Wehrmachtbefehlshaber Südost, Generalfeldmarschall List, schilderte Böhme kurz nach seinem Eintreffen seinen Eindruck von der Lage in Serbien: »Der Aufstand ist im ganzen Lande mehr oder weniger im Gange. Kommunisten und Nationale arbeiten meiner Überzeugung nach zusammen. Die Führung liegt in den Händen serb. Offiziere. Mannschaften und milit. Führung scheinen ausreichend vorhanden zu sein. [...] Der Gegner hat Zuwachs an ausgebildeten Mannschaften und an Waffen auch durch den Übertritt von serb. Gendarmen etc. erhalten. Ausbildung wird bei den Banden, die auch scharfe Schießübungen abhalten, laufend betrieben. Die Organisation ist sicher noch nicht abgeschlossen. [...] Die jetzt entstandene Lage beweist schlagkräftig, daß man den Verhältnissen in allem zu duldsam und optimistisch gegenübergestanden und daß die Lage vollkommen verkannt worden war. Man lebte bis jetzt noch in dem Irrglauben, daß es sich um eine kommunistische Bewegung im Lande handelte und daß eine Regierung Nedić die Bereinigung herbeiführen werde. [...] Aus diesen Gründen halte ich das sofortige Abgehen des Gen. d. Fl. Danckelmann für erforderlich. [...]« (ebd., RH 24—18/87, Schreiben Böhme an List, 25. 9. 1941). Trotz der ungerechtfertigten Beschuldigung Danckelmanns (bis kurz vor dem Eintreffen Böhmes wurde der Aufstand in Serbien allein von den Partisanen geführt), wurde Böhmes Drängen auf Absetzung Danckelmanns von List unmittelbar entsprochen.

[125] »Die früheren Meldungen, daß Mihajlović der Führer des Aufstandes in der Sumadija (Landstreifen südlich von Belgrad bis hin zum Hauptquartier von Mihailović in der Ravna Gora — W.M.) ist,

5. Der Kampf der Partisanen und Četniks im Jahre 1941

In ihrem westserbischen Einsatzgebiet jedenfalls stellte General Hinghofers Division während ihrer blutigen Säuberungsunternehmen (September/Oktober 1941) fest:

»Kommunisten und Četniki haben gemeinsam gegen die Division gekämpft. Die Četniki sind der Aufforderung zur Waffenniederlegung nicht nachgekommen. Beide sind unsere Feinde[126].«

Nach Abschluß des Unternehmens im Cer-Gebirge fertigte Hinghofer einen ausführlichen Bericht über die Feindkräfte in diesem Raum an. In diesem Bericht wurde festgehalten:

»[...] 5. Die Meldungen über die Stärke der aufständischen Verbände schwanken stark. Wenn auch damit zu rechnen ist, daß sich unter dem Eindruck der jüngsten Ereignisse (gemeint sind die Massenmorde seiner Division an der Zivilbevölkerung — W. M.) ein großer Teil der Aufständischen bei beiden Verbänden verlaufen hat, so muß doch im Save-Drina-Gebiet Altserbiens eine Gesamtstärke von mindestens 6—8000 Mann angenommen werden. Wieviele davon auf den einen oder anderen Verband entfallen, ist schwer zu sagen. [...] Četnik- und Partisanenverbände schwimmen zur Zeit völlig durcheinander. Es soll sogar eine ›kombinierte‹ Kp. geben, die aus Četniks und Partisanen gebildet ist[127].«

Wenige Tage zuvor hatte Hinghofer angeordnet, beim Vordringen seiner Division auf die Stadt Krupanj alle Aufständischen und Zivilisten auf der Stelle zu erschießen[128]. In dem Bericht, den Hinghofer unmittelbar vor der Einnahme von Krupanj durch die 342. ID verfaßte, schreibt er unter dem Punkt

»Deutsche Gefangene: In Krupanj befanden sich etwa 2—300 Gefangene, die nach neuen Nachrichten weiter nach Süden fortgeführt worden sind. Die Behandlung soll nach wie vor gut sein. In einem Falle wird indessen von Prügelstrafe berichtet[129].«

Die Behandlung der deutschen Soldaten als Kriegsgefangene beantwortete Hinghofer auf seine Weise:

»Am 21.10.41 vor Abzug der Angriffstruppen aus Raum Krupanj Stadt niedergebrannt, verdächtige Bewohner erschossen[130].«

Bei diesem Massaker der 342. ID in der Stadt Krupanj wurden 1800 Menschen ermordet![131]

Auch im Einsatzgebiet der 717. ID hatten sich Partisanen- und Četnikabteilungen zu einer Kampffront zusammengeschlossen. Nach der Aufgabe von Užice und Čačak Ende September 1941 waren das 749. und 737. IR der 717. ID mit dem Befehl nach Kraljevo zurückverlegt worden, diese Stadt unter allen Umständen zu verteidigen[132]. Schon weni-

---

haben sich nicht bestätigt. Mihajlović scheint derzeit mit keinem der übrigen Hauptaufstandsgebiete in Verbindung zu stehen« (ebd., Bericht der Ia-Abteilung des XVIII. AK über die Aufstandsbewegung in Serbien in der Zeit vom 21.—30.9.1941, verfaßt am 1.10.1941).

[126] Ebd., RH 26—342/11, Div. Befehl der 342. ID für den Angriff auf Feind im Cer-Gebirge, 8.10.1941.
[127] Ebd., RH 26—342/13, Feindnachrichten-Bericht Hinghofers vom 17.10.1941.
[128] Siehe S. 72.
[129] BA-MA, RH 26—342/11, Divisionsbefehl Hinghofers für Unternehmen auf Krupanj, 13.10.1941. Nachdem die 342. ID schon 40 verwundete deutsche Soldaten in Lošnica befreit hatte, konnte sie bis zum 30.10.1941 bei ihrem Vormarsch in Richtung Valjevo weitere 50 deutsche Soldaten aus der Gefangenschaft befreien (ebd., RW 40/21, 10-Tagesbericht der 342. ID vom 20.—30.10.1941).
[130] Ebd., RH 26—342/15, 10-Tagesbericht Hinghofers vom 20.—30.10.1941.
[131] Ebd., RH 19 XI/81, Die Aufstandsbewegung im Südostraum, T. 1, S. 56.
[132] Siehe Kapitel IV.

ge Tage nach Eintreffen der beiden insgesamt etwa 1600 Mann starken Regimenter in Kraljevo wurde die Stadt erstmals angegriffen, wobei der Angriff von der Wehrmacht zurückgeschlagen werden konnte[133]. Der nächste militärische Versuch zur Befreiung der Stadt erfolgte zwischen dem 11. und 16. Oktober 1941. Die Angreifer setzten sich aus Partisanenverbänden und Četnikabteilungen unter dem Kommando von Major Radomir Djurić[134] zusammen. Bis dahin hatte Djurić auf eigene Faust gehandelt. Erst jetzt erklärte sich auch Mihailović mit dem Angriff der Četnik-Abteilungen unter Führung von Djurić auf Kraljevo einverstanden[135].

Der fast eine Woche lang anhaltende und bis dahin massivste militärische Kampf der Befreiungskräfte gegen die Wehrmacht, bei dem die Partisanen und Četniks erstmals auch Artillerie einsetzten, war Anlaß für einen Massenmord an der Zivilbevölkerung von Kraljevo und Umgebung. Dieses Massaker, dem zwischen 4000 und 5000 Menschen zum Opfer fielen, wurde von den beiden Regimentern der 717. ID verübt[136].

Doch auch die Mordaktionen der Wehrmacht hatten den Kampfwillen der Partisanen- und Četnikstreitkräfte bei Kraljevo nicht gebrochen. In einem gemeinsamen Befehl an ihre Einheiten trafen der Partisanenkommandeur Radosavljevic und der Četnikkommandant Djurić am 31. Oktober 1941 Anordnungen für den dritten Anlauf zur Befreiung der Stadt von der deutschen Besatzung. Er sollte am nächsten Tag beginnen:

»Der Feind, der Kraljevo hält, ist durch unsere dreiwöchige Belagerung völlig demoralisiert und durch unsere täglichen Überfälle bedeutend geschwächt. [...] Seine Truppen haben sich wie Schafherden in einigen Hotels Kraljevos gesammelt, seine MG-Nester befinden sich in schwachen Erddeckungen am Rande der Stadt und auf einigen Gebäuden. Die Verbindung mit Kragujevac und Kruševac ist dem Feinde völlig abgeschnitten und er kann somit mit keiner Verstärkung aus diesen Richtungen rechnen; über Verstärkungen verfügt er nicht.

Kraljevo ist von großer Bedeutung für unsere weiteren Operationen (Kämpfe) und es muß deshalb unter Einsatz unserer Leben genommen werden. [...]

Es wurde festgestellt, daß wir 5 bis 6 mal stärker sind als der Feind. Zudem verfügen wir, neben unserer Artillerie, auch über Granatwerfer 81 mm, 2 Panzer von 19 Tonnen, 2 Panzerautomobile und Tromblone (Geschütze — W. M.).

Die mehrtägigen und genauesten Vorbereitungen zum Angriff auf Kraljevo sind beendet. Wir haben auf nichts mehr zu warten, noch dürfen wir zusehen, wie uns der Feind an Einzelabschnitten durch Ausfälle ermüdet und uns zwingt, Munition zu verbrauchen. Weiter, wir dürfen nicht mehr zusehen und gestatten, daß er seine verbrecherischen Taten: Niederbrennung von Häusern, Plünderung, Erschießung unschuldiger Menschen, Frauen und sogar Kinder in der Wiege, auch weiter ungestört durchführt [...][137].«

---

[133] Siehe Ebd.
[134] BA-MA, RH 24—18/168, Aktennotiz über die Zusammensetzung der Četnik-Verbände beim Angriff auf Kraljevo (11.—15. 10. 1941) an Hand von Ausweisen, Befehlen und Aufzeichnungen von Gefallenen, 3. 11. 1941. Major Djurić, der sich schon im Frühjahr des Jahres Mihailović angeschlossen hatte, war einer seiner prominentesten Kommandanten. Mihailović hatte ihn schon im August 1941 mit der Organisierung von Sabotageaktionen beauftragt. Djuric blieb bis Mai 1944 Mihailović' Kommandant für Südostserbien, ehe er mit einem Teil seiner Mannschaft und seiner Offiziere zu den Partisanen überlief (Tomasevich, War and Revolution in Yugoslavia, 1941—1945, S. 124, 201, 347).
[135] Clissold, Whirlwind, S. 61.
[136] Siehe S. 155ff.
[137] BA-MA, RH 24—18/169, Abschrift eines Befehls des »Stabes der Belagerung von Kraljevo, 31.10.1941«, unterzeichnet von Major Djurić (für die Četniks) und Radosavljevic (für die Partisanen).

5. Der Kampf der Partisanen und Četniks im Jahre 1941

Der abermalige Angriff auf Kraljevo begann wie geplant:

»Auf Kraljevo erfolgte am 1. 11. nachts ein Angriff mit 2 Panzern (bei Milanovac erbeutete Hotchkiss-Panzer), die mit Begleitmannschaften in die Stadt eindrangen, wobei die Stadt gleichzeitig aus 3 Geschützen der Partisanen mit Feuer belegt wurde[138].«

Doch plötzlich wurde die Angriffsaktion abgebrochen. »Seit diesem Vorstoß unternahm der Feind keine Angriffe in diesem Raum«[139], berichtete der Befehlshaber Serbien an seine vorgesetzte Stelle in Saloniki.
Was war geschehen?
Einen Tag nach Beginn des gemeinsamen Angriffes von Partisanen- und Četnik-Abteilungen auf Kraljevo hatten auf Befehl von Mihailović Četnik-Einheiten die »Partisanenhauptstadt« Užice überfallen. Gegenüber Wehrmachtvertretern gab Mihailović an, er hätte »am 3. 11. 1941 den Auftrag gegeben, daß die ihm unterstellten Četnik-Verbände in Aktion zur Bekämpfung des Kommunismus treten, ferner daß die im Raume Kraljevo an der Zernierung der Stadt beteiligten Četnik-Verbände, die unter seinem Befehl stehen, sofort herausgezogen werden, so daß durch diesen Akt die Zernierung der Stadt de facto aufgehoben ist[140].« In einem Flugblatt vom 3. November 1941 verurteilten die Partisanen den militärischen Verrat von Mihailović aufs schärfste und riefen die Četniks zum Übertritt zu den Partisanen auf:

»PARTISANEN UND ČETNIKS! SERBISCHES VOLK!
Die Fünfte Kolonne ist wiederum auferstanden. Trotz aller tragischen Erfahrungen, die unser Volk sammelte, ist es den Verrätern gelungen, sich an die Spitze eines Teils des Volkes zu stellen, an die Spitze der militärischen Četnik-Abteilungen. Wir haben immer wieder darauf hingewiesen, daß viele führende Persönlichkeiten unter den Četniks im Sinne der Fünften Kolonne tätig sind. Heute hat dieser Verrat im Befehl des Kommandanten der Četnik-Abteilungen, Draža Mihailović, seinen Gipfelpunkt erreicht, daß zum Ziele des Kampfes gegen die Partisanen-Abteilungen alle Četnik-Truppen aus Kralje-

---

[138] Ebd., RH 24—18/168, Bericht der Abwehrstelle Belgrad über die Widerstandsbewegung im Gebiet des ehemaligen Jugoslawien, Stand der Entwicklung in der Zeit vom 24.10.—6.11.1941.

[139] Ebd., RH 24—18/86, 10—Tagemeldung des Bev. Kdr. Generals in Serbien an Wehrmachtbefehlshaber Südost, 10.11.1941.

[140] Ebd., RH 24—18/168, Aktenvermerk von Hauptmann Matl, betr.: Zurverfügungstellung des Oberst i. G. Draža Mihailović zur Bekämpfung der kommunistischen Aktion, 4.11.1941. Der Rapport eines höheren Gendarmerieoffiziers an Ministerpräsident Nedić über die Vorgänge in Užice seit Abzug der deutschen Besatzung im September 1941 bestätigt den Abzug der Četnik-Truppen aus Kraljevo am 3.11.1941: »Die Kommunisten überfielen die Abteilung des Hauptmanns Ignatović in Požega am 3. d. M. und zwar mit großen Kräften. Ich befand mich in Požega und beobachtete diesen Kampf, der die Kommunisten über 200 Tote und 150 Verwundete kostete. Die Četniks mussten Požega aufgeben, weil sie keine Munition mehr besaßen. Ein jeder hatte nur mehr 1—2 Schuß. Von Ravna Gora konnten sie nichts erhalten, weil dort selbst nichts mehr war. Hauptmann Ignatović zog sich zurück und aus diesem Grunde hat Oberst Mihailović seine Abteilungen, die Kraljevo und Valjevo belagerten, zurückberufen und angeordnet, Užice zu überfallen« (KA Wien, B 556 Nachlaß Böhme, Bericht Ministerpräsident Nedić an General Böhme, 20.11.1941). Bei späteren Verhandlungen mit Wehrmachtvertretern bestritt Mihailović den Vorwurf, er habe noch den Angriff vom 1.11.1941 gegen Kraljevo unterstützt. Er behauptete, bereits an diesem Tag angeordnet zu haben, »daß sich meine Truppen zurückziehen um sich für den Kampf gegen den Kommunismus zu sammeln« (BA-MA, RH 24—18/168, Niederschrift über das Treffen mit dem serb. Generaloberst Draža Mihailović am 11. November 1941, 12.11.1941).

vo abgezogen werden sollen. Die Verräter versuchen es noch einmal, der Freiheit und dem Bestand des serbischen Volkes ein Grab zu schaufeln. Das Blut unschuldiger Kinder, Frauen und Männer fällt voll auf die Führer der Četniks. Wir haben alles dazu getan, damit es nicht dazu kommt. Die deutschen Agenten, Draža Mihailović, Oberstleutnant Pavlović, Dragiša Vasić, sind in letzter Stunde Hitler, Nedić und Ljotić zu Hilfe geeilt.

ČETNIKS!

Verlaßt eure verräterischen Führer, tretet unseren Kampf-Abteilungen bei. Merzt die Anhänger der Fünften Kolonne aus, verhindert den mörderischen Bruderkrieg. Kommt mit uns in den Kampf gegen die Okkupanten und deren Lakaien.

PARTISANEN!

Haltet das Gewehr fest in der Hand! Von eurer festen Haltung und dem unbarmherzigen Kampf gegen die Verräter hängt das Schicksal und der Bestand unseres Volkes ab!

Vorwärts in den Kampf!

Tod den Okkupanten!

Zerschmettern wir die Verräter!

Der Stab der Volksbefreiungs-Partisanen-Abteilung
Dr. Dragiša Mišović für den Kreis Čačak
Čačak, den 3. November 1941[141].«

Mihailović' Angriff auf das Hauptquartier der Partisanen in Užice bedeutete den endgültigen Abbruch der kurzfristigen militärischen Kooperation (Herbst 1941) zwischen Partisanen und Četniks. Es ist müßig, darüber zu spekulieren, ob bei einem Weiterbestehen des Militärbündnisses ein zumindest zeitweiliger militärischer Sieg über die deutschen Besatzungstruppen möglich gewesen wäre. Immerhin kontrollierten die Partisanen und Četniks im Oktober 1941 etwa 4500 Quadratmeilen[142], also mehr als ein Sechstel Serbiens. Auch die im Auftrag General Böhmes durchgeführten Massaker an der Zivilbevölkerung sind ein blutiges Indiz für die extrem prekäre Situation, in welche die deutschen Besatzer durch die konzentrierten militärischen Aktionen der Partisanen und Četniks gedrängt worden waren.

b) Der Kampf der Mihailović-Četniks gegen die Partisanen

Ungeachtet der militärischen Kooperation einzelner Četnik-Formationen im September/Oktober 1941 war Mihailović schon nach seinem ersten Treffen mit Tito im September klar geworden, daß ihm langfristig durch die Partisanen mehr Gefahr drohte als von der Besatzungsmacht und der Nedić-Regierung. Mihailović vermochte weder den Kampfgeist der Partisanen zu dämpfen noch die Bewegung seinem Kommando zu unterwerfen. Als sich seine diesbezüglichen Hoffnungen zerschlugen, entschloß er sich zur Vernichtung der Partisanen.

Tito hatte Mihailović am 20. Oktober 1941 ein 12-Punkte-Programm zur Zusammenarbeit und Beilegung der bisher aufgetretenen Konflikte zukommen lassen und ihm entsprechende Verhandlungen vorgeschlagen. Mihailović stimmte einem Treffen zu, das am 26. Okto-

---

[141] Ebd., RH 24—18/169, Flugblatt der Partisanen-Abteilung im Kreis Čačak (in deutscher Übersetzung), 3.11.1941.
[142] Wheeler, Britain and the War for Yugoslavia, 1940—1943, S. 78.

5. Der Kampf der Partisanen und Četniks im Jahre 1941

ber 1941 in der Nähe seines Hauptquartiers stattfand. Er lehnte jedoch die zentralen Vorschläge Titos[143] ab — nur über einige weniger wichtige Punkte konnte Einigung erzielt werden[144]. Bereits bei diesen Verhandlungen dürfte Mihailović den Entschluß gefaßt haben, die Partisanen anzugreifen. Dem britischen Missionsangehörigen, Hauptmann Hudson, der am Ort der Gespräche anwesend war, aber auf Mihailović' Veranlassung an den Verhandlungen nicht teilnehmen durfte, gestand er noch am selben Tag:

»Diesen Angriff, den ich gegen die Partisanen führen werde, und meine Beziehungen zu ihnen, ist ausschließlich eine jugoslawische Angelegenheit, und ich bin der legitime Vertreter meiner Regierung[145].«

Am Morgen des 2. November 1941 griffen Mihailović-Četniks das Partisanenhauptquartier in Užice an. Der Angriff wurde von den Partisanen abgewehrt. In einem Gegenangriff vertrieben sie am nächsten Tag die Četniks aus der Stadt Požega. Die Kämpfe endeten für die Četniks mit einer totalen Niederlage — sie verloren etwa 1000 Mann und eine große Anzahl von Waffen[146].
Die Abwehrstelle der Wehrmacht hatte die Kämpfe zwischen den Partisanen und Četniks nicht registriert[147]. Aufgrund der Aussagen von Gefangenen und V-Männern gewann die Abwehr allerdings den Eindruck, daß eine Veränderung im Verhältnis der beiden Widerstandsgruppen im Gange war:

---

[143] 1. Kombinierte militärische Operationen gegen die Deutschen und die Quislingformationen sowie die Etablierung eines gemeinsamen Hauptquartieres.
2. Die Bildung eines gemischten Stabes für die gemeiname Versorgung der Truppen.
3. Die Organisation eines interimistischen lokalen Verwaltungssystems in Form nationaler Befreiungsausschüsse einschließlich der Gründung eines nationalen Befreiungskomitees, zuständig für das gesamte befreite Territorium, die Ausschaltung der etablierten Polizei- und Gendarmerieorgane, sowie die Einsetzung neuer »Volkswachen« zur Aufrechterhaltung von Ruhe und Ordnung.
4. Die Beschränkung auf Freiwillige bei der Aufstellung der Kampfverbände (Tomasevich, War and Revolution in Yugoslavia, 1941—1945, S. 147f.).

[144] Etwa die Absichtserklärung, Konflikte in Zukunft zu vermeiden; die gegenseitige Abgrenzung bisher befreiten Gebietes; die Einrichtung gemeinsamer gemischter Gerichte zur Aburteilung von »Banditen« und »Volksfeinden« sowie die Überlassung von 1200 Gewehren aus der Waffenfabrik in Užice an die Četniks (Knoll, Jugoslawien in Strategie und Politik der Alliierten 1940—1943, S. 438).

[145] Diskussionsbeitrag von Duane Hudson auf einer Konferenz, Oxford 1962 (zit. nach: ebd., S. 439). Diese Aussage von Hudson ist aller Wahrscheinlichkeit nach authentisch, da Hudson einen Tag nach dem Treffen Tito — Mihailović am 27.10.1941 ein Funktelegramm an seine vorgesetzte britische Dienststelle absandte, in dem er die Beziehungen zwischen Tito und Mihailović als »sehr delikat« und die gleichzeitige Aufrechterhaltung des Kontaktes zu beiden Lagern als »unmöglich« bezeichnet hatte (ebd., S. 432).

[146] Eine detaillierte Schilderung der Kämpfe anhand von Partisanenaufzeichnungen und Interviews gibt Clissold, Whirlwind, S. 71 ff.

[147] Erst am 14.11.1941 erfuhr die Abwehr von diesen Kämpfen und sandte die Information unverzüglich an die höchsten Dienststellen: »Abwehrstelle Belgrad wird von zuverlässiger Stelle berichtet, daß am 4.11.1941 bei Čačak ein Kampf zwischen Partisanen und Anhängern des Draža Mihailović geführt wurde. Den Partisanen-Kommunisten gelang es, infolge ihrer zahlenmäßigen Überlegenheit, einen Teil der Mihailović-Leute zu entwaffnen oder zu vernichten« (BA-MA, RH 24—18/169, Abwehrstelle Belgrad, Betr.: Kämpfe bei Čačak, Bezug: ohne, 14.11.1941).

»Sowohl bei den Partisanen, als auch bei der Mihailović-Gruppe werden Auflösungserscheinungen gemeldet. [...] Über die Haltung von Mihailović und seiner Gruppe laufen die verschiedensten Meldungen ein. Ein gefangener Partisan gab beim Verhör an, daß der Konflikt zwischen Partisanen und Četniki offenen Charakter annehme. [...] Es scheint, daß Mihailović bei einzelnen Unterführern die straffe Befehlsgewalt verloren hat[148].«

Hier irrte die deutsche Abwehr. Genau das Gegenteil war der Fall. Denn Mihailović hatte seit dem Angriff auf die Partisanen in Užice seine Četnik-Verbände wieder unter Kontrolle gebracht. Sein Umschwenken bewirkte aber eine Verschiebung der bisherigen Bündnisverhältnisse und schuf unter den deutschen Besatzungsorganen vorerst Verwirrung. Und es bleibt die seltsame Tatsache, daß Anfang November 1941 die Briten für kurze Zeit besser über den Ausbruch von Konflikten zwischen Četniks und Partisanen informiert waren als die Wehrmacht in Serbien. Sofort nach Ausbruch der Kämpfe zwischen den beiden Gruppen hatte der Missionsangehörige Hudson an seine britische Dienststelle im Nahen Osten telegraphiert: »Fighting between Partisans and Četniks broke out yesterday[149].«

Allerdings waren die Briten über Hintergründe und Urheber des Konfliktes falsch informiert. Am 29. Oktober 1941 hatte Mihailović noch ein Funktelegramm um Waffenunterstützung an die Briten abgesandt und dabei versucht, den Eindruck zu erwecken, er wolle diese für den Kampf gegen die Besatzer verwenden[150]. Drei Tage nach dem Angriff auf Užice sandte Mihailović abermals ein Telegramm an den jugoslawischen Regierungschef Simović nach London. Unter bewußter Entstellung der Tatsachen meldete er:

»Der kommunistische Führer in Serbien unter dem falschen Namen Tito kann nicht als Führer des Widerstandes betrachtet werden. Der Kampf der Kommunisten gegen die Deutschen ist nur vorgetäuscht. [...]. Sie haben meine Truppen [...] angegriffen. Ich habe den Kampf akzeptiert und glaube, daß sein Ausgang für mich günstig sein wird. Ich wiederhole, die Kommunisten besitzen keine Widerstandsführer gegen die Deutschen. Wenn die Engländer sie unterstützen, schlage ich Hilfe aus. Die Partisanen haben die Waffen des Volkes konfisziert. Ich aber möchte dies nicht tun. Sie haben die Waffenfabrik in Užice, aber sie geben uns nichts davon ab, und solltet ihr es nun für nötig erachten, ihnen auch noch englische Ausrüstung zu schicken, so sind wir für immer geschieden[151].«

Nachdem er sich auf diese Weise als überfallenes Opfer der Partisanen präsentiert hatte, berichtete Mihailović am 9. November 1941 unverblümt an Simović, er könne mit den tags zuvor abgeworfenen britischen Waffen »die Kommunisten sofort liquidieren[152].«

Wenige Tage später schickte Mihailović abermals eine Eilmeldung an Simović. Er behauptete, die Kommunisten hätten seine Truppen angegriffen und die Partisanenverbände würden sich bereits dislozieren. Obwohl seine Anhänger gezwungen seien, »gleichzeitig gegen Deutsche, Kommunisten, die Ustascha und andere Fraktionen zu kämpfen«, stehe »das

---

[148] Ebd., RH 24—18/168, Bericht der Abwehrstelle Belgrad über die Widerstandsbewegung im Gebiet des ehemaligen Jugoslawien, Stand der Entwicklung in der Zeit vom 24. 10.—6. 11. 1941, 7. 11. 1941.
[149] Undatierter Funkspruch Hudsons, vermutlich 1./2. November 1941 vom Hauptquartier Mihailović's abgesandt (siehe Deakin, The Embattled Mountain S. 139; Knoll, Jugoslawien in Strategie und Politik der Alliierten 1940—1943, S. 432).
[150] Telegramm zit. bei: Deakin, The Embattled Mountain, S. 203.
[151] Telegramm zit. nach: Knoll, Jugoslawien in Strategie und Politik der Alliierten 1940—1943, S. 442.
[152] Zit. nach: ebd;, S. 442.

5. Der Kampf der Partisanen und Četniks im Jahre 1941

ganze Volk auf Seite des Königs«. Hunderttausende seien ohne Waffen, und den Bewaffneten mangele es an Munition:

»Viele Kämpfer, die jetzt mit den Kommunisten zusammenarbeiten, würden zu den Četniki überlaufen, sobald die von England zugesagte Hilfe einträfe. Ein Bürgerkrieg zöge sich lange hin, und in der Zwischenzeit würde nichts gegen die Deutschen unternommen[153].«

Auf Drängen der Briten, die nach der Information über die Kämpfe zwischen den beiden Widerstandsorganisationen mit Moskau Kontakt aufgenommen hatten, um gemeinsam eine Art Volksfrontbündnis zwischen Četniks und Partisanen unter der Führung von Mihailović zu initiieren[154], fand sich Mihailović am 18. November 1941 zu Waffenstillstandsverhandlungen mit Tito bereit. Nochmals bot ihm Tito ein gleichberechtigtes militärisches Kampfbündnis gegen die Besatzer an[155]. Mihailović hingegen stellte Forderungen, die auf die Auflösung der Partisanenverbände und ihre Unterwerfung unter das Kommando der Četniks hinausliefen[156]. Am 20. November 1941 einigten sich beide Parteien auf einen Abbruch der Kampfhandlungen und ein gemeinsames Vorgehen gegen die Besatzer[157]. In Erwartung eines deutschen Angriffes auf den Hauptstützpunkt der Partisanen in Užice forderte Tito den Četnik-Führer am 28. November 1941 noch einmal zu einem gemeinsamen Abwehrkampf auf. Dieser antwortete ihm, er denke nicht daran und werde sich mit seinen Leuten zurückziehen, um bessere Bedingungen für einen bewaffneten Kampf gegen die Besatzer abzuwarten[158].
Zu diesem Zeitpunkt hatten schon einige Kommandanten der Četniks ihre Truppen, etwa 2000 Mann, mit Zustimmung von Mihailović dem Befehl von Nedić unterstellt und kämpften wenige Tage später auf der Seite der Deutschen gegen die Partisanen[159]. Nach dem militärische Verrat vom 20. November 1941 fanden bis Kriegsende keine weiteren Verhandlungen zwischen den beiden Organisationen mehr statt. Aus potentiellen Bündnispartnern waren erbitterte Gegner geworden[160].

c) Die Kollaborationsversuche von Mihailović mit den deutschen Besatzern

Um die politische Unterstützung und waffenmäßige Versorgung durch die jugoslawische Exilregierung bzw. durch die Briten nicht aufs Spiel zu setzen, hatte Mihailović eine falsche Darstellung der Kampfhandlungen zwischen seinen Četniks und den Partisanen verbreitet.

---

[153] Zit. nach: ebd., S. 443. Knoll weist darauf hin, daß Gestalt, exakter Wortlaut und Autorenschaft dieser Depesche nicht gesichert sind. Der von Knoll zitierte Wortlaut stammt aus einem Brief von Simović an Eden vom 13.11.1941 (ebd., S. 443).
[154] Deakin, The Embattled Mountain, S. 140ff.
[155] Funkmeldung des bei den Verhandlungen anwesenden englischen Offiziers Hudson an die englische Abwehrstelle in Kairo, 21.11.1941 (ebd., S. 141).
[156] Knoll, Jugoslawien in Strategie und Politik der Alliierten 1940–1943, S. 458.
[157] Ebd., S. 459.
[158] Ebd., S. 467.
[159] Tomasevich, War and Revolution in Yugoslavia, 1941–1945, S. 198; Knoll, Jugoslawien in Strategie und Politik der Alliierten 1940–1943, S. 467.
[160] Deakin, The Embattled Mountain, S. 145.

Selbst vor einer Denunziation der Partisanen als Kollaborateure der Deutschen war Mihailović nicht zurückgeschreckt. In einer Depesche vom 15. November 1941 an die jugoslawische Exilregierung hatte er geschrieben, er befinde sich in einer »kritischen Lage«, die durch den »vereinten Feind« — damit spielte er auf eine angebliche Kollaboration zwischen Partisanen und Deutschen an — verursacht sei[161].

Über Mihailović' Kontakte zu Nedić (September 1941) waren sowohl die britische als auch die sowjetische Regierung informiert[162]. Was sie nicht wußten war, daß Mihailović mit Wissen der deutschen Abwehrstelle den ganzen Oktober 1941 hindurch über Mittelsmänner in Kontakt mit Nedić stand. Diese Tatsache wurde auch in der Historiographie bisher nicht erwähnt. Wie aus einer deutschen Quelle hervorgeht, waren die Besatzer über die taktischen Schritte von Mihailović bestens informiert:

»Ast (Abwehrstelle — W. M.): Verhandlungen der Regierung Nedić mit Mihailović.
4.10. Vojvode Rtanski überbringt 500 000 Din und das ehrenwörtliche Versprechen des Gen. Nedić, bei den dt. Behörden alles einzusetzen, daß M. nicht in Kriegsgefangenschaft kommt oder bestraft wird.
6.10. M. teilt mit, daß er bereits Verbindung zur Partisanenführung aufgenommen habe und entschlossen sei, mit den Partisanen zu operieren.
etwa 15.10. Oberst Popović überbringt M. weitere 500 000 Din und versucht im Auftrag von Gen. Nedić erneut, M. zur Zusammenarbeit zu gewinnen.
26.10. Oberst Popović überbringt M. weitere 2 500 000 Din. Er bringt am 30.10. die Erklärung des M. zurück, daß er bereit sei, mit den Nedić-Truppen gegen Partisanen zu kämpfen unter der Voraussetzung, daß Min. Präs. Nedić in seinem und im Namen der deutschen Wehrmacht die Versicherung gebe, daß wegen seiner bisherigen Haltung nichts gegen ihn unternommen werde.
Kerntruppe des M. soll aus 1 200 Mann, aktiven und Reservetruppen der jugoslav. Armee zusammengestellt sein, darunter 120 Offz.[163].«

Diese Unterlagen machen deutlich, daß die Zusammenarbeit der Mihailović-Četniks mit den Partisanen im September/Oktober 1941 rein taktischer Natur war. Zum gleichen Zeitpunkt, als Formationen von Mihailović mit den Partisanen gemeinsam gegen die Wehrmacht und die Exekutivorgane der serbischen Quislingregierung kämpften, kassierte Mihailović vom Regierungschef Nedić 3,5 Millionen Dinar.

Nachdem sich Mihailović zur Aufgabe der militärischen Kooperation mit den Partisanen und gleichzeitig zu deren Vernichtung entschlossen hatte, trat er sowohl mit Nedić[164] als auch unmittelbar mit den deutschen Besatzungsorganen in Kontakt, um mit ihnen über eine gemeinsame Bekämpfung der Partisanen zu verhandeln. Am 28. Oktober 1941 riefen zwei Emissäre von Mihailović, Hauptmann Mitrović und Oberst Pantić, in der Privatwohnung des damaligen Abwehroffiziers und späteren Ordinarius für Slawistik

---

[161] Zit. nach: Knoll, Jugoslawien in Strategie und Politik der Alliierten 1940—1943, S. 457.

[162] Im Zuge der Bemühungen um Vermittlung zwischen Četniks und Partisanen wurde Mitte November 1941 bei einem Treffen des englischen Botschafters in Moskau, Cripps, mit seinem sowjetischen Gesprächspartner Vyšinskij, dieser Komplex angesprochen. Nach Ansicht von Cripps war Mihailović dadurch aber nicht kompromittiert, da die Kontakte mit Nedić ohnehin ergebnislos verlaufen waren (ebd., S. 448 f).

[163] BA-MA, RH 24—18/165, KTB-Eintragung des XVIII. AK vom 2.11.1941.

[164] »Mihailović ist in dieser Hinsicht auch mit Ministerpräsident Nedić in Verbindung getreten, der in meinem Auftrag Verhandlungen ablehnte« (zit. nach: ebd., RH 24—18/86, 10-Tagemeldung General Böhmes an Wehrmachtbefehlshaber Südost, 10.11.1941).

5. Der Kampf der Partisanen und Četniks im Jahre 1941

und Südostforschung in Graz, Hauptmann Josef Matl, an. Die beiden Offiziere boten ihm den gemeinsamen Kampf gegen die Partisanen in Serbien an, wobei sie als Gegenleistung die Einstellung der deutschen Strafexpeditionen und Massenerschießungen in den von den Četniks kontrollierten Gebieten forderten. Tags darauf trafen die beiden Emissäre mit Hauptmann Matl in dessen Privatwohnung zusammen. Matl, der wegen seiner serbo-kroatischen Sprachkenntnisse von General Böhme mit den Verhandlungen beauftragt worden war, teilte ihnen mit, daß Böhme Gesprächen zustimme, aber die persönliche Anwesenheit von Mihailović wünsche[165]. Mihailović ging auf diese Bedingung ein. Doch als Matl am 3. November 1941 am vereinbarten Ort eintraf, um Mihailović nach Belgrad zu begleiten, wurde ihm von Emissären Mihailović' mitgeteilt, die Verhandlungen müßten verschoben werden, da sich die Četniks in schweren Kämpfen gegen die Partisanen befänden, was eine Reise von Mihailović nach Belgrad im Augenblick unmöglich mache[166]. Erst nach der Beendigung der Kämpfe um das Partisanenhauptquartier Užice kam es am 11. November 1941 zu dem geplanten Treffen zwischen Mihailović und Vertretern der deutschen Besatzungsstellen. Schon kurz vor dem Treffen mit Mihailović beauftragte Böhme das Höhere Kommando LXV, sofort folgende Meldung an alle unterstellten Truppenteile weiterzugeben:

»Keine Verhandlungen mit Četniks, die nicht seit längerer Zeit schon einwandfrei auf unserer Seite. Für andere Četniks, die erst in letzter Zeit mit uns gehen oder sich anbieten, insbesondere Mihailović-Leute nur bedingungslose Kapitulation, das heißt Waffenabgabe und Gefangennahme[167].«

Am Vorabend des Zusammentreffens hatte Mihailović — gleichsam als Beweis für seine Vertrauenswürdigkeit — die Auslieferung von 350 bei Gorni Milanovac und Mionica gefangengenommenen, meist verwundeten oder kranken Partisanen an die Deutschen angeordnet[168]. Die 342. ID überstellte die gefangenen Partisanen nach Valjevo, wo sie bis auf wenige Ausnahmen erschossen wurden[169]. Gleichzeitig versuchte Mihailović die Besatzer von den Vorteilen einer Zusammenarbeit zu überzeugen:

---

[165] Bericht Hauptmann Matls vom 30.10.1941 über die (Telefon-) Gespräche mit Hauptmann Nenad Mitrović und Oberst Branislav Pantić am 28., 29. und 30.10.1941 (Marjanovic, The Collaboration of D. Mihailovic's Chetniks with the Enemy Forces of Occupation (1941–1944), S. 13ff).

[166] BA-MA, RH 24—18/168, Aktenvermerk von Hauptmann Matl, betr.: Zurverfügungstellung des Oberst i. G. Draža Mihailović zur Bekämpfung der kommunistischen Aktion, 4.11.1941. Siehe auch den von Hauptmann Matl übersetzten Brief Mihailović' vom 3.11.1941, in dem dieser die Verschiebung des Treffens mit den Kämpfen gegen die Partisanen begründet.

[167] Ebd., Befehl vom 11.11.1941.

[168] Dabei dürfte es sich um einen Großteil jener Gefangenen gehandelt haben, die im Bericht der Abwehrstelle Belgrad vom 7.11.1941 erwähnt werden: »Nach unbestätigter Meldung vom 7.11. haben Mihailović-Verbände im Raum Mionica 400 Partisanen gefangen« (ebd., Abwehrstelle Belgrad, betr.: Bericht über die Widerstandsbewegung im Gebiet des ehemaligen Jugoslawien, Stand der Entwicklung in der Zeit vom 24.10.—6.11.1941, 7.11.1941).

[169] Marjanovic, The Collaboration of D. Mihailovic's Chetniks with the Enemy Forces of Occupation (1941–1944), S. 28. Glisić spricht von etwa 300 Partisanen und datiert die Übergabe der gefangenen Partisanen auf den 12.11.1941, also einen Tag nach den Verhandlungen von Mihailović mit den Deutschen (Glisić, Der Terror und die Verbrechen des faschistischen Deutschland in Serbien von 1941 bis 1944, S. 91f.).

»Es sind aber in Serbien Maßnahmen getroffen worden, durch welche nicht das Blut derer vergossen wird, die schuldig sind. Die Kommunisten werden auch weiterhin Vorfälle hervorrufen, um Unschuldige zu morden. [...] Es ist nicht meine Absicht, gegen den Okkupator zu kämpfen, weil ich als Generalstabsoffizier die Stärken beider Seiten kenne. Ich bin weder Kommunist, noch arbeite ich für sie. Aber ich habe versucht, ihren Terror zu mildern und zu hindern. Die Deutschen selbst haben Užice aufgegeben, damit begann ein Wettlauf zwischen mir und den Kommunisten. Nachdem die Deutschen ihre schwachen Garnisonen zurückgezogen hatten, griffen die Kommunisten Gor. Milanovac an, ich mußte es deshalb auch tun. Sie gingen nach Čačak, ich mußte es auch. Sie gingen nach Kraljevo, ich musste es auch. [...] Ich verlange, den Kampf gegen die Kommunisten fortsetzen zu können, der am 31. Oktober begonnen hat. [...] Es ist notwendig, Munition zu haben! Damit rechnend, bin ich hierher gekommen. [...] Ich habe gehofft, noch in dieser Nacht eine beschränkte Anzahl von Munition zu bekommen und ich habe gedacht, daß diese Frage an erster Stelle behandelt würde! [...] Ich bitte im Interesse des serbischen Volkes wie im deutschen Interesse, wenn es möglich ist, mir noch heute Nacht Munition zu übergeben. Danach würde kein Überfall mehr auf deutsche Truppen durchgeführt werden. [...] Ich nehme an, daß nach dieser Erklärung mir mehr Vertrauen entgegengebracht werden könnte, was meine Aufrichtigkeit und meine Absichten anlangt, und daß man mir Hilfe leisten könnte. Ich bitte die Lage so zu begreifen, wie sie für beide Seiten nützlich ist. Ich bitte nochmals schon für diese Nacht um eine bestimmte Menge Munition! [...] Alle meine Kräfte sind für den Kampf gegen den Kommunismus zusammengezogen[170].«

Mihailović, der sich von den Verhandlungen Waffenlieferungen für den Kampf gegen die Partisanen erwartete, erlebte eine schwere Enttäuschung. Die von Mihailović vorgebrachten Argumente hatten auf die Deutschen keine Wirkung. Im Auftrag Böhmes wurde ihm mitgeteilt, sein Bündnisangebot sei abgelehnt worden,

»weil: 1.) die Deutsche Wehrmacht mit dem Kommunismus in kürzester Zeit allein fertig wird und 2.) der Höchstkommandierende zu Ihnen als Bundesgenossen kein Vertrauen haben kann. [...] Die Deutsche Wehrmacht hat mit der Vernichtung aller ›Aufrührer‹ begonnen und hierbei gute Erfolge erzielt. [...] Bezüglich Ihrer Absicht, auf Schonung von serbischem Blut und Volksvermögen bin ich beauftragt, Ihnen den einzigen Weg zu nennen und dieser ist: Einstellung des Kampfes und bedingungslose Übergabe.
Hierzu gehören: Ablieferung aller Waffen sowie der gesamten Munition und Ausrüstung. Freigabe der deutschen Gefangenen, die von ihren Gruppen eingebracht wurden oder die sich in Ihrem Bereich befinden. Es ist Ihnen, Herr Oberst, bekannt, daß die Weiterführung des Kampfes weitere Blutschuld auf Sie ladet. Dies um so mehr, als für jeden toten Deutschen 100, für jeden verwundeten Deutschen 50 Serben ihr Leben einbüßen. [...] Es ist eben sowohl vom deutschen wie auch vom serbischen Standpunkt nicht vertretbar, daß Ihre Kampfgruppen in einem geeigneten Zeitpunkte den illegalen Kampf neuerlich aufnehmen können. Und dies scheint die Absicht Ihrer Vorgesetzten, der Londoner Drahtzieher zu sein[171].«

Auch Mihailović' Angebot, deutsche Verbindungsoffiziere als militärische Beobachter zu seinem Stab abzustellen, änderte nichts an der Forderung der deutschen Delegation nach bedingungsloser Kapitulation[172]. Dem Wehrmachtbefehlshaber Südost wurde be-

---

[170] BA-MA, RH 24—18/168, Niederschrift über das Treffen mit dem serb. Generalstabsoberst Draža Mihailović am 11.11.1941.

[171] Ebd. Nachdem Mihailović zu Nedić Kontakt aufgenommen hatte, wurde ihm auch über diesen Kanal mitgeteilt, daß er »keinerlei Zugeständnisse von der deutschen Wehrmacht zu erwarten habe und mit bedingungsloser Kapitulation rechnen müsse« (ebd., Bevollm. Kdr. General in Serbien an Wehrmachtbefehlshaber Südost betr.: Bericht über Oberst Mihailović, 13.11.1941).

[172] Ebd., Bevollm. Kdr. General in Serbien an Wehrmachtbefehlshaber Südost betr.: Bericht über Oberst Mihailović, 13.11.1941.

5. Der Kampf der Partisanen und Četniks im Jahre 1941 149

richtet, die deutsche Verhandlungsdelegation habe den Eindruck gewonnen, Mihailović hoffe auf weitere Verhandlungen und Waffenlieferungen von deutscher Seite[173]. Die Wehrmachtseite werde aber nicht von ihrer Forderung nach bedingungsloser Kapitulation abgehen:

»Da Oberst Mihailović die geforderte Antwort auf bedingungslose Kapitulation nicht gab, läuft der Kampf gegen ihn weiter. Jede Verbindungsaufnahme mit ihm oder seinen Vertrauensleuten unterbleibt. Die deutschen Truppen sind angewiesen, den Kampf gegen alle Četniki, welche nicht schon seit längerer Zeit auf Seite der deutschen Wehrmacht und der serbischen Regierung stehen, fortzuführen[174].«

Damit war Mihailović' Doppelspiel — sowohl mit Unterstützung der deutschen Besatzer als auch mit Waffenlieferungen von britischer Seite die Partisanen militärisch zu bekämpfen, um sich als alleiniger Führer des Widerstandes in Serbien etablieren zu können — kläglich gescheitert.

d) Die Zerschlagung des militärischen Widerstandes in Serbien

Am Tag des Treffens von Wehrmachtvertretern mit Mihailović notierte der deutsche Feindlagebericht:

»Die Auswirkung, der von uns an Oberst Mihailović übermittelten Forderungen der bedingungslosen Kapitulation seiner Truppe muß abgewartet werden. In jedem Fall aber bedeutet die Stellungnahme von Mihailović gegen den Kommunismus eine Schwächung der Aufständischen, die von uns ausgenützt werden muß[175].«

Diese militärische Schwächung bot General Böhme nunmehr die Möglichkeit, die Partisanen aus dem serbischen Besatzungsgebiet zu vertreiben. Von Ministerpräsident Nedić in dieser Absicht unterstützt und bekräftigt[176], wartete Böhme noch auf das Eintreffen

---

[173] In einem Aktenvermerk über die Verhandlungen schreibt Oberstleutnant Kogard: »Hauptmann Matl hat mir während der Rückfahrt gesagt, daß von serbischer Seite gehofft würde, dass das letzte Wort noch nicht gesprochen worden sei,« und fügte handschriftlich hinzu: »Auch meine Meinung über die Auffassung der Serben« (ebd., betr.: Protokoll über das Treffen mit Oberst Mihailović, 12.11.1941).

[174] Ebd., Bev. Kdr. General in Serbien an Wehrmachtbefehlshaber Südost, betr.: Bericht über Oberst Mihailović, 13.11.1941.

[175] Ebd., Feindlagebericht des Bev. Kdr. Generals in Serbien, Abt. Ic, über die Zeit vom 30.10.—8.11.1941, 11.11.1941.

[176] In einem Bericht eines Konfidenten, den Nedić an General Böhme weitergab, wird folgendes vorgeschlagen: »Wenn die Kommunisten nicht im Laufe von dreißig Tagen liquidiert werden, werden sie noch weiter erstarken und schwer zu bekämpfen sein. Den Abteilungen, welche gegen die Kommunisten eingesetzt werden — besonders gegen Užice, Čačak und Požega, wo die Kommunisten alle ihre Kräfte konzentriert haben — muß mindestens die Übermacht dadurch gesichert werden, daß ihnen wenigstens je zwei Batterien Gebirgsgeschütze, oder eine Gebirgsbatterie und eine 37-mm-Batterie zugeteilt werden.« Der ehemalige Kriegsminister Nedić selbst ergänzte diesen Bericht: »In Verbindung mit meinem Bericht vom 17. d. M. [...] und meinen mündlichen Ausführungen beehre ich mich Vorstehendes zur Kenntnis zu bringen und zu bitten, gemäß Ihrem Dafürhalten eine gewisse Anzahl schwerer MGs und 37-mm- oder 47-mm-Geschütze zur Verfügung stellen zu wollen, worum ich Sie bereits in einem gesonderten Schreiben bat« (KA Wien, B 556 Nachlaß Böhme, Bericht Ministerpräsident Nedić an General Böhme, 20.11.1941).

einer weiteren Kampfdivision in Serbien, der 113. ID, um dann gemeinsam mit der 342. ID und einigen Bataillonen der 717. ID gegen den Hauptstützpunkt der Partisanen im Raum Užice vorzugehen. General Hinghofer konnte trotz der blutigen Erfolge seiner 342. ID nicht mehr als Kommandeur dieser Division an dem Unternehmen teilnehmen. Er war mittlerweile von Böhme aus seiner Position entfernt worden[177]. In Belgrad hatten sich bereits auch der als Ersatz für den erkrankten Feldmarschall List vorübergehend eingesetzte Wehrmachtbefehlshaber Südost, General Kuntze, und General Glaise von Horstenau eingefunden, um das weitere Geschehen zu beobachten.

Bei ihrem militärischen Vorstoß (ab 26. November 1941) über Valjevo, Kragujevac und Kraljevo nahmen die deutschen Verbände zunächst Čačak und Požega. Ohne auf nennenswerten Widerstand zu treffen, trieben die übermächtigen deutschen Truppenverbände die Partisanen vor sich in Richtung Užice her. Am 29. November 1941 begann der Angriff der 342. ID, der 113. ID und von Teilen der 717. ID auf Užice. Gegen die Übermacht des Gegners konnte die Stadt von den Partisanen nicht gehalten werden. Bei den Gefechten um die befreiten Gebiete fielen 1415 Partisanen, 80 wurden verwundet und 718 von der Wehrmacht gefangengenommen. Die Verluste der Wehrmacht betrugen 11 Tote und 35 Verwundete.

389 gefangene Partisanen wurden auf der Stelle ermordet[178]. Es handelte sich bei ihnen zum Großteil um Verwundete, die beim Rückzug der Partisanen nicht mehr mitgenommen werden konnten[179]. Trotzdem ließen die Partisanen vor ihrem Rückzug 250 deut-

---

[177] General Böhme hatte seinem Landsmann vorgeworfen, sich beim Angriff auf Valjevo nicht an seine Befehle gehalten und durch einen vorzeitigen Vorstoß die Partisanen gewarnt zu haben, so daß diese entkommen konnten (BA-MA, RH 24—18/64, 10-Tagemeldung Böhmes an Wehrmachtbefehlshaber Südost, 10.11.1941). Des weiteren hatte ihm Böhme vorgeworfen, Ende Oktober ohne seine Zustimmung mit Mihailović-Četniks im Raum Valjevo verhandelt zu haben. Hinghofer selbst hatte in einem Bericht an Böhme eines dieser Treffen von sich aus erwähnt: »Četniki-Führer von Valjevo, Slovac und Lajkovac machen wichtige Angaben über Organisation und bekunden Willen, mit deutscher Truppe gegen Kommunisten zu gehen. Erbitten Waffen« (ebd., RH 26—342/14, 10-Tagesbericht Hinghofers an Böhme, 30.10.1941).
Am 1.11.1941 hatte Hinghofer in Valjevo ein Schreiben von Mihailović erhalten, in dem dieser um Waffen zum Kampf gegen die Kommunisten bat und ihm vorschlug, die Wehrmachttruppen aus Westserbien abzuziehen, und das Territorium den Mihailović-Četniks zu überlassen, (Dokument in englischem Faksimile bei Marjanovic, The Collaboration of D. Mihailovic's Chetniks with the Enemy Forces of Occupation (1941—1944), S. 17 ff). Die Antwort Hinghofers ist nicht bekannt. Die Rechtfertigung Hinghofers (siehe BA-MA, RH 24—18/168, Bericht Hinghofers an Böhme, betr.: Besprechung mit Četnik-Vojvoden vom 29.10.1941, 12.11.1941) konnte die Entscheidung Böhmes nicht mehr ändern. Am 19.11.1941 wurde Hinghofer von Böhme als Kommandeur der 342. ID — einer Kampfdivision — abgesetzt und zum Kommandeur der 717. ID — einer Besatzungsdivision — degradiert (BA-MA, RH 24—18/86, Tagesmeldung Bev. Kdr. General in Serbien, Ia an Wehrmachtbefehlshaber Südost, 19.11.1941).

[178] Ebd., RH 19 XI/81, Die Aufstandsbewegung im Südostraum, T. 1, S. 78. Die gefangengenommenen Partisanen, die nicht sofort ermordet wurden, brachten die Deutschen in das KZ Šabac, wo der größte Teil von ihnen erschossen wurde. Die übrigen wurden im Frühjahr 1942 als Zwangsarbeiter nach Deutschland, Italien und Norwegen deportiert (Glisić, Der Terror und die Verbrechen des faschistischen Deutschland in Serbien von 1941 bis 1944, S. 89).

[179] Glisić, Der Terror und die Verbrechen des faschistischen Deutschland in Serbien von 1941 bis 1944, S. 88.

5. Der Kampf der Partisanen und Četniks im Jahre 1941 151

sche Gefangene frei. Wie Milovan Djilas schreibt, hatte die Ermordung der verwundeten Partisanen nachhaltige Konsequenzen:

»Die Erschießung der Verwundeten führte, obwohl sie für uns nicht überraschend kam, zu einer radikalen Änderung unserer Haltung gegenüber den Deutschen: ab nun vergalten die Partisanen den Deutschen Gleiches mit Gleichem und töteten die Gefangenen — von gelegentlichen Ausnahmen abgesehen. Wir in der Führung hätten ohnehin keine Gründe erfinden können, dies zu verhindern[180].«

Die Partisanen flüchteten über den einzigen noch offenen Rückzugsweg in das nunmehr zu Kroatien gehörende und von den Italienern besetzte Montenegro. Nur eine Partisanenkompanie blieb in Serbien zurück. Bis auf etwa 70 Mann wurde sie schon wenige Wochen später von den Deutschen aufgerieben[181].

Mit dem Rückzug aus Serbien nach Montenegro und später nach Bosnien waren die Partisanen im Dezember 1941 für lange Zeit aus Serbien vertrieben worden. Erst im Sommer 1944 gelang es ihnen wieder, hier Fuß zu fassen und gemeinsam mit der Roten Armee im Herbst/Winter 1944 Serbien zu befreien.

Voller Genugtuung hatte Mihailović die Niederlage der Partisanen zur Kenntnis genommen. Er meldete der Exilregierung in London, sie seien mitsamt ihrer Führerschaft als militärische Organisation zerschlagen. Nunmehr werde er allein für die Vereinigung der Volkskräfte und die Schaffung einer Balkanfront (»unification of popular forces and the creation of a Balkan front«) kämpfen[182].

Als erste Maßnahme beschloß Mihailović — einen Tag nach der Niederlage der Partisanen — die Četnik-Abteilungen im Einvernehmen mit der Nedić-Regierung zu legalisieren und den bewaffneten Nedić-Formationen für Einsätze gegen die Partisanen zur Verfügung zu stellen[183]. Von nun ab wurden die Četniks von der Regierung Nedić auch offiziell mit Geld, Nahrung und Kleidung unterstützt[184]. Nach London berichtete Mihailović hingegen, er stünde »at war with the Germans and had entered into complete guerrilla warfare[185].«

Nach dem Verrat an den Partisanen und deren militärischer Niederlage fühlte sich Mihailović als uneingeschränkter Führer des Widerstandes in Serbien. Wenn die deutschen Besatzer ihn schon nicht als vertrauenswürdig genug einschätzten, um ihn mit Waffen zur Bekämpfung der Partisanen zu versorgen, so erwartete Mihailović als Gegenleistung für sein Angebot, die Četniks für den Kampf der Nedić-Regierung gegen die Partisanen zur Verfügung zu stellen, von der deutschen Besatzungsmacht, zumindest weiter in Serbien geduldet zu werden[186]. Doch seine Rechnung ging auch in diesem Punkt nicht auf.

---

[180] Djilas, Der Krieg der Partisanen, S. 146.
[181] Ebd., S. 147, 195.
[182] Zit. nach: Deakin, The Embattled Mountain, S. 145.
[183] Ebd.
[184] Matl, Jugoslawien im Zweiten Weltkrieg, S. 111.
[185] Zit. nach: Deakin, The Embattled Mountain, S. 145.
[186] In einem Schreiben an den Wehrmachtbefehlshaber Südost bemerkt der Stabschef Böhmes, General Pemsel, dazu: Mihailović »ist der Meinung, in dem serbischen Raume selbständig operieren zu können, der für die deutsche Wehrmacht von geringerer Bedeutung sei, daher auch unbesetzt bleibe, wie z.B. Westserbien« (BA-MA, RH 24—18/168, Bericht über Oberst Mihailović, 13.11.1941).

Nachdem Mihailović die Aufforderung nach bedingungsloser Kapitulation nicht beantwortet hatte, entschied die Wehrmachtführung, ihn aus Serbien zu vertreiben. Hatte die Wehrmacht zwei Divisionen und einige Bataillone aufbieten müssen, um die Partisanen zu besiegen, so nahm sie die militärische Stärke der Mihailović-Četniks nicht sonderlich ernst. Noch vor dem deutschen Angriff auf das Zentrum der Četniks in der Ravna Gora betrachteten sie das ›Četnikproblem‹ in Serbien als so gut wie gelöst:

»Die Mihailović-Četniks haben keinen Ausweg aus ihrer verzweifelten Lage. Oberst Mihailović will nicht kapitulieren und kann während des Winters seine Leute nicht in den Bergen halten. Seine Absicht scheint zu sein, im Frühjahr wieder anzutreten. Soweit sich einzelne kleine Abteilungen deutschen Truppen nicht ergeben haben und einzelne Četniki nicht zu uns übergelaufen sind, besteht die Absicht, den Rest in regierungstreuen Abteilungen untertauchen zu lassen oder als Bauern verkleidet in ihre Heimat zu entlassen. Die notwendigen Gegenmassnahmen zur Verhinderung dieser Entwicklung sind bereits getroffen. Feindgruppe Mihailović kann daher als in Liquidation befindlich angesehen werden. [...] Zusammenfassend kann gesagt werden, dass die Aufstandsbewegung in Serbien in den nächsten Tagen niedergeschlagen sein wird und die Unruhen nicht jenes Mass überschreiten werden, welches den Balkanverhältnissen ruhiger Zeiten entsprach[187].«

General Böhme wurde am 2. Dezember 1941 vom OKH aus Serbien abberufen[188]. Mit der Vertreibung der Partisanen aus Serbien war das Widerstandsproblem faktisch gelöst. Am 6. Dezember 1941 verließ General Böhme die Stätte seines knapp dreimonatigen blutigen Wirkens. Es war ihm nicht vergönnt, die Zerschlagung der Mihailović-Četniks selbst mitzuerleben.

Einen Tag nach seiner Abreise griff die 342. ID das Hauptquartier von Mihailović in der Ravna Gora an, tötete 10 Četniks und nahm 390 gefangen[189]. Mihailović selbst konnte der Gefangenschaft entkommen. Mit einer kleinen Anzahl von Getreuen, deren militärische Kampfkraft gleich Null war, zog er sich — ebenso wie wenige Tage vorher die Partisanen — nach Montenegro zurück. Die Komödie um den ›serbischen Widerstandsführer‹ erreichte ihren Höhepunkt, als Mihailović am 7. Dezember 1941 von König Peter II. in London zum Brigade-General befördert und zum Kommandanten der ›Jugoslawischen Heimatarmee‹ ernannt wurde — just am Tage seines militärischen Debakels[190].

Bis Kriegsende waren die Mihailović-Četniks in Serbien kaum mehr präsent. Einer Anzahl seiner Leute gelang es, die bewaffneten Nedić-Formationen zu infiltrieren und kleinere Sabotageaktionen auszuführen[191].

Erst im Sommer 1942 gewann Mihailović in Montenegro und der Herzegowina langsam wieder Einfluß auf die lokalen Četnik-Gruppierungen[192]. Mihailović verweigerte weiterhin militärische Aktionen und Sabotageakte gegen die Deutschen und kollaborierte mit den Italienern bis zu deren Kapitulation im Herbst 1943[193]. Ab 1944 kollaborier-

---

[187] KA Wien, B 556 Nachlaß Böhme, Bericht der Abt. Ic des Bev. Kdr. Generals in Serbien zur »Feindlage in Serbien«, 29.11.1941.
[188] BA-MA, RH 19 XI/81, Die Aufstandsbewegung im Südostraum, T. 1, S. 79.
[189] Ebd., S. 80.
[190] Milazzo, The Chetnik Movement and the Yugoslav Resistance, S. 41.
[191] Ebd., S. 87.
[192] Ebd., S. 81.
[193] Nach Matl wurden von den Italienern etwa 19 000 Četniks mit Waffen beliefert (Matl, Jugoslawien

ten Teile der Mihailović-Četniks offen mit den deutschen Besatzern und der Ustascha in Serbien und Kroatien[194].

Nachdem Mihailović im September 1944 nur knapp der Gefangennahme durch die Partisanen entkommen konnte, zog er sich mit seinen Truppen nach Nordbosnien zurück. Er war überzeugt, daß es bei Kriegsende zum großen Konflikt zwischen den westlichen Alliierten und der Sowjetunion kommen und dann seine große Stunde schlagen würde. In vollkommener Verkennung der internationalen politischen Lage träumte er sogar noch nach seiner Entmachtung durch König Peter im September 1944[195] von der Realisierung seines Widerstandskonzeptes aus dem Jahre 1941, das eine Invasion der Briten und Amerikaner in Dalmatien zum Zwecke des gemeinsamen Kampfes gegen die Partisanen und die ›Rote Armee‹ vorsah. Doch weder die Briten noch die Amerikaner reagierten auf seine Annäherungsversuche. Zum Jahresende 1944 begann sein Optimismus langsam zu schwinden:

»Among the people there is a great fear that the Communists are going to acquire power in all Yugoslavia. The only salvation is expected from the Americans and the British. However, their troops are not landing ...[196]«.

Um von den Partisanen nicht vernichtet zu werden, kollaborierte er weiterhin mit den Deutschen und bot sogar der Ustascha an, mit ihnen gemeinsam gegen die Partisanen zu kämpfen. Die Situation war für Mihailović zu Beginn des Jahres 1945 aussichtslos. Im März 1945 konstituierte sich die jugoslawische Regierung mit Ministerpräsident Tito an der Spitze. Sie wurde von den Alliierten unverzüglich anerkannt. Anfang April 1945 unterbreitete General Löhr dem Četnik-Führer das Angebot, mit ihm über die österreichische Grenze zu gehen und sich dann den Briten zu stellen. Während alle anderen Četnik-Gruppen und Quisling-Organe von dieser Möglichkeit Gebrauch machten und gemeinsam mit den deutschen Truppen der Heeresgruppe E Ende April/Anfang Mai 1945 Kärnten erreichten, entschied sich Mihailović Anfang April 1945 mit der ihm verbliebenen Mannschaft von etwa 12 000 Mann zum Durchbruch nach Serbien. Von der illusionären Hoffnung besessen, in seinem Heimatgebiet den Kampf gegen die kommunistische Regierung aufnehmen zu können, führte er seine Truppen in Richtung Westserbien. Am 12. Mai 1945 wurden sie von der jugoslawischen Armee gestellt und nahezu aufgerieben: mehr als 9000 Četniks wurden in der Schlacht bei Kalinovic getötet.

---

im Zweiten Weltkrieg, S. 103 ff.). Zur weiteren Entwicklung der Mihailović-Četniks bis Kriegsende siehe insbesondere Tomasevich, War and Revolution in Yugoslavia, 1941–1945, S. 196 ff.; Milazzo, The Chetnik Movement and the Jugoslav Resistance, S. 162 ff. Ausgewählte Dokumente zur Kollaboration der Mihailović-Četniks mit den deutschen und italienischen Besatzern in Jugoslawien finden sich in: The Collaboration of D. Mihailović's Chetniks with the Enemy Forces of Occupation (1941–1944), S. 29 ff.

[194] Siehe dazu insbesondere Tomasevich, War and Revolution in Yugoslavia, 1941–1945, S. 315 ff.; Milazzo, The Chetnik Movement and the Yugoslav Resistance, S. 162 ff.

[195] Über BBC hatte König Peter im September alle Serben, Kroaten und Slowenen aufgerufen, sich den Partisanen anzuschließen.

[196] Aus einem Brief von Mihailović an den Botschafter der jugoslawischen Exilregierung in den USA, Constantin Fotić, vom Dezember 1944 (in englischer Übersetzung zit. in: Tomasevich, War and Revolution in Yugoslavia, 1941–1945, S. 431 f.).

Mihailović konnte mit etwa 300—400 Mann entkommen. Ohne Ausrüstung schlug sich der Haufen nach Ostbosnien durch. Obwohl Mihailović im Juli 1945 nur mehr von etwa 60 Mann begleitet wurde, vermochten ihn die jugoslawischen Sicherheitsorgane nicht zu stellen. Die jugoslawische Regierung wollte Mihailović lebendig, um ihn in einem Prozeß vor der Weltöffentlichkeit anzuklagen. Ständig auf der Flucht, gelang es Mihailović, sich auch noch den Winter 1945/46 über im serbisch-bosnischen Grenzgebiet zu verstecken. Erst der Verrat eines ehemaligen Četnik-Führers ermöglichte seine Festnahme (März 1946). Mihailović wurde im Juli 1946 von einem jugoslawischen Gericht zum Tode verurteilt und wenige Wochen später hingerichtet[197].

---

[197] Die Angaben über das weitere Schicksal der Mihailović-Četniks nach 1941 wurden, wenn nicht anders ausgewiesen, entnommen aus Tomasevich, War and Revolution in Yugoslavia, 1941—1945, S. 398 ff.

IV. Massaker der Wehrmacht an der serbischen Zivilbevölkerung im Herbst 1941

1. Das Massaker in Kraljevo

Wie schon beim Einsatz der 342. ID zu sehen war, beschränkten sich die Mordaktionen der Wehrmacht in Serbien nicht auf Juden, Zigeuner und Kommunisten, sondern schlossen auch die übrige Bevölkerung mit ein. Während des Rückzugs aus dem südlichen Teil Serbiens im Oktober 1941 richteten die in den Städten Kraljevo und Kragujevac stationierten Wehrmachteinheiten zwei Massaker an, die heute noch als Symbol für die Kriegsverbrechen der nationalsozialistischen Besatzer in Jugoslawien gelten.
Nachdem die Partisanenverbände das Operationsgebiet der 717. ID südlich von Belgrad fast gänzlich vom Nachschub abgeschnitten hatten, mußten die Besatzer Ende September 1941 unter heftigen Kämpfen die Städte Užice (wo sich eine Waffenfabrik befand)[1] und Čačak aufgeben. Die Einheiten der 717. ID wurden in Kraljevo und Kragujevac konzentriert. Mit einer Stärke von rund 2200 Mann[2] besetzte die Wehrmacht die Stadt Kraljevo:
»Die Räumung von Užice und Čačak — die infolge immer schwieriger werdender Versorgung notwendig wurde — wird den Gegner ermutigen, weiter nach Osten zunächst auf Kraljevo nachzurücken. Eine Aufgabe von Kraljevo kommt nicht in Frage[3].«
Die Einheiten der 717. ID erwarteten einen Angriff. Obwohl die 717. ID, nach Böhmes Ansicht, noch nicht über die Gruppenausbildung hinaus und deshalb zu Unternehmungen nicht geeignet war[4], trat sie in Kraljevo in Aktion. Bei einer Inspektionsreise nahm der Verbindungsoffizier zum Wehrmachtbefehlshaber Südost, Major Jais, die Stärken des 749. IR der 717. ID mit Befriedigung zur Kenntnis:
»Kdr. Infanterieregiment 749 hat bisher gegen Aufständische scharf durchgegriffen, Erschießungen, Niederbrennen von Häusern und Festnahmen wurden laufend durchgeführt. Ein großer Teil der wehrfähigen Bevölkerung von Kraljevo (650 Mann) befinden sich in Haft in der Waggonfabrik. [...] Mjr. Desch macht einen sehr guten Eindruck und ist offensichtlich Herr der Lage[5].«

---

[1] In der Stadt befand sich die größte Waffenfabrik Serbiens. Obwohl Teile des Maschinenparks von den Besatzern schon im August 1941 abtransportiert worden waren und trotz ständiger Bombardierungsversuche durch deutsche Flugzeuge konnten die Partisanen bis zur Rückeroberung der Stadt durch die 342. ID im November 1941 über 16 500 Gewehre, 2,7 Millionen Gewehrpatronen und 1000 Granaten herstellen. Damit verfügten sie erstmals über Waffen, die sie nicht dem Feind abgenommen oder nach der Kapitulation der jugoslawischen Armee versteckt hatten (Jugoslawien im Zweiten Weltkrieg, S. 57).
[2] Am 1.10.1941 befanden sich folgende Wehrmachteinheiten in Kraljevo: 850 Mann des 749. IR unter Major Desch, 550 Mann des 737. IR unter Oberstleutnant Wildermuth, außerdem 320 Landesschützen und volksdeutsche Wachmannschaften. Alle Einheiten standen unter dem Kommando der 717. ID (BA-MA, RH 24—18/87, Reisebericht Major Jais u.a. über Kraljevo vom 6.10.1941).
[3] Ebd., RW 24—30/277, Fernschreiben Höh. Kdo. LXV an 717. ID, 3.10.1941.
[4] Ebd., RH 24—18/87, Aktenvermerk zur Orientierung des Chefs AOK 12, Foertsch, über allgemeine Lage in Serbien durch General Böhme, 26.9.1941.
[5] Ebd., Reisebericht Major Jais u.a. über Kraljevo vom 6.10.1941.

Am 5. Oktober 1941 erfolgte ein Angriff der Widerstandskämpfer auf Kraljevo, der von den deutschen Truppen allerdings zurückgeschlagen werden konnte[6]. Tags darauf wurde die Dornier-Flugzeugfabrik wegen »Arbeitsunzuverlässigkeit« geschlossen, und die Beschäftigten verhaftet[7]; ihnen folgten die Arbeiter der Waggonfabrik und die Beschäftigten bei der Eisenbahn. Gemeinsam wurden sie in einer Halle der Waggonfabrik interniert. Offensichtlich befürchteten die deutschen Besatzer Sabotageaktionen[8]. Am 10. Oktober 1941 meldete der Divisionskommandeur der 717. ID, General Hoffmann, daß der Gegner »Kraljevo einzukreisen und ringsum abzuriegeln versucht. [...] Die Feindverbände werden absolut zweckmäßig geführt (serbische Offiziere und Soldaten!). Ihre Kampfkraft und Führung hat sich wesentlich verbessert[9].«
Gleichzeitig unterbreitete General Hoffmann dem Befehlshaber in Serbien, Böhme, einige Vorschläge, wie man dem erfolgreichen Vordringen der Feindverbände »unter Berücksichtigung der ›balkanischen‹ Gebräuche«[10] seines Erachtens effektiver begegnen könnte. Sein Maßnahmekatalog reichte von der Abschiebung »herumlungernder, nichtstuender« Männer in Konzentrationslager über die Einführung eines Arbeitsdienstes bis zu Brandschatzungen, Geiselnahmen und Repressalien gegen Angehörige von entlassenen Kriegsgefangenen der ehemaligen jugoslawischen Armee[11].
In der Realität waren diese Vorschläge General Hoffmanns von seiner Truppe bereits zum Teil realisiert worden. In den ersten zehn Oktobertagen hatten Einheiten der 717. ID bei »Säuberungsunternehmen« in der Umgebung von Kraljevo 105 Zivilisten erschossen und zahlreiche Dörfer niedergebrannt. Im Kampf waren nur 6 Gegner gefallen, in den eigenen Reihen wurden 12 Gefallene und einige Verwundete gezählt[12].
Am 11. Oktober 1941 starteten Partisanen- und Četnikabteilungen einen erneuten Angriff auf die Stadt, bei dem sie erstmals auch Artillerie einsetzten. Am 13. Oktober 1941 waren die Wehrmachttruppen in Kraljevo von gegnerischen Kräften eingeschlossen[13].
Am selben Tag übermittelte das Höhere Kommando LXV den »Sühnebefehl« Böhmes an die 717. ID. Tags darauf wurden von den Einheiten der 717. ID in Kraljevo »Kommunisten, Nationalisten, Demokraten und Juden — soweit Bewachung möglich — als Geiseln festgenommen[14].«
Der Angriff auf Kraljevo ging am 15. und 16. Oktober 1941 mit unverminderten Artilleriegefechten weiter, wobei von der Wehrmacht auch Aufklärungsflugzeuge und Stukas

---

6 Ebd., RH 19 XI/81 Die Aufstandsbewegung im Südostraum, T. 1, S. 57.
7 Nach Bombenschäden hatte das Flugzeugwerk erst im Sommer 1941 seine Produktion wieder aufgenommen (Olshausen, Zwischenspiel auf dem Balkan, S. 292). Im Frühjahr 1942 wurde die Flugzeughalle abmontiert und nach Wiener Neustadt gebracht, wo sie als »Serbenhalle« den »Rax-Werken« eingegliedert wurde. Als Außenstelle des KZ Mauthausen wurden in der Serbenhalle von KZ-Häftlingen Rüstungsgüter hergestellt (Freund/Perz, Das KZ in der Serbenhalle).
8 BA-MA, RW 40/20, Tagesmeldung Bev. Kdr. General in Serbien, Ia an AOK 12, 6.10.1941.
9 Ebd., RH 24–30/270, Bericht Kommandeur 717. ID, Hoffmann, an Böhme, 10.10.1941.
10 Ebd.
11 Ebd.
12 Ebd., RH 26–117/12, Einsatzbericht 717. ID, Oktober 1941.
13 Ebd., Tagesmeldung Divisionsstab 717. ID, 13.10.1941.
14 Ebd., Tagesmeldung des Divisionsstabes, 14.10.1941.

1. Das Massaker in Kraljevo

eingesetzt wurden. Die 717. ID verhängte den Ausnahmezustand über die Stadt. Als am Abend des 15. Oktober 1941 Wehrmachtsoldaten in Kraljevo aus Häusern beschossen wurden, richtete die Truppe sofort 300 Serben zur »Vergeltung« hin. Am nächsten Tag führten Verbände der 717. ID Hausdurchsuchungen in der Stadt durch; Menschen wurden aus ihren Wohnungen geholt und zusammengetrieben. Der Ortskommandant erließ einen Befehl, in dem er den Fortgang des Massakers ankündigte:

»Mit dem heutigen Tag tritt für das Volk dieses Gebietes das Gesetz schwierigster Repressalien ein, d.h. es werden nicht nur 100 Serben für einen Deutschen erschossen, sondern es werden auch die Familien und der Besitz vernichtet[15].«

Augenzeugenberichte von überlebenden Bewohnern der Stadt geben uns ein Bild darüber, was sich in diesen Tagen in Kraljevo ereignete:

»Als sich in der Umgebung von Kraljevo die Kämpfe abwickelten, haben die deutschen Behörden in Kraljevo angefangen, die Bevölkerung aus ihren Häusern, Straßen und Werkstätten zu treiben und in ein Lager zu sperren, welches sich im Hof der Waggonfabrik befand. Streifen der deutschen Wehrmachtkräfte gingen von Haus zu Haus und haben aus denselben alle Männer, angefangen von den Kindern im Alter von 14 Jahren bis zu Greisen von 60 Jahren und darüber, herausgejagt. Alle diese Bürger wurden mit über dem Kopf erhobenen Händen in kleineren Gruppen durch die Stadt geführt, und dann in größeren Gruppen, und so in das Lager der Waggonfabrik getrieben. Vor dem Lager wurden sie von den deutschen Soldaten gezählt, legitimiert und in Bücher eingetragen und dann in den allgemeinen Kreis des Lagers gesperrt. Aus diesem Lager wurden von den Deutschen Gruppen von je 100 Bürgern herausgenommen und aus dem Lager geführt, wo sie an dem schon vorher bestimmten Platz vor offenen Gräbern vor ein Maschinengewehr gestellt und erschossen wurden. Nachdem die so hingeführte Gruppe der Bürger unter der Feuerwirkung des Maschinengewehrs hingemacht wurde, gingen die deutschen Soldaten unter die toten Bürger und jeder, der noch ein Lebenszeichen von sich gab, oder den sie noch nicht ganz tot glaubten, wurde durch einen Schuß aus der Maschinenpistole oder Pistole vollends getötet. Nach der Liquidierung einer Gruppe führten die Deutschen auf dieselbe Art und Weise die zweite Gruppe herbei usw.[16].«

Neben den Einwohnern von Kraljevo wurden auch viele in der Stadt lebende Flüchtlinge und Arbeiter aus anderen Landesteilen erschossen[17]. Allein am 16. Oktober 1941 erschossen Angehörige des 749. IR und des 737. IR der 717. ID als »Vergeltung« für die tags zuvor bei den Artilleriekämpfen 14 getöteten und 20 verwundeten Soldaten »insgesamt 1736 Männer und 19 kommunistische Frauen[18].« Noch am selben Tag wurden an Angehörige der 717. ID zwanzig Stück E.K. II verliehen[19].

---

[15] Befehl des Ortskommandanten, 16.10.1941 (zit. bei: Glišić, Der Terror und die Verbrechen des faschistischen Deutschland in Serbien von 1941 bis 1944, S. 82).

[16] NOKW-Dokument 1638, Landeskommission Serbien zur Feststellung der Verbrechen der Okkupanten und ihrer Helfershelfer. Mitteilung über festgestellte Verbrechen, 24.1.1946. Jugoslawische Quellen werden in dieser Arbeit nur herangezogen, soweit sie beim Nürnberger Gerichtshof als Beweisdokumente anerkannt worden sind (z.B. NOKW-Dokumente) und ihr Inhalt durch deutsche Dokumente verifiziert werden kann.

[17] »Diese Flüchtlinge waren großteils Arbeiter und Angestellte der Waggonfabrik und der Flugzeugfabrik in Kraljevo und ihre Familien« (NOKW-Dokument 1638).

[18] BA-MA, RH 26—117/3, Tagesmeldungen vom 15. und 16.10.1941. Diese Zahlen wurden auch an das OKW und das OKH weitergegeben und um die eigenen Verlustzahlen (zwei Gefallene und ein Verwundeter!) ergänzt (ebd., Tagesmeldung AOK 12 Ic/AO, 18.10.1941).

[19] NOKW-Dokument 1660.

Doch damit war das Massaker an der Zivilbevölkerung von Kraljevo noch nicht beendet. Im Anschluß an die Exekutionen in der Stadt begann das 749. IR mit der Entvölkerung aller unmittelbar an Straße und Bahn Kruševac-Kraljevo gelegenen Ortschaften[20]. Bis zum 24. Oktober 1941 hielt das Massenmorden an. In dieser einen Woche erschoß die Wehrmacht in Kraljevo und Umgebung zwischen 4000 und 5000 Zivilisten[21].
In einem am 20. Oktober 1941 erlassenen persönlichen Tagesbefehl lobte Böhme die in Kraljevo tätigen Wehrmachteinheiten:

»Weitere in der letzten Zeit von der Truppe errungenen Erfolge tragen dazu bei, das Ansehen der deutschen Wehrmacht in Serbien abermals zu stärken. [...] Am 15.10. wurde der seit Tagen vorbereitete Angriff der Aufständischen auf Kraljevo von der im Ort liegenden Truppe unter Mitwirkung des von Kruševac anrückenden I/Inf. Rgt. 737 abgewiesen. Der Feind verlor mindestens 80 Tote, 1755 Geiseln wurden als Sühne für die eigenen Verluste erschossen. [...] Allen an diesen erfolgreichen Unternehmungen beteiligten Offizieren, Unteroffizieren und Mannschaften spreche ich meine Anerkennung aus. Vorwärts zu neuen Taten. Böhme[22].«

2. »Vorwärts zu neuen Taten!« Das Massaker in Kragujevac

Am 28. September 1941 wurde die 6. Kompanie des in Völkermarkt und Lienz aufgestellten 920. Landesschützen-Bataillons in Gorni Milanovac, wo sie seit Mitte Juli zur Munitionsbewachung stationiert gewesen war, von Četniks gefangengenommen. Schon seit Wochen hatten die Četnik- und Partisanenverbände Gorni Milanovac eingeschlossen. Die zirka 70 Mann der Kompanie waren während dieser Zeit durch Brücken- und Straßensprengungen vollständig von der Außenwelt abgeschnitten und ohne Funkverbindung zu anderen Einheiten gewesen[23]. Von jeglichem Nachschub abgeschlossen, gingen ihnen bereits die Lebensmittel aus. Angesichts dieser Lage bat der Kompanieführer seine Vorgesetzten am 26. September 1941 dringend um die rasche Verlegung der Kompanie nach der 35 km entfernten Stadt Kragujevac, da Gefahr bestand, »daß die Kompa-

---

[20] Ebd., Tagesmeldung AOK 12 Ic/AO, 23.10.1941.
[21] Diese Zahl beruht auf jugoslawischen Schätzungen (siehe NOKW-Dokument 1638). Von Wehrmachtseite liegen keine exakten Angaben über die Gesamtzahl der zwischen dem 15. und 24. Oktober 1941 in Kraljevo Erschossenen vor. Im Tagesbericht vom 21.10.1941 meldete die 717. ID: »Vorstöße von Teilen JR. 749 und JR. 737 südwestlich Kraljevo mit Stukaunterstützung. 2 l. MG erbeutet. Im Bereich der Division 529 Erschießungen« (ebd., Tagesmeldung AOK 12 Ic/AO, 21.10.1941). In ihrem Monatsbericht über die »Ergebnisse der Unternehmungen im Oktober 1941« meldete das in Kraljevo eingesetzte 749. JR:
»1.) Feindverluste: Tote 5037, davon 4300 als Sühne für gefallene und verwundete Soldaten, Gefangene 79 ebenfalls erschossen, 5 erhängt.
Eigene Verluste: Tote 50
               Vermißte 4
               Verwundete 92«
(BA-MA, RH 24—30/275, KTB Höh. Kdo. LXV, Monatsbericht der 717. ID, 7.11.1941). Die angegebenen »Feindverluste« untermauern die von jugoslawischer Seite geschätzte Opferzahl.
[22] BA-MA, RH 24—18/87, Tagesbefehl Böhmes, 20.10.1941.
[23] BA-MA, RW 40/18, Aussage des aus der Gefangenschaft entflohenen Unteroffiziers der 6. Kompanie/ Landesschützenbataillon 920, Dirnberger, 6.10.1941.

2. »Vorwärts zu neuen Taten!« Das Massaker in Kragujevac

nie einem größeren Bandenüberfall unterliegen würde[24].« Doch zur Verlegung kam es nicht mehr. Als die Landesschützen Anfang Oktober im Zusammenhang mit dem Rückzug der deutschen Truppen aus Čačac nach Kraljevo und Kragujevac abgezogen werden sollten, stellte ein Aufklärungsflieger über Gorni Milanovac verblüfft fest: »Keine Bewegung im Orte — weder deutsche Wehrmacht noch Zivilbevölkerung[25].«
Einige Tage nach dem spurlosen Verschwinden der Landesschützen-Einheit traf ein Kompanieangehöriger in Belgrad ein und erzählte, die Landesschützen seien in Gorni Milanovac von Četniks angegriffen worden. 10 Landesschützen seien gefallen, die restlichen 60 hätten sich aufgrund der aussichtslosen Situation ergeben und wären als Gefangene von den Četniks mitgenommen worden[26]. Kurze Zeit später berichtete der aus der Gefangenschaft geflohene, aus Strobel am Wolfgangsee stammende Unteroffizier der Kompanie, Franz Egger, die serbischen Bewacher hätten die gefangenen Wehrmachtsoldaten korrekt behandelt und ihnen sowohl ihre Uniform als auch ihr Eigentum belassen: »Wir wurden anständig behandelt, da man uns erklärte: die Četniks seien die freien serbischen Soldaten und sie erkennen die Kriegsrechte an[27].«

Die durch diesen Vorfall entfesselten Racheaktionen der Wehrmacht stehen im krassesten Gegensatz zur humanen Behandlung der gefangenen Landesschützen durch die Mihailović-Četniks. Böhme schickte bereits Anfang Oktober eine Einheit der 717. ID, das III. Bataillon des 749. Regiments, mit dem Auftrag nach Gorni Milanovac, »den Ort abzubrennen und Geiseln festzunehmen, um Rückgabe der Landesschützen zu erwirken[28].«
Wegen eines mißverstandenen Befehles, wie der verantwortliche Bataillonskommandeur glaubhaft versichern konnte, nicht »etwa aus irgendeiner Sentimentalität«[29], verließ das Bataillon am 6. Oktober 1941 Gorni Milanovac, ohne den Ort niedergebrannt zu haben. Die bereits festgenommenen 170 Geiseln wurden wieder freigelassen.
Böhme war über die Kapitulation der Landesschützen und die nicht ausgeführte Sühnemaßnahme erbost. Er sah dadurch das Ansehen der Truppe gefährdet. Er verbot seinen Truppen sich zu ergeben und befahl ihnen, »sich bis zur letzten Patrone zu verteidigen«[30]. Am 15. Oktober 1941 kehrte der gleiche Trupp unter ständigem Feindfeuer nach Gorni Milanovac zurück, um den mittlerweile militärisch völlig sinnlos gewordenen Auftrag im zweiten Anlauf auszuführen. Im Bataillonsbericht vom 16. Oktober 1941 heißt es: »Milanovac brennt, Geiseln werden gesammelt[31].«

---

[24] Ebd., RW 40/8, Telegraphischer Hilferuf der 6. Kompanie an Feldkommandantur 610 Pančevo, 11.9.1941.
[25] Ebd., Bericht Oberstleutnant Kogard über Aufklärungsflug, 3.10.1941.
[26] Ebd., Vernehmung des Unteroffiziers Dirnberger beim Militärbefehlshaber Serbien, 6.10.1941.
[27] Ebd., Vernehmung des Unteroffiziers Franz Egger, 22.10.1941.
[28] Ebd., RH 24–18/87, Fernschreiben Böhmes an Wbfh. Südost, 3.10.1941. Eine kurze Zusammenfassung über die Aktion in Gorni Milanovac gibt Glišić, Der Terror und die Verbrechen des faschistischen Deutschland in Serbien von 1941 bis 1944, S. 79f.
[29] BA-MA, RH 26–104/14, Vernehmung Hptm. Fiedler (Kommandant des III. Bataillons/749. IR) durch Ia des Höh. Kdo. LXV, Kewisch, 10.10.1941.
[30] Ebd., RH 26–104/15, Tagesbefehl Böhmes vom 8.10.1941.
[31] Ebd., RH 26–117/3, KTB Ia vom 16.10.1941.

Die noch im Ort befindlichen 133 Männer wurden nach Kragujevac mitgenommen. Auf dem Rückmarsch zu seinem Standort Kragujevac zerstörte das Bataillon sämtliche auf der Strecke liegenden Ortschaften. Ebenso wie beim Anmarsch, war die Einheit auch auf dem Rückweg in Kämpfe mit gegnerischen Kräften verwickelt, die das Gebiet um Kraljevo und Kragujevac militärisch kontrollierten. Insgesamt hatte das Bataillon dabei 10 Tote und 26 Verwundete zu verzeichnen[32].

Kragujevac war vom Stab und vom I. Bataillon des 724. IR besetzt. Als Regimentskommandeur fungierte der österreichische General Adalbert Lontschar. Er war im Juli 1941 Ziel eines Partisanenanschlages gewesen, hatte aber keine Verletzungen erlitten[33]. Nach einem Erholungsurlaub hatte er sich am 10. Oktober 1941 in Belgrad bei General Böhme als wieder einsatzfähig gemeldet. Nachdem Lontschar beim Stab Böhmes über seine Erfahrungen mit den Aufständischen berichtet hatte, kehrte er zu seinem Regiment nach Kragujevac zurück[34].

Als das Bataillon aus Gorni Milanovac eintraf, erging der Befehl, den Stab des 724. IR aus Kragujevac nach Valjevo zu verlegen. Es ist aktenmäßig nicht zu klären, wann Lontschar Kragujevac verlassen und damit den direkten Befehl über seine Einheiten übergeben hat[35].

Major König, der das I. Bataillon des 724. IR befehligte, wartete bereits auf die Rückkehr der in Gorni Milanovac eingesetzten Truppe, da er mit vereinten Kräften eine »umfassende Sühneaktion«[36] in Kragujevac durchführen wollte. Nach dem Eintreffen des Bataillons aus Gorni Milanovac (18. Oktober 1941) wurde dieser Plan in die Tat umgesetzt.

Der erste Schritt zum Massenmord an Zivilisten in Kragujevac erfolgte noch am selben Tag mit der Verhaftung aller männlichen Juden und aller angeblichen Kommunisten, insgesamt 66 Personen[37]. Sie wurden zum Erschießen bestimmt. Um aber auf die entsprechende Anzahl an »Geiseln« für die 10 toten und 26 verwundeten Wehrmachtssoldaten zu kommen, benötigte man 2300 Opfer.

Wie aus einem Bericht des Kreiskommandanten hervorgeht, versuchte dieser zu verhindern, daß die fehlenden Geiseln aus der 42000 Einwohner zählenden Stadt Kragujevac

---

[32] Ebd., Einsatzbericht der 717. ID für Oktober 1941, III./749 vom 17.–25.10.1941, Aktion Gorni Milanovac. Ohne Quellen anzugeben, beziffert Glišić die deutschen Verluste mit 20 Toten und 26 Verwundeten (Glišić, Der Terror und die Verbrechen des faschistischen Deutschland in Serbien von 1941 bis 1944, S. 80).

[33] Siehe S. 52.

[34] BA-MA, RH 24–18/87, KTB Ia des XVIII. Gebirgs-AK, 10.10.1941.

[35] Am 28.10.1941 traf Lontschar wieder in Belgrad ein und übernahm als Stadtkommandant die militärische Sicherung Belgrads (ebd., Eintragung im KTB vom 28.10.1941). Obwohl sich der Aufenthalt Lontschars zwischen dem 18. und 28.10.1941 aus den Akten nicht schlüssig eruieren läßt, spricht einiges dafür, daß er in diesem Zeitraum nicht mehr Regimentskommandeur war, sondern diese Funktion dem Standortältesten und Chef des I. Bataillons des 724. IR, Major König, übergeben hat.

[36] Ebd., RH 26–104/16, Bericht des Regiments 724 an 704. und 717. ID, 16.10.1941.

[37] Ebd., Bericht über den Einsatz des I./724 für die Zeit vom 17.–25.10.1941. Glišić gibt die Zahl der in Kragujevac am 18.10.1941 festgenommenen Personen mit 70 an. (Glišić, Der Terror und die Verbrechen des faschistischen Deutschland in Serbien von 1941 bis 1944, S. 80).

2. »Vorwärts zu neuen Taten!« Das Massaker in Kragujevac   161

genommen würden, weil dort »nicht ein einziger deutscher Wehrmachtangehöriger oder Volksdeutscher verwundet oder erschossen worden ist[38].«

Stattdessen riet er Major König, die »seit langem als vollkommen kommunistisch verseuchten bekannten Dörfer in der näheren und weiteren Umgebung von Kragujevac zu umzingeln und die nötige Anzahl von Opfern dort zu holen[39].« Der Vorschlag wurde von Major König positiv aufgenommen. Am 19. Oktober 1941 brannten Einheiten des 724. und 749. IR mehrere Dörfer in der Gemeinde Groznice nieder. Der Kreiskommandant, Hauptmann Bischofshausen, meldete:

»Dabei wurden 422 männliche Personen ohne eigene Verluste gleich an Ort und Stelle in den Dörfern erschossen, darunter ein Pope, auf dessen Kirchturm Munition versteckt gefunden worden war[40].«

Überlebende Tatzeugen aus der Gemeinde Groznice schilderten den Ablauf der Massenexekution:

»Am 19. Oktober 1941 sowie auch einige Tage vorher haben deutsche Flugzeuge Flugzettel abgeworfen, in welchen der Bevölkerung im Gebiet der Gemeinde Groznice unter Todesstrafe befohlen wurde, bei ihren Häusern zu verbleiben. So ist die Mehrzahl der Bauern in den Dörfern Groznice, Mala Pcelica, Erdeca, Viciste, Adzine-Livade und Tresnjevik der Gemeinde Groznice bei ihren Häusern gewesen, viele aber wegen des Sonntags und der Feier des heiligen Thomas in der Dorfkirche, als die Strafexpedition des Major König, der schon bekannt wegen seiner verbrecherischen Tätigkeit in Serbien, am 19. Oktober 1941 aus Richtung Kragujevac in zwei Gruppen vor das Dorf Groznice kam. Eine der Gruppen kam in breiter Front, die zweite auf Lastkraftwagen auf der Hauptstraße wegen leichterer und schnellerer Blockierung des Dorfes. Schnell haben die bis zu den Zähnen bewaffneten deutschen Soldaten ihre ›Ritterlichkeit‹ und ihren ›Kampfgeist‹ gegenüber den ruhigen und hilflosen Bauern dieses Dorfes gezeigt. Mehrere Gruppen deutscher Soldaten verbreiteten sich im Dorf und griffen sämtliche männlichen Einwohner auf, wo sie sie auch antrafen, im Haus, auf der Straße oder in der Kirche. Auf jene aber, die durch Flucht versuchten sich zu retten, wurde Feuer aus allen Waffenarten eröffnet und sie wurden getötet. Die Eingefangenen wurden in Gruppen von 30—50 Mann ohne irgendwelche Erklärung mit dem Maschinengewehr erschossen, und jene, die noch ein Lebenszeichen von sich gaben, wurden mit Revolverschüssen vollends getötet. So haben sie den Hirten Lubisa Manica, der nur 14 Jahre alt war, von seiner Herde weggetrieben und erschossen. Den Geistlichen Nikola Aleksica, der in der überfüllten Kirche die Messe las, sowie alle männlichen Einwohner aus der Kirche herausgetrieben und erschossen. Die ganze männliche Bevölkerung aus der Gemeinde Groznice wurde getötet, eine große Anzahl Familien blieb ohne Männer. [...]

Die Deutschen fanden die Schuld der Bauern aus der Gemeinde Groznice in der Zerstörung der Brücke neben dem Ort Groznice, welche von unbekannten Tätern ausgeführt wurde, das offenbar nur einen scheinbaren Grund darstellte, um sich zu rechtfertigen[41].«

Am nächsten Tag ging das Morden in Kragujevac weiter. Der Kreiskommandant von Bischofshausen schreibt, daß die noch in der Stadt verbliebene Männer und Jugendlichen aus ihren Wohnungen gezerrt, auf der Straße festgenommen, selbst ganze Klassen mit ihren Lehrern aus Schulen geholt und auf einem Platz zusammengetrieben wurden[42].

---

[38] BA-MA, RW 40/12, Brief des Kreiskommandanten von Kragujevac, Hptm. von Bischofshausen, an die Feldkommandantur 610 in Pančevo und an den Befehlshaber Serbien Ia, 20.10.1941.
[39] Ebd.
[40] Ebd.
[41] NOKW-Dokument 1638, Staatliche jugoslawische Kommission zur Feststellung der Verbrechen der Okkupatoren und ihrer Helfershelfer.
[42] Ebd.

Am Ende des Tages hatten die beiden Wehrmachteinheiten die 2300 Geiseln beisammen[43].

In einem Bericht der jugoslawischen »Staatlichen Kommission zur Feststellung der Verbrechen der Okkupatoren und ihrer Helfershelfer« beschreiben überlebende Bewohner von Kragujevac den am 20. und 21. Oktober 1941 von der Wehrmacht durchgeführten Massenmord:

»[...] Schon vorher, am 1. Oktober 1941, hat der Kreiskommandant Baron von Bischofshausen bei den Direktoren und Verwaltern der Kragujevacer Schulen darauf insistiert, daß die Schüler laufend die Schule besuchen. Unterdessen, da die Schüler auch weiter die Schule nicht besuchten, hat von Bischofshausen am 17. Oktober 1941 wieder alle Direktoren zusammengerufen und ihnen befohlen, daß alle Schüler unausbleiblich die Schule zu besuchen hätten, da sie widrigenfalls, die Schüler wie auch ihre Eltern, als Saboteure angesehen und als solche erschossen werden würden. Unter solchen Drohungen haben die Schüler angefangen, die Schule regelmäßig zu besuchen. Der 20. Oktober, der Tag der allgemeinen Razzia, fand die Schulen voll.

Am 18. Oktober 1941 haben die deutschen Soldaten in Kragujevac auf Grund eines besonderen Verzeichnisses alle männlichen Juden und alle jene, die nach ihrer Meinung Kommunisten waren, gefangengenommen. Diese wurden in die Baracken des ehemaligen Autokommandos am Stanovijaner-Feld eingesperrt. Hier wurden sie fast ohne Nahrung gefangengehalten bis zum 20. Oktober 1941, wo sie am Abend um 6 Uhr alle erschossen wurden. Ihre Leichen wurden in den Baracken, wo sie untergebracht waren, und im Hof zerstreut in allen Richtungen, vorgefunden, so wie sie versuchten in ihrer panischen Todesangst dem Tod zu entkommen. Hier wurden ungefähr 60 Menschen getötet unter ihnen auch einige Frauen. Die Sachen der Getöteten nahmen die Deutschen an sich. Am 20. Oktober 1941 fing das allgemeine Zusammentreiben der Männer in Kragujevac an. Die Deutschen haben alle Ausgänge der Stadt blockiert. Aber in die Stadt wurden die Bauern aus den umliegenden Dörfern, welche in Geschäften nach Kragujevac kamen, hineingelassen, um sie später gefangenzunehmen und zu erschießen. [...] Die Deutschen sind in die Gymnasien und Lehranstalten eingedrungen und haben während des Unterrichts die Professoren und Schüler, angefangen von der 5. Klasse aufwärts, herausgeholt, sie in Dreierreihen formiert und abgeführt. Zusammengetrieben wurden alle Arbeiter, die an den Arbeiten an der Lepenica (Fluß bei Kragujevac — W. M.) beschäftigt waren. Unter diesen waren auch viele Kinder. Auch diese wurden mitgeschleppt. Umstellt wurden alle Behörden, und alle die sich darinnen befanden, wurden zusammengetrieben und abgeführt. [...]

Es wurden Geistliche und Mesner in den Kirchen verhaftet, ohne Rechnung über die notwendige Achtung der Kirche gegenüber zu tragen. Zuletzt übergab der Polizeivorsteher Stosic den Deutschen alle Inhaftierten, die politischen sowie auch die kriminellen. Eine große Zahl von Personen wurde auch in ihren Häusern gefangengenommen und unter Drohung oder Vorspiegelung falscher Tatsachen abgeführt. Die Deutschen haben nämlich ständig wiederholt, sie würden nur zum Austausch ihrer Ausweispapiere geführt, und daß ihnen ihre deutsche Kultur verbiete, Erschießungen vorzunehmen. So ist es ihnen gelungen, die Leute widerstandslos und passiv zu erhalten. [...] Alle Verhafteten wurden in den Hof der Kaserne des 3. Art. Reg. geführt und durchsucht, und es wurde ihnen alles abgenommen, wie: Tabak, Feuerzeug, Taschenmesser, Uhren, Füllfederhalter u. a. Im Kasernenhof wurden jene abgesondert, die aus dem Gefängnis kamen, über 50 an der Zahl, und auch sie wurden noch am Abend desselben Tages auf das Stanovijaner-Feld geführt, wo das Massenerschießen durch Maschinengewehrfeuer ausgeführt wurde. Nur einigen wenigen gelang es zu flüchten, teils daß sie gelegentlich der Erschießung nur verwundet wurden, was den Deutschen entging, und diese sie nicht vollends töteten. Die anderen Gefangenen wurden in die Kanonenschuppen gesperrt, wo sie eine schreckliche Nacht verbrachten, zusammengedrückt wie Sardinen, ohne Nahrung und Wasser. [...]

Am nächsten Tag, dem 21. Oktober 1941, hat das Massenerschießen um 7 Uhr in der Früh angefangen. Die Deutschen haben eine Gruppe nach der anderen aus den Baracken herausgeführt und die Abson-

---

[43] BA-MA, RH 26—104/16, Bericht über den Einsatz des I./724, 17.—25.10.1941.

derungen vorgenommen. Eine kleine Anzahl, hauptsächlich Spezialhandwerker und Personen fremder Nationalität, wurden ausgesondert. Die anderen wurden in Gruppen von 60—120 unter Bewachung der Deutschen in voller Kriegsausrüstung zum naheliegenden Bach geführt, und es wurde ihnen befohlen, sich in zwei Reihen aufzustellen und dann wurden sie mit schwerem Maschinengewehrfeuer niedergemacht. Sodann wurden die Erschossenen untersucht, und wer noch das kleinste Lebenszeichen von sich gab, dessen Leben beendeten sie mit Revolver- und Gewehrschüssen. Man bedeckte sie mit Maisstengeln und ging singend um die neue Gruppe. So ging es den ganzen Vormittag bis 2 Uhr. Als alles beendet war, machten sie eine Parade durch die Stadt. Während des Erschießens selbst, erschien Major König selbst um nachzuschauen, wie das Erschießen fortschreite.
Von den Verhafteten, die nicht erschossen wurden, trennte man einen Teil, ungefähr 400, und diese wurden als Geiseln zurückbehalten, die anderen wurden freigelassen, nachdem ihnen vorher Marisav Petrovic (ein Mitglied der mit den Besatzern kollaborierenden Ljotić-Gruppe — W. M.) im Beisein eines deutschen Offiziers einen Vortrag hielt über die Großzügigkeit des Deutschen Reiches und sie aufforderte ›Heil Hitler‹ zu rufen.
Gelegentlich der Erschießungen ist es nur einer kleinen Anzahl gelungen sich zu retten, entweder durch Flucht oder daß sie zufällig nur verwundet wurden. Um weitere Fluchtversuche zu verhindern, haben die Deutschen die letzten Gruppen mit Stricken oder sogar mit Stacheldraht zusammengebunden.
Bis jetzt (der Kommissionsbericht wurde im August 1945 abgefaßt — W. M.) wurden 31 Massengräber nebst vielen Einzelgräbern festgestellt, außerdem wurden 2324 Namen der Erschossenen festgestellt.
Unter den Erschossenen gab es auch viele Jünglinge unter 18 Jahren sowie auch Kinder. Gleichfalls gibt es auch Personen über 70 Jahren. Berufsmäßig waren alle Stände vertreten, auch Intellektuelle und Arbeiter und Bauern. Es waren Professoren, Schüler und Geistliche, Kaufleute, Gewerbetreibende, Beamte, Richter, Arbeiter und Lehrlinge. Erschossen wurden 8 Geistliche, 16 Lehrer, 15 Professoren, 59 Schüler, 17 Lehrlinge, wie es auf Grund erstatteter Anzeigen festgestellt wurde.
Bis jetzt wurde festgestellt, daß folgende Anzahl Kinder unter 18 Jahren getötet wurde: 5 Kinder von 12 Jahren, 3 Kinder von 13 Jahren, 4 Kinder von 14 Jahren, 9 Kinder von 15 Jahren, außerdem 20 Kinder von 16 Jahren, 37 Kinder von 17 Jahren und 66 Jugendliche von 18 Jahren. Insgesamt 144. 11 Personen über 70 Jahren wurden ebenfalls erschossen.
Es gab Fälle, wo sie kranke Personen aus ihren Häusern herauswarfen und sie auf Lastkraftwagen warfen, um sie zur Hinrichtung zu fahren. Abgeführt wurden auch Invalide und Personen ohne Füße. Einige Freiwillige unter Führung von I. R. Zila Zdravkoveca haben sich zur Aufgabe gemacht, alle Zigeuner einzusammeln. Unter den Zigeunern waren 4 Greise, welche nicht bewegungsfähig waren. Die Freiwilligen warfen sie wie Säcke auf die Lastkraftwagen[44]. Während der Hinrichtungen ereigneten sich schreckliche Zwischenfälle verschiedenster Art. So wurden z. B. Milosav M. Radojkovice mit seinem Vater zur Hinrichtungsstelle geführt. Gelegentlich der Sortierung wurde der Vater des Genannten von der Gruppe ausgesondert, die zur Hinrichtung bestimmt war. Als er sah, daß sein Sohn zum Erschießen bestimmt ist, schlug er einem deutschen Offizier vor, an Sohnes Stelle erschossen zu werden. Der Deutsche nahm ohne weiteres den Austausch an.
Ein zweiter Fall: die Deutschen haben aus der zur Erschießung bestimmten Gruppe 4 Kinder abgesondert. Der hinzugekommene Marisav Petrovic ersuchte die Deutschen, von den zu Erschießenden noch 2 herauszunehmen und bot ihnen zum Austausch 5 andere an. Als die Deutschen einstimmten, gab ihnen Marisav Petrovic 5 Jünglinge, unter welchen sich 2 schon früher befreite befanden. Einem von ihnen gelang es sich zu retten, daß an seiner Stelle sein Vater erschossen wurde, der zweite jedoch, Sohn des Bosko Petijanski, wurde erschossen.
Nach Beendigung der Hinrichtungen haben die Deutschen und die Freiwilligen — während die Leichen eingegraben wurden — dieselben ausgeplündert. In der Stadt ist eine Masse der geplünderten Gegenstände aufgetaucht.

---

[44] Es wurden etwa 200 Roma erschossen, die am Tag des Massakers zufällig in die Stadt gekommen waren (Kenrick/Puxon, Sinti und Roma — die Vernichtung eines Volkes im NS-Staat, S. 91).

164 IV. Massaker der Wehrmacht an der serbischen Zivilbevölkerung im Herbst 1941

Neben Personen aus Kragujevac und Umgebung wurde auch eine Gruppe von Personen aus Gornji Milanovac herbeigeführt, welche gleichfalls am 21. Oktober erschossen wurde. Nach beendetem Verbrechen gestatteten die Deutschen keinem der Verwandten Zutritt zu den Leichen. Sie schossen auf jeden, der es trotzdem versuchte. Eine besondere Gruppe von Leuten wurde engagiert um das Eingraben der Leichen vorzunehmen, mit dem Befehl, keine Spuren der Begräbnisstätte zu hinterlassen.
Um alle amtlichen Spuren zu verbergen, die diese schrecklichen Verbrechen zeichneten, verboten die deutschen Behörden eine öffentliche Seelenmesse abzuhalten. Nur Geistliche durften anwesend sein. Auf den kirchlichen Totenscheinen durfte auf Befehl der deutschen Behörden als Todesursache ›Erschießen‹ nicht angegeben werden.
Die deutschen Behörden gingen noch weiter und stellten den Angehörigen der Erschossenen Bescheinigungen aus, aus welchen hervorgeht, daß die Erschossenen ihr Leben angeblich bei den Kämpfen in Kragujevac am 21. Oktober 1941 verloren haben[45].«

Nach außen versuchten die deutschen Behörden, den Massenmord zu vertuschen[46]. Gegenüber General Böhme war Zurückhaltung nicht vonnöten. In ihrem Einsatzbericht meldete das unter dem Befehl der 717. ID stehende I. Bataillon des 724. IR aus Kragujevac wahrheitsgemäß und lapidar:

»20.10. Am Abend werden die schon am 18.10. verhafteten Kommunisten und Juden und 53 Strafgefangene aus dem Ortsgefängnis hinter dem Beutelager erschossen.
21.10. Früh 7 Uhr beginnt die Auswahl und Erschießung der Verhafteten. Damit ist die Aktion abgeschlossen, insgesamt wurden 2300 Serben verschiedenen Alters und Berufes erschossen[47].«

Die Soldaten hatten General Böhmes »zur Aneiferung der Truppe«[48] herausgegebenen Tagesbefehl beherzigt und ihren Eifer bei dem Gemetzel unter Beweis gestellt. Nun konnten sie zu Recht erwarten, für das Massaker belobigt zu werden. Im Kriegstagebuch von Böhmes XVIII. Armeekorps heißt es am 23. Oktober 1941, daß die »erfolgreichen Unternehmungen der Divisionen des Höh.Kdo. LXV auf eine erfreuliche Zunahme des An-

---

[45] NOKW-Dokument 1638.
[46] Trotz dieses halbherzigen Verschleierungsmanövers war das Massaker innerhalb kürzester Zeit in ganz Serbien bekannt geworden. Djilas berichtet, daß die serbische Bevölkerung nach den deutschen Aktionen in Kraljevo und Kragujevac verängstigt war und die Partisanen anschließend wesentlich zaghafter unterstützte als zuvor (Djilas, Der Krieg der Partisanen, S. 119). Auch die jugoslawische Exilregierung in London wurde durch Mihailović über die beiden Massaker informiert. Mihailović berichtete, daß in Kraljevo 2100 und in Kragujevac 2300 Menschen von der Wehrmacht erschossen worden seien (Wheeler, Britain and the War for Yugoslavia, 1940—1943, S. 89).
[47] BA-MA, RH 26—104, Bericht über den Einsatz des I./724. IR, 17.—25.10.1941. Jugoslawische Historiker geben die Zahl der Ermordeten mit bis zu 7000 Menschen an, ohne allerdings dafür Quellen zu nennen (z.B. Jugoslawien im Zweiten Weltkrieg, S. 72). Glišić vermerkt, daß nach Angaben von Opfern und erhalten gebliebenen Aufzeichnungen des Verwaltungschefs des Banats, Danilo Mihajlović, die Zahl der Getöteten zwischen 7000 und 7300 lag (Glišić, Der Terror und die Verbrechen des faschistischen Deutschland in Serbien von 1941 bis 1944, S. 81ff.). Die offizielle Totenliste der »Staatliche Kommission zur Festellung der Verbrechen der Okkupatoren und ihrer Helfershelfer« enthält allerdings nur 2324 Namen. Da die von deutscher Seite angefertigten Opferlisten von den deutschen Organen 1943 vernichtet wurden, läßt sich die tatsächliche Zahl der Getöteten nicht zweifelsfrei klären. Da die im Bericht des I. Bat./724. IR angeführte Zahl der erschossenen Geiseln in Kragujevac (2300) mit der Zahl der deutschen Verluste (10 Gefallene, 26 Verwundete) im Schlüssel 1:100 übereinstimmt, erscheint die Zahl von 2300 Erschossenen am wahrscheinlichsten.
[48] BA-MA, RH 24—18/87, Anlagen zum KTB XVIII. Geb. AK, 20.10.1941.

2. »Vorwärts zu neuen Taten!« Das Massaker in Kragujevac 165

griffsgeistes und der Initiative der bisher ohne Zweifel zur Passivität neigenden Truppe schließen«[49] lassen.

Der »Eifer« und »Angriffsgeist« begann an manchen Punkten dem eigentlichen Zweck der ›Befriedung‹ Serbiens — nämlich der Ausbeutung der Resourcen und Arbeitskräfte des Landes für die deutsche Kriegswirtschaft — zuwiderzulaufen. Das OKW bemerkte, daß die von Böhme und seinen Truppen praktizierte Strategie des hemmungslosen Massenmordens schon teilweise kontraproduktive Auswirkungen hatte. So hatte die Wehrmacht in Kraljevo etwa 40 Ljotić-Anhänger, meist V-Leute, trotz Protest des Wehrmachtverbindungsstabes erschossen[50].

Am 21. Oktober 1941 sandte Böhmes Generalstabschef Pemsel auf Grund einer Mitteilung des OKW einen Funkspruch an das 749. IR in Kraljevo, der die Weisung enthielt, die 600 festgenommenen Arbeiter der Flugzeugfabrik Dornier in Kraljevo nicht zu erschießen, sondern sie nach Belgrad zu überstellen[51]. Und am 25. Oktober 1941 lobte Böhme zwar nochmals ausdrücklich die Truppe, die »in vorbildlicher Weise und mit der gebotenen Härte die zur Niederwerfung der Aufstandsbewegung notwendigen Maßnahmen ergriffen hat«[52], regte aber gleichzeitig an, von der wahllosen Erschießung der Bevölkerung zu einer planmäßigen Steuerung der Geiselerschießungen überzugehen, da die Erschießungen von »ganzen Belegschaften dt. Rüstungsbetriebe nicht wiedergutzumachende Fehlgriffe«[53] gewesen seien.

Schließlich sollte die wirtschaftliche Ausplünderung nicht gestört werden; allein im Zeitraum zwischen Juni und September 1941 waren aus Serbien Waren im Wert von rund 1/3 der Gesamtjahresausfuhr Jugoslawiens im Jahre 1939 nach Deutschland geschafft worden[54].

Die Rücksichtnahme auf wirtschaftliche Interessen bedeutete aber nicht, daß die Mordaktionen aufhörten. Nur die Auswahl der Geiselopfer erfolgte nunmehr gezielter. Bezugnehmend auf Böhmes Befehl vom Vortag wies Verwaltungschef Turner am 26. Oktober 1941 sämtliche Feld- und Kreiskommandanturen nochmals darauf hin, daß »bei der Durchführung des Befehls vom 10.10.41 [...] an einigen Orten von der Truppe Erschießungen vorgenommen worden (waren), die zu bedenklichen Folgen geführt haben[55].«
Indirekt gab er auch zu, daß zwecks Erfüllung von Böhmes 1:100 Quote von der Wehrmacht bisher wahllos Menschen massakriert worden waren:

»Die Truppe ist hiernach bei der Erstellung von Geiseln nicht nur zu beraten, sondern die Feld- und Kreiskommandanturen müssen [...] in der Lage sein, der Truppe eine Reihe von Geiseln ohne weiteres zu stellen. Wahrscheinlich wird bei den Verhältnissen 1:100 bei getöteten bzw. 1:50 bei verwundeten

---

[49] Ebd., KTB Ia, XVIII. Geb. AK., 23.10.1941.
[50] Ebd., RH 24—18/165, KTB Ia Bev. Kdr. Gen. in Serbien, 19.10.1941.
[51] Ebd., RH 24—18/213, Anlagen zum KTB, Quartiermeister Bev. Kdr. General in Serbien, 22.10.1941.
[52] Dokumentationsarchiv des Österreichischen Widerstandes (im folgenden: DÖW), Akt 3609, Befehl Böhmes vom 25.10.1941.
[53] Ebd.
[54] KA Wien, B/556, Nachlaß Böhme, Karton 50, folio 209, Bericht des Generalbevollmächtigten für die Wirtschaft in Serbien, Gruppenführer Neuhausen, über die Versorgungslage in Serbien an Wehrmachtbefehlshaber Südost, 25.11.1941.
[55] NOKW-Dokument 802, Befehl Turner an sämtliche Kreis- und Feldkommandanturen, 26.10.1941.

deutschen Soldaten häufig der Fall eintreten, daß Geiseln in der erforderlichen Anzahl von den Feld- und Kreiskommandanturen nicht mehr gestellt werden können, wenn einigermaßen ein gewisser Schuldbegriff, auch nur auf Grund der allgemeinen Haltung der Festzunehmenden, in Betracht gezogen werden soll[56].«

Bei zwei Gruppen von Geiseln mußten die Feld- und Kreiskommandanturen allerdings auf so verschwommene Kriterien wie die »allgemeine Haltung der Festzunehmenden« keine Rücksicht nehmen: sie standen aufgrund der rassischen Kriterien der Besatzer weiter uneingeschränkt als Erschießungsopfer zur Verfügung:

»Grundsätzlich ist festzulegen, daß Juden und Zigeuner ganz allgemein ein Element der Unsicherheit und damit Gefährdung der öffentlichen Ordnung und Sicherheit darstellen. Es ist der jüdische Intellekt, der diesen Krieg heraufbeschworen hat und der vernichtet werden muß. Der Zigeuner kann auf Grund seiner inneren und äußeren Konstruktion kein brauchbares Mitglied einer Volksgemeinschaft sein. Es ist festgestellt worden, daß das jüdische Element an der Führung der Banden erheblich beteiligt und gerade Zigeuner für besondere Grausamkeiten und Nachrichtendienst verantwortlich sind. Es sind deshalb grundsätzlich in jedem Fall alle jüdischen Männer und alle männlichen Zigeuner als Geiseln der Truppe zur Verfügung zu stellen[57].«

Als Böhme nach nur knapp drei Monaten am 2. Dezember 1941 aus Serbien abberufen wurde[58], hinterließ er eine mörderische Bilanz. Den 160 Toten und 278 Verwundeten der eigenen Truppe standen offiziell 3562 gefallene Gegner und 11 164 erschossene Geiseln gegenüber[59].

Die Angaben waren aber bei weitem nicht vollständig, da die »Erschießungsbilanzen« mehrerer Einheiten nicht vorlagen. In Wahrheit dürfte die Zahl der in Serbien zwischen Ende September und Anfang Dezember 1941 von Wehrmachteinheiten unter dem Kommando General Böhmes erschossenen »Geiseln« zwischen 20 000 und 30 000 gelegen haben[60]. In einer Art »Buchhaltung des Massenmordes« wurde, von den unvollständigen

---

[56] Ebd.
[57] Ebd, Befehl Turners an sämtliche Kreis- und Feldkommandanturen, 26. 10. 1941.
[58] Am 7. 12. 1941 übernahm der bisherige Chef des Höheren Kommandos LXV, General der Artillerie Bader, die Geschäfte des Bevollmächtigten Kommandierenden Generals Böhme (NOKW-Dokument 1660, Tagesmeldung AOK 12 Ic/AO, 7. 12. 1941).
[59] BA-MA, RW 40/23, KTB Qu. Abt. Bev. Kdr. General in Serbien, Aktennotiz Sühnemaßnahmen bis 5. 12. 1941.
[60] Die genaue Zahl der Opfer läßt sich anhand der Dokumente nicht feststellen. Erpenbeck nennt die Zahl von 11 164 »Geiselopfern« (Erpenbeck, Serbien 1941, S. 127). Diese Zahl stammt aus der oben erwähnten »Erschießungsbilanz«, die beim Abgang General Böhmes erstellt worden war. Wie aus dem Dokument selbst hervorgeht, ist die angeführte Opferzahl allerdings bei weitem nicht vollständig. Militärverwaltungschef Turner schrieb in seinem Lagebericht vom 6. 11. 1941, daß die Zahl der im Kampf »bzw. als Repressalie erschossenen Serben, Juden und Zigeuner [...] gegen 20 000« beträgt (KA Wien, B/556, Nr. 50, Nachlaß Böhme, Lagebericht vom 6. 11. 1941, S. 2). Nach Benzler hätte die Zahl der Geiselopfer im Laufe des Jahres 1941 etwa 20 000 betragen. Nedić spricht in seinem Bericht für Generaloberst Löhr vom 29. 12. 1942 im selben Zeitraum von etwa 17 000 durchgeführten Erschießungen (Glisić, Der Terror und die Verbrechen des faschistischen Deutschland in Serbien von 1941 bis 1944, S. 95). Bei Glisić findet sich eine unvollständige Auflistung von Massenerschießungen für Oktober 1941; allein für diesen Monat beziffert Glisić die Zahl der Erschossenen mit über 10 000, und kommt dabei zum — allerdings von ihm quellenmäßig nicht belegten — Schluß, daß die meisten dieser Verbrechen von der 717. ID begangen worden waren (ebd., S. 77 ff). Ohne Angabe von

2. »Vorwärts zu neuen Taten!« Das Massaker in Kragujevac

Angaben ausgehend, exakt aufgeschlüsselt, daß bei der geltenden »Sühnequote« von 1:100 bzw. 1:50 noch 20174 Geiseln zu erschießen wären[61].

Ebensowenig wie die genaue Gesamtzahl der Erschossenen läßt sich aus den vorhandenen Akten nicht exakt die Zahl der Opfer des unter dem Vorwand von »Geiselerschießungen« von der Wehrmacht vollzogenen Genozids an den männlichen Juden in Serbien eruieren. Die Auswertung der spärlichen und teils widersprüchlichen Zahlenangaben der Besatzer ergibt für diesen Zeitraum eine Mindestzahl von 6000 erschossenen Juden und Roma.

Zum Abschied bedankte sich Böhme in einem Tagesbefehl auf seine Art bei der Truppe:

»Der Führer und Oberste Befehlshaber der Wehrmacht hat das Generalkommondo XVIII. (Geb.) A.K. zu neuen Aufgaben ausserhalb Serbiens berufen.

Zum Abschied spreche ich allen mir bisher unterstellten Truppen und Dienststellen meinen Dank und meine Anerkennung für ihre Leistungen im Kampf gegen den Kommunismus und für ihre Tätigkeit in der Befriedung des Landes aus. In kurzer Zeit wurde die Aufstandsbewegung von der deutschen Truppe mit Unterstützung von Teilen der Luftwaffe und der Marine niedergeschlagen. In teilweise hartnäckigen Kämpfen gegen einen heimtückischen Feind wurden trotz ungünstiger Witterung und schwierigen Geländeverhältnissen Erfolge erzielt, auf die alle beteiligten Offiziere, Unteroffiziere und Mannschaften mit Stolz zurückblicken können.

In gleicher Weise spreche ich meinen Dank und meine Anerkennung der Militärverwaltung und allen deutschen zivilen Dienststellen für ihre unermüdliche Einsatzbereitschaft aus. Die unermüdliche und treffliche Arbeit dieser Dienststellen erfolgte immer in mustergültiger Zusammenarbeit mit der Truppe.

Vorwärts zu neuen Taten!
Es lebe der Führer!
Böhme
General der Infanterie[62].«

Die militärische »Durchschlagskraft« Böhmes beeindruckte auch Glaise von Horstenau. Zum Abschied wünschte er Böhme »alles Soldatenglück für die weitere Laufbahn als ruhmvoller Führer siegreicher deutscher Streiter[63].«

Quellen schreiben Müller/Zöller, daß in Serbien »allein bis zum Dezember 1941 [...] 34900 Menschen erschossen oder erhängt« worden sind (Müller/Zöller, Okkupationsverbrechen der faschistischen Wehrmacht gegenüber der serbischen Bevölkerung im Herbst 1941, S. 707). Addiert man die im Kampf gefallenen Widerstandskämpfer und die Geiselopfer, so dürfte diese Zahl der Realität am nächsten kommen.

[61] BA-MA, RW 40/23, KTB Qu. Abt. Bev. Kdr. General in Serbien, Aktennotiz Sühnemaßnahmen bis 5.12.1941.

[62] Ebd., RH 24—18/87, Tagesbefehl Böhmes vom 5.12.1941.

[63] KA Wien, Nachlaß Böhme, Karton 50, folio 13, Funkspruch Glaise von Horstenaus an Wehrkreiskommando XVIII, General Böhme, 11.12.1941.

Nachdem in der offiziellen Buchreihe des Österreichischen Bundesheeres zur Instruktion der Truppen der Überfall auf Jugoslawien als »beachtenswerte Führungsleistung« bezeichnet wird, ist zumindest implizit eine vorsichtige Distanzierung zu den Massakern der Wehrmacht in Kraljevo und Kragujevac festzustellen: »Völkerrechtswidrige Handlungen gegenüber Wehrmachtangehörigen führten zu nachhaltigen Repressalien, die sich gegen die schuldlose Zivilbevölkerung richteten. Allein in Kragujevac wurden am 21. Oktober 1941 etwa 7000 Personen erschossen, in Kraljevo am gleichen Tag weitere 2000 Menschen. Vom September bis Dezember 1941 wurden in Serbien angeblich 35000 Geiseln getötet. Diese Terrormaßnahmen führten den Tschetniks und den Partisanen neue Kämpfer zu« (Wiener, Partisanenkampf am Balkan, S. 88, 111).

IV. Massaker der Wehrmacht an der serbischen Zivilbevölkerung im Herbst 1941

Nach der Niederwerfung des Aufstandes in Serbien und dem Abgang General Böhmes wurde die Durchführung von Geiselerschießungen von der Wehrmacht an die Militärverwaltung und den SD übergeben. Die Truppe war nur noch mit der Festnahme von Geiseln beauftragt; die gefangengenommenen Geiseln wurden von nun an sofort von der Truppe an die Polizei zur weiteren Behandlung übergeben. Mit dem Eintreffen des aus Österreich stammenden Höheren SS- und Polizeiführers August Meyszner im Januar 1942 ging die Bekämpfung der politischen Gegner (Kommunisten, Juden usw.) an die Polizei über. Die beiden im Herbst 1941 zugeführten Kampfdivisionen (342. ID und 113. ID) konnten wieder abgezogen und die militärischen Besatzungskräfte auf die drei ursprünglich in Serbien stationierten Divisionen (704. ID, 714. ID und 717. ID) reduziert werden.

V. Die Vergasung der jüdischen Frauen und Kinder aus dem Konzentrationslager Sajmište

1. Die Abstellung des Gaswagens

»Einsatzkommando mit Spezialwagen Saurer auf dem Landwege mit Spezialauftrag unterwegs[1].«
So oder ähnlich lautete das Telegramm, welches der Befehlshaber der Sicherheitspolizei (BdS) Serbien, Dr. Emanuel Schäfer, etwa Mitte März 1942 vom Chef der Gestapo in Berlin, SS-Obergruppenführer Müller, erhielt[2]. Schäfer war sich »sofort darüber im klaren, daß mit diesem Spezialwagen ein Gaswagen gemeint war und damit die Juden des Lagers Semlin (Sajmište — W. M.) vergast werden sollten[3].«
Folgerichtig dachte er, daß sich Berlin nun auch für die Ermordung der jüdischen Frauen und Kinder entschieden habe, nachdem er schon zuvor erfahren hatte, daß im Herbst des Vorjahres die männlichen Juden von der Wehrmacht erschossen worden waren[4]. Er bestritt in seinem Nachkriegsprozeß allerdings, daß der Gaswagen von ihm selbst oder seiner Dienststelle angefordert worden sei. Ebensowenig sei er während seines Antrittsbesuchs bei Heydrich (Januar 1942) über den Einsatz eines Gaswagens in Serbien informiert worden[5].
Das Verdienst, den Gaswagen bestellt zu haben, beanspruchte Turner für sich. In einem privaten Brief an den Chef des Persönlichen Stabes von Himmler, SS-Obergruppenführer Karl Wolff, berichtete er im April 1942 voller Stolz:
»Schon vor Monaten habe ich alles an Juden im hiesigen Lande Greifbare erschießen und sämtliche Judenfrauen und Kinder in einem Lager konzentrieren lassen und zugleich mit Hilfe des SD einen

---

[1] Staatsanwaltschaft (StA) Hannover, 2 Js 299/60 gegen Pradel et al (im folgenden: Prozeß Pradel), Zeugenaussage Emanuel Schäfer, 2.5.1966.
[2] Über die Vergasung der Juden in Serbien sind nur wenige schriftliche Dokumente erhalten geblieben. Von den jüdischen Lagerinsassen in Semlin überlebte nur etwa ein halbes Dutzend Menschen, die inzwischen bereits verstorben sind. Bei der Darstellung des Geschehens sind wir — mit Ausnahme einiger überlieferter Berichte und Interviews bzw. Briefe der Überlebenden — im wesentlichen auf die Prozeßaussagen der Täter angewiesen. Trotz dieser ungünstigen Quellenlage läßt sich der Tathergang in den wesentlichsten Grundzügen zweifelsfrei rekonstruieren.
[3] Prozeß Pradel, Zeugenaussage Emanuel Schäfer, 2.5.1966.
[4] Bereits als Gestapo-Chef in Kattowitz hatte Schäfer vom Einsatz von Gaswagen zur Ermordung von geistig Behinderten gehört. Ein »Sonderkommando« unter Herbert Lange hatte von Ende 1939 bis Sommer 1940 in Heilanstalten von Pommern, Ostpreußen und Polen diese Aktion durchgeführt (Browning, Fateful Months, S. 74—77; zur Euthanasieaktion des Sonderkommandos Lange im Frühjahr und Sommer 1940 in Ostpreußen siehe Beer, Die Entwicklung der Gaswagen. Schäfer wußte, daß das Sonderkommando Lange ab Winter 1941/42 für die Ermordung von deutschen und polnischen Juden und Zigeunern in einem stationären Gaswagen im polnischen Chełmno (Kulmhof) eingesetzt war. Mit Unterbrechungen wurden bis August 1944 in Chełmno mindestens 150000, wahrscheinlich aber an die 300000 Menschen vergast (Nationalsozialistische Massentötungen durch Giftgas, S. 110ff.).
[5] Landesgericht Wien, 27e, Vr 2260/67, Verfahren gegen Herbert Andorfer (im folgenden: Prozeß Andorfer), Beiakte, Aussage Schäfer.

›Entlausungswagen‹ angeschafft, der nun in etwa 14 Tagen bis 4 Wochen auch die Räumung des Lagers endgültig durchgeführt haben wird [...]⁶.«

Ob Turner tatsächlich das von ihm als »Entlausungswagen« bezeichnete Gasauto in Berlin selbst angefordert hat, ist ungewiß. Browning hält besagten Brief für eine der typischen, selbstgefälligen Übertreibungen, durch die Turner Berlin auf seine Aktivitäten aufmerksam machen wollte, zumal seine Position seit dem Eintreffen des neu bestellten Höheren SS- und Polizeiführers (HSSPF) für Serbien, August Meyszner, im Januar 1942 stark geschwächt war⁷. Wäre Turner wirklich Initiator der Vergasungsaktion gewesen, so hätte er dies — Browning zufolge — nicht nur in einem privaten Brief an Wolff, sondern auch in seinen erhalten gebliebenen offiziellen monatlichen Verwaltungsberichten nach Berlin gebührend herausgestrichen⁸. Shelach hingegen hält es durchaus für denkbar, daß Turner den Einsatz eines Gaswagens von Berlin angefordert hatte, um sich des leidigen »Judenproblems« und der damit verbundenen finanziellen und bürokratischen Belastungen ein für allemal zu entledigen⁹.

Turners Behauptung im Jahre 1942, er habe den Gaswagen in Berlin angefordert, entsprang ebenso eigennützigen Motiven wie die Aussage Schäfers in dessen Nachkriegsprozeß, er habe an Berlin kein Ansuchen um die Abstellung eines Gaswagens nach Serbien gestellt. Die Tatsache, daß sich die beiden Aussagen ergänzen, beweist noch nicht ihre Richtigkeit. Dennoch gibt es Gesichtspunkte, die Turners Version unterstützen.

Turner war bei der Belgrader »Judenkonferenz« im Oktober 1941 gemeinsam mit dem Gesandten Benzler am vehementesten für eine möglichst baldige Deportation der jüdischen Frauen und Kinder nach dem Osten eingetreten. Nachdem der Gesandte Benzler Anfang Dezember 1941 bei seiner Reise nach Berlin erfahren hatte, daß sich die für das Frühjahr 1942 versprochene Deportation verzögern würde, besprach er sicherlich diese neue Entwicklung bei seiner Rückkehr nach Belgrad mit Turner.

Obwohl Turner in seinen Berichten und Briefen nach Berlin seine eigene Rolle bei der »Lösung der Judenfrage« in eitler Selbstüberhöhung gerne überzeichnete, indem er sich als Alleinverantwortlichen für die bisher getroffenen Judenmaßnahmen (Erschießung der männlichen Juden und Internierung der Frauen und Kinder) präsentierte, war er bis zur Ankunft Meyszners und Schäfers ohne Zweifel eine treibende Kraft bei der Verfolgung und Ermordung der Juden Serbiens. Als SS-Gruppenführer und Militärverwaltungschef war er in Judenangelegenheiten das Bindeglied zwischen der Einsatzgruppe Fuchs und dem Militärbefehlshaber. Als Verwaltungschef war Turner gemeinsam mit dem Generalbevollmächtigten für die Wirtschaft schon ab Frühjahr 1941 für die »Arisierung« des jüdischen Besitzes zuständig; im Sommer 1941 erschoß das ihm unterstellte Pol. Res. Bat. 64 zur »Sühne« hunderte Juden Belgrads, und auch im Herbst 1941 assistierte das Polizeibataillon der Wehrmacht bei den »Geiselerschießungen«¹⁰. Turner war

---

⁶ ZStL, 503 AR-Z 372/59, auszugsweise Abschrift eines Briefes von Turner an Wolff, 11. 4. 1942.
⁷ Zur Biographie August Meyszners siehe Birn, Die Höheren SS- und Polizeiführer.
⁸ Browning, Fateful Months, S. 77.
⁹ Shelach, Sajmište — An Extermination Camp in Serbia, S. 250f.
¹⁰ Browning, Fateful Months, S. 80f.

1. Die Abstellung des Gaswagens

es auch, der General Böhme den Vorschlag unterbreitet hatte, bei »Sühnemaßnahmen« zuerst auf Juden und Roma zurückzugreifen, Turner veranlaßte die Internierung der männlichen Juden und anschließend die der Frauen und Kinder; und schließlich trug er auch für Aufbau und Finanzierung des KZ Sajmište die Verantwortung. Bei der Judenverfolgung stand Turner ständig an vorderster Front, immer darauf bedacht, durch die Betonung seiner Eigeninitiative seine Position bei den Zentralstellen in Berlin zu festigen. Es ist daher wahrscheinlich, daß Turner auch bei der rascheren »Lösung der Judenfrage« aktiv wurde, als er von der zu erwartenden Verzögerung der Deportation der jüdischen KZ-Insassen nach dem Osten erfahren hatte. Eine Beschleunigung stand nicht in seinem Einflußbereich; ebenso war es ihm nicht möglich, eine Vernichtung der jüdischen Frauen und Kinder unter dem bisher angewandten militärischen Vorwand von »Sühneerschießungen« zu legitimieren. Dazu bedurfte es sowohl eines anderen Vorwandes als auch einer neuen technischen Lösung.

Seit Herbst 1941 hatte der Reichsführer-SS, Heinrich Himmler, gemeinsam mit Heydrich eine neue Technik zum »Verschwinden« der Juden entwickeln lassen, die für die Situation in Serbien — wo die jüdischen Frauen und Kinder von der Wehrmacht weder erschossen noch in absehbarer Zeit deportiert werden konnten — maßgeschneidert erschien: die Vernichtung im Gaswagen.

Der Gaswagen, in den zeitgenössischen Dokumenten zur Tarnung als Sonderwagen, Spezialwagen, S-Wagen, Sonderfahrzeug oder als Entlausungswagen (Turner) bezeichnet, war die Weiterentwicklung einer bereits bei der Ermordung geistig und körperlich behinderter Menschen (der sogenannten Euthanasie) angewendeten Tötungsmethode. Zu Beginn des Gaswageneinsatzes, im Herbst 1939, wurden Kohlenmonoxidflaschen in die Euthanasieanstalten gebracht und das Gas in die als Dusch- oder Inhalationsräume getarnten Vergasungskammern geleitet, in denen sich bereits die Opfer befanden. Schon Ende 1939 wurde vom Sonderkommando Lange der erste mobile Gaswagen eingesetzt:

»Für den Abtransport der Kranken führte das Sonderkommando [...] ein großes, hermetisch abgeschlossenes Fahrzeug in der Art eines Möbelwagens mit sich, vor das eine Zugmaschine (ein Sattelschlepper) gespannt war und das an beiden Seiten die Aufschrift ›Kaisers-Kaffee-Geschäft‹ trug[11].«

Dieses Fahrzeug funktionierte aber letztlich noch nach dem gleichen Prinzip wie die Gaskammern der Euthanasieanstalten. In das »Kaffeeauto« wurde aus einer an der Zugmaschine angebrachten Stahlflasche Kohlenmonoxid hineingeleitet. Der Wagen war also eine auf Räder gestellte Gaskammer.

Zum Zeitpunkt des Überfalls auf die Sowjetunion begann man im Kriminaltechnischen Institut des RSHA Überlegungen hinsichtlich der Konstruktion eines Gaswagens neuen Typs anzustellen. Dabei sollten nicht mehr mitgeführte Gasflaschen, sondern die Auspuffgase des Fahrzeuges selbst verwendet werden. Die Kriegsentwicklung bot auch hier Anlaß zu technischen Innovationen: Beim geplanten Einsatz von Gastötungsverfahren in der Sowjetunion war wegen der riesigen Entfernungen in diesem Land ein Transport der bisher verwendeten Gasflaschen nicht möglich[12].

---

[11] Nationalsozialistische Massentötungen durch Giftgas, S. 63.
[12] Ebd., S. 63 f.

V. Die Vergasung der jüdischen Frauen und Kinder aus dem Konzentrationslager Sajmište

Im August 1941 inspizierte Himmler eine Erschießungsaktion der Einsatzgruppe B in der Sowjetunion und anschließend in einer Heilanstalt für Geisteskranke. Dabei soll ihm die Idee gekommen sein, die bisher nur bei der »Euthanasieaktion« praktizierte Tötung durch Gas auch in das Mordrepertoire der Einsatzgruppen aufzunehmen. Nachdem bereits Anfang September 1941 in Minsk und Mogilew Tötungsversuche mittels Auspuffgasen unternommen worden waren, schlugen die Gasexperten im Kriminaltechnischen Institut des RSHA im Oktober 1941 Heydrich die Konstruktion eines Gaswagens vor, bei dem — im Gegensatz zum bisher eingesetzten »Kaisers-Kaffee-Wagen« — Zugmaschine, Anhänger und Giftgasquelle vereint sein sollten[13]. Heydrich stimmte dem Plan zu und stellte die notwendigen technischen Hilfsmittel zur Verfügung.

Schon einen Monat später wurde das neue Verfahren (die Verwendung der Auspuffgase eines umgebauten Lastkraftwagens) im KZ Sachsenhausen erstmals an sowjetischen Kriegsgefangenen »erfolgreich« getestet[14]. Damit war der Prototyp des Gaswagens geschaffen, und schon bald wurden weitere Fahrzeuge umgebaut. Im Dezember 1941 wurden in Riga, Chełmno und Poltawa bereits sechs Gaswagen eingesetzt, die bei der Judenvernichtung die Erschießungskommandos der Einsatzgruppen ergänzten.

Himmler war von der neuen Tötungstechnik angetan. Als ihm der HSSPF Jeckeln im Dezember 1941 die Erschießung der Juden aus dem Rigaer Getto meldete, soll Himmler gemeint haben, »daß das Erschießen eine zu komplizierte Operation wäre. Zum Erschießen, sagte er, brauche man Leute, die erschießen können, und daß dieses auf die Leute schlecht einwirke. Daher, sagte Himmler weiter, wäre es doch am besten, die Menschen durch Anwendung von ›Gaswagen‹ zu liquidieren, welche laut seinen Anweisungen in Deutschland angefertigt worden seien[15].«

Polizei und SD hatten bei der Entwicklung des Gaswagens ab Sommer 1941 eng miteinander kooperiert und den Einsatz der Gaswagen ab Dezember 1941 gemeinsam geleitet[16]. Möglicherweise hatte sich Turner, nachdem er über Benzler von der Verzögerung der Deportationen der serbischen Juden erfahren hatte, noch vor der Ankunft Meyszners und Schäfers (also noch im Dezember 1941 oder Januar 1942) direkt an Himmler gewandt und auf eine raschere »Lösung der Judenfrage« gedrängt. Wahrscheinlicher hingegen ist, daß Turner die Lage mit dem Chef der Einsatzgruppe, Wilhelm Fuchs, — der unmittelbar für die Verwaltung und Bewachung des KZ Sajmište verantwortlich war — besprach. Vielleicht wußte Fuchs bereits, daß die Chefs der Einsatzgruppen in der Sowjetunion zur Ermordung von Juden gerade mit dem neusten Tötungsgerät ausgestattet wurden[17],

---

[13] Beer, Die Entwicklung der Gaswagen, S. 409.
[14] Nationalsozialistische Massentötungen durch Giftgas, S. 83f.
[15] Aussage Jeckeln, 21.12.1945 (zit. nach: Krausnick/Wilhelm, Die Truppe des Weltanschauungskrieges, S. 548).
[16] Der Chef des Persönlichen Stabes des Reichsführers SS, Karl Wolff, führte ab 1940 einen ausgedehnten Briefwechsel mit dem Sonderkommando Lange über ausstehende Zahlungen für den Einsatz des »Kaisers-Kaffee-Wagens«. Nebe, Leiter der Abteilung V im RSHA, hatte Heydrich den Vorschlag zur Entwicklung eines mobilen Gasautos im Herbst 1941 unterbreitet (Beer, Die Entwicklung der Gaswagen, S. 408f.).
[17] Während die unteren Dienstgrade bei den Gaswageneinsätzen zur strengsten Verschwiegenheit ver-

1. Die Abstellung des Gaswagens

und forderte daher in Absprache mit Turner vom RSHA auch für Serbien einen Gaswagen an. Die Vorstellung eines solchen Ablaufes gewinnt durch die Bemerkung Turners an Plausibilität, er habe »mit Hilfe des SD (gemeint ist der Einsatzgruppenchef Fuchs — W. M.) einen Entlausungswagen angeschafft[18].«
Im Januar 1942 wurde Fuchs zur Einsatzgruppe A versetzt, deren Führung er 1943 für einige Monate übernahm[19]. Turner wurde durch die Einsetzung des HSSPF Meyszner auch in »Judenangelegenheiten« weitgehend entmachtet. Dem schon erwähnten Brief an Wolff zufolge, war die endgültige »Räumung des Lagers [...] seit Eintreffen von Meysner und Übergabe dieser Lagerdinge an ihn, von ihm weitergeführt worden[20].«
In seiner Vernehmung vor dem jugoslawischen Militärgericht bestritt Meyszner, für das Schicksal der Juden im KZ Sajmište direkte Verantwortung zu tragen. Er behauptete, daß
»für die Behandlung der Juden [...] der BdS (Schäfer) unmittelbare Anordnungen aus Berlin (erhielt). Der BdS berichtete mir in großen Zügen über alle erteilten Anordnungen, so daß ich unterrichtet war, wie man mit den Juden verfahren müsse. [...] Diese Juden betreute der BdS, der in dieser Angelegenheit unmittelbar Berlin unterstand. Mich interessierte nicht die Judenfrage, denn damit hatte sich selbständig der BdS zu befassen. [...] Schäfer machte mich in seinen Berichten mit den Maßnahmen bekannt, die gegen die Juden unternommen wurden. [...] Es ist mir bekannt, daß mir Schäfer, ich glaube im Jahre 1942, meldete, daß aus Berlin in Sajmište ein Kommando mit einem Gaskraftwagen angekommen sei und die Aufgabe hätte, ausschließlich Juden zu vergasen. Das Auto stand zwei Monate oder so etwas in Verwendung und in ihm wurden Juden dem Erstickungstod zugeführt. Ich weiß ganz bestimmt, daß in diesem Kraftwagen keine anderen Menschen als Juden erstickt wurden. Schäfer und das genannte Spezialkommando hatte den strikten Auftrag ausschließlich Juden im Kraftwagen umzubringen. Als der Kraftwagen mit der Vergasungskammer Sajmište verließ, gab es da keine Juden mehr, denn alle waren auf diese Weise liquidiert worden[21].«

Diese Darstellung Meyszners vermittelt stark den Eindruck einer Schutzbehauptung, doch dürfte sie in den wesentlichsten Punkten stimmen. Turners Bemerkung, daß die

---

pflichtet wurden, hatten sich die Judenvergasungsaktionen mittels »Entlausungswagen« unter den SS-Spitzen rasch herumgesprochen. So wußte der Chef des Persönlichen Stabes Himmlers, Karl Wolff, offensichtlich genau, was Turner meinte, als dieser ihm im April 1942 verschlüsselt schrieb, er habe für Serbien einen »Entlausungswagen« angeschafft, mit Hilfe dessen die »Räumung des Lagers« von Juden bald abgeschlossen sein würde.

[18] Wie sich weiter aus dem Brief Turners sinngemäß ergibt, hatten er und Fuchs den Gaswagen höchstwahrscheinlich vor dem 15. 1. 1942 in Berlin angefordert. Turner wollte mit dem Schreiben an Wolff die Beantwortung eines Briefes, den er am 15. 1. 1942 an Himmler geschrieben hatte, erreichen. Dieser Brief Turners an Himmler ist nicht erhalten geblieben. Aus dem Brief an Wolff kann man aber indirekt schließen, daß Turner sich darin mit der Frage beschäftigte, was nach der geplanten Rückkehr der kriegsgefangenen serbischen Offiziere nach Serbien mit den Juden unter ihnen geschehen solle, wenn diese »nolens volens hinter die nicht mehr vorhandenen Angehörigen kommen«, was »immerhin leicht zu Komplikationen führen« könne. Somit dürfte schon am 15. 1. 1942 die Vergasung der jüdischen Frauen und Kinder geplant und — mit dem Ersuchen um Gestellung eines Gaswagens — auch bereits eingeleitet worden sein. Turner hatte offensichtlich die jüdischen Frauen und Kinder im KZ Sajmište schon im Januar 1942 gedanklich »erledigt« und stellte bereits Überlegungen hinsichtlich künftiger Probleme an.

[19] Krausnick/Wilhelm, Die Truppe des Weltanschauungskrieges, S. 644.
[20] Brief Turners an Wolff, 11. 4. 1942.
[21] BA, All.Proz. 6, Dok. 1435, Vernehmung Meyszner, 4. 9. 1946.

Aufgaben der Polizeiverwaltung und damit auch die Verantwortung für die Judenangelegenheiten von ihm an Meyszner übergeben worden waren, ist bezüglich der formalen Befehlsstruktur richtig. In der Realität koordinierte Meyszner als Verantwortlicher aber nur die Maßnahmen der ihm untergeordneten Stellen des BdS Schäfer und des Befehlshabers der Ordnungspolizei (BdO) May, die ansonsten autonom nach den Befehlen ihrer jeweils vorgesetzten Dienststellen in Berlin (BdS — RSHA, BdO — Chef der Ordnungspolizei) handelten. Schäfer, der bei seinem Nachkriegsprozeß in der Bundesrepublik Deutschland die Möglichkeit (und allen Grund!) gehabt hätte, die Verantwortung für die Vergasungsaktion auf Meyszner abzuschieben, bestätigte dessen Ausführungen:

»Ich empfing meine Befehle unmittelbar vom RSHA in Berlin, und zwar jeweils von den zuständigen Abteilungen. Andererseits hatte ich die Pflicht, dem HSSPF von allen wichtigen Berichten, die ich nach Berlin schickte, Abschriften zu übermitteln und ihm täglich Bericht über die Lage zu erstatten. Ich war jedoch dem HSSPF weder befehlsmäßig noch disziplinarisch unterstellt, sondern unterstand unmittelbar — wie bereits gesagt — dem Chef der Sipo und des SD in Berlin (Dr. Kaltenbrunner und vorher Heydrich). Damit kommt zum Ausdruck, daß ich in Belgrad eine selbständige Dienststelle hatte[22].«

Er, Schäfer, habe Meyszner über die Ankunft des Gaswagens informiert und sich wegen des weiteren Vorgehens auch persönlich an den HSSPF gewandt, sei aber von diesem »mit dem Bemerken ›Führerbefehl‹ kurz abgefertigt«[23] worden.

Wenige Tage nach dem fernschriftlichen Aviso aus Berlin traf der Saurer-Gaswagen mit den beiden Fahrern, den SS-Scharführern Götz und Meyer, in Belgrad ein.

»Die Juden waren eine große Belastung für uns. Das Lager lag auf kroatischem Hoheitsgebiet; die Verpflegung erfolgte durch den Polizeipräsidenten von Belgrad; die Bewachung erfolgte durch deutsche Schutzpolizei[24].«

— eine wahrlich lästige Angelegenheit für Schäfers Dienststelle.

Da eine Deportation der Juden nach Rumänien unmöglich war, dürfte Schäfer nicht unglücklich gewesen sein, als ihm der für den Einsatz der Gaswagen zuständige Sturmbannführer Friedrich Pradel (Referat »Kraftfahrwesen der Sicherheitspolizei« im RSHA) einen Saurer-Gaswagen mit zwei Mann Bedienungspersonal nach Belgrad schickte, um das leidige Judenproblem auf diese Weise zu erledigen[25]. Schäfer benachrichtigte den HSSPF Meyszner von seiner neuen Aufgabe, rief seinen Gestapo-Chef, Sturmbannführer Bruno Sattler, zu sich und beauftragte ihn, bis zum Eintreffen des Gaswagens alle Vorbereitungen für den reibungslosen Ablauf der Aktion zu treffen. Als die beiden »Bedienungsexperten«, Götz und Meyer, mit ihrem Fahrzeug in Belgrad eintrafen, meldeten sie sich beim BdS Schäfer, der sie an den Gestapo-Leiter verwies. Sattler hatte mittlerweile gute Arbeit geleistet und die vorbereitenden Maßnahmen bereits abgeschlossen: Die Organisation der Aktion hatte er dem KZ-Kommandanten von Sajmište, dem österreichischen Untersturmführer Herbert Andorfer übertragen.

---

[22] Prozeß Andorfer, Beiakte, Vernehmung Schäfer, 16.1.1952.
[23] BA, 70 Jugoslawien, Bd 33, Urteil gegen Schäfer, S. 64.
[24] Staatsanwaltschaft (StA) Stuttgart, 15 Js 85/67, Verfahren gegen Edgar Enge, Zeugenaussage Emanuel Schäfer, 28.6.1967.
[25] Im »Gaswagenprozeß« (Prozeß Pradel) gab Pradel zu, einen Gaswagen nach Serbien geschickt zu haben.

2. »SS-Untersturmführer Herbert Andorfer
Arbeitsgebiet: Abteilung III, ohne besondere Aufgaben«

Der aus Linz stammende Herbert Andorfer war erst vor kurzem in Serbien eingetroffen[26]. Nach seiner Tätigkeit bei der Abteilung III (Nachrichtendienst Inland) in Innsbruck und Salzburg, gelangte er nach dem Überfall auf Jugoslawien als Angehöriger des SS-Führungsstabes der Einsatzgruppe Fuchs nach Zagreb. In seinem SS-Personalbogen wurde Andorfer von seinen Vorgesetzten folgendermaßen beschrieben:

»A.(ndorfer) besitzt einen einwandfreien Charakter. Er ist zuverlässig, aufrichtig, treu und kameradschaftlich. Seine Grundeinstellung und Haltung liegt auf der Linie der ns. Weltanschauung. Eine geistige Aufgeschlossenheit und Regsamkeit ist bei ihm zufriedenstellend vorhanden. Bei Erfüllung seiner Dienstobliegenheiten und auch in seinem privaten Leben zeigt A. eine betonte Selbständigkeit und viel eigene Initiative[27].«

Andorfer erwies sich auch für die Aufgaben in Jugoslawien als »unbeschränkt verwendbar«. Im Sommer 1941 bewährte er sich beim Einsatz gegen Partisanen in der Nähe von Marburg (Maribor) und avancierte zum SS-Untersturmführer, ehe er am 29. Oktober 1941 zum Befehlshaber der Sipo nach Belgrad abkommandiert wurde[28].

Sein erster Auftrag führte Andorfer ins Lager Šabac. Nach der Niederschlagung des bewaffneten Aufstandes im Herbst 1941 war eine relative große Zahl von Partisanen und Četniks gefangengenommen und ins KZ Šabac eingewiesen worden. Bei seiner Ankunft befanden sich noch etwa 12 000 Personen, in der Mehrzahl Partisanen und Četniks, in diesem Lager[29]. Nach General Böhmes »Strafaktion« waren die Besatzungsbehörden bestrebt, die politische Identität der Gefangenen rasch zu überprüfen, die »harmlosen« Zivilisten auszusondern und nach Hause zu schicken, die Partisanen und Četniks jedoch zur Zwangsarbeit in die serbischen Bergwerke zu verschicken oder zu erschießen. Nach eigenen Angaben war Andorfer mit der politischen Überprüfung der Četnik-Gefangenen beauftragt[30]. Die Evakuierung des Lagers begann Anfang Dezember 1941 und war Mitte Januar 1942 mit der Erschießung von etwa 500 Partisanen größtenteils abgeschlossen[31]. Damit endete Andorfers Einsatz in Šabac:

»Nach Erledigung dieser Aufgabe [...] kamen wir wieder nach Belgrad zurück und waren sozusagen arbeitslos[32].«

Andorfer blieb nicht lange arbeitslos. In Belgrad meldete er sich bei seiner Dienststelle, der Abteilung III (Nachrichtendienst Inland). Als Chef dieser Abteilung fungierte ein Landsmann Andorfers, der aus Villach stammende SS-Sturmbannführer Hans Rexeisen.

---

[26] Die Angaben über den Werdegang Andorfers sind, wenn nicht anders angegeben, seinem Prozeßurteil entnommen (ZStL, 503 AR 2656/67, Urteil gegen Herbert Andorfer).
[27] BA, R 58/841, Personalbogen des hauptamtlichen Angehörigen des SD, Herbert Andorfer, Beurteilung des SS-Sturmbannführer Dr. v. Gelb, SD-Abschnitt Innsbruck, 23. 8. 1939.
[28] Ebd., SS-Personalbogen Andorfer.
[29] Glisić, Concentration Camps in Serbia (1941–1944), S. 710.
[30] Prozeß Andorfer, Verhörprotokoll Andorfer, 30. 8. 1967.
[31] Ebd.
[32] Ebd., Vernehmungsprotokoll 30. 8. 1967.

176 V. Die Vergasung der jüdischen Frauen und Kinder aus dem Konzentrationslager Sajmište

Im Zuge der Umorganisierung der »Einsatzgruppe Fuchs« zu einer Dienststelle der Sicherheitspolizei (um die Jahreswende 1941/42) war auch er von Kroatien nach Belgrad versetzt worden.

Im Unterschied zu den übrigen Abteilungen der nunmehr von ca. 100 auf etwa 400 Mann gewachsenen Belgrader Dienstelle des Befehlshabers der Sicherheitspolizei[33] waren in der Abteilung III »keine Beamten tätig, sondern ausschließlich Leute von der Partei, ausgesprochene Partei- und SS-Angestellte[34].«

Rexeisen war ein alter SD-Aktivist. Seit 1933 Illegaler, wurde er 1935 mit der Organisierung des SD in Villach betraut, wechselte Ende 1938 zum SD Klagenfurt, ehe er im Frühjahr 1941 zur »Einsatzgruppe Fuchs« nach Kroatien kam[35]. Rexeisen fand schnell eine passende Aufgabe für Andorfer. Im gerade errichteten KZ Sajmište war noch der Posten des Kommandanten vakant:

»Während dieser Zeit trat Rexeisen an mich heran und meinte, es sei ihm bekannt, daß ich nicht gerne Schreibtischarbeit leiste, weshalb er für mich eine andere Beschäftigung wüßte. [...] Wann ich dann tatsächlich die Lagerverwaltung übernahm, weiß ich heute nicht mehr genau. Wenn Schäfer anfangs Jänner (1942) BdS in Belgrad wurde, so muß ich die Lagerverwaltung Ende Jänner, anfangs Februar (1942) übernommen haben. Auch als Lagerverwalter gehörte ich nicht zur Abteilung IV, sondern war bloß abgestellt. Ich stand mit den Leuten der Abt. IV überhaupt nicht in Verbindung. Mein Abteilungsleiter blieb vielmehr weiterhin Rexeisen[36].«

Auf die Zuständigkeit der Gestapo (Abt. IV) für »Judenangelegenheiten« angesprochen, meinte Andorfer:

»Ich weiß heute noch nicht, warum gerade ich das Amt eines Lagerverwalters übertragen erhielt, zumal ja Judenangelegenheiten vom Referat IV bearbeitet wurden. Wie ich schon erwähnt habe, gab es im Referat III nicht allzu viel Arbeit und muß dies auch Rexeisen bestätigen können. Ich kann mir meine Heranziehung als Lagerverwalter nur so erklären, daß Schäfer von unserem geringen Arbeitsanfall wußte und mich eben mit dieser Aufgabe betraute. [...] Es kann auch sein, daß die Wahl deshalb auf mich fiel, weil Schäfer meinen Zivilberuf als Hotelfachmann kannte und die Meinung vertreten haben mag, daß ich der geeignete Mann zur Bewältigung derartiger Verwaltungsaufgaben sei[37].«

---

[33] Prozeß Andorfer, Beiakte, Vernehmungsprotokoll Schäfer, 25.1.1952.
[34] ZStL, AR 1256/61, Bd 2, Zeugenaussage von Ernst Werner M., ehemaliger Adjutant des BdS Schäfer, 16.2.1952.
[35] BDC-Akt Hans Rexeisen.
[36] Prozeß Andorfer, Vernehmungsprotokoll, 30.8.1967. Die Frage, ob Andorfer in Belgrad dem Judenreferat der Gestapo (Abteilung IV) angehörte oder nur für die Dauer seiner Funktion zum Judenreferat abgestellt war, tauchte im Prozeß immer wieder auf, konnte aber wegen der widersprüchlichen Zeugenaussagen letztlich nicht geklärt werden.
[37] Prozeß Andorfer, Vernehmungsprotokoll 27.9.1967. Als Prozeßzeugen wollten sich weder Schäfer noch Rexeisen an Andorfer erinnern. Rexeisen meinte auf die Frage, ob er es für möglich hielte, daß ein Angehöriger seines Referates als KZ-Kommandant eingesetzt worden sei: »Ich kann allerdings nicht ausschließen, daß Angehörige des Referates III auch für Aufgaben herangezogen wurden, die an sich in die Kompetenz eines anderen Referates gefallen wären. Es darf ja nicht übersehen werden, daß die Dienststelle in Belgrad verhältnismäßig klein war und sozusagen alle dem Leiter (Schäfer) unmittelbar unterstanden sind. Wenn es irgendwelche Einsätze gab, wie beispielsweise Absperrungen und dergleichen, und das Personal nicht ausreichte, wurden eben alle Dienststellenangehörigen herangezogen« (Prozeß Andorfer, Zeugenaussage Rexeisen, 27.9.1967).

2. SS-Untersturmführer Herbert Andorfer

Ende Januar 1942 übernahm Andorfer das Kommando im KZ Sajmište. Er löste den rangniedrigeren bisherigen Lagerleiter, Scharführer Edgar Enge ab, der ihm nunmehr als Adjutant beigeben wurde. Die Leitung des KZ war relativ einfach. Die etwa 500 jüdischen Männer administrierten das Lager in »Selbstverwaltung«. Ihnen oblag die Nahrungsmittelverteilung, die Arbeitseinteilung und die Organisierung eines jüdischen Wachdienstes, der entlang der Stacheldrahtumzäunung des Lagers patrouillierte[38]. Von außen wurde das Lager turnusmäßig von jeweils 25 Angehörigen des Pol. Res. Bat. 64 bewacht. Andorfer hatte nur wenig zu tun:

»Die eigentliche Lagerverwaltung stellten die Lagerinsassen selbst. Es gab einen männlichen und einen weiblichen Lagerverwalter und Verwaltungspersonal von etwa 30 Leuten, die in der Lagerverwaltung als Bürokräfte tätig waren. [...] Das Lager selbst war mit Stacheldraht umgeben und wurde von Polizisten bewacht. Die Wachmannschaft befand sich außerhalb der Umzäunung und hatte am eigentlichen Lagergelände nichts zu tun. Leute vom BdS hielten sich im Lager auch nicht auf. Es gab kein eigentliches Lagerpersonal von deutscher Seite. Meine Aufgabe bestand eigentlich nur darin, daß mir von der jüdischen Lagerverwaltung Bitten und Beschwerden vorgetragen wurden und daß ich vor der Durchführung von Verbesserungen und Einrichtungen gefragt werden mußte. So wurde beispielsweise einmal eine Duschanstalt installiert, dann wurde ein kleines Lazarett eingerichtet und schließlich wurden auch Verbesserungen in der Küchenhalle vorgenommen. Für diese Verbesserungen wurde von außen her kein Material geliefert, sondern wurde eben aus leeren Lagerhallen ausgebaut, was benötigt worden ist. Um Verpflegung oder sonstigen Nachschub hatte ich mich eigentlich nicht zu kümmern[39]. Da es noch vor Beginn der (Vergasungs-)Aktion ziemlich kalt war und das Brennholz knapp wurde, habe ich einmal über Ersuchen der jüdischen Lagerleitung für eine Brennholzlieferung Sorge getragen. Der Transport kam am Wasserweg und die Schiffe wurden von den Lagerinsassen entladen. Die Arbeit besorgten zum Großteil junge Frauen, zumal es verhältnismäßig wenige männliche Lagerinsassen gab[40].«

Andorfer übernachtete in seinem Belgrader Quartier. Jeden Morgen erstattete er in seiner Belgrader Dienststelle eine Meldung über die Zustände im Lager[41]. Anschließend fuhr er ins KZ und ließ sich von der jüdischen Lagerverwaltung über den neuesten Stand berichten. Nach Andorfers Aussage entstand zwischen ihm und den jüdischen Verwaltungshäftlingen rasch ein persönliches Verhältnis: Er trank mit ihnen Kaffee, spielte Karten und erklärte den Lagerinsassen, sie würden bald nach Rumänien weitertransportiert werden[42]. Vermutlich in der ersten Märzwoche 1942 wurde Andorfer in seine Dienststelle

---

[38] Browning, Fateful Months, S. 71.
[39] Diese Aussage ist nur insofern richtig, als die Feldkommandantur Belgrad die Nahrungsmittelmenge festlegte und die Belgrader Stadtverwaltung anwies, die festgelegte Menge ins Lager zu liefern. Andorfer mußte die Ankunft der Nahrungsmittel nur bestätigen. Da die gelieferten Lebensmittel (die aus dem geraubten Judenvermögen bezahlt wurden) bei weitem nicht ausreichten, um das Überleben der Lagerinsassen zu garantieren, wäre es Andorfers Aufgabe gewesen, bei den zuständigen Stellen zu intervenieren. Während Andorfers Vorgänger als Lagerkommandant (Edgar Enge) mehrmals um eine höhere Zulieferung angesucht hatte, findet sich in den Akten kein Hinweis auf entsprechende Aktivitäten Andorfers.
[40] Prozeß Andorfer, Vernehmungsprotokoll vom 30.8.1967.
[41] BA, 70 Jugoslawien, Bd 33, Anklageschrift gegen den BdS Schäfer, S. 29.
[42] Browning, Fateful Months, S. 79f. Wenn auch in beschönigender Form, so dürften diese Aussagen Andorfers zumindest tendenziell der Wahrheit nahekommen. Sie bestätigen die plausible Annahme, daß Andorfer in den Wochen vor dem Eintreffen des Gaswagens nicht über das weitere Schicksal der Lagerinsassen informiert war.

bestellt. Dort erhielt er die Information, demnächst werde ein »Spezialfahrzeug« aus Berlin eintreffen, in dem die Juden des Lagers »eingeschläfert« werden sollten[43]. Unmittelbar darauf entließ man die 292 internierten Roma-Frauen und -Kinder aus dem Lager. Andorfer entwarf nun einen ebenso einfachen wie teuflischen Plan, um einen möglichst reibungslosen Ablauf der Vergasungen zu garantieren:

»Ich habe vor Beginn der Aktion neue Anschläge im Lager anbringen lassen und die Insassen darauf aufmerksam gemacht, daß die Umsiedlung nicht nach dem Osten, sondern vorläufig als Zwischenstation auf jugoslawischem Gebiet durchgeführt werde[44].«

Die Gefangenen wollten aber genauere Details über das neue Lager wissen. Um die ständige Fragerei der Insassen zu beenden, entwarf Andorfer auch noch eine fiktive Lagerordnung für das neue Lager und hängte sie im KZ auf[45]. Um ja keine Zweifel aufkommen zu lassen, gab er die Weisung, die Häftlinge könnten ihr Gepäck mitnehmen; außerdem solle jeder Transport von einem jüdischen Arzt und einer Krankenschwester begleitet werden. In ihrer Unwissenheit nahmen die Häftlinge an, daß jede örtliche Veränderung nur eine Verbesserung gegenüber den grauenhaften Zuständen im KZ Sajmište bringen könnte und meldeten sich in Scharen freiwillig zur vermeintlichen Umsiedlung. Andorfer war nicht einmal gezwungen, die Todeskandidaten für die einzelnen Transporte zusammenzustellen:

»Ich glaube mich erinnern zu können, daß die jüdische Lagerleitung im einzelnen bestimmt hat, wer an welchen Tagen abtransportiert werden würde[46].«

Zwischen Anfang März und Anfang Mai 1942 fuhren, mit Ausnahme der Sonntage, jeden Morgen zwei Lastwagen von Belgrad zum KZ Sajmište. Der kleinere der beiden Wagen fuhr in das Lager hinein und blieb vor dem Gebäude des Kommandanten stehen. Dort warteten schon jene Häftlinge, die sich am vorherigen Abend freiwillig zur »Umsiedlung« gemeldet hatten. Andorfer gab den Wartenden den Rat, »nur die wertvollsten Sachen mitzunehmen. Diesen Rat gab er in freundlicher Weise, mit der Begründung, sie würden zur Arbeit in ein anderes, besseres Lager gebracht werden, wo die Verpflegung gut sein werde, sogar sehr gut[47].«

---

[43] Ebd., S. 79.

[44] Prozeß Andorfer, Vernehmungsprotokoll vom 5.7.1967.

[45] Bei seiner Vernehmung schützte Andorfer menschliche Motive für dieses Täuschungsmanöver vor: »Ich hatte keineswegs den Befehl, die Insassen des Lagers wegen des bevorstehenden Abtransportes in Irrtum zu führen. Ich habe den von mir bereits einmal erwähnten Anschlag nur deshalb angebracht, um die Menschen nicht unnötig leiden zu lassen. Ich wollte sie vor der Todesangst bewahren. Auch dann, wenn ich das Plakat nicht angebracht hätte, wäre nichts geändert worden. Ich glaube nicht, daß den Lagerinsassen eine Massenflucht gelungen wäre« (Prozeß Andorfer, Vernehmungsprotokoll vom 27.9.1967). Das Gericht akzeptierte Andorfers Begründung und beurteilte sie als entlastendes Indiz: Das Gericht ist »deshalb nicht zu der sicheren Überzeugung gelangt, daß der Angeklagte die Täuschung der Lagerinsassen bezwecken oder vertiefen wollte, bzw. diesen Erfolg auch nur billigend in Kauf genommen hat« (ZStL, 503 AR 2656/67, Urteil gegen Andorfer, S. 20). In einem Brief an den Autor bestreitet Andorfer, jemals Anschläge oder eine fiktive Lagerordnung im KZ angebracht zu haben (Brief Andorfer an den Autor, 5.8.1993).

[46] Prozeß Andorfer, Vernehmungsprotokoll vom 27.9.1967

[47] Zeugenaussage Hedwig Schönfein, zit. nach: Vecernje Novosti, 15.5.1967.

2. SS-Untersturmführer Herbert Andorfer

Nun verstaute die Gruppe ihr Gepäck in dem Fahrzeug und ging dann ahnungslos zu dem grau gestrichenen Saurer-Lastwagen, der vor dem Lagereingang auf sie wartete. Einer der beiden Gaswagenfahrer verteilte vor dem Einladen Süßigkeiten an die Kinder, so daß diese sich immer um das Gasauto sammelten und die Verladung rasch vor sich ging. Im etwa 10 m² großen Innenraum waren der Breite nach etwa zehn Bänke aufgestellt, auf denen die jeweils etwa 50—80 Gefangenen Platz nahmen[48]. Dann wurde die hintere Flügeltür des Wagens geschlossen. Das Gasauto setzte sich in Richtung Save-Brücke in Bewegung. Dahinter folgten der offene Gepäckwagen und der Wagen Andorfers. Als der Fahrzeugkonvoi an der Brücke angelangt war, mußte Andorfer an der kroatischen Grenzstelle Sonderpapiere vorzeigen, welche die kroatischen und deutschen Grenzbeamten anwiesen, den geschlossenen Lastkraftwagen ungehindert und unkontrolliert passieren zu lassen. Auf der serbischen Seite angelangt, bog der Gepäckwagen ab und lieferte die Habseligkeiten der Opfer im Belgrader Depot der Nationalsozialistischen Volksfürsorge ab. Der Gaswagen hielt kurz an, und einer der beiden Fahrer drehte einen Hebel um, wodurch nunmehr die Abgase in das Wageninnere geleitet wurden. Während der nun folgenden Fahrt — quer durch Belgrad — zum Zielort Avala, ca. 15 km südöstlich der serbischen Hauptstadt, wurden die Juden im Auto vergast. Andorfer folgte mit seinem Dienstwagen direkt dem Mordfahrzeug. Als der Gaswagen auf dem Schießplatz Avala (der schon im Herbst 1941 als Exekutionsort für Geiseln verwendet worden war) eintraf, hatte ein Häftlingskommando bereits Gruben für die im Auto vergasten Juden ausgehoben:

»Ich schaufelte die Gruben für die Vergasten. Wir selbst mußten nur die Gruben ausheben, eine andere Gruppe von Häftlingen, die täglich von den Deutschen mitgebracht wurde, mußte danach die Gruben wieder zuschütten. [...] Aus der Entfernung sah ich ein kleines Auto kommen, in dem ein deutscher Offizier saß. Dann kam ein großer, verschlossener Wagen aus dem dicker Rauch herausquoll. [...] Ich habe diese Gräber für die erstickten Juden zwei Monate lang zwischen März und Mai 1942 ausgehoben. Wenn unsere deutschen Wächter sahen, daß der Konvoi eintraf, trieben sie uns weg und es wurde uns verboten hinzusehen. [...] In dieser Zeit grub ich 81 oder 82 Massengräber, in denen jeweils etwa 100 Ermordete Platz fanden[49].«

Eine anderes Häftlingskommando mußte die Toten ausladen und anschließend die Gruben wieder zuschütten[50]. Täglich wurden diese Häftlingsgruppen von dem Angehörigen des Pol. Res. Bat. 64, Karl W., der schon an der Erschießung der männlichen Juden im Herbst 1941 beteiligt gewesen war[51], und drei seiner Bataillonskameraden an den Ort des Grauens gebracht:

---

[48] ZStL, AR 1256/61, Zeugenaussage von Hedwig Schönfein.
[49] Aussage des »Grubenhäftlings« Militinović vom Dezember 1944 (zit. nach Shelach, Sajmište — An Extermination Camp in Serbia, S. 252 [übersetzt ins Deutsche]).
[50] Die Gaswagenexperten im RSHA waren zu dem Schluß gekommen, daß das Ausladen der Vergasten durch eigenes Polizeipersonal ungünstige Konsequenzen hatte. So schrieb Dr. Becker, Chefchemiker im RSHA, bei der Euthanasieaktion: »Die Kommandeure der betreffenden S.K. (Sicherheitskommandos) habe ich darauf aufmerksam gemacht, welch ungeheure seelische und gesundheitliche Schäden diese Arbeit auf die Männer, wenn auch nicht sofort, so doch später haben kann. Die Männer beklagten sich bei mir über Kopfschmerzen, die nach jeder Ausladung auftreten« (Prozeß Andorfer, Beiakte Bd 3, Brief Beckers an Rauff, 16.5.1942).
[51] Ebd., Beiakte Bd 2, Zeugenvernehmung Karl W., 24.11.1964.

»Etwa Anfang 1942 [...] mußte ich mich auf Anweisung meiner Kompanie beim Batl.-Kdr. Josten melden. Dieser erklärte mir, daß ich mich mit einigen Leuten beim SD in Belgrad zu melden hätte. Da das zum SD abgestellte Kommando aus vier Leuten zu bestehen hatte, suchte ich mir den schweren MG-Zug-Angehörigen Paul Sch. und die Kompanieangehörigen Leo L. und Karl L. aus und ging mit ihnen zum SD, wo ich mich auf der Dienststelle des damaligen SS-Obersturmführers Andorfer meldete. Dieser gab mir den Auftrag, mich am nächsten Morgen zu einem festgesetzten Zeitpunkt mit meinen Leuten im Gefängnis von Belgrad einzufinden. Hier hätte ich ein Arbeitskommando von Strafgefangenen zu übernehmen und mit diesen zum Schießplatz Avala zu fahren. Nähere Instruktionen gab er mir nicht. Am folgenden Morgen begab ich mich mit den vorgenannten Kompanieangehörigen zum Gefängnis, übernahm dort ein Arbeitskommando in Stärke von sieben Strafgefangenen und fuhr mit einem LKW des SD zum Schießplatz. Kurz darauf traf auch SS-Obersturmführer Andorfer mit einem PKW ein. Als ein Gaswagen eintraf, daß es sich um einen solchen handelte, erfuhr ich durch die Erklärungen des Andorfer, gab A.(ndorfer) mir genaue Anweisungen bzgl. meiner Aufgaben. Andorfer erklärte mir, daß es sich bei der Fracht des Lastwagens um Juden aus dem Lager Semlin handele, die vergast worden seien. Dieser Wagen war inzwischen in die Nähe von bereits ausgehobenen Gruben gefahren. Andorfer ging mit mir zu dieser Stelle hin. Ich erhielt nun von Andorfer den Auftrag, mit meinen Leuten dafür Sorge zu tragen, daß niemand des 7köpfigen Arbeitskommandos während der Bestattung der vergasten Juden flüchten konnte. Nun erfolgte die Entladung des Wagens, die etwa eine halbe Stunde dauerte. Während dieser Zeit verblieb Andorfer bei uns. Ich hatte einen meiner Leute in einer Entfernung von etwa 50-60 Metern auf dem Anfahrtweg zur Begräbnisstätte postiert, damit unsere Tätigkeit nicht durch Unbefugte gestört wurde. Wir drei führten dann die Bewachung des Arbeitskommandos durch. [...] Mit der Ladung dieses Lastwagens wurde eine Grube bis zum Rande gefüllt [...]. Die ausgehobene Grube war meiner Meinung nach etwa 5 Meter lang, 2 Meter breit und auch etwa 2 Meter tief. Diese Fahrten des Gaswagens erfolgten täglich, wobei es auch häufig vorkam, daß der Wagen zweimal am Tag eingesetzt wurde. [...] Ich möchte sagen, daß ich mir damals über das Unrecht, das der SD gemacht hat, keine Gedanken gemacht habe, jedenfalls nicht in dem Maße, wie man das heute macht[52].«

Auf seinen Fahrten vom KZ zum Beerdigungsplatz wurde Andorfer meistens von seinem nunmehrigen Adjutanten, SS-Scharführer Edgar Enge, begleitet. In seinem Prozeß beschrieb Enge die Entladung der mittlerweile vergasten Juden:

»Die Bestattung der vergasten Juden fand immer in demselben Gelände statt. Der Gaswagen fuhr bis in die Nähe der Grube. Nach Öffnen der Tür war festzustellen, daß die Leichen in der Regel mehr im rückwärtigen Teil des Wageninneren lagen. Die Häftlinge transportierten die Leichen dann in die Gruben und deckten diese dann anschließend mit Erde zu. Mir ist nicht aufgefallen, daß der Anteil an männlichen Leichen besonders niedrig war. Lebenszeichen habe ich bei den Vergasten in keinem Falle bemerkt. Die Gesichter hatten ein blasses Aussehen. Der Gaswagen war jeweils nicht erheblich verschmutzt. Im wesentlichen konnte man nur Erbrochenes im Wageninneren bemerken. Bei der Bestattung war kein Arzt zugegen. Es wurde auch nicht im einzelnen festgestellt, ob die vergasten Juden wirklich tot waren. [...] Zum Gaswagen selbst möchte ich sagen: Der Wagen sah ähnlich wie ein geschlossenes Lebensmittelfahrzeug aus. Er hatte hinten eine Tür, die zusätzlich durch einen Querbalken gesichert war. Innen war der Gaswagen mit Blech ausgeschlagen. Auf dem Boden befand sich ein Latten-

---

[52] Ebd. In der Hauptverhandlung gegen Andorfer konnte »nicht mit ausreichender Sicherheit« geklärt werden, ob die vier Polizeiangehörigen vor ihrem Einsatz von Andorfer Instruktionen über ihre Aufgabe erhielten (ZStL, 503 AR 2656/67, Urteil gegen Andorfer). In einem Brief an den Autor bestreitet Andorfer, den Polizeiangehörigen diesbezügliche Anweisungen erteilt zu haben (Brief Andorfer an den Autor, 5. 8. 1993). Der Zeuge Karl W. spricht von einem SS-Obersturmführer, bei dem sich die Gruppe vor dem Einsatz melden mußte. Andorfer hatte zu diesem Zeitpunkt den Rang eines SS-Untersturmführers inne.

rost, der herausgenommen werden konnte. Der Wagen wurde jeweils auf dem Hof unserer Dienststelle gereinigt. Das wurde von den beiden Gaswagenfahrern gemacht[53].«

Zwei Monate lang, Tag für Tag, absolvierte der Gaswagen seine tödlichen Fahrten. Um die Entvölkerung des Judenlagers zu beschleunigen, wurde der Wagen meist zweimal täglich eingesetzt. Anfang Mai 1942 war die Aktion abgeschlossen — die etwa 7500 Juden des KZ Sajmište, überwiegend Frauen und Kinder, waren vergast[54]. Nachdem die letzten Juden verscharrt worden waren, wurden die sieben serbischen Gefangenen des »Totengräberkommandos« von den anwesenden deutschen Organen mit Maschinenpistolen niedergemäht und zu den anderen in die Grube geworfen[55].
Nach Abschluß der Vergasungen blieben noch einige Personen im KZ zurück. Zumeist Nichtjüdinnen, die mit Juden verheiratet waren. Sie wurden unter der Bedingung strengster Geheimhaltung über die Geschehnisse im Lager nach ein paar Tagen entlassen[56]. Eine von ihnen war Dorothea Fink, die mit ihrem jüdischen Ehemann Walter als Teilnehmerin des »Kladovo-Transportes« in das Lager Šabac gekommen war. Sie hatte dort zuerst ihren Mann verloren und war dann mit den jüdischen Frauen und Kindern des Transportes in das KZ Sajmište gebracht worden. In einem Brief an ihren Schwager schrieb sie nach Kriegsende:

»Nun hatte ich das Glück, jemand nahm einen Brief von mir an die Deutsche Gesandtschaft in Belgrad mit. Der Brief kam in die rechten Hände, und es dauerte doch noch einige Zeit bis mich die SS freilassen mußte. Meine erste Frage war natürlich nach Walter. Hohnlächelnd sagte man mir, der wäre schon längst im Jenseits. Ich wollte darüber eine Bescheinigung haben. Das wurde abgelehnt. [...] Nun blieb ich in Belgrad und lebte von meiner Schneiderei. [...] Ich wollte nach Berlin zurück. Es wurde abgelehnt. Endlich nach einem Jahr bekam ich die Erlaubnis, nach Deutschland zu fahren. Es war im Juni 1942. Von den Frauen im KZ Semlin hörte ich, es wäre eine Seuche ausgebrochen und sie wären alle erschossen worden. Nun bekam ich von der Gesandtschaft ein Schreiben nach Deutschland mit, worin steht: ›Walter Israel Fink ist am 16. Oktober 1941 in Šabac verstorben‹[57].«

---

[53] Ebd., Beiakte Bd 1, Vernehmungsprotokoll Edgar Enge, 20. und 21.1.1966.
[54] Die Zahl der vergasten Juden läßt sich nicht mehr exakt eruieren. Shelach kommt nach Auswertung der — allerdings nicht kompletten und untereinander widersprüchlichen — Meldungen über den Lagerstand im KZ Sajmište zwischen Dezember 1941 und Anfang Mai 1942 zu dem Schluß, daß der Vergasung mindestens 8000 Juden zum Opfer gefallen sind (Shelach, Sajmište — An Extermination Camp in Serbia, S. 255). Offizielle jugoslawische Stellen geben die Zahl der Vergasten mit 7500 an (The Crimes of the Fascist Occupants and Their Collaborators Against Jews in Jugoslavia, Summary, S. 4). Bei seiner Vernehmung durch den jugoslawischen Gerichtshof schätzte der Stellvertreter des BdS, SS-Obersturmbannführer Teichmann, die Zahl der vergasten Juden auf etwa 7000 (BA, Prozeß Eichmann, Vernehmungsprotokoll Ludwig Teichmann, 17.9.1946).
[55] Sowohl bei den Ermittlungen gegen die Schutzpolizisten als auch in den Prozessen gegen Andorfer und Enge spielte die Frage nach den Todesschützen aus juristischen Gründen eine wesentliche Rolle. Da sämtliche Beteiligten entweder behaupteten, nichts gesehen und nur die Schüsse gehört zu haben, bzw. sich gegenseitig der Morde beschuldigten, konnten die Schützen nicht ermittelt werden.
[56] Shelach, Sajmište — An Extermination Camp in Serbia, S. 253. Jüdische Frauen, die mit Nichtjuden verheiratet waren, wurden — anders als im Deutschen Reich — in Serbien nicht von der Vernichtung ausgenommen. Die beiden Schwestern der Belgrader Jüdin Sidonia Jaar, Milena und Militza, wurden trotz ihrer Ehe mit Nichtjuden im KZ Sajmište umgebracht (YVA, 0 3/3457, Interview von Josef Schieber mit Sidonia Jaar, März 1968).
[57] YVA, 0 10/12, Brief von Dorothea Fink an Henry Fink, 22.8.1945.

182   V. Die Vergasung der jüdischen Frauen und Kinder aus dem Konzentrationslager Sajmište

Zuletzt blieb noch eine kleine Gruppe deutschsprachiger Juden aus dem Banat und eine Handvoll Überlebender des »Kladovo-Transportes« im Lager zurück. Sie mußten Aufräumungsarbeiten verrichten. Nach deren Beendigung wurden sie Ende Mai 1942 ebenfalls erschossen[58].

Den Juden gegenüber war Andorfers Täuschung ein voller Erfolg. Noch wenige Tage vor dem Ende der Vergasungen erzählte ein jüdisches Häftlingskind einem gerade ins Lager eingelieferten serbischen Gefangenen, der sich nach dem Verbleib seiner jüdischen Bekannten erkundigte:

»Oh ja, die waren hier. [...] Vor kurzem wurden sie aber in Richtung Polen gebracht. Alle von uns kommen dorthin ins Ghetto. Wir haben gehört, daß das Leben dort viel besser sein soll. Die Erwachsenen werden dort arbeiten, und wir, die Kinder, werden dort zur Schule gehen. Die meisten von uns sind schon weggegangen und ich warte schon ganz sehnsüchtig darauf, ihnen zu folgen[59].«

Unter den deutschen Besatzern jedoch sprach sich der Massenmord rasch herum. Innerhalb des SD war es ein »offenes Geheimnis [...], daß mit dem Wagen die Juden vergast wurden[60].« Auch im Pol. Res. Bat. 64 wußte man Bescheid:

»Unsere Tätigkeit sickerte trotz aller Geheimhaltung allmählich in der Kompanie durch, zumal an der Abstellungsunterkunft des Gaswagens auch eine Wache von unserer Kompanie lag, die mehrfach die Gelegenheit hatte, den Gaswagen zu sehen[61].«

Der Abteilungschef beim Militärverwalter Turner, Dr. Walther U., konnte sich wiederum erinnern, »im Frühjahr 1942 aus volksdeutschen Kreisen (erfahren zu haben), daß die jüdischen Insassen des Lagers Semlin vergast würden[62].«

Die Leichen der Opfer waren auf dem Schießplatz verscharrt worden. Hier hielten die deutschen Truppen regelmäßig ihre Schießübungen ab. Der LKW-Fahrer der Feldkommandantur Belgrad, Anton W., erzählte, wie er die Überreste der vergasten Juden entdeckte:

»Eines Tages war wieder einmal Übungsschießen angesetzt und alle Angehörigen unserer Kommandantur, soweit sie dienstlich abkömmlich waren, fuhren per LKW nach dem Schießplatz, der etwa 14 bis 15 km südöstlich von Belgrad lag. Nach der Ankunft auf dem Schießplatz mußte ich befehlsgemäß mit meinem LKW die Schießscheiben an das Ende des Schießplatzes fahren. [...] Da ich die Bodenbeschaffenheit links und rechts der Fahrstraße kannte, fiel mir diesmal auf, daß sich auf den unmittelbar an der Straße gelegenen Geländestreifen frisch aufgeworfenes Erdreich befand, das nicht mehr mit Gras bewachsen war. Es waren auch die Konturen von viereckigen Aushebungen zu erkennen. Es handelte sich um zahlreiche solcher Rechtecke in jeweiliger Größe von schätzungsweise 5 mal 10 Metern und auch größer, wenn kein Baum dazwischen stand. Ich stoppte deshalb meinen LKW und stieg mit meinem Kameraden aus, mit dem ich die Scheiben aufstellen sollte. [...] Da es noch in der warmen Jahreszeit war, [...] bemerkte ich sofort einen süßlichen Geruch, wie er bei verwesendem Fleisch bemerkbar ist. Beim Nähertreten bemerkte ich auch Risse im Erdreich, in denen Kleiderfetzen bzw. Kleiderteile sichtbar waren. Es handelte sich bestimmt um Frauenkleider. Das habe ich genau gesehen. Von männlichen Kleidungsstücken habe ich nichts bemerkt. Es muß sich in diesem Falle meiner Meinung nach um ein Massengrab mit Frauen gehandelt haben[63].«

---

[58] Shelach, Sajmište — An Extermination Camp in Serbia, S. 253.
[59] Zit. nach: ebd., S. 251 (ins Deutsche übersetzt).
[60] Prozeß Andorfer, Beiakte Bd 3, Vernehmungsprotokoll Edgar Enge, 2.5.1966.
[61] ZStL, 503 AR 1256/61, Bd 7, Vernehmungsniederschrift Karl W., 24.11.1964.
[62] Ebd., Bd 2, Zeugenaussage Dr. Walter U., 5.4.1952.
[63] Ebd., 503 AR 12/62, Beiakte Bd 6, Vernehmungsniederschrift Anton W., 9.8.1962.

Mit der Geheimhaltung hatten es die Mörder zu diesem Zeitpunkt noch nicht so genau genommen. Erst als sich die Niederlage der Nazis abzuzeichnen begann, machten sie sich in hektischen Aktionen daran, die Spuren ihrer Massenmorde zu verwischen: Im November 1943 traf das »Sonderkommando 1005« des Einsatzgruppenführers Paul Blobel in Belgrad ein. Vier Monate lang wurden nun die Leichen der erschossenen und vergasten Opfer wieder ausgegraben, zu Scheiterhaufen geschichtet und verbrannt[64].

Die neue Tötungsart hatte problemlos funktioniert. Andorfer, über dessen Tätigkeit in seinem SS-Personalbogen zu lesen ist: »Abteilung III, ohne besondere Aufgaben«[65], wurde das Begleiten des Gaswagens bald zu langweilig. Er beauftragte immer öfter seinen Adjutanten Enge mit der Eskortierung. Die Vergasungen wurden zu einer Routineangelegenheit.

Mit der Ausrottung der Juden hatte Andorfer seine Aufgabe in Serbien beendet. Er wurde wieder zum SD Salzburg versetzt und stand ab 1943 in Italien im Einsatz gegen Partisanen.

Zu Kriegsende wurde er in Italien am Kopf verwundet und gelangte, nach eigenen Angaben, erst in einem Schweizer Lazarett wieder zum Bewußtsein. Unter Nennung eines falschen Namens erhielt Andorfer einen Fremdenpaß. Angeblich mit Hilfe der SS-Fluchthilfe-Organisation »Odessa« entkam er vorerst nach Schweden und dann nach Venezuela. In den 50er Jahren kehrte er in die BRD zurück und suchte 1964 beim österreichischen Generalkonsulat in Hamburg unter seinem richtigen Namen um einen Paß an, den er auch anstandslos erhielt[66]. 1966 wurde Andorfer in der BRD zur Fahndung ausgeschrieben, 1967 in München verhaftet und den österreichischen Behörden übergeben. Kurze Zeit später wurde Andorfer an die Bundesrepublik Deutschland ausgeliefert und von einem deutschen Gericht wegen Beihilfe zum Mord zu zweieinhalb Jahren Haft verurteilt[67].

Auch Andorfers Adjutanten, Scharführer Edgar Enge, der schon im Herbst 1941 als Beauftragter des BdS zumindest bei einer Judenerschießung durch die Wehrmacht dabei gewesen war[68], wurde in der BRD der Prozeß gemacht. Der Staatsanwalt forderte viereinhalb Jahre Zuchthaus[69]. Enge wurde der Beihilfe zum Mord schuldig gesprochen, »jedoch wird von einer Bestrafung abgesehen[70].«

Anfang Mai 1942 waren die letzten Juden aus dem KZ Sajmište vergast worden. Der BdS Schäfer, der umgehend von der Beendigung der Aktion informiert worden war, sandte daraufhin ein Fernschreiben an den Gaswagen-Einsatzleiter im RSHA, Pradel:

»Betrifft: Spezialwagen Saurer.
Vorgang: Ohne.
Die Kraftfahrer SS-Scharf. Goetz und Meyer haben den Sonderauftrag durchgeführt, so daß die Genannten mit dem oben angegebenen Fahrzeug zurückbeordert werden können. Infolge Achsrisses der hinteren Achshälfte kann eine Überführung per Achse nicht durchgeführt werden. Ich habe daher angeordnet,

---

[64] Ebd., 503 AR-Z 115/77, Ermittlungen gegen Angehörige des »Sonderkommandos 1005«; siehe auch Shelach, Sajmište — An Extermination Camp in Serbia, S. 254.
[65] BA, R 58/841, SS-Personalbogen Herbert Andorfer.
[66] Prozeß Andorfer, Vernehmungsprotokoll vom 21.2.1968.
[67] ZStL, 503 AR 2656/67, Urteil in der Strafsache gegen Herbert Andorfer, S. 29f.
[68] Vgl. den Bericht Liepes über die »Geiselerschießungen« wegen des »Topola-Überfalles«, S. 89.
[69] Ludwigsburger Zeitung, 11.6.1968.
[70] ZStL, 503 AR 706/66, Bd 3, Urteil in der Strafsache gegen Edgar Enge, 5.8.1968.

daß das Fahrzeug verladen mit der Eisenbahn nach Berlin überführt wird. Voraussichtliches Eintreffen zwischen dem 11. und 12.6.42. Die Kraftfahrer Goetz und Meyer begleiten das Fahrzeug[71].«

Jetzt konnte Schäfer endlich voll Stolz die Vollzugsmeldung nach Berlin übermitteln: »Serbien ist judenfrei[72]!«

---

[71] Prozeß Andorfer, Beiakte Bd 3, Fernschreiben des BdS Schäfer an das RSHA, Abt. II D 3, z. Hd. Major Pradel, 9.6.1942.

[72] Dieses Dokument ist nicht erhalten geblieben. Doch nach seiner eigenen Darstellung sandte Schäfer ein Telegramm mit diesem Wortlaut an das RSHA (BA, 70 Jugoslawien, Bd 33, Urteil in der Strafsache gegen Dr. Emanuel Schäfer, 20.6.1953, S. 15).

VI. Zusammenfassung und Schlußfolgerungen

»Dieser Partisanenkrieg hat auch wieder seinen Vorteil: er gibt uns die Möglichkeit auszurotten, was sich gegen uns stellt[1].«

Mit diesem Ausspruch vom Juli 1941 begegnete Hitler dem Aufruf Stalins, in der Sowjetunion mit dem Partisanenkampf gegen die deutschen Invasoren zu beginnen. Unter dem Deckmantel der Partisanenbekämpfung vollzogen Einsatzgruppen, Polizei und SD ihr Vernichtungswerk gegen den »jüdischen Bolschewismus« im Osten. Sie wurden dabei von der Wehrmacht auf vielfältige Weise unterstützt: Die Wehrmacht stellte Fahrzeuge und Treibstoff zur Verfügung, kennzeichnete und registrierte die Juden, übergab die routinemäßig von Heeresstreifen festgenommenen Juden, Partisanen und sonstige verdächtige Zivilisten »zur weiteren Behandlung«; hohe Militärs riefen in Befehlen an ihre Truppen zum vollen Verständnis »für die Notwendigkeit der harten, aber gerechten Sühne am jüdischen Untermenschentum«[2] auf; in vereinzelten Fällen nahm die Truppe sogar selbst an Massenexekutionen von Juden durch die Einsatzkommandos teil[3].

Das Ausmaß der Beteiligung des Wehrmachtapparates an den Vernichtungsmaßnahmen gegen Juden, Zigeuner und die übrige Zivilbevölkerung war in dem unter militärischer Besatzung stehenden Serbien 1941/42 qualitativ noch weit größer als in der Sowjetunion. Im Generalgouvernement und auf sowjetischem Gebiet gab es zumindest eine formale Abgrenzung zwischen den Tätigkeitsbereichen von Wehrmacht und den Einsatzgruppen von Sipo und SD. In Serbien hingegen existierte diese Aufgabentrennung nur bis zum Sommer 1941. Mangels verfügbarer SD- und Polizeimannschaften wurde ab diesem Zeitpunkt die Truppe unter dem Kommando des Wehrmachtbefehlshabers mit der Partisanenbekämpfung betraut.

Von der Besatzungsstruktur her ist die Situation in Serbien vom Herbst 1941 vergleichbar mit der in Frankreich. Auch dort war nach der Kapitulation ein Wehrmachtbefehlshaber eingesetzt worden, der mit einer einheimischen Verwaltung und Regierung kooperierte; ab Sommer 1941 setzte eine verstärkte Widerstandstätigkeit ein, die sich in Attentaten auf Angehörige der Besatzungsmacht äußerte; Hitler und Keitel drängten den Wehrmachtbefehlshaber Otto von Stülpnagel, für jeden getöteten Deutschen 100 Geiseln zu erschießen. Doch im Gegensatz zum Wehrmachtbefehlshaber in Serbien protestierte General Stülpnagel in Frankreich gegen diese Politik und wurde aus diesem Grund zu Jahresbeginn 1942 abgelöst. Während in Frankreich zwischen September 1941 und

---

[1] Zit. nach: Hillgruber, Die »Endlösung« und das deutsche Ostimperium, S. 146.
[2] Tagesbefehl des Generalfeldmarschalls von Reichenau vom 10.10.1941 (zit. nach: Streit, Keine Kameraden, S. 115).
[3] So etwa am 2.7.1941, wo in der galizischen Ortschaft Luck vom Sonderkommando 4a der Einsatzgruppe C in einer als »Vergeltungsaktion« bezeichneten Massenerschießung unter Hinzuziehung eines Zuges Infanterie 1160 Juden erschossen wurden (Krausnick/Wilhelm, Die Truppe des Weltanschauungskrieges, S. 187).

Mai 1942 bei Geiselerschießungen durch Exekutionskommandos der Wehrmacht 466 Menschen getötet wurden[4], fielen General Böhmes »Vergeltungspolitik« allein zwischen Oktober und Dezember 1941 mehr als 25 000 Menschen zum Opfer.

Böhmes Vorgehensweise lag durchaus im »Wehrmachttrend«. Die oberste Wehrmachtführung hatte schon bei der Planung des Rußlandfeldzuges zugestimmt, die konventionellen Grenzen des Krieges zu überschreiten. Nur allzu willig hatte sie sich von Hitler auf einen schrankenlosen »Vernichtungskrieg gegen Bolschewismus und Judentum« einschwören lassen. Die Proteste der Wehrmacht gegen die Mordaktionen der Einsatzgruppen in Polen 1939 gehörten 1941 längst der Vergangenheit an. Entgegen den an kein Verbot gebundenen Einsatzgruppen war dem Aktionsradius der Wehrmacht aber eine formale Grenze gesetzt: Zumindest dem Anschein nach mußte jede Handlung mit militärischen Notwendigkeiten begründet werden. General Böhme stellte die von ihm selbst intern so bezeichnete »Strafaktion gegen die serbische Bevölkerung« nach außen als »militärische Sühnemaßnahme« dar, während er die Vernichtungsaktionen an den männlichen Juden als kriegsrechtlich legitimierte »Geiselerschießungen« klassifizierte — eine Begründung, die von der obersten Wehrmachtführung widerspruchslos akzeptiert wurde.

Böhme hatte mit der Erschießung aller männlichen Juden und nichtseßhaften Zigeuner alle gesetzlichen Möglichkeiten, die für die Wehrmacht im NS-System gerade noch zulässig waren, ausgeschöpft. Damit deckte sich Böhmes »Behandlung des Judenproblems« im Herbst 1941 mit der Vorgehensweise der Einsatzgruppen in der Sowjetunion. Diese hatten Ende Juni 1941 von Heydrich den Auftrag bekommen, »alle Juden in Partei- und Staatsstellungen sowie sonstige ›radikale Elemente‹ zu liquidieren«, worauf sie sich vorerst darauf beschränkten, »jüdische Männer — insbesondere im wehrfähigen Alter — ›zur Vergeltung‹ und aus anderen nicht stichhaltigen Gründen zu exekutieren[5].« Mit wenigen Ausnahmen begannen sie mit der physischen Vernichtung der Frauen und Kinder erst einige Wochen später[6].

Als einzigem Wehrmachtbefehlshaber blieb es General Böhme vorbehalten, in seinem Besatzungsbereich die systematische Vernichtung der Juden einzuleiten. In einem von ihm persönlich unterzeichneten Befehl ordnete Böhme an, »sämtliche Juden« in Serbien als Geiseln zu nehmen und bei Angriffen auf die Besatzer oder auf Volksdeutsche zu erschießen[7]. Das war kein Geheimbefehl, sondern ein Tagesbefehl, der in insgesamt 37facher Ausfertigung an sämtliche Wehrmachteinheiten in Serbien, an Böhmes unmittelbaren Vorgesetzten (Generalfeldmarschall List) und an den Deutschen General in Agram (Glaise von Horstenau) übermittelt wurde.

Dieser Befehl erfüllte alle »Endlösungskriterien«:

---

[4] Birn, Die Höheren SS- und Polizeiführer, S. 250.
[5] Streim, Zur Eröffnung des allgemeinen Judenvernichtungsbefehls, S. 117.
[6] Die im Sommer/Herbst 1941 im Baltikum operierende Einsatzgruppe A dachte bis Oktober 1941, daß ihre Aufgabe ausschließlich die Ermordung der erwachsenen männlichen Juden sei, ehe dieses »Mißverständnis« aufgeklärt wurde und sie zur Liquidierung der jüdischen Frauen und Kinder überging (Browning, Fateful Months, S. 19).
[7] BA-MA, RH 26—104/14, Befehl Böhmes betr.: Niederwerfung kommunistischer Aufstandsbewegung, 10.10.1941.

Er leitete
a) den »Vorgang der vorsätzlichen und systematischen Tötung«[8] der Juden ein.
b) Für die Tötung war »das persönliche Verhalten eines Juden völlig unerheblich. Ob ›aufsässig‹ oder ›ängstlich-willig‹ [...], ob in irgendeinem Falle ›Täter‹ oder nicht: gegenüber einem *Juden* war für individuelle Gesichtspunkte oder ein Prüfungsverfahren grundsätzlich kein Raum; er wurde erschossen, weil er ein Jude war[9].«
Was Krausnick für die Judenmorde der Einsatzgruppen in der Sowjetunion feststellt und Jäckel ganz allgemein als Kennzeichen der »Endlösung« definiert, trifft auch für Böhmes Anordnung in Serbien zu: Er ließ die männlichen Juden sowohl vorsätzlich als auch systematisch von Wehrmachteinheiten erschießen. Das individuelle Verhalten der Juden war dabei ebensowenig ausschlaggebend wie die Frage, ob sie in irgendeiner Beziehung zum Anlaßfall ihrer Ermordung standen.
Der besagte Befehl wurde wortgetreu und widerspruchslos ausgeführt. Es wurden nicht nur die serbischen Juden, sondern auch die Juden des »Kladovo-Transportes« von der Wehrmacht liquidiert. Gerade dieses Faktum unterstreicht die Tatsache, daß sich Böhmes Befehl in den Rahmen der »Endlösung« eingliedern läßt: Die österreichischen, Berliner und Danziger Juden dieses Flüchtlingstransportes waren bereits im Juni 1941 — also noch vor Ausbruch des Partisanenaufstandes — von deutschen Organen in Šabac interniert worden und konnten daher nicht das geringste mit dem Partisanenaufstand zu tun haben. Die Wehrmachtführung war seit Beginn des Partisanenaufstandes verzweifelt bemüht gewesen, aus dem »müden Besatzungshaufen« eine engagierte Kampftruppe zu formen. Die mit viel Propaganda erfolgte Aufstellung von Jagdkommandos konnte aber ebensowenig wie die forcierte Erschießung von Zivilisten das rasche Umsichgreifen der Aufstandsbewegung verhindern. General Böhme versuchte auf mehreren Ebenen, die Kampfmoral seiner Truppen zu erhöhen. Zum einen operierte er mit »klassischen« Männerängsten: Wider besseren Wissens behauptete er, die Partisanen würden seine Soldaten bei einer Gefangennahme grauenhaft verstümmeln. Die solcherart geschürten Haß- und Angstgefühle konnten damit bei der Truppe als Vehikel für die »moralische Akzeptanz« der Vernichtungspolitik benutzt werden. Darüber hinaus appellierte Böhme an die historischen Revanchegelüste der zu einem hohen Grad aus Österreichern zusammengesetzten Truppe und forderte sie zum schonungslosen Vorgehen gegenüber der Zivilbevölkerung auf — wohl wissend, wie empfänglich seine Soldaten für einen solchen Appell waren. Die Massaker in Kraljevo und Kragujevac sowie die anschließende Belobigung der daran beteiligten Einheiten zeigen, daß die Rechnung aufging.
In diesem Klima des ungehemmten Massenmordes ließ sich die Judenvernichtung »en passant« durchführen. Sie mußte nicht explizit als solche bezeichnet werden, sondern konnte als »Sühnemaßnahme« militärisch deklariert und damit von der Truppe selbst durchgeführt werden. Böhme konnte davon ausgehen, daß durch seinen 1:100 Geiselerschießungsbefehl die vergleichsweise geringe Zahl von Juden in wenigen Erschießungs-

---

[8] Als solchen definiert Jäckel die »Endlösung« (Jäckel, Die Entschlußbildung als historisches Problem, S. 10).
[9] Krausnick/Wilhelm, Die Truppe des Weltanschauungskrieges, S. 14.

aktionen »erledigt« sein würde. Dazu brauchte nur eine relativ kleine Anzahl von Wehrmachtangehörigen involviert zu werden, so daß keine besonders negativen Auswirkungen auf die Moral der Truppe zu befürchten waren. Es fällt auf, daß sich die einzelnen Truppenteile bei der praktischen Durchführung dieser Mordpolitik durch nichts unterschieden. Ob Kampfdivision (etwa General Hinghofers 342. ID) oder Besatzungsdivision der 15. Welle, ob Nachrichtenregiment oder Landesschützenbataillon[10] — sie alle führten bei entsprechendem Befehl widerspruchslos Massaker an Juden, Zigeunern und anderen serbischen Zivilisten durch.

Aufgrund von Zeugenaussagen, aber insbesondere durch Interviews mit ehemaligen Wehrmachtangehörigen, die im Herbst 1941 in Serbien stationiert waren, gewinnt man den Eindruck, daß die Soldaten auf diese Aktionen unterschiedlich reagierten. Teils nahm man die zum hemmungslosen Morden auffordernden Befehle der Offiziere begierig auf, da sie Gelegenheit boten, militärische Schlappen und Frustrationen zu kompensieren. Der Stolz der Soldaten über ihre diesbezüglichen »Leistungen« drückte sich u. a. in eingehenden Beschreibungen der Massenexekutionen und in Beilage entsprechender Photos in Heimatbriefen aus[11]. Die auffordernde Frage seiner Kameraden: »Gehst' mit Juden erschießen?[12]«, mit der der Wiener Franz H. zu seiner Verwunderung empfangen wurde, als er von einem Heimaturlaub im Oktober 1941 zu seiner Nachrichtenkompanie in Belgrad zurückgekehrt war, deutet nicht gerade darauf hin, daß die Judenerschießungen bei den daran beteiligten Soldaten generell tiefe Betroffenheit ausgelöst hätten ...

Andere Soldaten schwiegen und versuchten dadurch ihr Entsetzen zu verbergen. Heute auf ihre Teilnahme bei Judenerschießungen angesprochen, rechtfertigen sich ehemalige Wehrmachtangehörige dennoch unisono mit Hinweisen auf den »harten Partisanenkampf, der eben zu Grausamkeiten auf beiden Seiten geführt hat«.

Der aus Linz stammende ehemalige Angehörige der 3. Kompanie des ANR 521, A. A.[13], der nach eigenen, nicht verifizierbaren Angaben lediglich Absperrposten bei zwei Judenerschießungen — nach dem Partisanenüberfall auf Wehrmachtsoldaten bei Topola — gewesen war, behauptet, er und auch andere Kameraden der Kompanie hätten die Judenerschießungen »innerlich abgelehnt«, aber untereinander niemals mehr darüber gesprochen. Auf meine erstaunte Bemerkung, ich könne zwar nachvollziehen, daß er es als Gefreiter nicht gewagt hatte, bei seinem Vorgesetzten gegen die Judenerschießungen zu protestieren, es sei mir aber unverständlich, warum die an den Erschießungen beteilig-

---

[10] Landesschützeneinheiten stellten u. a auch die Wachmannschaften im Konzentrationslager von Niš, in dem Juden und partisanenverdächtige Personen gefangengehalten und bei Bedarf als Geiseln erschossen wurden (BA-MA, RH 53—18/378, Bericht des Gefreiten Willi Schätzer, 1./920, über den Dienst im Konzentrationslager Niš, 25. 6. 1942).

[11] Trotz der von Böhmes Stabschef Pemsel angedrohten hohen Strafen wurde diese private Kriegsberichterstattung von den Wehrmachtsoldaten weiter praktiziert. Im Dezember 1941 sah sich der Stabschef des nunmehrigen Befehlshabers in Serbien abermals gezwungen, seine Truppen auf das Photographierverbot hinzuweisen und gleichzeitig die Abgabe bereits gemachter Aufnahmen inklusive der Negative einzufordern (ebd., RH 26—104/52, Befehl betr.: Photographieren der Vollstreckung von Urteilen durch standrechtliche Erschießung, 15. 12. 1941).

[12] ZStL, 503 AR-Z 2/66, Vorermittlungen gegen Walter L., Zeugenaussage Franz H.

[13] Die Initialen wurden auf ausdrücklichen Wunsch des Interviewten geändert.

ten Soldaten über diese »Aktionen« nicht einmal untereinander sprachen, entspann sich folgender Dialog:

»Autor: Ich bin nicht so naiv, zu denken, daß es (von Angehörigen des Exekutionskommandos gegenüber dem Kompaniechef — W. M.) einen Protest gegeben hätte, aber zumindest eine Diskussion untereinander ...?
A. A.: Schauen Sie, ein jeder will überleben. Und jeder war froh, daß er bei dieser Einheit ist. Also das muß man hier auch einmal aussprechen.
Autor: Also besser in Serbien als in Rußland?
A. A.: Das war ja fast eine Lebensversicherung. Und da wollte man auch nicht riskieren, daß man dann plötzlich irgendwo bei der Infanterie landet — in Rußland, bei einer Strafkompanie vielleicht.
Autor: Das Hemd war einem näher als der Rock?
A. A.: Ganz sicher[14].«

Dieser Dialog illustriert, daß von dieser Seite kaum eine Stockung im reibungslosen Ablauf der blutigen Vergeltungspolitik zu befürchten war. Ihre »Lebensversicherung« riskierten die Soldaten wegen der Juden, Zigeuner und Serben nicht. Daher wagten sie keine Kritik gegenüber Vorgesetzten, schien ihnen die Weigerung, an den Exekutionen teilzunehmen, schon als zu hohes Risiko, brachten sie nicht einmal den Mut auf, darüber zu sprechen — aus berechtigter oder unberechtigter Angst, von Kameraden denunziert oder etwa strafversetzt zu werden, wenn sie Zweifel an der Rechtmäßigkeit von Judenerschießungen geäußert hätten[15].

Die deutschen Besatzer in Serbien waren sich vollkommen darüber im klaren, daß die Geiselerschießungen nur als Vorwand für die Liquidierung der Juden dienten. Während sie sich im offiziellen Schriftverkehr aber strikt an die übliche, euphemistische Sprachregelung hielten, nannte der Chef der Militärverwaltung, Harald Turner, in einem vertraulichen Privatbrief an seinen Freund, SS-Gruppenführer Richard Hildebrandt, die Sache beim richtigen Namen, indem er darauf verwies, daß sich »die Judenfrage auf diese Weise am schnellsten«[16] löst.

Anregungen für eine solche Lösung waren zuvor schon aus Berlin gekommen: Anfang September 1941 hatte Eichmann in einem Telefongespräch mit Legationsrat Rademacher in Berlin die Erschießung der serbischen Juden vorgeschlagen. Diese Option wurde von Rademacher und seinem Vorgesetzten, Unterstaatssekretär Luther, aufgegriffen, als »Geiselaktion« deklariert und dem Gesandten Benzler nach Belgrad übermittelt[17].

---

[14] Interview mit A. A., 22. 2. 1990.
[15] Die Legende, den Soldaten hätte bei einer Weigerung, an Exekutionen teilzunehmen, die Erschießung gedroht, entbehrt jeder Grundlage. Auch der oftmals zitierte »Fall Schulz« erweist sich als Schimäre: In internationalen Medien wurde berichtet, daß der Gefreite Josef Schulz am 20. Juli 1941 im serbischen Städtchen Smederevska Palanka gemeinsam mit 16 Partisanen von einem Exekutionskommando der 714. Division erschossen worden wäre, nachdem er sich geweigert hätte, an der Partisanenerschießung teilzunehmen. Eine auf Anregung der Zentralen Stelle in Ludwigsburg erstellte Expertise des Bundesarchiv-Militärarchiv Freiburg ergab, daß Josef Schulz schon am Tag vor der Exekution der 16 Partisanen bei einem Feuergefecht mit Partisanen tödlich verwundet worden war (die Expertise ist auszugsweise abgedruckt in Heiner Lichtenstein, Himmlers grüne Helfer. Die Schutz- und Ordnungspolizei im »Dritten Reich«, Köln 1990).
[16] NO-Dokument 5810, Brief Turners an Hildebrandt, 17. 10. 1941.
[17] »Die in Lagern zusammengefaßten Juden müssen eben als Geiseln für das Wohlverhalten ihrer Rassegenossen dienen« (PA-AA, Inland IIg, Fernschreiben Luthers an Benzler vom 16. 9. 1941).

Als Benzler danach mehrmals auf die Deportation der serbischen Juden drängte, sah sich Luther Anfang Oktober 1941 gezwungen, die Sache an Außenminister Ribbentrop heranzutragen, nicht ohne sich verärgert über die Begriffsstutzigkeit des Militärbefehlshabers zu mokieren und darauf hinzuweisen, daß in anderen Gebieten »andere Militärbefehlshaber mit einer wesentlich größeren Anzahl von Juden fertig geworden (sind) ohne überhaupt darüber zu reden[18].« Luthers Beschwerde über General Böhme war unberechtigt, denn dieser hatte sich bereits zwei Wochen nach seiner Einsetzung als Befehlshaber in Serbien zur Erschießung der Juden entschlossen. In keinem anderen besetzten Land war der Entscheidungsprozeß zur Vernichtung der Juden in solch rasantem Tempo vor sich gegangen. Böhme hatte bei seiner Bestellung zum Bevollmächtigten Kommandierenden General in Serbien die Befehlsgewalt nicht nur über die dort stationierten Truppen, sondern auch über alle anderen deutschen Besatzungsorgane übernommen. Er allein entschied über die Methoden zur Niederschlagung des Aufstandes. Ohne seine Zustimmung konnten weder der deutsche Gesandte noch die Vertreter der Wirtschafts-, Polizei- oder Militärverwaltungsbehörden Entscheidungen treffen oder in Bereichen tätig werden, die direkt oder auch nur indirekt mit der Bekämpfung des Partisanenaufstandes zu tun hatten. Unmittelbar nach Böhmes Ankunft in Belgrad waren Benzler und Turner an ihn herangetreten und hatten auf eine baldige »Lösung der Judenfrage« gedrängt[19]. In einem persönlichen Schreiben an den Außenminister hatte Benzler versucht, seinem Ansuchen um Deportation der serbischen Juden zusätzlich Nachdruck zu verleihen, indem er darauf hinwies, Böhme und Danckelmann hätten ihn »erneut nachdrücklichst gebeten, auch in ihrem Namen möglichst sofortige Abschiebung der Juden außer Landes zu erwirken[20].«
Doch noch ehe eine Antwort aus Berlin eingetroffen war, hatte Böhme von sich aus die Entscheidung zur Ermordung der Juden gefällt. Als Grundlage dienten ihm zwei Befehle seiner Berliner Vorgesetzten: Hitlers Führerweisung Nr. 31a vom 16. September 1941, die den Auftrag enthielt, »auf weite Sicht im Gesamtraum mit den schärfsten Mitteln die Ordnung wiederherzustellen«[21]; und der Befehl des OKW-Chefs Keitel vom selben Tag, in dem dieser angeordnet hatte: »Als Sühne für ein deutsches Soldatenleben muß in diesen Fällen im allgemeinen die Todesstrafe für 50—100 Kommunisten als angemessen gelten«[22], wobei Keitel wenige Tage später die Gruppe der Opfer noch um »nationalistische« und »bürgerlich-demokratische« Geiseln erweiterte[23].
Weder bei Hitler noch bei Keitel war von »Juden« die Rede gewesen. Doch eingebettet in das Klima des propagierten »Weltanschauungskrieges« genügten diese Befehle der Wehrmachtzentrale, um vor Ort daraus eigene Schlüsse zu ziehen und den Prozeß der »Endlösung der Judenfrage« in Serbien selbständig in Gang zu setzen.

---

[18] PA-AA, Inland IIg, Vortragsnotiz Luthers vom 2.10.1941.
[19] Höchstwahrscheinlich war auch der Chef von Sipo und SD, Fuchs, in dieser Richtung aktiv. Da keine Unterlagen der Dienststelle aus dem Jahre 1941 mehr vorhanden sind, läßt sich diese naheliegende Vermutung nicht durch Dokumente überprüfen.
[20] PA-AA, Inland IIg, Brief Benzlers an Ribbentrop vom 28.9.1941.
[21] Hitlers Weisungen für die Kriegführung 1939–1945, S. 149f.
[22] BA-MA, RH 26–104/14, Befehl Keitels vom 16.9.1941.
[23] Ebd., RH 24–18/213, OKW Keitel an OKH/Gen. Quart. und Wbf. Südost, 28.9.1941.

VI. Zusammenfassung und Schlußfolgerungen

Die Beseitigung der »jüdisch-bolschewistischen Zersetzer« war bereits zum integralen Bestandteil der Zielsetzungen der Wehrmacht geworden. Auch auf dem sowjetischen Kriegsschauplatz machten die Wehrmachtspitzen zumindest kein Hehl aus ihrem Einverständnis mit der Judenvernichtung; in einigen Fällen waren Wehrmachteinheiten bei Judenerschießungen der Einsatzkommandos sogar direkt involviert. Nach der Ermordung von mehr als 30 000 Juden durch die Einsatzgruppe C in der Schlucht von Babi Yar bei Kiew erließ Generalfeldmarschall von Reichenau — exakt an jenem Tag, an dem General Böhme die systematische Vernichtung der Juden in Serbien anordnete — den bereits erwähnten Tagesbefehl, der mit Zustimmung Hitlers als Muster an die Oberkommandos der Heeresgruppen und Armeen im Osten verteilt wurde. Reichenau bezeichnete darin den Feldzug gegen das »jüdisch-bolschewistische System« als die geschichtliche Aufgabe der Wehrmacht:

»Deshalb muß der Soldat für die Notwendigkeit der harten, aber gerechten Sühne am jüdischen Untermenschentum volles Verständnis haben. Sie hat den weiteren Zweck, Erhebungen im Rücken der Wehrmacht, die erfahrungsgemäß stets von Juden angezettelt wurden, im Keime zu ersticken[24].«

Streit interpretiert Reichenaus Befehl als Zeichen für Hitler, »daß das Heer für weitergehende Forderungen reif war[25].«

Böhmes Befehl zeigte Hitler, daß das Heer nicht nur reif, sondern schon von sich aus bei der Vernichtung der Juden aktiv geworden war.

Protest gegen diese Mordpolitik regte sich seitens des OKW nur einmal: als nach den hemmungslosen Massenmorden in Kraljevo und Kragujevac das eigentliche Ziel der »Befriedung« Serbiens — die Ausbeutung der Ressourcen und Arbeitskräfte des Landes für die Zwecke der deutschen Kriegswirtschaft — in Gefahr geriet. Da befahl das OKW, zu einer gezielteren Auswahl der Geiseln überzugehen. Um keine Mißverständnisse aufkommen zu lassen, stellte Militärverwaltungschef Turner allerdings sofort klar, daß Juden und Zigeuner von diesen neuen Kriterien ausgenommen blieben[26].

General Böhme war sicher nicht mit dem Vorsatz nach Serbien gekommen, die dort lebenden Juden zu vernichten. Erst die konkreten Umstände, d.h. die Suche nach einem geeigneten »Reservoir« an Geiseln, gekoppelt mit der Aussichtslosigkeit, die Juden nach dem Osten zu deportieren, ließen den deutschen Besatzungsorganen die Ermordung der Juden als eine ebenso praktische wie einfache Lösung erscheinen.

In der Holocaustforschung hat der Komplex »Endlösung der Judenfrage« auf theoretischer Ebene zu kontroversen Einschätzungen geführt. Die Rolle der Wehrmacht und der »Fall Serbien« blieben in der Diskussion allerdings weitgehend ausgeklammert. Gerade die Beleuchtung der Geschehnisse in Serbien kann aber zur Rekonstruktion der komplexen Genesis der »Endlösung der Judenfrage« und der Entschlußbildung neue, bisher wenig beachtete Aspekte hinzufügen.

Rekapitulieren wir kurz den Diskussions- und Forschungsstand:

Da ein schriftlicher Befehl zur »Endlösung der Judenfrage« höchstwahrscheinlich niemals gegeben wurde (zumindest aber mit Sicherheit nicht erhalten geblieben ist) und

---

[24] Zit. nach: »Gott mit uns«, S. 39f.
[25] Streit, Keine Kameraden, S. 117.
[26] NOKW-Dokument 802, Befehl Turner an sämtliche Kreis- und Feldkommandanturen, 26.10.1941.

eine mündliche Anordnung nicht zweifelsfrei bestätigt werden kann, entbrannte in den letzten Jahren in Wissenschaftskreisen eine heftige Diskussion um die Frage der Entschlußbildung und zeitlichen Fixierung der Entscheidung zur systematischen Vernichtung der Juden. In der Diskussion kristallisierten sich zwei Theorieansätze heraus, die scheinbar in unvereinbarem Gegensatz zueinander stehen[27]. Nach einer Begriffsprägung von Mason werden ihre jeweiligen Vertreter als Intentionalisten bzw. Funktionalisten bezeichnet[28].

Die Intentionalisten gehen — vereinfacht dargestellt — davon aus, die Vernichtung der Juden sei ein ideologischer Fixpunkt in Hitlers Programm gewesen, dessen Realisierung er bereits in »Mein Kampf« explizit angekündigt hatte und den er seit seiner Machtübernahme im Jahre 1933 auch planmäßig politisch umsetzte. Die Intentionalisten sehen die nationalsozialistische Judenpolitik — vom Boykott jüdischer Geschäfte im Jahre 1933 bis zur systematischen Tötung der Juden ab 1941 — als eine stufenweise praktische Umsetzung dieser ideologischen Zielsetzung Hitlers. Im Diskurs um die Entschlußbildung zur »Endlösung durch physische Vernichtung« und den zeitlichen Beginn der Massenvernichtung vertreten sie den Standpunkt, Hitler habe zwischen Frühjahr und Sommer 1941 möglicherweise in einem schriftlichen, wahrscheinlich aber nur mündlichen Befehl an Himmler, Heydrich oder Göring die systematische Vernichtung der europäischen Juden angeordnet.

Der intentionalistischen Theorie liegt implizit das Bild einer streng monokratischen Struktur nationalsozialistischer Herrschaft zugrunde: an der Spitze Hitler, der allein alle wesentlichen politischen Entscheidungen traf, wobei die Vertreter dieser Theorie seine Alleinschuld »zwar nicht expressis verbis behaupten, aber mitunter gedankenlos implizierten[29].«

Dieser im wesentlichen linearen, monokausalen Ableitung stellen die Funktionalisten die Theorie einer mehr oder weniger anarchischen Polykratie des NS-Machtapparates gegenüber, welche sich auch in der Judenpolitik gegen das »Führerprinzip« durchgesetzt habe. Uwe Dietrich Adam etwa meinte, daß »von einer geplanten und gelenkten Politik auf diesem Gebiet (der Judenpolitik — W. M.) nicht die Rede sein kann, daß ein Gesamtplan über Art, Inhalt und Umfang der Judenverfolgung niemals bestand und daß auch die Massentötung und Vernichtung mit größter Wahrscheinlichkeit von Hitler nicht a priori als politisches Ziel angestrebt wurde[30].«

Von einer Polykratie des nationalsozialistischen Systems ausgehend, kommen die Vertreter dieser Theorie zu dem Schluß, daß nicht notwendigerweise ein schriftlicher oder mündlicher Geheimbefehl Hitlers zur Judenvernichtung vorgelegen haben muß, viel-

---

[27] Im Jahre 1984 fand in Stuttgart ein Historikerkongreß statt, der ausschließlich dieser Kontroverse gewidmet war. Die Referate und Diskussionsbeiträge wurden veröffentlicht (Der Mord an den Juden im Zweiten Weltkrieg). Einen guten Überblick über die zentralen Punkte der Auseinandersetzung bietet darin der Beitrag von Saul Friedländer, Vom Antisemitismus zur Ausrottung.
[28] Mason, Intention and Explanation. A Current Controversy about the Interpretation of National Socialism, S. 23 ff.
[29] Broszat, Hitler und die Genesis der »Endlösung«, S. 745.
[30] Adam, Judenpolitik im Dritten Reich, S. 357.

VI. Zusammenfassung und Schlußfolgerungen

mehr der Entschluß zur »Endlösung« auch durch konkurrierende Bestrebungen unterschiedlicher zentraler NS-Instanzen zustandegekommen sein könnte.
Je nach Forschungsansatz setzen die Vertreter beider Positionen den Beginn der »Endlösung« zwischen März und Oktober 1941 an.
Martin Broszat und Hans Mommsen vertreten den Standpunkt, daß ein expliziter »Endlösungsbefehl«, von wem auch immer, wahrscheinlich niemals erteilt worden ist — eine These, die von anderen Forschern als beinahe ketzerisch gewertet wird. Mommsen spricht in Zusammenhang mit der Entschlußbildung zur Endlösung von einem Prozeß der »kumulativen Radikalisierung«, der mit Hitlers »Kommissarbefehl« vom März 1941 seinen Anfang genommen habe und sukzessive auf sämtliche Juden ausgedehnt worden sei[31]. Broszat wiederum meint, daß die Vernichtung der Juden auf »Improvisation« beruht habe. Durch die Kriegserfolge der Deutschen waren bis Sommer 1941 mehr als 12 Millionen Juden unter deutsche Herrschaft geraten, deren Deportation zu einem hoffnungslosen Unterfangen geworden wäre. Die »normative Kraft des Faktischen« ließ ihre Vernichtung als »einfachste« Lösung erscheinen. Als es im Spätherbst 1941 keine ausreichenden Aufnahmekapazitäten für Massendeportationen in Polen mehr gab, seien mit Billigung Hitlers verschiedenste Dienststellen des NS-Regimes aktiv geworden, um durch Vernichtungsaktionen die Zahl der Juden zumindest zu verringern[32]. Doch auch Broszat, der die polykratischen Strukturen des nationalsozialistischen Herrschaftssystems bislang am stärksten betonte, setzt eine Zustimmung Hitlers voraus, bevor die verschiedensten NS-Dienststellen mit der Judenvernichtung beginnen konnten[33].
In der ansonsten extrem kontrovers geführten Diskussion um die Frage nach Entschlußbildung und zeitlicher Fixierung der Entscheidung zur systematischen Vernichtung der Juden herrscht zwischen »Intentionalisten« und »Funktionalisten« in einem Punkt durchgehend Einigkeit: Die Entschlußbildung zur systematischen Ermordung der Juden kam ausschließlich »von oben«, es mußte ein Befehl oder eine Weisung von der NS-Spitze vorliegen, ehe man mit der Vernichtung vor Ort beginnen konnte.
Doch weder die intentionalistischen Theorieansätze noch jene der Funktionalisten vermögen die Entschlußbildung zur »Endlösung der Judenfrage« in Serbien adäquat zu erklä-

---

[31] »Mir scheint, daß mit Ausweitung des Kommissarbefehls auf die systematische Massenvernichtung jüdischer Bevölkerungsgruppen seit dem Juli und insbesondere im August und September 1941 auch der zugrunde liegende Führerbefehl gleichsam automatisch ausgedehnt worden ist auf die systematische Judenvernichtung« (Diskussionsbeitrag von Hans Mommsen, in: Der Mord an den Juden im Zweiten Weltkrieg, S. 191).

[32] »Mir scheint dagegen, daß es überhaupt keinen umfassenden Vernichtungsbefehl gegeben hat, das ›Programm‹ der Judenvernichtung sich vielmehr aus Einzelaktionen heraus bis zum Frühjahr 1942 allmählich institutionell und faktisch entwickelte und nach der Errichtung der Vernichtungslager in Polen [...] bestimmenden Charakter erhielt« (Broszat, Hitler und die Genesis der »Endlösung«, S. 753).

[33] »Daß der Führer an der Lösung der Judenfrage in stärkstem Maße interessiert war, dürfte wohl keinem prominenten Funktionär des NS-Regimes verborgen gewesen sein. Der Gedanke, so wichtige Entscheidungen wie die Maßnahmen zur Judenvernichtung könnten ohne Hitlers Billigung von irgendjemand 1941/42 selbstherrlich getroffen worden sein, geht an dieser Grundtatsache ebenso vorbei wie an dem realen Verfassungszustand des ›Hitler-Staates‹ in dieser Zeit« Ebd., (S. 756f.).

ren. Denn der erste Schritt in diese Richtung war hier weder von der Existenz eines umfassenden Judenvernichtungsbefehles noch von der Zustimmung Hitlers zur systematischen Ermordung der Juden abhängig gewesen. Im Mikrokosmos Serbien wurde bei der »Endlösung der Judenfrage« sowohl das hierarchische Führerprinzip (Intentionalisten) als auch der polykratische, dennoch zentral geleitete Entschlußbildungsprozeß (Funktionalisten) durch autonome Entscheidungen der Besatzer an der Peripherie durchbrochen. Zeitlich zwar parallel zum Entscheidungsprozeß der zentralen NS-Instanzen, aber von ihm unabhängig, faßten die deutschen Besatzungsorgane in Serbien autonom den Entschluß, mit der »Endlösung der Judenfrage« in ihrem regionalen Zuständigkeitsbereich zu beginnen. General Böhme brauchte dafür weder die Zustimmung seines unmittelbaren Vorgesetzten, noch die seines obersten Führers. Denn nicht nur den prominenten Funktionären des NS-Regimes, sondern auch Böhme war Hitlers Interesse an der »Lösung der Judenfrage« nicht verborgen geblieben. Dieses Interesse war 1941 so offensichtlich, daß sogar ein »kleiner« Wehrmachtgeneral, unabhängig von einem etwaigen »Endlösungsbefehl«, ohne ausdrücklichen Befehl — ja sogar ohne Rückfrage bei seinem Vorgesetzten — es wagen konnte, seinen Truppen die systematische Vernichtung der Juden zu befehlen. Serbien ist wohl das extremste Beispiel dafür, wieweit die »Antizipationsfähigkeit« bei der »Lösung der Judenfrage« im Herbst 1941 auf Wehrmachtebene fortgeschritten war.

Diese theoretische Schlußfolgerung steht im Gegensatz zu Brownings Einschätzung. Browning kommt zwar ebenso zu der Erkenntnis, daß die Wehrmacht in Serbien selbständig die Entscheidung zur Ermordung der erwachsenen männlichen Juden gefällt hat. Da aber auch er sich von der Suche nach einer »Endlösungsentscheidung im Zentrum« nicht trennen konnte[34], bezeichnet er die Ermordung der männlichen Juden nur als »Vorstufe zur Endlösung«[35]. Im Gegensatz zu Browning komme ich — ebenso wie Messerschmidt — zum Schluß: »An den männlichen Juden (in Serbien — W.M.) ist hier um diese Zeit die ›Endlösung‹ vorgenommen worden[36].«

Das Resultat dieser Untersuchung stellt damit das Paradigma einer Entschlußbildung innerhalb der zentralen NS-Instanzen als notwendige Voraussetzung für die praktische Durchführung der systematischen Judenvernichtung vor Ort in Frage.

Das im NS-System typische institutionelle Chaos gab es auch in Serbien. Ein Nebeneinander einzelner Dienststellen, deren Aufgaben und Kompetenzen sich überschnitten und niemals eindeutig geregelt wurden, war beständiger Anlaß zu oft verbissen geführten Konkurrenz- und Profilierungskämpfen zwischen den Besatzungsorganen[37]. Um so

---

[34] Browning vertritt die These, daß Hitler Ende Oktober oder spätestens Anfang November 1941 ein definitiver Plan zur »Endlösung« vorgelegen haben muß und »daß November 1941 der späteste annehmbare Termin für Hitlers Genehmigung der Endlösung ist« (Browning, Zur Genesis der »Endlösung«, S. 108).

[35] »They (die Wehrmacht — W.M.) found their way to the mass murder of Jews on their own, even before the Final Solution was underway« (ders., Fateful Months, S. 6).

[36] Messerschmidt, Harte Sühne am Judentum, S. 126.

[37] Ein anschauliches Beispiel einer solchen Auseinandersetzung war der erbittert geführte Machtkampf zwischen dem Verwaltungschef Turner und dem HSSPF Meyszner, der Ende 1942 mit der Versetzung Turners endete (siehe dazu Browning, Harald Turner und die Militärverwaltung in Serbien 1941—1942, S. 351 ff.).

VI. Zusammenfassung und Schlußfolgerungen

überraschender ist die nahtlose Ergänzung und friktionslose Kooperation der verschiedenen Besatzungsorgane bei der Judenvernichtung. Auf keinem anderen Schauplatz des Holocaust zogen alle Dienststellen so harmonisch an einem Strang. Das Motto aller Verantwortlichen lautete: die Juden müssen weg, egal wie.

Der Holocaust in Serbien war eine Gemeinschaftstat des gesamten Besatzungsregimes, wobei die unmittelbare Verantwortlichkeit der verschiedenen Besatzungsorgane wechselte. Die beteiligten Instanzen agierten geradezu idealtypisch als homogener Apparat, ein Rad griff in das andere, wodurch ein unglaublich reibungsloser Ablauf des Vernichtungsprozesses ermöglicht wurde. Wer in den verschiedenen Phasen der Verfolgung gerade federführend war — die Wehrmacht oder die Einsatzgruppe, die Militärverwaltung oder die Feldkommandanturen — hing im wesentlichen von der aktuellen Situation ab. Soweit allgemeine Anweisungen von den Berliner Zentralstellen überhaupt notwendig waren, wurden sie »vor Ort« sofort der aktuellen Lage angepaßt. Geradezu virtuos lösten sich dabei politische und militärische Besatzungsstellen bei der Vorherrschaft in der Judenpolitik ab, harmonierten und ergänzten sich auf so perfekte Art, daß sie an Effizienz kaum zu überbieten waren. Über das Ziel (»die Juden müssen weg!«), herrschte zwischen den Besatzungsorganen von Beginn an Einigkeit, und über die dafür anzuwendenden Mittel kam man in den konkreten Situationen jeweils rasch zu einem Konsens. In keinem einzigen Dokument, das sich mit dem Holocaust in Serbien befaßt, taucht in dieser Frage auch nur die Andeutung eines Konfliktes zwischen den nationalsozialistischen Besatzern auf.

Raul Hilberg stellte einmal entsetzt die rethorische Frage:

»War diese Bereitschaft (zur systematischen Ermordung der Juden — W. M.) auch ohne Ansage oder Weisung (von Hitler — W. M.) bei der Reichsbahn, bei der Wehrmacht, bei den Parteistellen, bei den Kreisleitern, überall schon so weit fortgeschritten, daß man überhaupt keine Befehle mehr benötigte[38]?«

Zumindest für die Wehrmachtführung in Serbien müssen wir diese Frage zweifelsfrei mit »Ja« beantworten.

Mit Hilfe der Wehrmacht war in Serbien die Judenvernichtung schon im Frühjahr 1942 mit der Vergasung der Frauen und Kinder endgültig abgeschlossen — zu einem Zeitpunkt, als die erste Phase der fabrikmäßigen Vergasungen der europäischen Juden in Belzec, Sobibor und Treblinka (»Aktion Reinhard« unter der Leitung von Odilo Globocnik) gerade erst im Anlaufen war. Nach der Ermordung der estnischen Juden durch das Einsatzkommando A war Serbien somit das zweite Land, in dem die »Endlösung der Judenfrage« abgeschlossen war. Als im August 1942 General Löhr als Wehrmachtbefehlshaber Südost in Saloniki eingesetzt wurde, berichtete ihm der Chef der Militärverwaltung in Serbien, SS-Gruppenführer Harald Turner, stolz:

»... Judenfrage, ebenso wie die Zigeunerfrage völlig liquidiert. Serbien einziges Land, in dem Judenfrage und Zigeunerfrage gelöst[39].«

---

[38] Diskussionsbeitrag von Raul Hilberg in: Der Mord an den Juden im Zweiten Weltkrieg, S. 187.
[39] NOKW-Dokument 1486, Vortrag des Chefs der Militärverwaltung, SS-Gruppenführer Harald Turner, beim Wehrmachtbefehlshaber Südost, General Löhr, 29. 8. 1942.

Quellen- und Literaturverzeichnis

Quellen

Bundesarchiv Koblenz (BA-K)
Polizeidienststellen in den besetzten und eingegliederten Gebieten
R 70 Jugoslawien/33
All. Proz. 6 (Eichmann Prozeß)
Persönlicher Stab Reichsführer SS
NS 19/1730
Generalbevollmächtigter für die serbische Wirtschaft
R 26 VI/602, 682
Reichssicherheitshauptamt
R 58/841

Bundesarchiv-Militärarchiv Freiburg (BA-MA)
Heeressanitätsinspektion
  H 20/293
Oberkommando Heeresgruppe F (OB Südost)
  RH 19 XI/81
Armeeoberkommando 12
  RH 20-12/121
Befehlshaber im Heeresgebiet Süd
  RH 22/155a
Generalkommando XVIII. Gebirgs-Armeekorps
  RH 24-18/23, 27, 64, 86, 87, 165—169, 212, 213
Generalkommando XXX. Armeekorps
  RH 24-30/270, 274—277
704. Infanterie-Division/104. Jäger-Division
  RH 26-104/14—16, 52
717. Infanterie-Division/117. Jäger-Division
  RH 26-117/3, 12, 15
718. Infanterie-Division/118. Jäger-Division
  RH 26-118/3
342. Infanterie-Division
  RH 26-342/8, 11, 13—16, 26, 102, 104, 105, 107
Deutscher General in Agram/Deutscher Bevollmächtigter General in Kroatien
  RH 31 III/2
Wehrkreiskommando XVIII
  RH 53-18/378
Oberste Truppenkommandobehörde der Luftwaffe
  RL 7/657
Oberkommando der Wehrmacht/Wehrmachtführungsstab/Propaganda-Abteilung »Südost« beim Militärbefehlshaber in Serbien
  RW 4/v.231
30. Armeekorps
  RW 24-30/277

Territorialbefehlshaber Südost-Europa
RW 40/5, 8, 11, 12, 14, 18, 20, 21, 23, 24, 32, 79, 187, 190

Politisches Archiv, Auswärtiges Amt Bonn (PA-AA)
Botschaft Belgrad, Judenangelegenheiten Bd 62/6
Büro Staatssekretär Jugoslawien
Inland II A/B (Juden in Jugoslawien 1936—43), Bd 65/4
Inland IIg, Bd 255

Institut für Zeitgeschichte München (IfZ München)
Anlagen zur Ausarbeitung eines Berichtes des Bundesarchiv Koblenz über Serbien
  MA 515
  MA 687

Berlin Document Center (BDC)
Akt Hans Rexeisen

Zentrale Stelle der Landesjustizverwaltungen Ludwigsburg (ZStL)

503 AR 706/66	503 AR 2656/67	503 AR-Z 36/76
503 AR 1256/61	503 AR 2670/67	503 AR-Z 115/74
503 AR 1756/69	503 AR-Z 2/1966	503 AR-Z 372/59
503 AR 12/62	503/AR-Z 54/66	
503 AR-Z 90/74	503 AR-Z 89/61	

Staatsanwaltschaft (StA) Hannover, 2 Js 299/60 Verfahren gegen Pradel et al.
Staatsanwaltschaft (StA) Stuttgart, 15 Js 85/67, Verfahren gegen Edgar Enge

Kriegsarchiv Wien (KA Wien)
Nachlaß Böhme, B/556, Karton 50
Nachlaß Löhr, B/521, folio 18, folio 29

Dokumentationsarchiv des Österreichischen Widerstandes (DÖW)
Akt 3609

Landesgericht Wien (LG Wien)
27b/8508/62, Vorerhebungen gegen Otto K., Karl G. und Robert H.
27e, Vr 2260/67, Verfahren gegen Herbert Andorfer

Archiv des Militärhistorischen Instituts Belgrad (AVJJ)

German Archive, 12-1-66	German Archive, 50-4-4
German Archive, 40-4-4	Nedić Archive 27-10/5-2

Jevrejski Istorijski Muzej Belgrade (Jüdisch-historisches Museum Belgrad, JIMB)
Bestand 21-1-1/20

Yad Vashem Archives (YVA)

O 1/309	O 10/12
O 3/3457	O 17/80

Centre de Documentation Juive Contemporaine Paris (CDJCP)
Bestand CCLI-59

National Archives Washington (NAW)
T 501- R-245/117
T 501- R-251/638

Interviews

Interview mit Johann Kerbler, 11.7.1988 und 11.8.1988
Interview mit Robert Kaliwoda, 18.7.1988
Interview mit Dr. Erich Adler, 22.11.1988
Interview mit A. A., 28.8.1989 und 22.2.1990
Interview mit Milo Dor, 11.12.1989
Brief von Herbert Andorfer an den Autor, 5.8.1993

Literatur

Adam, Uwe Dietrich, Judenpolitik im Dritten Reich, Düsseldorf 1972
Anderl, Gabriele und Manoschek, Walter, Gescheiterte Flucht. Der jüdische »Kladovo-Transport« auf dem Weg nach Palästina 1939—42, Wien 1993
Amery, Julian, Approach March — A Venture in Autobiography, London 1973
Anic, Nikola, The Armed Forces of the National Liberation Movement, in: War and Revolution in Yugoslavia, Beograd 1985, S. 88—115
Armstrong, Hamilton Fish, Tito und Goliat, Wels/Starnberg 1954
Bailey, William, British Policy Towards General Draža Mihailović, in: British Policy Towards Wartime Resistance in Yugoslavia and Greece, hrsg. von Phyllis Auty und Richard Clogg, London 1975 (= Studies in Russian and East European History, Bd 12), S. 59—90
Barker, Elisabeth, British Policy in South-East Europe in the Second World War, London 1976
Beer, Mathias, Die Entwicklung der Gaswagen beim Mord an den Juden, in: VfZG, 35 (1987) 3, S. 403—417
Bericht der internationalen Historikerkommission über Kurt Waldheim, in: Profil, 7, Beilage, Wien 1988
Birn, Ruth Bettina, Die Höheren SS- und Polizeiführer. Himmlers Vertreter im Reich und in den besetzten Gebieten, Düsseldorf 1986
Birn, Ruth Bettina, Austrian Higher SS and Police Leaders and their Participation in the Holocaust in the Balkans, in: Holocaust and Genocide Studies, 6 (1991) 4, S. 351—372
Böhme, Kurt Willi, Die deutschen Kriegsgefangenen in Jugoslawien 1941—1949, Bd 1/1, München 1962, Bd 1/2, München 1964
Borkenau, Franz, Der europäische Kommunismus. Seine Geschichte von 1917 bis zur Gegenwart, Bern 1952
Botz, Gerhard, Die Rolle der Wehrmacht im »Dritten Reich« und im Zweiten Weltkrieg, in: Geschichte und Verantwortung, hrsg. von Aurelius Freytag/Boris Marte/Thomas Stern, Wien 1988, S. 231—258
Botz, Gerhard, Österreich und die NS-Vergangenheit. Verdrängung, Pflichterfüllung, Geschichtsklitterung, in: Ist der Nationalsozialismus Geschichte? Zu Historisierung und Historikerstreit, hrsg. von Dan Diner, Frankfurt/Main 1987, S. 141—153
Brandes, Detlef, Großbritannien und seine osteuropäischen Alliierten 1939—1943. Die Regierungen Polens, der Tschechoslowakei und Jugoslawiens im Londoner Exil von Kriegsanbruch bis zur Konferenz von Theheran, München 1988
British Policy Towards Wartime Resistance in Yugoslavia and Greece, hrsg. von Phyllis Auty und Richard Clogg, London 1975 (= Studies in Russian and East European History, Bd 12)
Broszat, Martin, Hitler und die Genesis der »Endlösung«. Aus Anlaß der Thesen von David Irving, in: VfZG, 25, (1977) 4, S. 739—775
Brown, Alec, Mihailowitch and Yugoslav Resistance, London 1943
Browning, Christopher R., Fateful Months. Essays on the Emergence of the Final Solution, New York, London 1985

Browning, Christopher R., Harald Turner und die Militärverwaltung in Serbien 1941–1942, in: Verwaltung contra Menschenführung im Staat Hitlers, hrsg. von Dieter Rebentisch und Karl Teppe, Göttingen 1986

Browning, Christopher R., The Final Solution and the German Foreign Office, New York, London 1978

Browning, Christopher R., The Final Solution in Serbia. The Semlin Judenlager – A Case Study, in: Yad Vashem Studies, 15 (1983), S. 55–90

Browning, Christopher R., Wehrmacht Reprisal Policy and the Mass Murder of Jews in Serbia, in: MGM, 33, (1983) 1, S. 31–47

Browning, Christopher R., Zur Genesis der »Endlösung«. Eine Antwort an Martin Broszat, in: VfZG, 29 (1981) 1, S. 97–109

Buchheim, Hans, Die SS – das Herrschaftsinstrument. Befehl und Gehorsam, in: Anatomie des SS-Staates, hrsg. von Hans Buchheim, Martin Broszat, Hans Adolf Jacobsen, Helmut Krausnick, Bd 1, München 1984, S. 15–215

Buchner, Alex, Gebirgsjäger an allen Fronten. Berichte von den Kämpfen der deutschen und österreichischen Gebirgsdivisionen, Hannover 1954

Clissold, Stephen, Whirlwind. An Account on Marshal Tito's Rise to Power, New York 1949

The Collaboration of D. Mihailović Chetniks with the Enemy Forces of Occupation (1941–1944), hrsg. von Jovan Marjanovic, Belgrad 1976

Colloti, Enzo, Wirtschaftliche Eroberung und staatliche Zersplitterung – Voraussetzungen und Folgen des faschistischen Überfalls auf Jugoslawien, hrsg. von Akademie der Wissenschaften der DDR zu Berlin (= Bulletin des Arbeitskreises »Zweiter Weltkrieg«, 1, 1973)

The Crimes of the Fascist Occupants and Their Collaborators Against Jews in Yugoslavia, hrsg. von Zdenko Löwenthal, Belgrad 1957

Deakin, Frederick W.D., The Embattled Mountain, London 1971

Dedijer, Vladimir, Jasenovac – das jugoslawische Auschwitz und der Vatikan, Freiburg i. Br. 1988

Dedijer, Vladimir, Tito. Autorisierte Biographie, Berlin 1953

Diakow, Jaromir, Generaloberst Alexander Löhr. Ein Lebensbild, Freiburg i. Br. 1964

Djilas, Milovan, Der junge Revolutionär. Memoiren 1929–1941, Wien, München 1979

Djilas, Milovan, Der Krieg der Partisanen. Memoiren 1941–1945, Wien, München, Zürich, Innsbruck 1978

Documents on German Foreign Policy 1918–1945, Series D, Vol XII, The War Years, February 1–June 22, 1941, ed. by Her Majesty's Stationary Office, London 1962

Dokumentation der Vertreibung der Deutschen aus Ost-Mitteleuropa. Das Schicksal der Deutschen in Jugoslawien, Bd V, hrsg. vom Bundesministerium für Vertriebene, Flüchtlinge und Kriegsgeschädigte, bearb. von Theodor Schieder, München 1984

Dor, Milo, Auf dem falschen Dampfer, Wien 1988

Dor, Milo, Tote auf Urlaub, Stuttgart 1952

Die Ermordung der europäischen Juden. Eine umfassende Dokumentation des Holocaust 1941–1945, hrsg. von Peter Longerich, München, Zürich 1989

Erpenbeck, Dirk-Gerd, Serbien 1941. Deutsche Militärverwaltung und Serbischer Widerstand, Osnabrück 1976 (= Studien zur Militärgeschichte, Militärwissenschaft und Konfliktforschung, Bd 10)

Europa unterm Hakenkreuz. Die Okkupationspolitik des deutschen Faschismus in Jugoslawien, Griechenland und Albanien, Italien, Ungarn (1941–1945), Dokumentenedition, Bd 6, hrsg. vom Bundesarchiv, Berlin, Heidelberg 1992

Fall 7. Das Urteil im Geiselmordprozeß, gefällt am 19. Februar 1948 vom Militärgerichtshof V der Vereinigten Staaten von Amerika, hrsg. von Martin Zöller und Kasimierz Leszczynski Berlin 1965

Fall 12. Das Urteil gegen das Oberkommando der Wehrmacht, gefällt am 28. Oktober 1948 in Nürnberg vom Militärgerichtshof V der Vereinigten Staaten von Amerika, Berlin 1960

Förster, Jürgen, The Wehrmacht and the War of Extermination against the Soviet Union, in: Yad Vashem Studies, 14 (1981), S. 7–34

Freund, Florian, und Perz, Bertrand, Das KZ in der Serbenhalle. Zur Kriegsindustrie in Wiener Neustadt, Wien 1988 (= Industrie, Zwangsarbeit und Konzentrationslager in Österreich, Bd 1)

Fricke, Gert, Kroatien 1941—1945, Freiburg i. Br. 1972
Friedländer, Saul, Vom Antisemitismus zur Ausrottung, in: Der Mord an den Juden im Zweiten Weltkrieg. Entschlußbildung und Verwirklichung, hrsg. von Eberhard Jäckel und Jürgen Rohwer, Stuttgart 1985, S. 18—60
Ein General im Zwielicht. Die Erinnerungen Edmund Glaises von Horstenau, Bd 3: Deutscher Bevollmächtigter General in Kroatien und Zeuge des Untergangs des »Tausendjährigen Reiches«, eingel. und hrsg. von Peter Broucek, Wien, Köln, Graz 1988 (= Veröffentlichungen der Kommission für Neuere Geschichte Österreichs, Bd 76)
General Mihailovich. The World's Verdict. A selection of articles on the first resistance leader in Europe published in the world press, Gloucester 1947
Generaloberst Halder, Kriegstagebuch. Tägliche Aufzeichnungen des Chefs des Generalstabs des Heeres 1939—1942, Bd 2: Von der geplanten Landung in England bis zum Beginn des Ostfeldzuges (1.7.1940—21.6.1941), hrsg. vom Arbeitskreis für Wehrforschung, bearb. von Hans Adolf Jacobsen, Stuttgart 1963
Geyer, Michael, Krieg als Gesellschaftspolitik. Anmerkungen zu neueren Arbeiten über das Dritte Reich im Zweiten Weltkrieg, in: Archiv für Sozialgeschichte, Bd XXVI (1986), S. 557—601
Gilbert, Martin, Endlösung. Die Vertreibung und Vernichtung der Juden. Ein Atlas, Reinbek 1982
Glisić, Venceslav, Der Terror und die Verbrechen des faschistischen Deutschland in Serbien von 1941 bis 1944, phil. Diss., Berlin 1968
Glisić, Venceslav, Concentration Camps in Serbia (1941—1944), in: The Third Reich and Yugoslavia 1933—1945, Belgrad 1977, S. 691—715
»Gott mit uns«. Der deutsche Vernichtungskrieg im Osten 1939—1945, hrsg. von Ernst Klee und Willi Dreßen, Frankfurt a. M. 1989
Gschaider, Peter, Das österreichische Bundesheer 1938 und seine Überführung in die deutsche Wehrmacht, phil. Diss., Wien 1967
Haberl, Othmar Nikola, Die Emanzipation der KP Jugoslawiens von der Kontrolle der Komintern/KPdSU 1941—1945, München 1974 (= Untersuchungen zur Gegenwartskunde, Bd 8)
Herzog, Robert, Grundzüge der deutschen Besatzungsverwaltung in den ost- und südosteuropäischen Ländern während des zweiten Weltkrieges (= Studien des Instituts für Besatzungsfragen in Tübingen zu den deutschen Besetzungen im 2. Weltkrieg, Bd 4), Tübingen 1955
Hilberg, Raul, Die Aktion Reinhard, in: Der Mord an den Juden im Zweiten Weltkrieg, Entschlußbildung und Verwirklichung, hrsg. von Eberhard Jäckel und Jürgen Rohwer, Stuttgart 1985, S. 125—136
Hilberg, Raul, Die Vernichtung der europäischen Juden, Frankfurt a. M. 1991
Hilberg, Raul, und Söllner, Alfons, Das Schweigen zum Sprechen bringen. Über Konitnuität und Diskontinuität in der Holocaustforschung, in: Merkur, Deutsche Zeitschrift für europäisches Denken, 42 (1988) 7, S. 535—551
Hillgruber, Andreas, Die »Endlösung« und das deutsche Ostimperium als Kernstück des rassenideologischen Programms des Nationalsozialismus, in: VfZG, 20 (1972) 20, S. 133—153
Hitlers Weisungen für die Kriegführung 1939—1945. Dokumente des Oberkommandos der Wehrmacht, hrsg. von Walther Hubatsch, München 1965
Hory, Ladislaus, und Broszat, Martin, Der Kroatische Ustascha-Staat 1941—1945, Stuttgart 1964
International Military Tribunal, Trial of the Major War Criminals, Vol 1—15, Nuremberg 1947 ff.
Ivanovic, Jovan, Teror nad Jevrejima u Beogradu (Terror gegen die Juden in Belgrad), Beograd 1966, in: Godisnjak Grada Beograda, XIII (1966), S. 156—245
Ivanovic, Lazar, und Vukomanovic, Mladen, Dani Smrti na Sajmistu. Logor na Sajmistu 1941—1944 (Todestage in Sajmište. Das Lager in Sajmište 1941—1944), Novi Sad 1969
Ivkovic, Bozidar, Unistenje Jevreja i pljacka njihove imovine u Banatu 1941—44 (Die Vernichtung der Juden und die Plünderung ihres Eigentums im Banat 1941—1944), Belgrad 1967
Jäckel, Eberhard, Die Entschlußbildung als historisches Problem, in: Der Mord an den Juden im Zweiten Weltkrieg. Entschlußbildung und Verwirklichung, hrsg. von Eberhard Jäckel und Jürgen Rohwer, Stuttgart 1985, S. 9—17

Jacobsen, Hans Adolf, Kommissarbefehl und Massenexekutionen sowjetischer Kriegsgefangener, in: Anatomie des SS-Staates, hrsg. von Martin Broszat, Hans-Adolf Jacobsen und Helmut Krausnick, Bd 2, München 1967, S. 137—235

Jovanovic, Mara, »Wir packen, wir auspacken ...«, in: Zbornik 4, Beograd 1979, ed. by The Federation of Jewish Communities, S. 246—279

Jugoslawien im Zweiten Weltkrieg, hrsg. von Ahmet Donlagić, Zarko Atanackovic und Dusan Plenća, Belgrad 1967

Jukic, Ilija, The Fall of Yugoslavia, New York 1974

Kaltenegger, Roland, Schicksalsweg und Kampf der »Bergschuh«-Divison. Die Chronik der 7. Geb.-Div., vorm. 99. leichte Inf.-Div., Graz, Stuttgart 1985

Kazimirovic, Vasa, NDH u svetlu nemackih dokumenata i dnevnika Gleza fon Horstenau 1941—1944 (Der Ustascha-Staat im Lichte deutscher Dokumente und des Tagebuches von Glaise von Horstenau), Belgrad 1987

Kenrick, Donald, und Puxon, Grattan, Sinti und Roma — die Vernichtung eines Volkes im NS-Staat, Göttingen 1981

Knoll, Hans, Jugoslawien in Strategie und Politik der Alliierten 1940—1943, München 1986 (Südosteuropäische Arbeiten, Bd 82)

Kohl, Paul, »Ich wundere mich, daß ich noch lebe«. Sowjetische Augenzeugen berichten, Gütersloh 1990

Krausnick, Helmut, Hitlers Einsatzgruppen. Die Truppen des Weltanschauungskrieges 1938—1942, Frankfurt a.M. 1985

Krausnick, Helmut, und Wilhelm, Hans-Heinrich, Die Truppe des Weltanschauungskrieges. Die Einsatzgruppen der Sicherheitspolizei und des SD 1938—1942, Stuttgart 1981 (Quellen und Darstellungen zur Zeitgeschichte, Bd 22)

Kumm, Otto: Vorwärts »Prinz Eugen«. Geschichte der 7. SS-Freiwilligendivision »Prinz Eugen«, Osnabrück 1978

Lawrence, Christie, Irregular Adventure, London 1947

Manoschek, Walter, und Safrian, Hans, Österreicher in der Wehrmacht, in: NS-Herrschaft in Österreich 1938—1945, hrsg. von Emmerich Tálos, Ernst Hanisch und Wolfgang Neugebauer, Wien 1988 (Österreichische Texte zur Gesellschaftskritik, Bd 36), S. 331—360

Marjanović, Jovan, The German Occupation System in Serbia in 1941, in: Les systèmes d'occupation en Yougoslavie 1941—1945. Rapports au 3e Congrès international sur l'histoire de la Résistance européenne à Karlovy Vary, les 2—4 Septembre 1963, hrsg. vom Institute pour l'étude du mouvement ouvrir, bearb. von Petar Brajovic, Jovan Marjanovic und Franjo Tudman, Belgrad 1963, S. 263—301

Mason, Tim, Intention and Explanation. A Current Controversy about the Interpretation of National Socialism, in: Der »Führerstaat« Mythos und Realität. Studien zur Struktur und Politik des Dritten Reiches, hrsg. von Gerhard Hirschfeld und Lothar Kettenacker, Stuttgart 1981, S. 23—42

Matl, Josef, Jugoslawien im Zweiten Weltkrieg, in: Osteuropa-Handbuch, hrsg. von Werner Markert, Bd Jugoslawien, Köln, Graz 1954, S. 99—121

Messerschmidt, Manfred, Harte Sühne am Judentum. Befehlslage und Wissen in der Deutschen Wehrmacht, in: »Niemand war dabei und keiner hat's gewußt«. Die deutsche Öffentlichkeit und die Judenverfolgung 1933—45, hrsg. von Jörg Wollenberg, München, Zürich 1989, S. 113—129

Messerschmidt, Manfred, Rassistische Motivationen bei der Bekämpfung des Widerstandes in Serbien?, in: Faschismus und Rassismus. Kontroversen um Ideologie und Opfer, hrsg. von Werner Röhr, Berlin 1992, S. 317—341

Messerschmidt, Manfred, und Wüllner, Fritz, Die Wehrmachtjustiz im Dienste des Nationalsozialismus. Zerstörung einer Legende, Baden-Baden 1987

Michman, Joseph, Planning for the Final Solution Against the Background of Developments in Holland in 1941, in: Yad Vashem Studies, 17 (1986), S. 145—180

Milazzo, Matteo J., The Chetnik Movement and the Yugoslav Resistance, Baltimore/London 1975

Mommsen, Hans, Diskussionsbeiträge, in: Der Mord an den Juden im Zweiten Weltkrieg. Entschlußbildung und Verwirklichung, hrsg. von Eberhard Jäckel und Jürgen Rohwer, Stuttgart 1985, passim

Der Mord an den Juden im Zweiten Weltkrieg. Entschlußbildung und Verwirklichung, hrsg. von Eberhard Jäckel und Jürgen Rohwer, Stuttgart 1985

Moser, Jonny, Österreichs Juden unter der NS-Herrschaft, in: NS- Herrschaft in Österreich, hrsg. von Emmerich Tálos, Ernst Hanisch und Wolfgang Neugebauer, Wien 1988 (Österreichische Texte zur Gesellschaftskritik, Bd 36) S. 185—199

Müller, Klaus-Jürgen, Das Heer und Hitler. Armee und nationalsozialistisches Regime 1933—1940, Stuttgart 1969 (Beiträge zur Militär- und Kriegsgeschichte, Bd 10)

Müller, Norbert (Hrsg.) Deutsche Besatzungspolitik in der UdSSR, Köln 1980

Müller, Norbert, und Zöller, Martin, Okkupationsverbrechen der faschistischen Wehrmacht gegenüber der serbischen Bevölkerung im Herbst 1941, in: Zeitschrift für Militärgeschichte, 9 (1970) 6, S. 704—715

Nationalsozialistische Massentötungen durch Giftgas. Eine Dokumentation, hrsg. von Eugen Kogon, u.a., Frankfurt a.M. 1986

Neidhardt, Hanns, Mit Tanne und Eichenlaub. Kriegschronik der 100. Jäger-Division, vormals 100. leichte Infanterie-Division, Graz 1981

Neubacher, Hermann, Sonderauftrag Südost 1940—1945. Bericht eines fliegenden Diplomaten, 2., durchges. Aufl., Göttingen, Berlin, Frankfurt 1957

Ofer, Dalia, The Kladovo-Darien-Affair — Illegal Immigration to Palestine: Zionist Policy and European Exigencies, in: Vision and Conflict in the Holy Land, ed. by Richie Cohen, Jerusalem 1985, S. 218—245

Olshausen, Klaus, Zwischenspiel auf dem Balkan. Die deutsche Politik gegenüber Jugoslawien und Griechenland von März bis Juli 1941, Stuttgart 1973 (Beiträge zur Militär- und Kriegsgeschichte, Bd 14)

Perl, William, The Four-Front War, New York 1979

Pijade, Moscha, Das Märchen von der sowjetischen Hilfe, in: Neues Jugoslawien, 2 (1950)

Preradovich, Nikolaus v., Österreichs Höhere SS-Führer, Berg am See 1987

Rausch, Josef, Zur nationalserbischen Variante des bewaffneten Widerstandes im besetzten Serbien 1941—1943. Die Četnik-Bewegung Draža Mihailović, in: Österreichische Militärische Zeitschrift, 16 (1978) 4, S. 307—315

Rausch, Josef, Die jugoslawischen Exilregierungen und Jugoslawien 1941 bis Sommer 1943 unter besonderer Berücksichtigung der Bewegung Draža Mihailovićs, phil. Diss., Wien 1971

Rauschning, Hermann, Gespräche mit Hitler, Zürich, New York 1940

Rendulic, Lothar, Gekämpft — Gesiegt — Geschlagen, Wels, München 1957

Rendulic, Lothar, Soldat in stürzenden Reichen, München 1965

Report on the Crimes of Austria and the Austrians against Yugoslavia and her Peoples, Belgrade 1947

Roberts, Walter R., Tito, Mihailović and the Allies 1941—1945, New Brunswick/N.J. 1973

Romano, Jasa, Jevreji Jugoslavije 1941—1945. Zrtve Genocida i Ucesnici Narodnooslobidilackog Rata (Die Opfer des Genozids und die Phasen des Volksbefreiungskampfes), Belgrad 1980

Romano, Jasa, und Kadelburg, Lavoslav, The Third Reich: Initiator, Organizer and Executant of Anti-Jewish Measures and Genocide in Yugoslavia, in: The Third Reich and Yugoslavia, hrsg. vom Institut für Zeitgeschichte, Belgrad 1977, S. 670—690

Rootham, Jasper, Miss-Fire: The Chronicle of a British Mission to Mihailovich, 1943—1944, London 1946

Rullmann, Hans Peter, Krisenherd Balkan. Jugoslawien zerbricht, Hamburg 1989

»Schöne Zeiten«. Judenmord aus der Sicht der Täter und Gaffer, hrsg. von Ernst Klee, Willi, Dreßen und Volker Rieß, Frankfurt a.M. 1988

Schönfeld, Roland, Deutsche Rohstoffsicherungspolitik in Jugoslawien 1934—1944, in: VfZG, 3 (1976), S. 215—258

Schreiber, Gerhard, Stegemann, Bernd, Vogel, Detlef, Das Deutsche Reich und der Zweite Weltkrieg, Bd 3: Der Mittelmeerraum und Südost-Europa. Von der »non belligeranza« Italiens bis zum Kriegseintritt der Vereinigten Staaten, Stuttgart 1984

Schröder, Hans Jürgen, Deutsche Südosteuropapolitik 1929—1936. Zur Kontinuität deutscher Außenpolitik in der Weltwirtschaftskrise, in: Geschichte und Gesellschaft. Zeitschrift für historische Sozialwissenschaft, 1, (1976)

Schwartz, Thomas Alan, Die Begnadigung deutscher Kriegsverbrecher. John J. McCloy und die Häftlinge in Landsberg, in: VfZG, 38 (1990) 3, S. 375—414

Schumann, Wolfgang, Griff nach Südosteuropa, Berlin 1973

Selection from the Bibliography on the Liberation War and Revolution of Yugoslav Peoples, hrsg. von Dusan Zivkovic und Vlado Strugar, Belgrad 1965

Shelach, Menachem, Sajmište — An Extermination Camp in Serbia, in: Holocaust and Genocide Studies, 2 (1987), S. 243—260

Simic, Pero, Dokumente widerlegen Tito, in: Forum, 432 (1989), S. 44—61

Sperber, Manes, Wie eine Träne im Ozean, Wien 1982

Spiesz, Alfred, Müllers Konserven-Kommando, in: Profil, 34 (1989), S. 34—36

Streim, Alfred, Zur Eröffnung des allgemeinen Judenvernichtungsbefehls gegenüber den Einsatzgruppen, in: Der Mord an den Juden im Zweiten Weltkrieg. Entschlußbildung und Verwirklichung, hrsg. von Eberhard Jäckel und Jürgen Rohwer, Stuttgart 1985, S. 107—119

Streit, Christian, Keine Kameraden. Die Wehrmacht und die sowjetischen Kriegsgefangenen 1941—1945, Stuttgart 1978 (Studien zur Zeitgeschichte, Bd 13)

Strugar, Vlado, Der jugoslawische Volksbefreiungskrieg 1941 bis 1945, Berlin 1969

Sundhaussen, Holm, Jugoslawien, in: Dimension des Völkermordes. Die Zahl der jüdischen Opfer des Nationalsozialismus, hrsg. von Wolfgang Benz, München 1991, S. 311—330

Sundhaussen, Holm, Wirtschaftsgeschichte Kroatiens im nationalsozialistischen Großraum 1941—1945. Das Scheitern einer Ausbeutungsstrategie, Stuttgart 1983

Suppan, Arnold, Nachbarschaft zwischen Kooperation und Konfrontation. Politik, Wirtschaft, Minderheiten und Geschichtsbild in den bilateralen Beziehungen Österreichs und Jugoslaviens zwischen den beiden Weltkriegen (1920—1938), Bd 1—2, Habilitationsschrift, Wien 1984

Les systèmes d'occupation en Yugoslavie 1941—1945. Rapports au 3e Congrès international sur l'histoire de la Résistance européenne à Karlovy Vary, les 2—4 Septèmbre 1963, Belgrad 1963

Tessin, Georg, Verbände und Truppen der deutschen Wehrmacht und Waffen-SS im Zweiten Weltkrieg 1939—1945, Bd 12, Osnabrück 1975, Bd 13, Osnabrück 1976

The Third Reich and Yugoslavia, hrsg. vom Institut für Zeitgeschichte, Belgrad 1977

Tomasevich, Jozo, War and Revolution in Yugoslavia, 1941—1945. The Chetniks, Stanford 1975

Trials of War Criminals before the Nuremberg Military Tribunals under Control Council Law No. 10, Nuremberg, October 1946 — April 1949, Bd 1—15, Washington 1949 ff.

Tuider, Othmar, Die Wehrkreise XVII und XVIII 1938—1945, (Militärhistorische Schriftenreihe, 30, 1975), S. 5—32

Die unheilige Allianz. Stalins Briefwechsel mit Churchill 1941—1945, hrsg. von Manfred Rexin, Reinbek 1964

Vauhnik, Vladimir, Memoiren eines Militärattachés, Klagenfurt 1967

Vogel, Detlef, Deutschland und Südosteuropa. Von politisch-wirtschaftlicher Einflußnahme zur offenen Gewaltanwendung und Unterdrückung, in: Der Zweite Weltkrieg. Analysen, Grundzüge, Forschungsbilanz, hrsg. von Wolfgang Michalka, München, Zürich 1989, S. 532—550

Wallach, Jehuda L., Der befleckte Waffenrock, (Jahrbuch des Instituts für Deutsche Geschichte, Bd XIV) Tel Aviv 1985, S. 385—391

War and Revolution in Yugoslavia 1941—1945, Belgrad 1985

Wehler, Hans-Ulrich, »Reichsfestung Belgrad«, in: VfZG, 11 (1963)1, S. 72—84

Wheeler, Marc C., Britain and the War for Yugoslavia, 1940—1943 (East European Monographs, Bd LXIV), New York 1980

Wiener, Friedrich, Partisanenkampf am Balkan. Die Rolle des Partisanenkampfes in der jugoslawischen Landesverteidigung, (Truppendienst-Taschenbücher Bd 26), Wien 1976

Wistrich, Robert, Wer war wer im Dritten Reich?, Frankfurt a.M. 1987

Witek, Hans: »Arisierungen« in Wien. Aspekte nationalsozialistischer Enteignungspolitik 1938—1940, in: NS-Herrschaft in Österreich 1938—1945, hrsg. von Emmerich Tálos, Ernst Hanisch und Wolfgang Neugebauer, Wien 1988 (Österreichische Texte zur Gesellschaftskritik, Bd 36), S. 199—216

Yugoslavia and the Soviet Union 1939—1973. A Documentary Survey, hrsg. von Stephen Clissold, London 1975

Zapantis, Andrew L., Hitler's Balkan Campain and the Invasion of the USSR, New York 1987

Zayas, A.M. de, Die Wehrmachtsuntersuchungsstelle, Stuttgart 1979

Zbornik dokumenata i podataka o Narodno-oslobodilackom ratu jugoslovenskih naroda (Dokumente und Informationen zum Befreiungskrieg des jugoslawischen Volkes), Reihe I, Bd 1, Belgrad, o.D.

Zivkovic, Nikola, Grada o Pljacki Jevrejske Imovine u rbiji i Banatu za Vreme Drugog Svetskog Rata (Die Plünderung jüdischen Eigentums in Serbien und im Banat während des Zweiten Weltkrieges), in: Zbornik 3, hrsg. von The Federation of Jewish Communities Zbornik, Belgrad 1975, S. 277—284

Ortsregister

Adzine-Livade 161
Agram 22—24, 29, 68, 186
Albanien 17, 112
Arad 18
Athen 50, 131
Avala 87f., 90, 179f.

Babi Yar 191
Balkan 12, 20f., 23—25, 27, 29f., 42, 45f., 50, 112, 114, 119, 122, 128, 131, 151
Banat 8, 20, 26f., 31, 38, 87, 103, 114, 181
Banjica 44
Baranja 27
Batschka 20, 27, 114
Belgrad 8f., 12, 17—19, 22, 25—27, 34—39, 43—46, 55—58, 62, 65f., 69, 75, 78—82, 84, 87—92, 97—101, 104—107, 112, 123, 125f., 133, 147, 150, 155, 159f., 165, 170, 174—182, 188—190
Belzec 195
Berchtesgaden 24
Berlin 12, 34, 44, 62, 105—107, 131, 169—171, 173f., 178, 181, 183, 189f., 195
Bor 28
Bosnien 20, 111f., 114, 123, 134, 151, 153
Bruck/Leitha 29
Bulgarien 15, 17, 19f., 110, 113

Čačak 52, 80, 96, 112, 139, 142, 148, 150, 155, 159
Cer-Gebirge 58, 60, 69, 71f., 75, 77, 92, 139
Chełmno 172
Coventry 19

Dalmatien 25, 114, 153
Danzig 62
Deutschland 15—18, 22, 27, 30, 33f., 65, 76, 102f., 116, 127, 172, 174, 181, 183
Donau 26—28, 62, 103
Donji Dobrić 31
Draginac 73
Drina 58

Erdeca 161

Frankreich 37, 42, 56, 80, 128, 185

Generalgouvernement 103, 185
Gorni Milanovac 147f., 158—160, 164
Graz 18
Griechenland 11, 15, 17, 19f., 23—25, 29f., 41, 55f., 80, 82, 88, 110
Groznice 161

Haifa 96
Hamburg 183
Herzegowina 20, 112, 114, 134, 152
Holland 23, 37

Innsbruck 29, 92, 175
Istanbul 133
Italien 16, 20, 22f., 27, 183

Jabuka 82, 101
Jadar 73
Jarak 64, 66
Javorak-Gebirge 72
Jugoslawien 7, 13, 15—21, 23f., 26, 28, 30f., 41, 58, 62, 110—112, 114f., 117, 122—127, 129, 155, 175

Kärnten 19, 21, 25, 153
Kairo 133
Kalinovic 153
Kiew 191
Kladovo 62f., 65, 91f., 94, 96, 181, 187
Klagenfurt 176
Klenak 64f., 93
Korfu 113
Kovin 88
Kragujevac 9, 30, 80, 96, 140, 150, 155, 158—162, 164, 187, 191
Kraljevo 9, 139—141, 148, 150, 155—160, 165, 187, 191
Kreta 20f., 80
Kroatien 11, 20, 22f., 25f., 28—30, 58, 60, 68, 114f., 120, 151, 153, 176
Krupanj 72f., 124, 135, 137, 139
Kruševac 140, 158

Langwasser 24
Lepenica 162
Lienz 158
Linz 175, 188
London 129, 131, 144, 148, 151f.
Lošnica 75, 90, 135, 137

Mačva 68, 77
Majdanpek 38
Mala Pcelica 161
Marburg (Maribor) 175
Mazedonien 26, 112f.
Milanovac 141
Minsk 172
Mionica 147

Mitrovica 30
Mönichkirchen/Steiermark 19, 21 f.
Mogilew 172
Montenegro 112—115, 123 f., 151 f.
Moskau 18, 117, 119, 122 f., 126—131, 145
München 183
Münchendorf 18

Niš 30, 48 f., 88

Obrenovac 84
Österreich 12, 23—26, 29 f., 56, 59, 62, 65, 80, 94, 102, 168
Österreich-Ungarn 7, 59

Palästina 26, 62, 95 f., 114
Pančevo 31, 87, 88, 101
Paris 24, 37, 122
Polen 7 f., 40—42, 48, 80, 182, 186, 193
Poltawa 172
Požega 143, 150
Prag 112
Prnjavor 73

Ravna Gora 111, 152
Riga 172
Rotterdam 19
Rumänien 18, 103, 174, 177
Rußland 34, 89, 103, 186, 189

Šabac 8, 26, 38, 56—79, 84, 90—96, 137, 175, 181, 187
Sachsenhausen (KZ) 172
Sajmište (Semlin) 12, 69, 169 f., 172—174, 176—178, 180—183
Saloniki 20, 28, 106, 112 f., 141, 195
Salzburg 91, 175, 183
Sandžak 114
Save 58, 61 f., 65, 67, 69, 93 f., 179
Save-Drina-Dreieck 57 f., 67, 69—71, 74 f., 77, 93, 136 f., 139
Schwarzes Meer 26 f., 62
Schweden 183
Schweiz 183
Seekirchen a. Wallersee 91
Semmering 20
Serbien 7—9, 11—13, 21, 23—26, 28—30, 33—35, 37, 60—69, 71, 73 f., 76, 80, 82—86, 88, 96, 101—115, 117—125, 128—136, 141 f., 144, 147, 149—153, 155 f., 158, 161, 165—171, 173, 175, 183, 185—195
Siebenbürgen 27
Slowenien 20
Sobibor 195
Sofia 112
Sowjetunion 7—9, 15, 18, 21, 30, 35, 41—43, 110, 117, 122 f., 125—127, 129 f., 153, 171 f., 185—187
Sremska Mitrovica 58, 60, 66—70, 72, 92—94
Stanovijaner-Feld 162
Steiermark 19, 21, 24
Strobel a. Wolfgangsee 159
Sudetenland 80
Syrmien 59, 74

Tas-Majdan 35
Teesendorf 30
Thrazien 20
Tiflis 130
Toplica 113
Topola 9, 79 f., 84, 86, 90—92, 95—97, 101, 105, 107
Topovske Šupe 43, 91, 98, 101
Treblinka 195
Tresnjevik 161
Tschechoslowakei 62
Türkei 16

Ungarn 20, 113
Užice 50, 52, 80, 96, 124, 136, 139, 141—145, 147 f., 150, 155
Uzveze 71

Valjevo 9, 52, 96 f., 107, 147, 150, 160
Venezuela 183
Villach 175 f.
Viciste 161
Völkermarkt 30, 158

Warschau 19
Westfalen 80
Wien 18, 20, 24 f., 27, 44, 62, 80, 94—96, 98
Wien-Apang 18
Wiener Neustadt 18, 21, 25

Zagreb (Agram) 19, 129, 175
Zasavica 9, 66—69, 91, 93 f.
Zwölfaxing 18

Personenregister

Aćimović, Milan 33, 43, 50, 111
Adam, Uwe Dietrich 192
Adler, Erich 36
Aldrian, Eduard 25
Aleksica, Nikola 161
Alexander, König von Jugoslawien 59
Almuzlino, Haim 44
Andorfer, Herbert 174—181, 183
Angelis, Maximilian de 24f.

Bader, Paul 28f., 133f.
Bente, Karl 88
Benzler, Felix 26, 29, 53, 103—105, 132, 170, 172, 189f.
Bischofshausen, Günther Freiherr von 161f.
Blobel, Paul 182
Böhme, Franz 8f., 12f., 20, 24f., 28, 55—61, 64, 66—72, 74—77, 79f., 83—86, 88, 90f., 94, 96f., 104—106, 108, 136, 138, 142, 147—150, 152, 155f., 158—160, 164—168, 171, 175, 186f., 190f., 194
Bothmer, Freiherr Karl von 48f.
Botz, Gerhard 11
Brauchitsch, Walther von 40
Broszat, Martin 193
Browning Christopher R. 8, 13, 170, 194
Brunn 66

Churchill, Winston 117, 128
Ciano, Galeazzo 20
Cvetković, Dragiša 7, 15f.

Danckelmann, Heinrich 8, 28, 48f., 79, 88, 104, 134, 190
Desch, Otto 155
Diakow, Jaromir 20
Djilas, Milovan 123, 125, 151
Djurić, Radomir 119, 140
Duvigneau, Wilhelm 90

Eden, Anthony 17, 120
Egger, Franz 159
Eglseer, Karl 25
Eichmann, Adolf 102f., 105f., 189
Enge, Edgar 89, 177, 180, 183
Eugen, Prinz von Savoyen 27, 34

Faninger, Renatus von 76
Faulmüller, Hans-Georg 84, 90
Fink, Dorothea 95, 181
Fink, Walter 166, 181
Fleming, Gerald 9

Förster, Jürgen 9
Fuchs, Wilhelm 8, 29, 39, 79, 84, 86, 107, 170, 172f., 175f.

Gasser, Alois 88
Glaise von Horstenau, Edmund 22—25, 28f., 50, 58—60, 68f., 150, 167, 186
Globocnik, Odilo 195
Göring, Hermann 20, 29, 40, 192
Götz, Wilhelm 174, 183
Gorkić, Milan 122
Gravenhorst, Erich 29, 50f.

Hahn, Hansi 95f.
Halder, Franz 41f.
Hau, Johann 89
Hecht, Anna 65, 92, 95
Hecht, Siegfried 65
Helm, Hans 21, 34
Heydrich, Reinhard 29, 40f., 47, 49, 51, 105, 169, 171f., 174, 186, 192
Hilberg, Raul 9, 13, 195
Hildebrandt, Richard 107, 189
Himmler, Heinrich 40f., 48f., 51, 171f., 192
Hinghofer, Walter 25, 28, 56, 60f., 63, 69—74, 77, 79, 139, 150, 188
Hitler, Adolf 11, 16, 18f., 21f., 24, 26, 41f., 49, 56, 100, 104, 123, 142, 185f., 190—195
Hötzendorf, Conrad von 60
Hoffmann, Paul 156
Hudson, Duane 143f.

Jäckel, Eberhard 187
Jais, Franz 155
Jakcin, Djuro 22
Janko, Sepp 27
Jansa, Alfred 24
Jeckeln, Friedrich 172
Jelesić, Miloral Mica 93
Jodl, Alfred 22
Josten 179

Kaisenberg, Ernst-Moritz von 22, 29, 36, 46
Kaliwoda, Herbert 81f.
Kaltenbrunner, Ernst 174
Karadjordjevic, Paul, Prinzregent von Jugoslawien 101, 103
Kasche, Siegfried 22f.
Keitel, Wilhelm 42, 85f., 185, 190
Kerbler, Johann 82
Kewisch, Erich 133

Klein, Leo 96
Klein, Walter 96
König, Paul 160f., 163
Krausnick, Helmut 9, 187
Kuntze, Walter 13, 150
Kvaternik, Slavko 22, 59

Lange, Rudolf 171
Lehr, Josef 80f.
Liepe, Walter 87—90
List, Wilhelm 8f., 13, 19, 28, 56f., 76, 86, 133, 150, 186
Ljotić, Dimitrije 45, 109, 111, 142, 163, 165
Lockemann, Wilhelm 83
Löhr, Alexander 13, 18—20, 23, 25, 96, 153, 195
Lontschar, Adalbert 13, 25, 52, 160
Lüstraeten, Erwin 89
Luther, Martin 103—105, 189f.

Maček, Vladko 16, 120
Manica, Lubisa 161
Mason, Timothy 192
Matl, Josef 147,
May, Andreas 174
Mayer, Arno J. 9
Messerschmidt, Manfred 42, 194
Meyer, Erwin 174, 183
Meyszner, August 168, 170—174
Mickl, Johann 25
Mihailović, Draža 12, 33, 57, 108—112, 114—125, 127—130, 132—138, 140—149, 151—154, 159
Misović, Dragisa 142
Mitrović, Tode 146
Mommsen, Hans 193
Müller, Heinrich 169
Mussolini, Benito 15f.

Nedić, Milan 50, 70, 94, 105, 109, 111f., 116, 123, 129, 133—135, 142, 145f., 149, 151f.
Neubacher, Hermann 25f.
Neuhausen, Franz 21, 29
Ninčić, Momcilo 16

Pantić, Dušan 146
Paul, (Wilhelm) 67
Pavlović, Dragoslav 142
Pećanac, Dimitrije 109—111, 113, 117, 133
Pemsel, Max 90, 165
Peter II., König von Jugoslawien 152f.
Petijanski, Bosko 163
Petrović, Marisav 163
Pijade, Moscha 131
Pongruber, Ignaz 89—91
Popović, Milorad 146
Pradel, Friedrich 174, 183

Račić, Dragoslav 137
Rademacher, Franz 37f., 102—106, 189
Radojkovice, Milosav M. 163
Radosavljević 140
Rajakowitsch, Erich 37
Reichenau, Walter von 191
Rendulic, Lothar 24f.
Rexeisen, Hans 175f.
Ribbentrop, Joachim von 15, 20, 26, 29, 103f., 190
Ringel, Julius 20, 24
Rosenberg, Alfred 42
Rtanski 146

Sattler, Bruno 174
Schäfer, Emanuel 169f., 172—174, 176, 183
Schreiber, Gerhard 7
Schröder, Ludwig von 8, 28, 38, 40, 42, 44, 49, 79
Schuschnigg, Kurt 24
Seyß-Inquart, Arthur 24
Shelach, Menachem 13, 170
Simović, Dusan 16—18, 120f., 144
Stalin, Josef 18, 89, 123, 127—131, 185
Stockhausen, Hans-Adalbert von 32, 35, 50, 52
Stosić 162
Stracke, Fritz 36
Streit, Christian 9, 191
Stülpnagel, Karl Heinrich von 185
Stuschka, Franz 106
Suhr, Friedrich 106
Sundhaussen, Holm 13

Teichmann, Ludwig 46
Tito, Josip Broz 12, 109f., 122f., 126—131, 136, 142—145, 153
Troll-Obergfell, Heribert von 22
Turner, Harald 29, 37, 43, 47, 51, 55, 66, 77, 79, 84, 86, 96f., 104, 106f., 125, 165, 169—173, 182, 189—191, 195

Vasić, Dragisa 142
Veesenmayer, Edmund 46, 103, 105
Viebrans, Herbert 89
Vukmanović-Tempo, Svetozar 123

Wagner, Eduard 41
Waldheim, Kurt 12
Walther, Hans-Dieter 100f.
Weichs, Maximilian von 19, 31
Weimann, Ernst 107
Windisch, Alois 25
Wolff, Karl 169f., 173
Wurster, Eugen 13, 90f.

Zdravkoveca, Zila 163
Zellner, Emil 25